중세의 왜구와 한일관계

중세의 왜구와 한일관계

김보한 지음

경인문화사

2021년 6월 21일, 한일관계사학회로부터 너무 갑작스럽고 황망한 소식이 전달되었다. 김보한 선생의 부음 소식이었다. 도저히 믿을 수 없는 충격이었고, 안타까운 마음으로 잘못 들은 전언이기를 고대하면서 조용히 지켜보았다. 그러나 결국 김보한 선생은 우리의 곁을 떠나갔다. 고인은 2008년부터 우리 학회에서 적극적인 활동을 하였고, 학회지에도 왜구 관련 논문을 가장 많이 실을 정도로 학회와 동고동락을 함께 해 왔었다. 돌아가시기 한 달 전인 5월 월례회 때도 참석해서 "코로나로 인해 온라인 줌 수업하는 것이 힘들다"고 하시면서 "배경 화면은 어떻게 조작하느냐"고 해맑게 물어보셨던 모습이 아직도 기억에 선하다.

그 후 8월경 〈창립 30주년 기념 한일관계사학회 학술대회〉를 준비하기 위해서 여러 가지 조언을 듣고자 총무이사인 이승민 선생과 함께 손승철 선생님을 만났다. 손선생님은 학회 초대회장을 역임하시면서 지금까지 학회의 중요한 학술대회를 기획하셨고, 일본의 대외관계사연구회 연구자들과 교류가 빈번하셨다. 이 자리에서 손선생님은 고인과의 관계를 회고하시면서 그의 연구 성과와 학문적인 업적을 다시 한번 되돌아볼 수 있는 추모 학술대회를 개최하는 문제에 대해 제안하셨다. 또한 고인의 연구 논문을 정리해서 단행본으로 출간하는 것도 의미 있는 작업이 될 것이라는 의견을 내셨다.

제안해 주신 내용을 토대로 우선 12월에 '해양·해역으로 본 한일관계―갈등과 공생의 동아시아'라는 주제로 국내 학술대회를 개최하였다. 손선생님의 추모사로 시작된 학술대회는 너무 일찍 타계한 고인에 대한 아쉬움과 그리움을 떠올리게 하는 뭉클한 내용이었다. 이어서 윤성익 교수가 '〈김보한의 왜구론〉과 왜구 연구에의 제언'을 발표하면서, 고인이 그동안 쌓아왔던 연구들을 정리하는 한편으로, 주요한 내용과 연구사적 의의 등에 대해 언급하였다. 발표에 따르면 故김보한 선생은 한국과 일본에서 왜구 연구에 대해 다양한 관점을 제시하였다는 것이다. 특히 여말 선초의 왜구 문제에서 가장 핵심적이고 논쟁이 많은 왜구의 주요 근거지와 주체세력에 대해서 독자적인 왜구론을 전개해 왔다고 평가하였다.

 학술대회를 마친 후, 학회에서는 고인이 지금까지 발표했던 31편의 왜구 관련 논문을 주제별로 묶어서 한 권의 책으로 발간하기로 하였다. 고인은 왜구의 주체로서 마쓰우라(松浦) 지역에 주목하였고, 13세기 왜구를 적극적으로 부각시키면서 왜구의 시기 구분 및 시기별 명칭에 대한 새로운 구상을 밝혔다. 그에 따라 보통 일본에서 사용되어온 '전기 왜구', '후기 왜구'라는 시기 구분 대신 '전기 왜구'에 13세기 왜구가 사실상 제외되어있는 점을 비판하였다. 동시에 '일본사'를 기준으로 '가마쿠라기 왜구'·'무로마치기 왜구'·'센고쿠기 왜구'라는 명칭을 제안하기도 하였다. 이 책은 아직도 남은 일이 많은데 고인의 갑작스러운 타계로 연구가 더 이루어지지 못한 점을 안타깝게 생각하면서 동료 연구자들이 마음을 모아 간행한 것이다. 이 책의 발간을 계기로 후학들이 고인의 연구를 비판적, 발전적으로 계승해 나가기를 기대한다. 나아가 우리 학계의 왜구 연구에 조그만 디딤돌이 되기를 간절히 바라는 마음이다.

 마지막으로 책 출간에 수고해주신 손승철 선생님, 교정과 편집을 맡아준 강원대학교 대학원 학생들, 경인문화사 식구들에게 학회를 대신하여 감사를 드린다. 다정하고 살갑게 주변을 품었던 고인을 다시 한번 추억하면서 삼가 명복을 빌며 이 글을 바친다.

2022년 5월
한일관계사학회 회장 김문자 배

제2부 왜구의 실체

제3부 중세 일본의 왜인들

제1부 중세 일본과 왜구

제1장 중세의 왜구 -학술 성과와 고교 교과서를 중심으로-

I. 머리말

  지정학적으로 유라시아 대륙의 끝자락에 위치한 한국은 대양으로 뻗어나는 통로에 일본열도가 가로 막고 있고, 작금에는 중국의 동북공정과 일본의 역사왜곡으로부터 공격당하고 있는 현실에 긴장하고 있다. 특히 일본의 역사교과서 내용에서 오류 부분의 수정을 요구할 때마다 오히려 일본이 우경화로 치닫고 있는 상황에 직면하여 위기감마저 느끼는 것 또한 사실이다.

  현재 일본 역사교과서 내용 중에서 고려 말부터 조선 초에 걸쳐서 빈번하게 등장하는 왜구의 주체와 발생 원인에 대한 우리의 수정요구 사항은 아직도 해결해야 할 과제로 남아있다. 이는 고려 말 왜구의 주체와 발생 원인에 대한 한·일 학자들 간의 학설 대립에 기인한다. 예를 들면 왜구의 주체가 고려인·조선인이며, 발생 원인이 고려 말에서 조선으로 이어지는 총체적인 혼란상황에 있다고 파악하는 일부 일본학자의 견해가 몇 개의 교과서에 수록되면서 불거진 문제이다.

  다시 말해서 14세기는 동아시아 세계에서 일본 해적의 활동과 왜구활동이 국가의 경계를 뛰어넘어 활발해 지는 시기이다. 이미 우리는 일본인 왜구의 활동이 고려 흥망에 밀접하게 관련되어 있다는 견해에 전적으로 동의하고 있다. 그러나 근래에 일부 일본학자는 왜구의 주체를 고려인·일본인의 연합이며, 왜구발생의 원인이 고려 내부에 존재한다는 연구결과를 내놓았다. 즉 왜구가 고려의 정치 불안 속에서 발생한 것이고, 왜구의 발생과 창궐이 모두 고려의 정치상황에서 비롯되었다는 내용이다. 이에 반해서 왜구의 주체는 일본인이고 발생 원인이 일본열도의 정치 상황에 기인한다는 상반된 견해가 한국학자에 의해서 지속적으로 주장되었다. 이처럼 한국과 일부 일본의 학자들은 왜구 연구사에서 각기 평행선을 달려왔다.

그 결과로 한·일 양국 역사교과서의 왜구 부분과 관련된 내용에서 한국과 일본의 학생들이 각기 상반된 내용을 학습해야 하는 기이한 상황이 연출되었다. 이러한 오류를 어떻게 바로 잡을 것인가. 아울러 문제의 해결 방법은 무엇인가라는 당면 과제에 모두가 관심을 가져야 할 시기이다. 이러한 시점에서 왜구와 관련된 한·일의 왜구 연구사를 정리하고, 인용사료를 되짚어 원초적 문제점을 파악하면서 일본 고등학교 역사교과서 수록 내용과 어떤 연관이 있는지 분석하고자 한다.

Ⅱ. 왜구의 학술연구사 정리

1. 일본의 연구

이제까지 일본에서 고려에서 활동하던 왜구에 관한 연구는[1] 학술사적으로 19세기 말부터 시작되어 현재까지 근 백여 년 동안 수많은 성과를 축적해 왔다. 이제까지 발표된 일본학자들의 왜구에 관한 연구 성과를 간단히 정리해 보면 다음과 같다.

19세기 말 왜구에 관한 초기 연구는 대양을 뻗어나가는 해적의 활동을 밝히기 위한 해적사 연구의 일환으로서 해적과 무역의 관계를 설명할 목적으로 시작되었다.[2] 당시 청일전쟁·러일전쟁·한반도 식민지화라는 영토 확

---

1) 왜구의 활동을 삼국시대부터로 보는 견해가 있지만, 본 논문에서는 일본역사교과서에서 수록된 중세의 왜구, 즉 고려 말·조선 초의 왜구만을 다루기로 한다.
2) 菅沼貞風, 『大日本商業史』, 1892.

장의 시대적 풍토가 반영된 연구 성격의 경향이 강하다고 할 수 있다. 이후
에 왜구와 해적을 구별하는 연구가 시작되어 왜구의 흥기가 1350년(충정왕
2년)에 시작되었다는 논문이 나오기도 하였다.3)

　이후 왜구 연구는 더욱 활발하게 진행되어, 『삼국사기』·『고려사』·『조선
왕조실록』을 인용하여 신라부터 조선으로 이어지는 왜구 연구 논문이 발표
되었다. 그리고 처음으로 전기 왜구와 후기 왜구를 나누는 연구가 시작된
것도 특기할 만한 사항이다.4) 이어서 『해동제국기』·『보한재집』·『노송당일
본행록』 등의 사료가 출판되면서 여·일관계, 조·일의 통교질서, 교역사의
관점에서 연구가 활발하게 진행되었다.5) 따라서 이제까지의 해적연구는 일
본 해적=왜구라는 통속적 이해를 바탕으로 이루어져 왔다고 볼 수 있다.

　초기 왜구연구사에서 일본 중세의 북규슈지방의 마쓰우라당(松浦黨)의
사회적 성격을 규명하는 연구가 나오면서 전환점을 맞게 되었다. 마쓰우라
당(松浦黨)의 당적(黨的) 성격규명에 매진했던 연구자들은 마쓰우라(松浦)
지방을 중심으로 쓰시마(對馬)·이키(壹岐)를 나란히 왜구의 근거지로 보고,
이 지역 주민의 해적 활동에서 왜구의 발생 원인을 찾고자 하였다.6) 반면

　　渡辺世祐, 「日明交通と海賊」, 『日本海上史論』(日本歷史地理學會編), 三省堂, 1911.
　　久米邦武, 「海賊と關船」, 『日本海上史論』(日本歷史地理學會編), 三省堂, 1911.
　3) 星野 恒, 「海賊ノ顚末と海軍ノ沿革」, 『史學雜誌』 5-4·6·8·9, 1894.
　4) 後藤秀穗, 「予か觀たる倭寇」, 『歷史地理』 23-5·6, 24-1·2, 1914.
　　後藤秀穗, 「最も深く內地に侵入したる倭寇の一例」, 『歷史地理』 25-1, 1915.
　　後藤肅堂(秀穗), 「倭寇の說明するわか國民性の一角」, 『史學雜誌』 26-1, 1915.
　　後藤肅堂(秀穗), 「倭寇風俗考」, 『中央史壇』, 14-2·3·5, 1928.
　5) 靑山公亮, 「日元間の高麗」, 『史學雜誌』 32-8·9, 1921.
　　靑山公亮, 「高麗高宗朝及び元宗朝の倭寇」, 『史學雜誌』 38-4, 1927.
　　秋山謙藏, 「‘倭寇’による朝鮮·支那人奴隷の掠奪とその送還及び賣買」, 『社會經濟史學』
　　2-8, 1932.
　　秋山謙藏, 「倭寇」, 『歷史學硏究』 3-3, 1935.
　6) 長沼賢海, 「元寇と松浦黨」, 『史淵』 7, 1934(再錄, (『松浦黨の硏究－北九州海賊史－』,
　　九州大學文學部國史硏究室, 1957, pp.120~123 참조)).
　　長沼賢海, 「海上交通史上の壹岐」, 『史淵』 12, 1936.

에 왜구=무장상인단을 주장하며, 원(元) 관리의 압력이 왜구의 도화선이 되었다는 주장이 제기되기도 하였다.[7] 따라서 왜구 출현과 관련해서 일본 내부원인론과 외부원인론이 팽팽하게 균형을 이루고 있었던 것으로 판단된다.

그런데 이미 패전 이전부터 왜구의 원인을 고려 전제의 문란에서 찾는 견해가 제기되고 있었다.[8] 이러한 견해는 패전 이후 왜구의 주체와 발생 원인을 같은 논지에서 규명하는 연구로 이어졌다.[9] 비슷한 시기에 일부 일본학자 사이에서 고려 말 토지제도의 문란과 이에 따른 고려 군사제도의 이완을 근거로 삼아서 왜구 창궐을 설명하는 연구가 더욱 보강되어 갔다.[10]

그리고 연구 성과가 축적될수록 초기 왜구와 창궐기 왜구의 발생 원인을 동일한 맥락에서 분석하려는 경향이 확대되었다. 이를 테면 고려 후기 왜구가 창궐하는 원인이 조정의 실정(失政) 또는 정치의 악화 때문이라고 규정하고, 나아가 전기 왜구(14세기)의 발생이 고려 내부의 혼란한 정치상황에 그 원인이 있다고 분석하는 경향이다. 즉 일본의 해적활동에서 출발한 전기 왜구의 연구성과가 고려 내부의 혼란과 밀접한 관계가 있다는 논지로 고착화되려는 움직임이 활발해 졌다. 계속해서 이러한 논리로 고려의 천민 이외에 일반 농민도 왜구에 가담하여 고려·일본인의 연합 활동이라는 주장이 제기되기에 이른다.[11]

여기에 이전의 연구에서 언급된 적이 없는 조선시대 제주도민을 새롭게

　　中村榮孝, 「室町時代の日鮮關係」, (舊)『岩波講座 日本歷史』, 1934.
 7) 森 克己, 「日宋交通に於ける我か能動的貿易の展開」, 『史學雜誌』 45-2·3·4, 1934.
 8) 稻葉岩吉, 『日麗關係』, (舊)『岩波講座 日本歷史』, 1935.
 9) 田中健夫, 『中世海外交涉史の研究』, 東京大學出版會, 1959, pp.8~11 참조.
　　田村洋幸, 『中世日朝貿易の研究』, 三和書房, 1967, p.26.
10) 田村洋幸, 『中世日朝貿易の研究』』, p.144.
　　田中健夫, 『倭寇－海の歷史－』, 敎育社 歷史新書, 1982, p.42.
11) 太田弘毅, 「倭寇と結託した朝鮮人－「賊諜」·「奸民」·「詐倭」－」, 『藝林』 36-3, 1987, pp.12~13.
　　田中健夫, 「倭寇と東アジア通交圈」, 『日本の社會史』, 岩波書店, 1987, p.150.

추가하고, 이들이 왜구로 활약하였다고[12] 주장하기도 하였다. 더 나아가 이 것을 더욱 비약시켜서 고려시대에 활약했던 왜구대장이었던 아지발도(阿只 拔都) 마저도 제주도 출신일지 모른다는[13] 가설까지 제기하였다. 이것은 조선의 상황을 고려의 상황으로 소급시켜서 왜구의 주체를 고려인·조선인 으로 연결하려는 가설임에 분명하다.

다시 말하면 초기의 왜구 연구사에서는 왜구의 발생 원인을 일본 해적의 활동으로 보았지만, 점차 왜구의 연구가 심화될수록 왜구의 창궐 원인에 대 해서 고려 내부의 문란한 정치적·경제적 혼란 상황으로 설명하려는 이중적 해석으로 흐름이 바뀌어 갔다. 이처럼 장기간의 연구에서 왜구의 발생 원인 을 고려의 정치상황에서 찾았고, 왜구의 주체를 고려인·일본인으로 규정하 는 견해로 변화해 온 것이 왜구연구사의 성향이다.

오히려 일본 내부의 정치상황이 왜구를 출현시켰고, 규슈 서북쪽 도서 연안이 왜구의 근거지인데도, 의도적으로 고려에서 발생 원인과 활동의 근 거지를 찾는 이유는 무엇인가. 아마도 동아시아에서 일본 중심의 교역사와 이를 바탕으로 하는 우월적 역사관을 정립해 보려는 우익적 발상에 결과가 아닌가 생각한다.

2. 한국의 연구

반면에 한국학자는 왜구 발생 원인을 일본의 정치상황으로 보고, 주체를 일본인으로 일관되게 주장하면서 논리를 전개해 나갔다고 할 수 있다. 학술 사적으로 한국학자의 왜구연구는 왜구의 활동을 시기별로 구분하고, 그 특

---

12) 高橋公明, 「中世東アジア海域における海民と交流－濟州道を中心として－」, 『史學』
    33, 名古屋大學文學部硏究論集, 1987, p.19 ; 「朝鮮外交秩序と東アジア海域の交流」,
    『歷史學硏究』573, 1987, p.69.
13) 高橋公明, 「中世東アジア海域における海民と交流－濟州道を中心として－」, p.17.

성을 분석하면서 고려 조정의 금구정책과 그 대응책을 규명하는 작업으로 부터 시작되었다.[14] 더 나아가 왜구의 발생 원인을 일본 내의 정치 상황에 기인하는 것으로 일관되게 주장하였다.[15] 그러나 일본 측 사료의 인용에 제한받고 있었기 때문에, 논리가 벽에 부딪친듯 보였다.

근래 이러한 문제점의 돌파구를 찾는 작업이 진행되었다. 왜구의 주체를 고려·일본인의 연합세력으로 보는 일본학자의 견해에 정면으로 맞서서, 일본 측 사료를 대거 인용하여 경인년(1350) 이후의 왜구의 주체가 일본 내의 악당세력이라고 주장하는 견해가 나왔다.[16] 또 1370년대 왜구의 갑작스러운 증가 원인을 일본 규슈지역의 재지를 이탈한 반(反)탐제 세력과[17] 완민·적도·악당·해적세력의 활동[18]에서 찾아야 한다는 주장이 제시되기도 하였다.

한편 고려 말 왜구소멸의 원인에 대해서 고려의 군사적·외교적 성과와 조선 초 공무역의 전개에서 찾아야 한다는 견해와 더불어,[19] 마쓰우라지역 에서 잇키(一揆)의 성립이 왜구의 출몰을 자제시켰다는 견해가 제기되기도 하였다.[20] 따라서 최근의 연구는 왜구 발생과 소멸의 원인을 구체적으로 일본열도 내부에서 찾으려는 방향으로 전개되고 있다. 즉 왜구는 고려의 군사적인 대응으로는 완전한 소탕이 불가능한 세력이므로, 왜구의 발생과 소멸의 원인을 일본열도 내의 정치상황, 혹은 재지세력의 변화와 연결시켜서

---

14) 韓容根, 「高麗末倭寇에 對한 小考」, 『慶熙史學』 6·7·8, 1980.
   孫弘烈, 「高麗末期의 倭寇」, 『史學志』 9, 1975.
   李鉉淙, 『講座 韓日關係史』, 현음사, 1994 등.
15) 羅鐘宇, 「高麗末期의 麗·日 關係-倭寇를 중심으로-」, 『全北史學』 4, 1980(再錄, 羅鐘宇, 『韓國中世對日交涉史硏究』, 원광대출판국, 1996).
   金琪燮, 「14세기 倭寇의 동향과 고려의 대응」, 『韓國民族文化』 9, 1997 등.
16) 李領, 『倭寇と日麗關係史』, 東京大學出判會, 1999.
17) 拙稿, 「少貳冬資와 倭寇의 일고찰」, 『日本歷史硏究』 13, 2001.
18) 남기학, 「중세 고려·일본 관계의 쟁점」, 『日本歷史硏究』 17, 2003.
19) 孫弘烈, 「高麗末期의 倭寇」, 『史學志』 9, 1975.
   羅鐘宇, 「高麗末期의 麗·日 關係」, 『全北史學』 4, 1980.
20) 拙稿, 「一揆와 倭寇」, 『日本歷史硏究』 10, 1999.

일목요연하게 정리하고자 시도하고 있는 것이다.

이러한 연구 동향에 편승해서 앞으로의 왜구연구는 일본열도의 해양성에 보조를 맞추어 동아시아의 국제관계 속에서 분석하는 접근방법이 필요하다고 생각한다. 아울러 진보된 연구방법에 접근하기 위해서는 일본에서의 정치변화와 재지세력의 유동성이라는 필수적인 요소가 무시될 수 없다고 생각한다. 즉 일본 정치상황의 변화에 초점을 맞추어서 논지를 정립해 가는 분석적 방법을 택해야 할 것으로 생각된다. 이런 측면에서 일본학자가 기존의 연구에서 보여준 고려를 왜구의 근원지로 파악하려는 시도는 보편타당성이 결여된 논리라는 점을 밝혀두고 싶다. 왜구의 발생 원인을 일본사에서 논하고, 그 결과로서 고려에서의 피해를 거론해야 할 것이다.

일본학자의 모순된 견해의 출발은 일본 학자들이 인용한 사료에 있음이 분명하다. 일본 측 사료의 인용을 등한시하고 고려 측 사료에 의존한 편중된 선택이 논리의 편향성을 야기시켰기 때문이다. 이것이야 말로 묵과할 수 없는 오류로서 앞장서서 개선해야 할 시급한 문제이기도 하다. 이런 측면에서 다음 장에서는 이제까지 인용된 고려 측 사료와 일본 측의 사료를 검토하면서, 일본학자의 자의적 해석이 무엇에 기인하는지 밝혀보고자 한다.

Ⅲ. 일본과 한국 사료의 인용 문제

1. 일본 측 사료와 인용의 문제

먼저 고려를 대상으로 행한 약탈을 기록해 놓은 현존하는 일본 사료를 살펴보도록 하겠다.

고려시대 최초의 기록은 『靑方文書』에 수록된 1152(仁平 2)년 고토(五島)열도 오지카시마(小値賀島)에서 고려 선박을 탈취한 사건기록이다.[21]

고려 선박의 탈취 사건은 일본 사료에 기록되어 있는 최초의 왜구 행위라고 볼 수 있다. 그리고 1226년부터 『明月記』·『百鍊抄』·『靑方文書』·『吾妻鏡』 등에 고려를 대상으로 하는 일본 해적의 약탈기록이 몇 건 나타나고 있다.22) 이후에 한 동안 나타나지 않다가, 1367년 이후부터 『善隣國寶記』·『禰寢文書』·『太平記』등에 일본인이 왜구로 고려를 침입하였다는 기록이 재차 나타난다.23)

이 같은 사료는 매우 신뢰할 수 있는 자료이며, 고려의 왜구 출현과 긴밀한 관계가 있음을 밝혀 주는 중요한 단서이다. 이와 같이 일본 측 사료에서는 왜구의 근원지가 일본임을 분명하게 밝히고 있지만, 일부 고려인·일본인의 연합설을 주장하는 일본학자들은 이 같은 사료를 전혀 인용하지 않고 있다. 마찬가지로 『今昔物語集』·『禰寢文書』 등에 일본 내해에서 해적 활동의 사례가 다수 존재하지만,24) 일본해역사에서도 예의주시하지 않는 경향이다.

또한 마쓰우라(松浦) 도서지방에서 다수의 말이 사육되는 말목장이 있었음을 보여주는 사료가 존재함에도,25) 왜구 기마대의 말 보급지로서 제주도를 거론하고 있다. 『고려사』 어디에도 언급되어 있지 않은 제주도 말 목장과 왜구와의 관련성을 추론하고 이를 기정사실화하는 것이다.

이러한 고려 측 사료만의 전적인 인용은 왜구의 발생 원인을 고려 내부

---

21) 『靑方文書』 安貞 2년(1228) 3월 13일조.
22) 『明月記』 嘉祿 2년(1226) 10월 17일조 ; 『百鍊抄』 安貞 원년(1227) 7월 21일조 ; 『靑方文書』 安貞 2년(1228) 3월 13일 ; 『吾妻鏡』 貞永 원년(1232) 윤9월 17일조 ; 『靑方文書』 1-78 (연도 불명, 1264년 문서로 추정됨).
23) 『善隣國寶記』 貞治 6년(1367) 정미조 ; 『禰寢文書』 永德 원년(1381) 8월 16일(『南北朝遺文』 九州編 5권 (5673)) ; 『太平記』 「高麗人來朝事」 등.
24) 『今昔物語集』 권24 第19 「播磨國陰陽師智德法師語」, 권25 제2 「藤原純友依海賊被誅語」 ; 『禰寢文書』 康曆 2년(1380) 6월 14일 ; 『南北朝遺文』 九州編 5권 (5605)
25) 『靑方文書』 元亨 2년(1322) 7월 10일 (『鎌倉遺文』(38092)) ; 『靑方文書』 永德 4년(1384) 2월 23일 (『南北朝遺文』 九州編 5권 (5814)).

의 혼란 상황으로 연결하여 왜구 출현의 원인과 그 결과를 고려 내부의 문
제로만 제한시키려는 의도로 판단된다. 이렇게 일면적 관점에서 왜구사를
평가하고 있기 때문에, 앞으로 동아시아 권역에서 해양과 육지를 포함하는
일본 해적활동의 연구에 관심이 촉구된다. 균형을 갖춘 사료의 인용과 이것
을 바탕으로 13세기 이후에 일본 해적이 고려의 왜구로 전화되어가는 과정
을 동일선상에서 파악하는 작업이 절실하게 요구된다고 하겠다.

2. 한국 측 사료와 인용의 문제

최근 일부 일본학자는 왜구 연구에서 『고려사』와 『조선왕조실록』의 기
록에 전적으로 의존하고 있다고 해도 과언이 아니다. 바꾸어 말하면 일본
측 사료에서 나타나는 내용을 거의 인용하지 않고 있음을 의미한다. 이것을
단순히 일본 측 사료의 빈약함으로 설명하기에는 왠지 석연치 않은 일면이
있다. 『고려사』와 『조선왕조실록』에서 보이는 수백 건의 왜구 기록에 대한
전적인 의존보다 오히려 한국 측 사료의 자의적 인용에 문제가 더 많기 때
문이다.

예를 들면 고려시대 약 5백 건이 넘는 왜구 관련 사료 중에서 화척·재
인·양수척이 왜구로 등장하는 사료가 3건[26]에 불과한데도 전체 왜구의 활
동이 마치 이들의 소행인 것처럼 확대 해석하고 있다는 점이다. 이들의 주
장은 고려 왜구의 1~2할만이 왜인이라고 언급한 『조선왕조실록』 세종 28년
(1446) 이순몽의 상서[27]에 근거를 두고 있다. 그런데 일차적으로 상서문이
호패법의 실시에 본래의 취지가 있음에도 이를 무시하고, 단 3건에 불과한

---

26) 『高麗史』 권134 열전47, 辛禑 8년(1382) 4월조 ; 『高麗史』 권135 열전 48, 辛禑 9년
   (1383) 6월조 ; 『高麗史』 권118 열전31, 趙浚傳 (한국학자의 견해에 따라서는 4건으
   로 보는 경우도 있음).
27) 『世宗實錄』 권114, 世宗 28년(1446) 10월조.

고려 천민의 왜구활동과 연결지어 고려시대전체 왜구 출현이 마치 이들의 소행인 것처럼 기술하고 있는 것이다.[28]

그리고 자신들의 논리 전개에 걸림돌이 되는 『고려사』의 일부 일본관련 사료 내용(국서)을 불신하면서 인용을 철저히 배제하고 있다. 예를 들면 일본이 사신을 보내와 왜구를 근절시키지 못하는 이유를 설명하는 내용에서 왜구의 주체가 규슈의 완민(頑民)·포도배(逋逃輩)라고 밝힌 고려의 첩장[29]의 내용을 전혀 언급하지 않는다. 따라서 『고려사』의 신뢰성을 문제 삼아 사료를 편의적으로 인용하거나 누락시키는 사료의 선택이 문제점이라고 하겠다.

또한 제주도가 왜구의 근거지라고 주장하는 논리는 더욱 큰 문제가 아닐 수 없다. 제주도가 왜구의 근거지이고 제주도인이 왜구로 활동했다는 근거로 『조선왕조실록』의 성종 때 사료를 인용하고 있다.[30] 실제로 제주도와 왜구와의 관련성 기록은 『고려사』 어디에도 기록되어 있지 않다. 그런데 이것을 무려 100여년이나 시차가 벌어진 고려시대까지 소급시켜서 사실로 규정하고 정설화하기도 하였다.

심지어는 아지발도(阿只拔都)를 제주도인으로 추론하는 점도 특기할 만하다. 그런데 그가 무장하고 있는 철기(鐵騎)·갑옷·가면 등이 고려의 무인들과는 다르고 오히려 일본무사의 무장과 일치하는 점[31]에 대해서는 전혀 언급하지 않고 있다. 또 그가 500척의 대 선단을 규합할 수 있는 신분적 조

---

28) 주)11 田中健夫 논문 참조(이 문제를 체계적으로 논박한 논문으로 李領, 「高麗末期 倭寇構成員에 관한 考察」, 『韓日關係史研究』 5, 1996이 있다).

29) 『高麗史』 권133 열전46, 辛禑 2년(1376) 10월조 ; 『高麗史』 권133 열전46, 辛禑 3년(1377) 6월조 ; 『高麗史』 권133 열전46, 辛禑 3년(1377) 8월조 ; 『高麗史』 권133 열전46, 辛禑 4년(1378) 11월조.

30) 『成宗實錄』 2년(1472) 2월조 ; 3년(1473) 2월조 ; 4년(1474) 10월조 ; 13년(1483) 윤8월조.

31) 李領, 「홍산·진포·황산 대첩의 역사지리학적 고찰」, 『日本歷史研究』 15, 2002, pp.40~46 참조.

건과 섬에서 나왔다는 기록으로 보았을 때, 오히려 북규슈 도서지방의 섬 출신일 가능성이 크다. 그런데 이러한 조건을 완전히 배제한 채 제주도와 연결시키고 있는 것이다.

종합해 보건데, 일본학자의 논리는 왜구의 주체가 고려의 천민이고, 왜구의 활동을 이들의 활약이었다고 규정함으로서, 왜구의 발생 원인보다는 '왜구 주체론'으로 주위의 관심을 유도하려는 것처럼 보인다. 이처럼 일본학자들의 자의적인 사료 인용과 후대의 기록을 소급 적용시키는 비논리성은 왜구사 연구에 커다란 걸림돌이다. 그럼에도 우리가 일인학자들의 논리를 뒤집고 왜구사를 새롭게 성립시키지 못하는 이유는 오히려 일본의 정치상황과 해적 활동 사이에 유기적인 관계를 분석해 내지 못한 것에 기인한다고 할 수 있다. 이러한 문제가 현재 한국학자들이 해결해야 할 시급한 과제임에 분명하다.

이러한 사료의 자의적 선택과 인용문의 편파적 해석으로 성립된 일본학계의 왜구연구사가 일선의 고등학교 역사교과서에는 어떤 논리로 접목되어 있는가를 교과서 내용 중심으로 비교분석해 보고자 한다.

Ⅳ. 역사교과서 왜구 서술내용의 비교분석

앞 장에서 살펴보았듯이, 왜구와 관련해서 한·일 학자들의 견해가 첨예하게 대립되어 있음을 알 수 있다. 일본의 학자들의 견해는 대단히 회피적이고 우회적인 논리가 주류를 이루고 있음을 알 수 있다.

본 장에서는 2007년도 문부과학성의 검정을 통과한 고등학교 역사교과서의 왜구 부분의 서술에서 기존의 학설을 어떻게 정리하고 있는가 검토할 것이다. 대체로 왜구의 활동은 중세의 대외교류, 외교, 무역 단원에 집중해서 서술되어 있는데, 정리하면 〈표 1〉에서와 같다.

〈표 1〉 중세 왜구를 서술한 교과서 단원의 목차

연번	교과서	대단원	중단원	소단원	출판사
1	高校 日本史B	제5장 무가사회의 성장	1. 무로마치막부의 성립	(명과의 통교)	81-山川-日B017
2	新 日本史B	제6장 중세사회의 전개	3. 동아시아 세계와의 교류	(감합무역과 왜구 조선과의 통교)	81-山川-日B018
3	日本史B (개정판)	제9장 무로마치막부와 동아시아	3. 동아시아와의 교류	(왜구)	15-三省堂-日B015
4	高校 日本史B	제4장 중세사회의 전개	3. 무로마치시대의 일 본과 조선·중국	(왜구의 활동)	7-實敎-日B013
5	日本史B	제6장 무가사회의 전개와 무로 마치문화	2. 무로마치막부의 정 치와 외교	(왜구와 감합 무역)	7-實敎-日B014
6	高等學校 日本史B (개정판)	제3장 무로마치막부와 기타야마 문화	3. 원구(元寇) 이후의 동아시아에 어떤 교 류가 보이는가?	(동아시아로 확대 하는 왜구의 활동)	35-淸水-日B016

다음에 고등학교 교과서에서 각 단원의 세부 내용이 어떠한 방향으로 서술되어 있는가를 살펴볼 것이다. 그리고 2007년에 검정에 통과한 총 6종의 고등학교 역사교과서의 내용을 세세히 검토해 봄으로써, 일본 역사교과서에서의 왜구 부분의 서술방향과 의도를 파악해 보도록하겠다.

1)『高校日本史 B』, 山川出版社, 2007.[32]

> 제5장 무가사회의 성장
> 1. 무로마치막부의 성립
> (명과의 통교)
> 　14세기부터 15세기에 걸쳐서 동아시아의 정세는 크게 변하였다. 중국에서는 1368년 한(漢)민족의 명이 건국하고, 한반도에서는 1392년 고려를 대신하여 <u>조선(이조)</u>이 건국하였다. 또 오키나와에서는 1429년 유구왕국이 탄생하였다. 원을 대신하여 명은 전통적인 중국을 중심으로 하는 국제질서의 회복을 목표로 중국과의 통교를 주변의 국가들에게 호소하였다.

---

32)『高敎日本史 B』, 山川出版社, pp.95~97.

몽골의 침입 이후에 중국과 일본 사이에는 사적인 무역만이 있을 뿐이었으나, 남북조의 동란기에 왜구라 불리는 해적집단이 한반도부터 동중국해에 걸쳐서 맹위를 떨쳤다. 이것이 전기 왜구이다. 명은 통교와 왜구의 금압을 일본에 요구했지만, 국내를 통일한 요시미쓰(義滿)는 명의 요구에 응해서 1401년 명에 사신을 보내 국교를 열었다.

일명무역은 일본국왕이 황제에게 조공품을 받쳐 인사하고, 이것에 대해서 황제가 치하하는 조공무역의 형식을 갖추도록 요구되었다. 명의 요구에 대해서 요시미쓰(義滿)는 「일본국왕신원(日本國王臣源)」이라는 이름을 사용하여 요구를 받아들이고, 명으로부터 감합이라는 증명서를 받아 무역을 행하였다. 이것을 감합무역이라고 부른다. 무역의 부담을 모두 명에서 부담하였기 때문에, 일본의 이익이 많았고, 특히 동전, 생사 등을 대량으로 수입하여 막대한 이득을 얻었다. 일본에서의 수출품은 도검 등의 무기와 동·유황 등의 광물이었다.

15세기 후반 막부가 쇠퇴해 감에 따라서, 무역의 실권은 사카이(堺) 상인과 결합한 호소카와(細川)씨와 하카타 상인과 결합한 오우치(大內)씨의 손에 넘어갔지만, 16세기 중반에 오오우치씨가 멸망하면서 무역도 단절되었다. 이와 함께 다시 왜구의 활동이 활발해졌다. 이것을 후기 왜구라고 부르는데, 도요토미 히데요시가 금지할 때까지 계속되었다. 후기 왜구는 일본인보다 중국인이 많았고, 중국 대륙의 남부부터 동남아시아 일대에 걸쳐서 활동했다.

본 교과서 내용에서 밑줄친 부분을 검토해 보면, 전기 왜구(14세기)의 설명에서 사적인 무역과 왜구라 불리는 해적집단을 대비시켜 표현함으로써 왜구가 무역사의 한 부분인 것 같은 느낌을 갖게 한다. 즉 후기 왜구(16세기)와 같이 사적인 무역과 왜구의 활동을 동일선상에서 파악하는 의도가 숨어 있는 기술적 서술이라고 하겠다.

반면에 왜구의 발생원인과 왜구의 주체에 대해서는 분명하게 기술하지 않았다. 다만 왜구의 주체를 '해적집단'으로 분명하게 언급하고 있어서 사무역=해적집단=왜구라는 등식을 성립시키고 있다. 이미 2장에서 살펴본 주 2), 3), 4), 5)에서와 같이 해적집단=왜구라는 초기 왜구사의 연구 성과를 잘 반영한 것으로 보인다. 다만 괄호 속에서 '조선(이조)'로 표현하고 있는 점이 다른 교과서와 대별된다.

2) 『新日本史 B』, 山川出版社, 2007.

6장 중세사회의 전개

3. 동아시아 세계와의 교류

(감합무역과 왜구)

14세기 후반 일본은 마침 남북조의 쟁난기로서 아시카가씨(足利氏)에 의한 막부권력이 형성되어 갔다. 이 시기에 동아시아의 정세도 크게 변화하였다.

14세기 후반부터 중국·조선연안 해역에서는 왜구33)가 맹위를 떨쳤다. 식료와 사람의 약탈로 피해가 심각하였다. 이러한 상황에서 대륙에서는 원이 쇠퇴하는 혼란 속에서 1368년에 주원장(태조 홍무제)에 의해 한(漢)민족이 세운 왕조인 명이 건국하였다.

명은 즉시 주변의 나라에 사신을 파견해서, 복속의 뜻을 표하도록 요구했다. 이것은 책봉관계라고 부르는 중국의 전통적 외교질서를 회복시키려는 것이었기 때문에, 명 황제의 신하로서 조공품을 바치는 대신에, 명으로부터 왕으로 임명되어 회사품을 하사받는 것이었다.

일본에서도 사신이 파견되어, 당시 다자이후(大宰府)를 장악하고 있던 남조 측의 가네요시친왕(懷良親王)이 '일본국왕 요시카네(良懷)'이라고 국왕에 책봉되었다. 명으로서는 14세기 후반부터 중국·조선의 연안 해역을 황폐화시켰던 왜구의 금압은 절실한 문제였고, 일본국왕에게 이것을 요청하였던 것이다.

가네요시친왕이 몰락하고, 이마가와료슌(今川了俊)이 대재부를 탈환한 후에는, 명에 대해서 3대 장군인 요시미쓰를 시작으로 시마쓰(島津)씨 등이 사신을 파견하였지만 허락받지 못하고, 국교는 단절한 채였다. 1401년 천황의 근친에 해당하는 의미의 「쥬산고(准三后)」의 칭호로, 하카타의 상인 고이쓰미(肥富) 등을 사신으로 삼아 명에 조공을 바치고, 명으로부터 「일본국왕」으로 책봉받는 데 성공하였다. 요시미쓰는 천황으로부터 받은 관위가 없이, 명 황제라는 새로운 권위로부터 「일본국왕」의 칭호를 획득하는 것에 의해서 자신의 일본 국내에서의 지위와 권위를 고양시켰던 것이다.

－이하 생략－

(조선과의 통교)

한편 한반도에서 왜구의 피해는 명(明) 이상으로 컸는데, 왜구 토벌을 명분으로 이성계가 1392년에 고려를 대신하여 신왕조인 조선을 세웠다.

15세기 초가 되자 조선은 왜구로 심각한 피해를 보게 되었다. 주요한 왜구 대책의 하나가 무력진압이었는데, 1419년에는 조선의 군사가 쓰시마를 습격해서 왜구의 근거지에 직접 타격을 주기도 하였다(오에이(應永)의 외구(外寇)). 그리고 다른 하나의 대책은 외교적인 노력에 의한 것으로, 조선 측은 고려 말경부터 막부에게만 왜구의 금압을 요구하지 않고, 왜구 금압을 시도하였다. 이를 위해서 다양한 일본 측 통교자를 인정하고, 일본에서 조선에게는 쇼군이 정식으로 사절을 보내는 것 이외에 간레이(管領)와 오우치(大內)·오토모(大友)·소씨(宗氏) 등의 슈고(守護), 쓰시마·이키·마쓰우라(松浦)지방의 무사들, 상인과 승려 등 다양한 사람들이 조공이라는 형태로 통교하였다.34)

－이하 생략－

본 교과서도 왜구의 문제를 교역사의 관점에서 다루고 있다는 점에서 다른 교과서의 범주에서 크게 벗어나지 않는다. 다만 (조선과의 통교)라는 항목을 만들고 조선과의 교류에 비중을 두어 다루었다는 점이 다른 교과서와 차별된다.

특히 주33)(교과서 각주)에서는 왜구의 근거지를 '조선의 제주도 등에 거주하는 해민을 포함한다'라고 규정하여, 다른 교과서에서 볼 수 없는 '제주도=왜구의 근거지설'을 싣고 있다. 앞의 2장의 주12)에서 언급한 바와 같이 다하시 기미아키(高橋公明)의 이론인 '조선시대 제주도=왜구의 근거지'를 따르고 있다고 볼 수 있다.

이는 한국과 일본의 시대구분의 차이를 고려하지 않은 서술내용이라고 판단된다. 예를 들어 한국사에서는 조선이 건국하는 1392년을 경계로 대일본정책이 구분되기 때문에 왜구 분석의 구분이 가능하다고 볼 수 있다. 반면에 일본사의 경우 1336년부터 무로마치막부가 존속하고 있어서 1392년에 남북조내란이 종식되었다 하더라도, 일본해적의 활동과 왜구의 활약에 대한 시기구분은 무의미해 진다. 그렇다고 일본학자의 주장처럼 왜구문제와 관련해서 '고려시대의 제주도'와 '조선시대의 제주도'를 동일선상에서 평가할 수 없다고 생각한다.

3) 『日本史 B』, 三省堂, 2007.

제9장 무로마치막부와 동아시아
3. 동아시아와의 교류
(왜구)

---

33) (교과서 각주) 왜구는 일본과 조선 사이의 해역, 즉 일본의 쓰시마, 이키, 마쓰우라 지방과 <u>조선의 제주도</u> 등에 거주하는 해민을 포함하고, 한반도와 명의 해안지역에 서 국경을 초월하여 활동한 집단이다.

34) 『新日本史 B』, 山川出版社, pp.138~140.

일본과 중국, 조선과의 왕래는 몽골의 침입 이후에도 정식의 국교는 없었지만, 여전히 활발하였다. 승려와 상인뿐만이 아니라 가마쿠라·무로마치막부도 원과 교역하고[35] 경전, 송전, 원전(元錢), 도자기 등을 들여왔는데, 이것들이 일본사회에 커다란 영향을 주었다.

그러나 14세기에 들어와서 교역에 종사하고 있던 규슈와 세토(瀨戶)내해 연안의 무사와 상인들 중에서 이키·쓰시마·히젠마쓰우라(肥前松浦)등을 근거지로 삼아 한반도의 연안에서 사람과 쌀 등을 약탈하는 해적행위와 밀무역을 행하는 자들이 나타났다. 이들을 왜구라고 부르는데, 사람들이 두려워하였다.[36] 더욱이 14세기 후기부터 15세기에 걸쳐서 원과 고려가 반란 등에 의해서 쇠약해지기 시작했기 때문에 동아시아 세계에 커다란 변화가 일어났다.[37]

본 교과서와 교과서 주석의 내용을 보면, 왜구의 주체를 일본 상인으로 파악했고, 근거지를 이키·쓰시마·히젠의 마쓰우라로 기록하고 있어서 비교적 객관적인 내용을 수록하고 있다고 평가할 수 있다. 이것은 앞의 2장에서 살펴본 바와 같이, 주6)의 나가누마 겐카이(長沼賢海)에 의해서 제기된 왜구 근거지 이론을 따르고 있다고 볼 수 있다.

다만 왜구의 주체를 교역에 종사하던 무사와 상인으로 규정하고 있어서 문제의 소지가 남는다. 왜냐하면 왜구를 동아시아 교역사에 포함시켜서 '왜구=무장상인단설'로 파악한 모리 가쓰미(森克己)의 학설[38]을 기초로 삼고 있기 때문이다. 이는 앞에서 살펴본 山川出版社의『高校日本史 B』와『新日本史 B』에서의 교역사 관점과 일치한다고 볼 수 있다.

실제로 14~15세기 고려와 조선에 출몰하는 왜구와 16세기 중국에 출몰하는 왜구는 성격이 매우 다르다. 중국인 중심의 16세기 왜구라면 '왜구=무

---

35) (교과서 각주) 1325년 가마쿠라막부는 원에 겐쬬지(建長寺)선을 파견하여 교역이 가져다주는 이익으로 겐쬬지를 복원하였다. 아시카가 다카우지(足利尊氏)도 무소 소세끼(夢窓疎石)의 건의를 받아들여서 덴료지(天龍寺) 조영의 비용에 충당하기 위해서 덴료지선을 원에 보냈다.

36) (교과서 각주) 왜구는 조선과 명의 사람이 부르는 일본인 해적의 명칭. 왜구의 활동은 14~15세기에 일본인이 중심이었던 전기 왜구와 16세기에 중국인이 중심이었던 후기 왜구로 나누고 있다.

37) 『日本史 B』, 三省堂, p.111.

38) 森克己, 『日宋貿易の研究』, 國立書院, 1948.

장상인단설'의 적용이 가능하리라 판단된다. 그러나 본 교과서의 서술에서
보는 바와 같이 교역사의 관점에서 14~15세기 왜구를 똑같이 다루는 것은
왜구주체 규정상의 오류라고 판단된다.

4) 『高校日本史 B』, 實敎出版, 2007.

제4장 중세사회의 전개
3. 무로마치시대의 일본과 조선·중국
(왜구의 활동)
　원의 침입 이후에 승려와 상인들은 활발하게 중국대륙과 왕래하였다. 무로마치막부는 덴료지(天
龍寺)의 조영 비용을 충당하기 위해서 덴료지선 (天龍寺船)을 원에 파견하였다. 규슈와 세토내해
의 지역의 무사·상인도 동중국해를 건너 무역에 종사했지만, 이들의 일부는 무역활동이 어려워지
자 해적행위를 일삼았기 때문에 왜구[39]라고 불려졌다.
　왜구는 쓰시마·이키·고토열도(五島列島) 등, 당시 삼도(三島)지방이라 불리던 지역을 근거지로
삼고 있었기 때문에 삼도(三島)왜구라고도 불려졌다. 이곳의 섬에서는 식량을 자급하는 것이 어
려웠기 때문에 어업과 사무역으로 생계를 꾸려나갔지만, 선단을 조직하고 무장하여 조선과 중국
의 연안을 습격하기도 하였다.

(역사의 창)
(왜구와 조일(朝日)무역)
　조선의 기록에 따르면, 1350년에 시작된 왜구가 한반도 남부의 항구를 습격하여 쌀 조운선을
빼앗고 수비대와 교전했다고 한다. 왜구는 쌀을 빼앗고 연안의 주민까지 붙잡아 일본으로 끌고
와서 노예로 삼고, 류큐(琉球)로 팔아넘기는 일도 있었다. 왜구는 고려의 금압에도 불구하고 횟수
가 증가하고 규모도 점차 커져갔다. 1379년에 침입한 왜구는 '기병 700명, 보병 2,000명'이었다고
하는데, 고려의 정규군과 맞서서 싸울 정도였다. 조선의 민중 중에서는 '왜구'라고 스스로 칭하고
고려의 지배에 저항하는 자도 출현하였다. 이들은 민족과 국경을 초월하여 연합하고, 사람과 물
건, 기술과 정보의 교류를 적극적으로 전개하였다.[40]
ㅡ이하 생략ㅡ

　본 교과서도 바로 앞의 三省堂의 『日本史 B』와 마찬가지로 주6)의 나가
누마 겐카이(長沼賢海)의 견해를 따라서 왜구의 근거지를 쓰시마·이키·고

---

39) (교과서 각주) 왜구는 조선과 명의 사람들이 일본인 해적에게 붙인 호칭이다. 나중
　　에는 중국인이 주요 구성원이 되었고, 포르투갈 사람도 그 안에 포함되었다.
40) 『高敎日本史 B』, 實敎出版, p.78.

토열도(五島列島)로 보고 있다. 또 왜구 발생 원인에 대해서 식량자급의 어려움을 들고 있다.

또 왜구의 주체를 사무역에 종사하던 상인, 혹은 조선인이 민족을 초월한 일본인과의 연합 세력으로 보고 있는데, 2장에서 주11)의 다나카 다케오(田中健夫)의 '일본·고려인의 연합론'을 계승하고 있다고 볼 수 있다. 즉한 세기 동안의 일본의 연구성과 속에서 결코 인정하기 어려운 이론을 그대로 기술하고 있는 것이다.

5) 『日本史 B』, 實敎出版, 2007.

제6장 무가사회의 전개와 외교
2. 무로마치막부의 정치와 외교
(왜구와 감합무역)
　몽골의 침입으로 중단되었던 중국·조선과의 왕래가 활발해지고 승려와 상인이 오가면서, 가마쿠라막부도 교역선을 준비하여 원에 파견하였는데, 무로마치막부에서도 이것을 답습하였다.41) 북규슈와 세토내해 연안의 주민들도 선단을 구성하여 무역에 종사하고, 때로는 왜구가 되어 대륙연안을 황폐화시키고, 쌀과 사람을 약탈하며 중국과 조선을 괴롭혔다. 1368년 원을 북방으로 몰아내고 명을 세운 주원장(태조 홍무제)은 다음해 일본에 입공을 독촉함과 동시에 왜구의 금압을 요구했다. 명에서는 해금정책을 세우고, 일반 중국인의 해외도항과 해상무역을 금지하였기 때문에, 무역의 길이 막힌 일본으로서는 새로운 대응책을 강요받았다.42)
　-이하 생략-

본 교과서에서는 왜구의 주체가 三省堂의 『日本史 B』와 마찬가지로 주6)의 나가누마 겐카이(長沼賢海)의 견해를 따라서 왜구의 근거지를 북규슈와 세토내해의 주민들로 규정하고 있다. 또 왜구의 주체에 대해서 무역에 종사하던 사람들도 왜구로 참여하고 있다고 하여 일부 교과서 내용과 일치

---

41) (교과서 각주) 아시카가다카우지(足利尊氏)와 다다요시(直義) 형제는 고다 이고(後醍醐)천황의 명복을 빌며 덴료지를 조영하고, 무소 소세끼(夢窓疎石)를 창시자로 삼았다. 가마쿠라막부가 파견한 겐쬬지(建長寺)선의 선례를 답습하였는데, 이때에 덴료지(天龍寺) 조영을 위해서 무역선이 파견되었다. 이것이 덴료지선이다.
42) 『日本史 B』, 實敎出版, pp.138~139.

하고 있다.

한편 교역사의 관점에서 왜구문제를 다루고 있는 점이 다른 교과서의 내용과 크게 다를 바 없지만, 내용면에서 정치사와 외교사의 시각에서 왜구의 문제를 풀어 나가려고 시도한 점이 특기할 만한 교과서이다.

6) 『高等學校 日本史 B』, 淸水書院, 2007.

제2편 중세
제3장 무로마치막부와 기타야마(北山)문화
3. 원구(元寇) 이후의 동아시아에 어떤 교류가 보이는가?
(동아시아로 확대하는 왜구의 활동)
 몽골의 침입 이후에도 일본과 대륙과 한반도의 교류는 계속되었다. 1341년에는 덴료지(天龍寺)의 조영 자금을 얻기 위해서, 아시카가요시미쓰(足利義滿)가 무역선을 원에 파견하였다. 그러나 이 무렵부터 원·고려의 쇠퇴를 이용하여, 그 연안일대를 중심으로 일본인 해적집단이 자주 출몰하여, 미곡을 약탈하고, 주민을 노예로 팔기 위해서 끌고 갔다. 이러한 일본인 주체의 해적집단을 왜구[43]라고 한다. 그 피해는 동아시아 세계가 공통으로 해결해야만 하는 과제가 되었다.[44]

본 교과서의 내용에서 보다시피 왜구의 발생원인과 왜구의 주체를 명쾌하게 설명하고 있다. 즉 왜구의 발생원인은 쓰시마·이키·고토(五島)·마쓰우라(松浦) 등지의 척박한 자연환경과, 일본에서 남북조가 나뉘어 내란으로 치닫던 혼란한 시대적 상황이라고 설명하고 있다.

또 왜구의 주체를 쓰시마·고토(五島) 등지의 일본인으로 묘사하고 있다. 교과서에서 학술성과의 객관적인 내용을 서술하고 있는 점이 본 교과서의 특징이라 할 수 있겠다. 즉 전체적으로 비교적 객관적인 내용을 교과서에

---

43) (교과서 각주) 왜구의 활약이 활발했던 배경은 이들이 주로 거주하고 있던 쓰시마·이키·고토(五島)·마쓰우라(松浦) 등지의 만성적인 식량 부족이고, 또 남북조 내란 시대에 이들 지역에 대한 중앙정부의 통제가 불안정하였던 점이다. 역시 왜구는 초기에 쓰시마·고토(五島) 등지의 일본인이고, 16세기 이후에는 무장상인으로 조직화한 중국인이었다.
44) 『高等學校 日本史 B』, 淸水書院, p.80.

서술하고 있다고 평가할 수 있다.

V. 결론

이상으로 6종의 일본 고등학교 역사교과서의 분석을 통하여, 왜구와 관련하여 다양한 견해가 기술되어 있음을 알 수 있었다. 이것을 표로 작성해 보면 다음과 같다.

〈표 2〉교과서 내용의 왜구 근거지, 왜구의 발생원인, 왜구의 주체

연번	교과서	왜구 근거지	왜구의 발생원인	왜구의 주체	출판사
1	高校 日本史B	불분명	불분명	왜구라 불리는 해적집단	81-山川-日B017
2	新 日本史B	쓰시마, 이키, 마쓰우라 지방과 제주도의 해민	불분명	불분명	81-山川-日B018
3	日本史B (개정판)	이키, 쓰시마, 히젠마쓰 우라	불분명	규슈와 세토내해의 무사 와 상인 일본인 중심	15-三省堂-日B015
4	高校 日本史B	쓰시마, 이키, 고토열도 (삼도)	식량자급의 어려움	규슈와 세토내해의 무사 와 상인 삼도 왜구 일본인과 고 려인의 연합	7-實敎-日B013
5	日本史B	북규슈와 세토내해	불분명	북규슈와 세토내해의 주민	7-實敎-日B014
6	高等學校 日本史B (개정판)	쓰시마, 이키, 고토열도, 마쓰우라 등지	식량부족 내란기의 정치 혼란 상황	일본인 해적집단 쓰시마, 고토 등지의 일본인	35-淸水-日B016

위의 〈표 2〉에서 보는 바와 같이 왜구의 근거지, 왜구의 발생 원인, 왜구의 주체에 대한 항목에서 불분명한 설명 부분이 18개 중에서 6개 (약 33%)

에 이르고 있음을 확인할 수 있다. 반면에 내용이 객관적인 부분은 18개 중에서 11개(약 61%)이지만, 한반도를 왜구의 근거지로 보거나 고려·조선인을 왜구의 주체로 파악한 경우는 18개 중에서 2개(약 11%)였다.

이것을 종합적으로 평가해 보면, 왜구의 근거지, 왜구의 발생원인, 왜구의 주체와 관련하여 약 61% 정도가 비교적 객관적인 논지로 서술되었음을 알 수 있다. 그러나 실제로 그 나머지 39%에 해당하는 불분명 혹은 비객관적인 논지가 교실 안에서 교사에 의해서 어떻게 행해지고 있는지가 의문이다. 실제적으로 교육의 현장에 있는 교사의 자의적 설명도 가능한 부분이라고 생각되기 때문에 더욱 그러하다. 이를 바탕으로 몇 가지 결론에 이르게 되었다.

1. 대부분의 일본 역사교과서가 왜구를 교류사와 교역사의 범주에 넣어 기술하고 있다는 점이다 (『고등학교 학습지도 요령』이 충실하게 반영되었다고 볼 수 있다).
2. 왜구의 근거지와 왜구의 주체와 관련해서 일부 일본학자의 왜곡된 견해가 그대로 반영된 경우가 존재한다는 점이다.
3. 실제로 왜구는 『고등학교 학습지도 요령』에서 '일본 제지역의 동향과 일명무역 등의 동아시아 세계와의 교류'에서 다루도록 되어 있다. 비교적 간단한 학습지도 요령의 내용이 교육현장에서 교사에 의해서 어떻게 설명되는가의 문제도 검토해야할 대상이다.

우선 이러한 문제를 극복하는 방법으로서 한·일 학자 간의 정기적인 상호 교류와 토론을 통해서 학술적인 조율이 우선시되어야 할 것으로 생각한다. 이와 더불어 교사와 민간단체의 적극적인 교류와 토론회, 그리고 자료교환도 병행되어야 할 것이다. 그러면 앞으로 공동 연구성과를 바탕으로 개별교과서의 수정도 가능하리라고 판단된다. 이러한 유기적인 활동을 통해서 교과서 왜곡문제가 해결될 날을 기대해 본다.

제2장 東아시아 海域의 아웃로(Outlaw)
-13·14세기 倭寇 출현의 관점에서-

Ⅰ. 머리말

전 역사시대에 東아시아 해역에서 해적의 활동은 지속적으로 존재해 왔다. 특히 중세 일본의 해적이 해역의 경계를 벗어나 고려·명까지 활동영역을 확대하고 있는데, 이것은 東아시아 세계가 갖는 특징 중의 하나이다.

본 논문에서는 12세기부터 고려를 대상으로 활동하기 시작하여 14세기에 극성기를 맞이하는 왜구의 격렬한 활동에 주목하고 싶다. 물론 이들은 東아시아 세계에서 보편성을 뛰어넘는 이단적 집단으로서 일본열도의 해양성을 바탕으로 활동하는 특수 집단이었다. 즉 국가 간의 교역 또는 非國家 권력집단의 약탈이라는 이중적 태도를 견지하면서 동아시아 교역질서를 교란하는 기생집단이었다. 이미 오늘날 학계에서는 왜구의 이러한 행동을 고려의 쇠퇴와 멸망의 한 원인으로 파악하는 견해가 통설화되어 있다.

지금까지 왜구의 발생과 활동을 중심으로 다양한 연구성과가 축적되어 왔다. 이 중에는 왜구의 출현이 여·몽 원정군의 침입에 대한 반격에서 나온 「異國征伐」 계획과 밀접하게 관련되어 있다고 보는 논리가 있다.1) 즉 「文永의 역」 이후 몽골·고려·일본 사이에 내재한 대결적 국제관계가 왜구 출현의 원인이었다고 분석하고 있는 것이다. 같은 맥락에서 「文永의 역」 이후 고려와의 이해관계가 사라진 大宰少貳가 실시한 왜구의 嚴禁策이 붕괴

---

1) 中村榮孝, 『日朝關係史の硏究』上, 吉川弘文館, 1965, p.96 참조.

되면서 13세기 후반에 왜구가 연달아 침입하였다고 보는 견해가 나오기도 하였다.[2] 이 같은 연구는 왜구 출현의 시기와 원인, 그리고 활동 주체를 중점적으로 다루었다고 평가할 수 있다.

그러나 일본에서 발표된 기존의 학설에 대해서 일본해적과 동아시아 해역의 왜구의 출현을 복합적인 요소로서 상호 보완하여 연구할 때에 주관적 논리의 한계를 객관적으로 극복할 수 있을 것으로 판단된다. 따라서 모순해결의 한 가지 방법으로서 東아시아 해역에서의 해적세력의 활동성, 일본 해적이 동아시아의 해상경계를 뛰어넘는 사회적·정치적 배경 등을 관련지어 파악하는 작업이 필요하다고 생각한다.

따라서 본고는 동아시아 해역에서 일본 해적과 왜구의 공동의 행동양식과 목적을 탐색하고, 일본의 해적들이 갖는 동아시아 해역에 대한 경계인식과 對고려 인식을 파악해 나갈 것이다. 아울러 왜구가「백촌강 싸움」·「임진왜란」·「러일전쟁」 등과 같이 한반도에서 치러진 군사적 충돌과 어떤 인지적 관계가 있는지, 이를테면 연계성을 밝혀보고자 한다. 이를 위해서 12세기부터 일본 해역에서 시기별로「동아시아 해역에서 아웃로」의 출현, 막부에서 추진한「異國警固番役」과「異國征伐」의 해적금지 효과,「庚寅年 왜구」의 해양활동성 확대, 今川了俊의 정치공작과「해상 무사단」의 증가 등의 문제를 순차적으로 되짚어 보고, 동아시아 교류질서의 역기능자로서의 해적과 왜구의 파행적 행동을 해역사 관점에서 파악해 보도록 하겠다.

Ⅱ. 약탈자·교란자·아웃로(Outlaw)의 출현

일본사에서 해적의 활동에 관한 기록은 고대의 奈良·平安시대에 시작되어 중세의 鎌倉·室町시대에 들어와서도 계속해서 나타나고 있으므로 일본

---

2) 田村洋幸, 『中世日朝貿易の研究』, 三和書房, 1967, p.24 참조.

열도에서 해양사의 흐름을 예측해 볼 수 있는 분명한 증거 자료이다. 이를
테면 바다를 생업의 기반으로 삼고 삶을 영위해 나가는 '어민'이나 '해민',
그리고 小領主 이하 계층3)과 이들의 행동양태를 예단하는 지표로 활용하
는 데 충분한 가치를 갖는다.

우선 일본 고대에 세토(瀨戶)내해에서 활동하던 해적을 가장 잘 설명해
주는 자료는 『今昔物語集』이다. 이 『今昔物語集』에는 항해하는 선박을 탈
취하고 선적된 물품 약탈과 선원 살해 등의 해적행위를 자세히 묘사하고
있다.4) 이를테면 세토(瀨戶)내해에서 항해하는 선박들을 대상으로 약탈과
살생을 일상으로 행하는 불법집단의 비인도적인 잔혹한 행동을 기술하고
있는 것이다. 여기에서는 해적으로 활동하는 자들을 '佗人'으로 규정하고
있는데,5) 이는 가난으로 실의에 빠진 '어민'이나 '해민', 소영주 이하의 계
층을 뜻하는 별칭으로 해석된다.

따라서 이들은 고대말의 사회 불안에 따른 생활고를 해결하기 위해서 항
해하는 선박을 탈취하고 해안의 창고에서 식량 도적질을 일삼는 자들이었
다. 이 시기의 해적의 행동은 세토내해의 지정학적 여건과도 밀접하게 관련
되어 있었다. 그리고 약탈도 다분히 일상적인 삶을 영위하기 위한 생계수단
과 그 이상의 목적까지 가진 것으로 짐작된다. 그리고 점점 열악해지는 경
제여건과 지역 상황을 호전시킬 수 없게 되자 스스로 약탈행위를 통제하지

---

3) 토지를 기반으로 생활하면서도 부정기적으로 바다에 나가 활동하던 해안지역의 住
　人를 비롯한 小領主까지도 포함하면서 지역연합체의 집단의식을 갖는 자들을 일컫
　는 용어이다.
4) 『今昔物語集』 권24 제19 「播磨國陰陽師智德法師語」, '明石ノ前ノ沖ニツテ, 海賊來テ
　船ノ物ヲ皆移シテ取リ. 數人ヲ殺シテ去ニケリ. …(中略)…「國ヨリ上ツルに, 此沖ニシ
　テ, 昨日海賊ニ羅會テ. 船ノ物モ皆被取レ, 人モ被殺テ, 希有ノ命許ヲ生テ侍ル也」ト
　云へ゛'
5) 『今昔物語集』 권28 제15 「豊後講師 謀從鎭西上語」, '海賊ノ云ク.「佗人ノ糧少シ申サ
　ムカ爲ニ參タル也」ト. 講師ノ云ク.「此ノ船ニハ糧モ少シ有リ. 輕物モ人要ス許ノ物ハ
　少有リ. 何ニマレ, 其達ノ御心ニ任ス…」'

못하고 더욱 대범해져 가는 양상을 보여주고 있었다.

12세기에 접어들어 이들의 활동범위와 행동양식이 더욱 대범하게 나타나기 시작한다. 점차로 일본해역을 벗어나서 해양경계 밖으로 활동영역을 넓혀나가는 것이다. 먼저 1152(仁平 2)년 九州 肥前國 松浦郡 五島열도 小値賀島에서 預所職을 갖고 있던 淸原是包가 비법을 일삼아 백성을 도탄에 빠트리고 고려 선박을 탈취하였다는 이유로 그 所職을 박탈당하는 사건이 발생한다.[6] 고려 선박의 탈취 사건이 그가 所職을 박탈당하는 이유의 하나인 점으로 보아서, 탈취된 고려 선박은 규슈의 大宰府를 오가는 무역선이거나 進奉과 관련된 선박이었을 가능성이 충분하다. 따라서 고려선박 탈취 행동은 일본 사료에 기록되어 있는 고려를 상대로 자행한 최초의 왜구 행위라고 보아도 무방하지 않을까 생각한다.[7]

본래 五島열도의 섬들은 遣唐船이 중국으로 먼 항해를 떠날 때 마지막으로 들르는 기항지로 자주 이용되었다. 이러한 지리적 특성 때문에 외국 선박의 왕래나 선적된 화물에 관한 정보가 넘쳐났을 것이다. 또한 이곳은 宋 상인의 생활 터전이었던 平戶島[8]와 같이 대륙에 대한 동경심이 강할 뿐만 아니라, 고려와 중국의 최신 정보를 가장 빠르게 접할 수 있는 지역이었

6) 『靑方文書』安貞 2년(1228) 3월 13일, '是包好狼籍, 致民煩, 依移高麗船, 仁平二年蒙御勘當, 被解却之刻.'
7) 拙稿, 「東아시아 經濟 圈域에 있어서 약탈의 주역, 海賊과 倭寇」『中國史硏究』29, 2004, p.151 참조.
『高麗史』권10 세가 권10, 선종 10년(1093) 7월 계미조와 『高麗史節要』권6, 선종 10년(1093) 7월조에는 연평도에서 宋人 12인과 倭人 19인으로 구성된 해적이 승선해 있는 해선(海船) 1척을 나포한 것으로 기록하고 있다. 그러나 이 해선에 실려 있던 물품의 종류(수은, 진주 유황 법라)와 이들에 의한 약탈행위가 발생하지 않던 점으로 미루어 보아. 이 선박은 상선이었을 가능성이 짙다고 할 수 있다.
8) 당시 平戶島에는 宋나라 출신의 상인 蘇 船頭가 안정된 생활기반을 갖고 있었고, 그가 죽은 후에는 선박·수부·항해기술 등의 유산이 아들인 源連(양아버지가 源直이었음)에게 양여되었다(『靑方文書』安貞 2년(1228) 3월 13일).(拙稿, 「松浦黨 一揆의 再考」『史學志』30, 1997, p.243 참조).

다. 아울러 중국을 왕래하는 선박의 잦은 입항과 외국인 거주가 자유롭게 보장된 국제화된 지역이었다.

이후에도 九州 肥前國 松浦郡에서 나온 사료에서는 고려와 관련된 사건 기록이 자주 등장한다. 그 첫 번째 기록은 1226년(嘉祿 2) 『明月記』기사에서 찾을 수 있다. 松浦郡을 중심으로 활동하는 松浦黨의 한 무리가 수십 척의 兵船을 이끌고 고려의 別島에 가서 민가를 습격하고 재물을 약탈하였다[9] 내용이 그것이다. 여기에서 '松浦'라는 명칭은 九州 肥前國 松浦四郡(동·서·남·북)을 의미하며, '松浦黨'은 平安말부터 鎌倉초기에 松浦郡의 도서지역을 중심으로 활동하던 「해상무사단」을 지칭하는 용어이다. 당시 일본 내에서는 松浦지역의 무사단을 '惡黨'의 경우와 마찬가지로 제삼자로부터 멸시의 의미로 '松浦黨'이라 불리고 있었다.[10]

또 다시 松浦지역의 住人이 주동이 되어 바다를 건너 다시 약탈을 자행하는데, 1232(貞永 원)년 肥前國 東松浦郡 唐津에 위치한 鏡神社의 住人들이 고려로 쳐들어가 재물을 약탈하는[11] 사건이 그것이다. 이것은 기존에 바다를 삶의 터전으로 삼고 있는 해상무사단의 활동이라기보다 鏡神社가 경영하는 所領에 살고 있는 住人들의 준동인 것이다. 따라서 해적 활동에 北九州 해안지역의 住人들이 가담할 정도로 해적의 구성원이 다양해지고 폭넓게 확대되고 있음을 확인할 수 있다.

이들의 약탈행위는 일본 내에서도 용납될 수 없는 불법적인 행위였다. 『百鍊抄』에 따르면 1226년(嘉祿 2)년에 大宰少貳가 고려사신의 면전에서 對馬島의 「악당」 90인을 참수한 것으로 되어 있다.[12] 이는 大宰少貳가 對고려 관계를 고려하여 해적행위, 왜구활동을 강력하게 통제하고 있음을 보

9) 『明月記』 嘉祿 2년(1226) 10월 17일조, '高麗合戰一定云々, 鎭西凶黨等(號松浦黨), 構數十艘兵船, 行彼國之別嶋合戰, 滅亡民家, 掠取資財'.
10) 瀨野精一郎, 『鎭西御家人の硏究』, 吉川弘文館, 1974, p.459 참조.
11) 『吾妻鏡』 貞永 원년(1232) 윤9월 17일조.
12) 『百鍊抄』 安貞 원년(1227) 7월 21일조.

여주는 기록이다. 당시에 막부도 貞永 원년(1232) 공포한 「御成敗式目」 제
3조와 제 11조에서 해적행위를 중죄로 다스리고 있었다.[13] 그런데 1263년
(고려 元宗 4) 왜구가 고려의 貢船을 약탈한 사건이 발생하고 고려사신이
大宰府로 건너가 추궁하였을 때, 大宰少貳의 처리방식은 이전처럼 범인 색
출과 처단이 아니라 답례품의 회송이라는 비교적 간단한 처리로 사건을 마
무리 짓고 있다.[14] 이같은 해결방법의 변화는 大宰少貳의 입장에서 색출이
어려울 정도로 왜구 세력의 근거지가 광범위하게 확장되었거나, 가담자 몇
명만의 처형만으로는 그 근절이 어려울 정도로 세력규모가 확대되었음을
의미하는 것이 아닐까?

위의 네 가지 왜구관련 사료에서 나타나는 약탈 행위는 이제까지 일본
내해로 제한되어 있던 松浦지역과 對馬島 일대의 「해상 무사단」·住人·「惡
黨」 등의 일본 해적세력이 동아시아의 해상경계를 넘어 고려를 대상으로
한 본격적인 약탈의 신호탄이었다.

그런데 일본의 사료에서 보이는 동아시아 해역의 경계를 넘나드는 약탈
활동과 같은 시점에서 왜구가 고려를 약탈하는 사건이 고려의 기록에도 나
타난다. 『高麗史』에서는 왜구가 1223(高宗 10)년 왜구의 金州 침입을 시작
으로 1225(고종 12)년에는 경상도 연해에 침입했다는 기사가 보인다. 또 다
시 1226(고종 13)년에는 경상도 연해의 州郡을 침입하고 1227(고종 14)년에
는 金州와 能神縣에 출현하면서,[15] 이후에도 계속해서 왜구 활동이 확대되
는 상황을 잘 기록하고 있다.

이처럼 일본 측 사료인 『明月記』·『吾妻鏡』·『百錬抄』의 기록과 고려 측
사료인 『高麗史』의 기록에서, 고려에 왜구가 출현하는 시점과 松浦지역과

---

13) 『中世法制史料集』 「御成敗式目」 3·11조(貞永 원년(1232) 8월).
14) 『高麗史』 권25 세가 권25, 元宗 4년(1263) 2월 계유조 ; 4월조 ; 8월조(拙稿, 「一揆
　　와 倭寇」, 『日本歷史研究』10, 1999, pp.54~56 참조).
15) 『高麗史』 권22 세가 권22, 고종 10년(1223) 5월 ; 12년(1225) 4월 ; 13년(1226) 정월
　　 ; 14년(1227) 4·5월.

對馬島의「해상 무사단」·住人·「惡黨」들이 약탈을 시작하는 시점이 거의 일치하는 이유는 무엇인가. 단순한 우연이라고 간과할 수 있는 문제가 아니다. 여기에서 분명한 것은 양국의 기록은 인과관계가 공존하는 동일한 사건을 묘사했다는 점이다. 이 두 사건 기록은「承久의 난(1221)」에서 패한 公家측의 西國의 무사들이 토지를 몰수당하고 생존의 위기에 봉착하면서 새로운 삶을 찾아 세토내해에서「해상 무사단」을 이끌고 동아시아 해역의 경계를 넘는 해적 활동과 동일선상에서 파악해야 할 것이다.

종합해 보면, 일본의「해상 무사단」·住人·「惡黨」등의 일부가 고려를 대상으로 활동하는 약탈자로 변신한 것이다. 이들은 동아시아 해역이라는 무대에서 생존전략으로 약탈을 행하고 부(富)를 취하면서,「동아시아의 해상 약탈자」또는「東아시아 국제질서의 교란자」라는 이미지에 걸맞은 왜구로 대변신을 시도한 것이다.[16] 즉 세토내해에서의 존재 행태를 그대로 확대시킨「동아시아 해역의 아웃로(Outlaw)」[17]라는 별명에 걸맞게 약탈과 살상의 불법행동을 지속해 나갔던 것이다.

Ⅲ.「異國征伐」과 해적금지 효과

13세기 중반에 접어들면서 동북아시아의 국제정세에 커다란 변화가 일어난다. 대제국 건설에 매진하던 몽골이 金을 멸망시키고, 고려를 복속시킨 다음 자신들의 의도대로 바다건너 일본열도까지도 지배하에 두려는 의도로서 일본 招諭의 사신을 파견하는 일련의 진행과정이 그것이다. 실제로 1266

---

16) 拙稿,「東아시아 經濟 圈域에 있어서 약탈의 주역, 海賊과 倭寇」, p.160.
17) 원어에는 무법자, 법외자, 반역자 등의 의미가 있다. 본고에서는 '일본의 해적'의 활동 영역을 연장시켜서 '동아시아 해역에서 질서를 왜곡시키고 불법적 행위를 자행하는자'라는 의미와 동일선상에서「동아시아 해역의 아웃로(Outlaw)」라고 명명하였다.

년부터 1274년 1차 일본 원정 때까지 모두 여섯 차례에 걸친 적극적인 일
본 招諭의 사신 파견이 이것을 잘 입증해 주고 있다.18)

　여섯 차례의 사신 파견 중에서 막부에 전달된 네 번의 일본 招諭의 牒狀
내용은 일본침입을 위협하는 것이었다기보다 명분론적으로 복속을 유도하
는 수준에 불과하였다. 그러나 몽골의 일본 招諭에 대한 막부의 처세는 대
의명분에 입각하여 융통성이 결여된 대응전략 일색이었다. 이러한 막부의
외교전략은 국제정세를 정확히 인식하지 못하는 「무능한 대처」였고, 오히
려 내부적으로 일본의 「대외위기」를 조장해 가면서 전 일본의 지배권 강화
에 관심을 집중하고 있었다. 즉 마지막까지 몽골에게 返牒을 보내지 않는
강경한 대응을 고수하면서, 조정과의 외교권 싸움에서 주도권을 장악하려
는 미숙성한 대외 대응전략 일변도였던 것이다.

　더욱이 1271년 5월 고려 삼별초의 거점인 珍島가 연합군의 공격에 의해
함락되기 직전, 일본과의 연대 투쟁을 호소하는 삼별초의 첩장이 막부에 도
착한다. 이때 막부가 접한 내용에는 몽골이 일본을 공격해 올 것이라는 사
실, 식량지원을 요청하는 것, 병력의 도움 요청 등이 있었다. 바꾸어 말하
면, 고려에서 전개된 삼별초의 대몽항거가 1270년 6월부터 1273년 4월까지
전개되는 동안 가마쿠라 막부에게 몽골의 위협을 해결할 수 있는 군사적
연대와 시간적 여유를 제공하였던 것이다.19) 그럼에도 불구하고 막부는 첩
장의 내용을 정확하게 파악하지도 못하고 자신들에게 유리하게끔 대응전략
을 세우지도 못하는 등, 동아시아 정세의 국제적 감각이 뒤떨어졌음을 보여
주는 미숙한 처리로 일관하였다.

　오히려 막부는 몽골 사신 趙良弼이 세 번째(총 제5회 사신) 사신으로 大
宰府를 다녀간 1개월 후인 1272년 2월부터 규슈 연안의 경비태세를 더욱

---

18) 1266.11의 첫 번째 사신은 일본에 도착하지 못하였고, 이후 1268.1, 1269.3, 1269.9,
　　1271.9, 1273.3 모두 5차례에 걸쳐서 일본 招諭의 사신이 파견되었다.
19) 拙稿, 「中世 日本의 麗·蒙 위기론」, 『文化史學』23, 2005, pp.42~43 참조.

강화하는「異國警固番役」을 공포하여, 규슈지방에 所領을 가지고 있는 東
國의 御家人들에게 본인 또는 代官을 규슈로 내려 보내도록 명령하고 있
다.20) 그리고 1274년 10월 신무기와 집단 전술로 무장한 여·몽 원정군이
博多灣에 상륙하였을 때, 폭풍으로 불리한 전황이 반전됨으로써 극적으로
침입을 막아냈다.

자신감을 갖게 된 막부는 오히려「異國征伐」이라는 반격명령을 御家人
들에게 지시하고, 규슈와 山陰·山陽·南海道 등의 本所 一圓地에서 선원들
을 차출하여 다음 해(1276) 3월까지 하카타(博多)에 집결시키도록 명령하였
다.21) 물론 이「異國征伐」은 고려 공략을 목표로 하는 대반격 계획이었다.
그러나 다음 해에 기대와 달리 御家人들의 참여가 소극적이어서 본격적으
로 추진되지 못하였다. 실제적으로「異國征伐」의 참여 대신에 하카타(博
多)에서 석축(石壘)을 쌓는 일에 동원하였기 때문에, 다음 해부터 북규슈
전 지역에 걸쳐서 대규모 토목공사가 진행되었다.

계속해서 1281년에 여·몽 원정군의 두 번째 침입이 있었지만, 첫 번째
침입 때와 마찬가지로 태풍으로 무사히 위기를 넘길 수 있었다. 한편 두 차
례의 방어에 성공한 막부는 1281년 8월에도 규슈의 御家人들에게 두 번째
「異國征伐」명령을 내리고 있다.22) 그러나 1275년의「異國征伐」명령과
마찬가지로 실행된 흔적을 찾아볼 수가 없다.

결론적으로 두 차례에 걸쳐 여·몽 원정군의 공격을 막아낸 막부가 보복
과 반격의 차원에서「異國征伐」을 계획하였지만, 이 계획은 실제적으로 일
본 국내의 위기를 극복하기 위해서만 유효한 전략이었지 실현 가능성과는
거리가 먼 계획이었다. 오히려 이 계획은 御家人의 부족한 은상에 대한 불

---

20) 「追加法」447조.
21) 「追加法」473조 ;『東寺百合文書』建治 원년(1275) 12월 8일(『鎌倉遺文』〈12170〉).
22) 『東大寺文書』弘安 4년(1281) 8월 16일(『鎌倉遺文』〈14422〉). '可被征伐高麗之由 自
    關東其沙汰候歟. 少貳乎大友乎爲大將軍 三々國御家人 悉被催立 幷大和·山城惡徒五
    十六人 今月中可向鎭西之由 其沙汰候 …(하략)…'.

만과 지나친 경제 부담으로 야기되는 체제의 동요를 극복하려는 「자기방어의 논리」 차원에서 취한 정책에 불과하였다.23)

그리고 막부의 입장에서는 몽골 침입에 대한 「위기의식」을 이용해서 긴장을 유지하며 「異國警固番役」을 지속시켜 나갈 필요성이 있었다. 따라서 1294년에 몽골의 세조가 죽고 여·몽 원정군의 위협이 무산되었음에도 1272년에 공포되었던 「異國警固番役」을 유효한 명령으로 유지해 나갔다. 특히 석축(石壘)의 부분적인 수리라든가 북규슈 해안 지역에서 연장공사가 가마쿠라 막부가 멸망한 10여 년 전인 1323년까지 계속된 것을 보더라도 이 같은 사실을 잘 반영했다고 하겠다.

〈표 1〉『고려사』에 기록된 왜구의 출몰 빈도수24)

	西紀	A	B	C		西紀	A	B	C
高宗 10	1223	1	1	1	忠定王 2	1350	7	6	6
12	1225	1	3	1	3	1351	4	3	4
13	1226	2	2	3(2)	恭愍王 1	1352	8	12	7
14	1227	2	1	2	3	1354	1	1	1
元宗 4	1263	1	1	1	4	1355	2	2	2
6	1265	1	1	1	6	1357	4	3	4
忠烈王 6	1280	1	1	1	7	1358	10	10	6
16	1290	1	1	1	8	1359	4	5	4
忠肅王 10	1323	2	2	2	9	1360	8	5	5

23) 拙稿, 「中世 日本의 麗·蒙 위기론」, p.52 참조.
24) A는 羅鐘宇의 통계(羅鐘宇, 『韓國中世對日交涉史硏究』, 원광대학교 출판국, 1996, p.126). B는 田村洋幸의 통계(田村洋幸, 『中世日朝貿易의 硏究』, 三和書房, 1967, pp. 36~37). C는 田中健夫의 통계(田中健夫, 『倭寇と勘合貿易』, 至文堂, 1961)(( )는『中世海外交涉史의 硏究』, 東京大學出版會, 1957, p.4의 수정한 통계), (拙稿, 「一揆와 倭寇」, 『日本歷史硏究』10, 1999, p.73 〈표 3〉 참조).

한편 여·몽 원정군의 두 차례의 일본 공격이 있은 이후, 규슈의 재지무사들이 고려에 대해서 적개심과 복수심으로 무장하고 있었음은 충분히 짐작할 수 있다. 그런데 기존의 연구사에서 이것을 근거로 고려의 왜구 출몰이 「異國征伐」과 밀접하게 관련되어 있고,25) 「文永의 役」이후에 왜구의 규모와 구성이 현저하게 강화되었다고26) 보는 연구가 있다. 그러나 〈표 1〉에서 보는 바와 같이 1265년 이후부터 1350년의 「경인년 왜구」때까지 약 80여 년간 여·몽 원정군의 두 차례 일본침입이 있었음에도 불구하고 1280·1290년에 각각 1회와 1323년 2회 모두 4회의 왜구 출몰만이 기록되어 있을 뿐이다.27) 이전과 비교하여 결코 여·몽 원정군의 일본 침입 때문에 고려에 왜구 출몰이 잦아졌다고 볼 수 있는 횟수는 결코 아니다.

따라서 고려의 왜구 출현과 적개심이 불타는 「異國征伐」論을 관련지어 단정적으로 결론을 내리는 것은 부적절한 논리라고 판단된다. 반대로 1272년에 공포되어 1323년까지 지속된 「異國警固番役」과 「異國征伐」 그 자체가 수많은 御家人들을 규슈지역에 장기간 전시체제로 동원함으로써, 오히려 고려에 왜구 출몰을 지연시키거나 자제시켰다고 보는 논리는 어떨까.

아울러 1323년에 전라도 지역에서 100여 명의 왜구가 참수된 사건과 「庚寅年 왜구」를 왜구의 규모와 구성 강화의 근거로 삼는다면, 오히려 다음과 같은 또 다른 논리의 전개가 가능하지 않을까. 이전에 두 차례 여·몽 원정군의 일본침입으로 일본의 「해상 무사단」·住人·「惡黨」 등의 諸세력은 고려의 강한 군사력을 몸소 경험하였다. 따라서 약탈을 목적으로 고려에 침입하는 일본의 諸해상세력은 자신들의 조직을 더욱 체계화하고 대규모화해서

---

25) 中村榮孝, 『日朝關係史の研究』上, p.95 참조.
26) 田村洋幸, 『中世日朝貿易の研究』, p.24 참조.
27) 1280년에는 왜적이 固城 漆浦와 合浦에 들어와 어부를 붙잡아 간 사건과 1290년에는 왜가 변방에 침입한 사실을 元에 보고한 내용이 보인다. 또 1323년에는 왜구가 郡山島 앞에서 조운선을 약탈하고 楸子에 침입하여 사람을 잡아가는 宋頎가 전라도에서 왜구와 싸워 100여 명의 목을 벤 사건이 발생했을 따름이다.

고려군과의 군사적인 충돌에 대비하는 새로운 고려 공략방법을 구상할 수밖에 없었다. 따라서 왜구의 규모 확대와 구성의 강화는 현실을 충분히 반영한 약탈 전략의 수정에 따른 결과였다고 결론짓는 것이 더욱 설득력을 갖는다고 생각한다.

결론적으로 두 차례 여·몽 원정군의 침입과 관련한 「異國征伐」의 불타는 적개심이 고려에 대해서 노략질을 부축인 것도 아니고, 왜구 규모와 구성을 강화시킨 것도 아니다. 오히려 여·몽 원정군의 일본침입 때에 경험했던 고려의 강한 군사력에 대한 경외심이 고려 약탈 시에 소규모의 왜구 약탈을 자제시켰다. 더 나아가 왜구 규모의 확대와 인적 구성의 강화는 일본 해적들이 자신들의 방어를 위해서 절실하게 필요하다고 느낀 경험적 판단에 기인한 것이었다.

Ⅳ. 「觀應擾亂」과 해양활동성의 확대

가마쿠라막부가 멸망한 후 足利尊氏는 後醍醐天皇의 建武新政에 반기를 들고 거병에 실패하자 규슈로 피신한다. 그리고 전열을 재정비하여 1336(建武 3)년 京都로 되돌아와 光明天皇을 세우면서, 吉野로 피신한 後醍醐天皇(남조)과 京都의 足利尊氏(북조, 光明天皇)가 대결하는 남북조내란이 본격적으로 시작되었다. 초기에 무로마치막부의 지지를 받는 京都의 북조가 강력한 군사력을 바탕으로 남조를 쉽게 제압할 것 같았다. 그러나 막부 안에서 장군 足利尊氏와 그의 동생 足利直義가 대결하는 「觀應擾亂」이라는 내홍이 시작되면서, 남북조의 긴장감 넘치는 대립은 좀처럼 진정되지 않았다.

전 일본열도를 혼란에 빠트린 觀應擾亂의 진행과정에서, 먼저 將軍 足利尊氏의 집사인 高師直의 습격을 받은 足利直冬(足利直義의 양아들)가

1349(貞和 5)년 9월에 규슈로 피신해 내려온다. 直冬는 규슈의 재지무사들에게 「軍勢催促狀」을 발부하면서 '京都로부터의 명령에 따라서…'28), 혹은 '兩殿의 뜻을 받들기 위해서…'29)라는 문구를 사용하여 규슈로 피신해 온 자신의 행위에 정당성을 부여했다. 본래 규슈에 자신의 지지기반이 없다는 약점을 드러내지 않기 위해서 서로 상극관계에 있는 생부 尊氏와 양부 直義 두 사람의 권위를 적절히 이용하는 융통성까지 발휘한 것이다.

더 나아가 장군 고유의 권한에 속하는 「裏書 安堵狀」과 恩賞 급여에 관련된 「宛行狀」을 적극적으로 발급하고, 肥前國의 守護까지 임명해 가면서 규슈의 재지무사들을 자신의 편으로 적극적으로 규합해 나갔다. 이런 방법은 장군의 명령을 받고 그 권한을 대행하는 듯한 인상을 재지무사들에게 심어주면서 규슈에서 자신의 지지세력을 확대시켜가는 성공 비결이었다.

이러한 그의 적극적인 활동은 자신의 세력기반이 거의 전무하고 규슈가 북조 측과 남조 측으로 양분되어 있는 상황에서 빠르게 독자적인 세력을 확보하는 데 효과가 컸다. 이 때문에 '國이 모두 셋으로 나뉘어져서 온 세상에 쟁란이 끊이질 않는다.'30)라고 표현할 정도로 규슈의 재지무사들이 南朝·北朝·直冬 측으로 나뉘어서 서로 대립하는 상황이 연출되었다.

당시 자신의 所領을 안전하게 보전해야만 했던 재지무사들의 입장에서는 어느 편인가에 가담해야만 했고, 정세가 변화할 때마다 시기적절하게 直冬편에서 군충을 하거나, 때로는 북조 혹은 남조 측을 번갈아 가며 가담하는 유동성을 가질 수밖에 없었다. 이 과정에서 재지 무사들은 일족 내부에서 부자·형제 사이에서도 지지하는 세력을 달리하는 일족분열 양상을 보이

---

28) 『志岐文書』 貞和 5년(1349) 9월 16일 (『南北朝遺文』九州編 3卷, 〈2623〉) ; 『阿蘇文書』 貞和 5년(1349) 9월 18일 (『南北朝遺文』九州編 3권, 〈2626〉).

29) 『周防吉川家文書』 貞和 5年(1349) 11月 19日 (『南北朝遺文』九州編 3권, 〈2657〉), "爲奉息兩殿御意, 所打入也, 急速厚東周防權守(武藤)令同心合力, 可致忠節之狀如件".

30) 『太平記』 28권, 「太宰少貳奉堉直冬事」 '是二依テ宮方, 將軍方, 兵衛佐殿方トテ國々三二分レシカバ, 世中ノ劇彌無休時'.

기도 하였다. 결국 지지세력 확보를 위한 直冬의 정치공작 때문에 무사들 상호간의 분열은 물론 심지어는 일족 내부의 골육상쟁이라는 부작용까지 낳고 말았다. 그리고 直冬가 규슈를 떠난 후에도 계속해서 북조 측의 少貳氏, 또는 남조 측의 懷良親王의 요청에 따라 군사행동에 보조를 맞춰야 하는 굴레에서 좀처럼 벗어날 수가 없었다.

특히 松浦지방의 松浦氏 일족 내부에서도 이러한 양상이 확연하게 연출되었고, 일족 의식의 와해라는 상황까지 연출되고 있었다. 이러한 양상은 권력 측의 요구 또는 재지무사들의 자발적인 행동에서 나타나는 필연적인 결과였다. 예를 들어 松浦지방의 小領主들이 상호 해적질을 일삼는 극단인 예가 있다. 1354년(正平 9) 松浦靑方重와 松浦神崎能가 乘船穔米를 억류하였기 때문에, 이에 대해서 篤尙와 披가 서로 一揆를 조직하여 소송을 제기하고 있다.31) 여기에서 乘船糧米를 약탈하는 독단적인 행동은 해적 행위임에 분명하다. 이 사건은 松浦氏 내부의 일족의식이 와해된 상황에서 나타날 수밖에 없는 필연적인 결과이며 이후에도 어디서나 발생 가능성을 예고하는 불법행위였다. 이러한 소영주들의 해적 활동은 고려의 「庚寅年 왜구」와 연결선상에서 파악할 수 있는 것이 아닌가 생각한다.32)

또 松浦지방을 중심으로 육지에서의 所領 安堵와 마찬가지로 바다의 경계와 어업권의 확보를 둘러싼 분쟁이 점차 확대되어 갔다. 1344년(康永 3년) 해상에서 網代어업권을 둘러싸고 소송이 제기되는데,33) 이것은 어업권 충돌이 발생하자 「置文」 형식의 계약을 통해서 網代 어업권을 확보하려는 적극적 활동의 한 예이다.

이러한 경향은 直冬가 규슈에 내려온 다음 재지의 혼란이 가중되면서 더욱 가열되는 양상이었다. 1352년(觀應 3년) 해상의 어업권과 관련해서 작성

---

31)『靑方文書』正平九年 (1354) 5월 3일 (『南北朝遺文』 九州編 3권 〈3676〉).
32) 拙稿, 「一揆와 倭寇」, p.65 참조.
33)『靑方文書』康永 3년(1344) 卯월 1일 (『南北朝遺文』 九州編 권 〈2006〉).

한「松浦理 契約狀」[34]에서는 松浦氏와 靑方氏가 합의하에 앞으로 상호마찰이 없도록 해안과 바다의 경계를 구분하고 있다. 이 계약이 성립한 시기는 直冬가 규슈에 내려와 天下三分의 상황이 전개되던 막바지 시기였다. 이미 이 시기에 접어들면서 소영주들의 성장과 더불어 이들의 해양 활동성이 이전 시대와 비교하여 더욱 활발해지고 있었음을 시사한다.

이상과 같이 바다의 어업권은 남조·북조·直冬에게 군충 없이도 소영주 입장에서 삶의 터전으로 확보 가능한 미개척지나 다름없었다. 그리고 생존권의 사수라는 대명제하에서 절실한 선택사항이며 해양 활동성을 유지시키는 근간이었다. 반면에 어업권에서 소외된 부류들이 생존권을 보장받기 위해서 동아시아 해역으로 멀리 항해를 떠나게 하는 원인으로 작용하기도 하였던 것이다. 결국 바다를 지향하는 이들에 의한 해상 활동성이 庚寅年 이후 고려의 왜구로 대변신했을 가능성은 배제할 수 없다.[35] 이들의 선택은 家를 보전해야 하는 절박한 상황을 이겨내기 위한 自力救濟策이며 생존전략이었다.

결과적으로 혼란과 생존의 선택이 유동적인 성격을 갖고 있는 약소 무사들로 하여금 동아시아 해역의 경계를 넘어 광활한 미개척지를 대상으로 「약탈의 길」을 모색하게끔 강요하였다. 이 같은 결과가 〈표 1〉과 같이 1350년 이후에 갑자기 증가하는 왜구의 출몰 빈도수와 일맥상통하는 것은 아닐까. 이를테면 어업권에서 소외된 해안가의 「해상 무사단」이 군사적 활동과 약탈의 대상지를 고려로 선택하면서, 이들에 의한 원거리 약탈활동이 『고려사』에 「경인년 이후 왜구」로 기록된 것이다.

---

34) 『靑方文書』 觀應 3年(1352) 10月 25日 (『南北朝遺文』 九州編 3권 〈3478〉).
35) 拙稿, 「一揆와 倭寇」, p.69 참조.

V. 今川了俊의 정치공작과 「해양무사단」의 증가

이제까지 고려에서 왜구의 출현이 「동아시아 해역의 아웃로」의 탄생과 깊이 연관되어 있으며, 「경인년 이후 왜구」도 「觀應擾亂」의 대혼란에 따른 「해상 무사단」의 해양 활동성과 밀접하게 관련되어 있었다고 분석하였다. 그렇다면 본 장에서는 1370년대 고려에서 가히 폭발적으로 증가하는 왜구가 어디에 연유하는가 하는 문제에 초점을 맞추어 접근해 보도록 하겠다.

1352년(文和 원년) 11월 足利直冬가 長門으로 떠난 후에 규슈의 정세는 대체로 북조와 남조 측으로 양분되어 있었다. 전통적으로 북조가 장악했던 九州探題는 一色道猷(範氏)가 그 자리를 지키고 있었지만 1355(文和 4)년 探題職를 그만두고 떠났고, 1361(正平 16)년 남조의 懷良親王이 大宰府를 점령함으로서 공석으로 남게 되었다. 결국 懷良親王이 이끄는 남조 세력이 규슈지역에서 12년간의 전성시대를 맞이하게 되면서, 〈표 1〉〈표 2〉와 같이 「庚寅年 倭寇」의 출현 빈도수와 대동소이한 상태를 유지하고 있었다.

그런데 1368년(應安 원년) 3대 장군에 오른 足利義滿는 실제로 공석상태에 있던 九州探題의 자리에 최상의 적임자를 선임해야 했다. 그 결과 1370(應安 3)년 6월 管領 細川沮賴之의 적극적인 추천으로 今川了俊(貞世)이 九州探題로 새롭게 임명되었고, 규슈지역에서만 유일하게 활약하던 남조세력을 제압하는 임무를 떠맡게 되었다.

먼저 了俊은 남조세력이 장악하고 있는 북규슈 지역을 성공적으로 탈환하기 위해서 상륙에 앞서 자신의 아들 今川義範와 동생 今川仲秋(賴泰)를 규슈에 파견하여 肥前國 松浦지역의 재지무사 세력을 규합하도록 지시하였다. 그리고 1371년 12월에 豊前國으로 직접 내려가서 이곳을 「探題의 分國」으로 삼은 후,[36] 이것을 기반으로 1372(應安 5)년 8월 大宰府를 탈환하는 데 성공하였다.[37] 마침내 1374(應安 7)년 10월 남조를 肥後의 菊池로

---

36) 山口隼正, 『南北朝期九州守護の研究』, 文獻出版, 1989, p.130 참조.

패퇴시키는데 성공하면서[38] 肥後國도 「探題의 分國」으로 삼아 버렸다.[39] 결국 그는 규슈에서 자의적으로 경제적 기반을 확보하고 독자적이고 강력한 전제권력을 지향하면서 지역권력체로의 전환을 시도하고 있었다. 이러한 규슈에서의 了俊의 과도한 야망은 筑前國에서 少貳冬資의 권력 복귀 시도와 맞닥뜨리는 상황을 연출시켰다.

본래 전통적으로 鎌倉시대부터 大宰府가 위치한 筑前國과 豊前國·肥後國의 守護職은 少貳氏가 담당하고 있었다. 남북조내란 초기에 少貳賴尙(冬資의 父)가 筑前國의 守護로 있으면서 스스로 규슈의 지배자가 되고자 강한 의욕을 가지고 활약하고 있었다. 賴尙는 九州探題 一色氏가 규슈를 떠난 후 아들 冬資에게 筑前國의 守護職을 물려주었고, 1367년(貞治 6년) 10월부터는 상경하여 무로마치막부의 2대 쇼군 足利義詮의 규슈 경영 계획에 영향력을 행사하면서 막부와 친밀한 관계를 유지하고 있었다.

그의 아들 少貳冬資는 筑前國의 守護職을 물려받은 다음에 1359년(延文 4년)부터 막부 측에서 활동하고 있었다. 그런데 1361년(正平 16년) 8월 懷良親王에게 筑前의 大宰府을 점령당하자 이후부터 京都에 올라가서 筑前國의 지배를 등한시하였다. 결국 규슈에서 探題의 전제권력화를 계획하던 了俊에게 규슈 지배의 기회를 넘겨주는 결정적인 빌미를 제공하였던 것이다. 다시 1370년(應安 3년) 규슈로 돌아와 少貳氏의 부활을 시도하면서 冬資의 정치활동은 了俊의 정치적 야망에 최대 걸림돌이 될 수밖에 없었다. 결국 과거의 九州探題 - 少貳氏의 대결 구도가 今川了俊 - 少貳冬資로

37) 『入江文書』 應安 8년(1375)(『南北朝遺文』九州編 5권 〈5171〉) '至于同八月十二日宰府凶徒沒落之期').

38) 『阿蘇文書』應安 7년(1374) 12월 晦日(『南北朝遺文』九州編 5권 〈5157〉) '去十月十七日注進狀 披露訖 菊池以下凶徒 高良山沒落事' ; 川添昭二, 『今川了俊』, 吉川弘文館 p.106 참조.

39) 『阿蘇文書』(應安 7년(1374)) 10월 7일(『南北朝遺文』九州編 5권 〈5134〉) '一. 肥後國事 先年守護御拜領候しかとも 今度九州の國守護人とも多分あらためられ候之間當國事も探題の分國ニなされ候て 拜領して候を…(下略)').

바뀌었어도 변함없이 지속되었던 것이다.40)

마침내 了俊이 1375(永和 원)년 8월 남조의 懷良親王과 肥後國의 水島에서 교전을 벌일 때, 정적과 다름없는 少貳冬資를 水島 진영으로 유인해서 암살하고41) 筑前國 마저도 「探題의 分國」으로 삼아버렸다. 결과적으로 이 같은 상황연출은 豊前國·肥後國을 시작으로 筑前國·大隅國·薩摩國 등을 모두 「探題의 分國」化하여 규슈에서 전제권력체를 구축하려는 了俊의 정치공작에 기인한 것이었다.

冬資를 살해한 九州探題 今川了俊의 행위는 누구도 예상하지 못한 돌출행동이었다. 了俊은 곧바로 사태 수습에 나서게 되는데, 「南九州 國人 一揆」의 성립에 능동적으로 대응하면서 將軍에게 충성을 다하면 家가 보전되고 武士로서의 체면도 세우며 난세에 종지부를 찍을 수 있다고 설득하는 「書狀」을 끊임없이 보내는 적극적인 자세를 보여주었다.42) 또 왜구의 근거지인 肥前國 松浦지방에서 波多氏 一人이라도 변심(心替り)하는 일이 없어야 한다는 「書狀」을 전달하고 있다.43) 이것은 재지세력의 이탈을 막기 위해서 필사적으로 노력하는 了俊의 정치공작의 좋은 예시이다. 반면에 了俊의 초기 정치공작이 규슈의 守護세력과 재지세력에게 정치적·심리적 불안감을 안겨주어, 오히려 재지를 이탈한 「反探題 勢力」과 「해상 무사단」을 양산시켰음을 인정하는 반증이기도 하다.

---

40) 拙稿, 「少貳冬資와 倭寇의 일고찰」『日本歷史硏究』13, 2001, pp.67~68 참조.
41) 『阿蘇文書』(永和 원년)(1375) 7월 13일조(『南北朝遺文』九州編 5권 〈5211〉) '十三日卯時 菊池·水島原ニ陣ヲ取候了 於今者菊池勢一モ人不可出候…(下略)') ; 『花營三代記』應安 8년(1375) 9월 14일조 '九月十四日. 去八月卅六日午剋 御肥後國軍陣 太宰府少貳冬資 爲探題今川伊與入道被誅之由 使者到來' ; 『薩藩舊記』前篇 권28 永和 원년(1375) 8월조 '八月十一日 了俊會 公於水島 少貳冬資不來會 了俊使 公徵之 冬資乃來 二十六日 了俊令賊殺冬資於水島'.
42) 拙稿, 「今川了俊과 「南九州 國人 一揆」의 성립 배경」『문화사학』19, 2003, p.251 참조.
43) 『阿蘇文書』(永和 2년(1376)) 1월 23일조(『南北朝遺文』九州編 5권 〈5266〉) '一. 松浦事 ハ波多一人心替候間煩なく候…(下略)'.

그리고 규슈내의 정치적 혼란과 재지세력의 재편이 외부적으로는 〈표 2〉
에서와 같이 이웃한 고려에도 크게 영향을 미쳤다. 1371(應安 4)년 12월 了
俊이 九州探題로 내려온 다음부터 왜구의 출몰이 점차 잦아지기 시작하기
때문이다. 게다가 1375(永和 원)년 8월 26일 少貳冬資가 피살된 그 다음 해
부터는 왜구의 출몰이 가히 폭발적으로 늘어나고 있는 것이다. 이는 고려의
왜구가 규슈의 정치적 혼란과 긴밀하게 연결되어 있음을 시사하는 증거이
기도 하다.

〈표 2〉『고려사』에 기록된 왜구의 출몰 빈도수[44]

	西紀	A	B	C		西紀	A	B	C
恭愍王 9	1360	8	5	5	2	1376	46	20	39(12)
10	1361	10	4	3	3	1377	52	42	54(29)
11	1362	1	2	1	4	1378	48	29	48(22)
12	1363	2	2	1	5	1379	29	23	37(15)
13	1364	11	12	8(10)	6	1380	40	21	40(17)
14	1365	5	3	5 (3)	7	1381	21	19	26(19)
15	1366	3	3	0	8	1382	23	14	23(12)
16	1367	1	1	0	9	1383	50	28	47(24)
17	1368	0	0	0	10	1384	19	16	20(12)
18	1369	2	2	1	11	1385	13	16	12(12)
19	1370	2	2	2	13	1387	7	5	7 (4)
20	1371	4	4	1	14	1388	20	17	14(11)
21	1372	19	11	10	昌王 1	1389	5	11	5
22	1373	6	7	3	恭讓王 2	1390	6	2	1
23	1374	12	13	10(11)	3	1391	1	1	2
禑王 1	1375	10	16	11 (7)	4	1392	1	2	1

44) 주)24 참조.

1378년 6월 了俊이 승려 信弘에게 69명의 군사를 주어 체포케 하였던 왜구,[45] 같은 해 11월에 하카타(覇家臺=博多)의 사절로 와서 蔚州에 정박하였다가 信弘의 위협에 도망친 왜인,[46] 肥前國의 高來氏와 肥後國의 天草氏와 같은 해적집단,[47] 1381년(永德 원년) 8월 고려에 건너가 해적질을 일삼던 '惡黨人',[48] 등에서 등장하는 이들이 바로 「反探題 勢力」이며 다루기 예민한 「해상 무사단」 세력이었다고 볼 수 있다. 그리고 이들은 언제든지 자신들의 필요에 따라 자의적으로 探題 권력에서 이탈해서 동아시아 해역으로 해상약탈자로 나설 수 있는 세력이었다.

결과적으로 九州探題 今川了俊이 주도했던 少貳冬資의 피살과 「探題의 分國」化 과정 속에서 발생된 규슈세력의 재편은 내부적으로는 「재지이탈 세력」과 「해상 무사단」 세력을 양산하였고, 외부적으로는 고려에까지 그 영향을 미쳐서 왜구를 급증시키고 말았다. 그들은 고정된 남조의 세력도 그렇다고 九州探題의 세력도 아니었다. 때로는 남조세력, 九州探題 세력, 「反探題 세력」, 「재지이탈 세력」 등으로 그때그때 자유롭게 변신을 거듭하는 「해상 무사단」의 핵심적 세력이었다. 이들이 바로 14세기 고려를 공포 속으로 몰아넣고 활발하게 약탈을 자행하던 「동아시아 해역의 아웃로」인 것이다.

---

45) 『高麗史』列傳 卷46, 辛禑 4년(1378) 6월조 '日本九州節度使源了俊 使僧信弘 率其軍 六十九人 來捕倭賊'.

46) 『高麗史』列傳 卷46, 辛禑 4년(1378) 11월조 '覇家臺倭使 來泊蔚州 信弘言 彼若見我 必歸告其國 遂給日 高麗將拘汝 使懼逃歸'.

47) 『禰寢文書』(康曆 2년(1380)) 6월 14일(『南北朝遺文』九州編 5권 〈5605〉) '一. いかに と其邊にもきこを候ハん, 治部少輔殿, 大將として高來・天草を四國海賊吉弘勢代つれ 罷向之間, 其方にハ御敵一人もなく候間, 海賊御手洗藥師ニ大將相添られ候て, 薩摩か たを可渡候, …(下略)'.

48) 『禰寢文書』永德 원년(1381) 8월 6일(『南北朝遺文』九州編 5권 〈5673〉) '當國惡黨人 等渡高麗致狼藉由事, 嚴密可加制止, 若猶不承引者, 爲有殊沙汰可注申候, 右之狀依 仰 執達如件'.

Ⅵ. 맺음말

일본 해적은 自國의 해역을 벗어나서 점차로 고려를 대상으로 자행하는 약탈 즉, 왜구로 전환되어 갔다. 특히 1220년대 한·일 양국의 사료에서 보이는 왜구와 해적 활동의 기록들이 거의 동일 시점에서 등장하는데, 이것은 가마쿠라시대 公家와 武家가 대결을 펼치는 「承久의 난」과 깊게 관련되어 있었다. 公家측에서 패한 재지 무사들이 생존의 위기에 직면하자 「해상 무사단」으로 변신하고 새로운 영역을 찾아 동아시아 해역으로 약탈 영역을 확대시켜 나간 것이다.

13세기 후반 두 차례의 여·몽 원정군의 일본 침입은 公家와 武家, 그리고 재지무사에게 커다란 충격이 아닐 수 없었다. 이미 막부는 여·몽 원정군의 침입에 대비해서 1272년부터 「異國警固番役」을 실시하였고, 아울러 1275년과 1281년에 두 차례의 「異國征伐」계획을 내놓았다. 이 계획은 「文永의 役」과 「弘安의 役」을 막아낸 막부가 御家人의 부족한 은상에 대한 불만과 지나친 경제적 부담으로 야기되는 체제의 동요를 극복하려는 「자기 방어의 논리」 차원에서 취한 정책이었다.

따라서 두 차례의 「異國征伐」계획이 불타는 적개심으로 고려에서 노략질을 부추기거나 왜구 규모와 구성을 강화시켰다는 논리는 재고되어야 한다. 오히려 고려의 강한 군사력에 대한 경외심이 소규모의 왜구 약탈을 자제시켰고, 규모 확대와 인적 구성의 강화는 고려에서 자신들의 방어가 필요하다는 경험적 판단에 따른 조치였다. 따라서 고려의 왜구는 항상적인 주둔이나 점령을 목적으로 자행하는 원정이나 침략이 아니고 약탈을 목적으로 자행하는 일시적인 침입행위였던 것이다.

고려에서 왜구의 출현은 일본 국내 특히 규슈지역의 정황과 밀착되어 있었다. 觀應擾亂으로 규슈가 큰 혼란에 빠졌을 때, 소영주들은 해양을 넘어 신개척지를 향해서 새로운 삶의 길을 모색해 나갔다. 특히 규슈 해안가의

「해상 무사단」이 물적·인적 약탈의 대상지로 고려를 정하고 광범위하게 활동하기 시작하였는데, 고려의 「庚寅年 왜구」가 바로 이들의 소행이었다.

그리고 1371년 九州探題 今川了俊이 규슈에 내려오면서 규슈의 정황은 더욱 악화되었다. 또 그가 諸國을 「探題의 分國」으로 삼고 少貳冬資를 살해하는 등 探題의 전제권력을 강화시켜 나가는 과정에서, 내부적으로는 「反探題 勢力」과 그 「해상 무사단」세력을 양산하고 외부적으로는 고려에까지 그 영향을 미쳐서 왜구를 급증시켰다. 따라서 1371년 12월 了俊이 규슈로 내려오면서 점차로 잦아지기 시작한 왜구의 출현이 1375년 8월 少貳冬資가 피살되는 그 다음 해부터 가히 폭발적으로 늘어나고 있는 것이다. 이는 고려의 왜구가 규슈의 정치적 혼란과 긴밀하게 영향을 주고받았음을 시사하는 증거이다. 결국 14세말의 왜구는 일본 규슈의 정황에 따라 민감하게 변화하는 「재지이탈 세력」과 「해상 무사단」의 약탈 행위였다. 이들이 바로 14세기의 동아시아 세계를 공포 속으로 몰아넣고 활발하게 약탈을 자행하던 「동아시아 해역의 아웃로」인 것이다.

따라서 왜구 활동은 단순한 약탈행위 이상의 고려에 대한 적개심과 보복심리, 그리고 한반도에 대한 침입의 예비적 전조로 해석할 수 있을 만한 행동은 아니었다. 다만 고려시대에 잦은 침입을 통해서 확보한 고려의 해안지역과 일부 내륙지역의 지리·교통·산업 정보가 고려에서 조선시대로 이어져서 한반도에 대한 자신감과 오만함으로 다가올지도 모른다는 우려는 무엇 때문일까. 이는 금후의 과제로 미루고자 한다.

제3장 중·근세 일본인의 조선에 대한 경계인식 고찰

I. 머리말

국가 간의 영역을 구분하는 경계를 국경이라고 부른다. 그리고 국가의 주권이 적용되는 그 경계선을 국경선이라고 한다. 국가 간의 고정된 국경 개념은 서양 근대 이후 주권국가가 형성되는 과정에서 설정되기 시작하였다. 그리고 일본의 경우에는 19세기 이후 근대적인 국경 개념을 갖기 시작하였다. 현재 모든 나라는 국경선이 명확하게 존재하고, 이것을 기준으로 나라 안(國內)과 나라 밖(國外)을 구분하는 경계선이 존재한다고 믿고 있다.[1] 그런데 국경이라는 단어는 어원적으로 '경계(Boundary 혹은 Border)' 로부터 나왔다.[2] 따라서 경계란 어떤 영역에 속하는 지역과 그 영역에 속하지 않는 지역 사이에 존재하는 선형의 테두리를 의미한다.

그런데 전근대의 국가 간에는 근대적 개념의 경계와 같은 명확한 경계 개념이 존재하지 않았다. 따라서 전근대 국가 간의 경계에 관한 연구는 '경계인식'에 대한 관념적 연구로부터 시작되었다. 먼저 경계인식을 관념적으로 접근한 연구자 오야마 교헤이(大山橋平)이다. 오야마는 고대 말 도시구조와 신분의 연구를 통해서 '皇都=淨(キョメ)의 공간', 그 주변의 '死穢 지

---

1) 국가 간의 국경에 관한 인식의 차이는 주변국과 정치적 갈등과 물리적 충돌을 일으키고 있다. 작금 국가 간에 발생하는 이러한 충돌을 '영토분쟁'이라고 한다.
2) 사전적 의미에서 '경계(boundary)'는 지도나 도면에 명기된 경계선으로 조약이나 계약에 따라 변경될 수 있는 정치적 요소를 포함하고, '경계(border)'는 산이나 강이 경계를 이루고 있어서 변경되기 어려운 지리적 요소를 포함하고 있다.

역=穢(ケガレ)의 공간'으로 설정하고, 시대가 흐르면서 '淨의 공간'이 확대되어 가는 것으로 이해하였다.[3]

그리고 무라이 쇼스케(村井章介)는 '淨'-'穢'의 이분법적 공간 구분을 더욱 세분하여, 일본의 중심에 西國, 그 바깥에 周緣·境界·異域이라는 용어를 단계적으로 사용하였다.[4] 그리고 그는 국가 영역을 크게 중심부와 외연부로 구분하고, 일본의 주변에는 외연부가 존재한다고 보았다. 그 외연부는 內에서 外로, 외에서 내로 연속하는 공간이 존재하는데, 이러한 공간이 국가영역 사이에 존재하는 '경계'라고 규정하였다. 또 경계인식의 요소로서 사람(人), 국가(國), 지역 등을 설정하였다.[5] 그런데 그가 정의하는 연결공간으로서의 경계는 일본을 구심점으로 해외에서 활발히 활동했던 일본인과 이들의 지역 확장을 염두에 두고 있었다.

한편 역사적으로 경계를 결정하는 요소에서 정치적 요소가 비중있게 다루어졌다. 왜냐하면 국가의 본질은 정치적으로 경계 안에서 영토 지배를 충족시켜야 하기 때문이다. 따라서 부르스 바턴(Bruce Batten)의 경우 정치지리학적 경계로서 '경계(Boundary)'와 '변경(Frontier)'을 언급하면서, 경계는 구심적인 것이며 外와 內를 격리시키는 기능을 가지고 있고, 변경은 원심적인 것이며 內와 外를 결합하는 역할을 담당한다고 주장하였다.[6] 따라서 바턴이 바라보는 변경(Frontier)이 무라이가 설정한 공간 개념의 경계(Boundary)와 유사한 개념으로 이해된다.

다시 말해 일반적으로 국경, 즉 선형 개념의 경계(Boundary)와 무라이가 언급했던 연결 공간으로서 경계(=바턴의 내/외의 결합 공간으로서 변경)는 선과 공간이라는 절대 개념의 차이가 존재한다. 따라서 일반적인 선형 개념의 경계, 무라이의 연결 공간으로서 경계, 바턴의 외와 내를 격리시키는 경

계 등에는 서로 미묘한 개념의 차이가 내제한다. 이처럼 학자들이 주장하는 경계의 정의가 제각각이어서 혼란스럽기까지 하다.

그렇다면 현재 선형적·공간적 의미를 혼용해서 사용하고 있는 경계(Boundary)를 어떻게 재정립할 것인가. 오히려 무라이의 경계(Boundary)와 바턴의 변경(Frontier)의 개념은 기하학의 위상공간론에서 개념화한 공간 개념으로서의 '경계 근방(近傍)'[7]과 유사하다. 경계 근방은 경계의 내·외에 형성된 폭넓은 공간적 개념을 담고 있다. 이것과 관련하여 필자는 국가 간의 영역을 구분하는 경계의 주변 공간을 '경계영역'이라고 부르고 싶다. 따라서 무라이가 정의한 (연결 공간의) 경계와 바턴이 주장한 (결합 공간의) 변경이 경계영역과 동질적 의미를 갖는 것이다.

한편 일본뿐 아니라 모든 나라는 예외 없이 중심부에 동질의 정치·사회·문화 등을 공유하는 자기중심적 공간을 가지고 있었다. 그리고 그 중심부의 바깥에 위치한 경계영역은 인적·물적 교류가 빈번하고, 상호 인식이 분명하게 드러나는 공간이다. 따라서 경계영역에서 살아가는 일본인들이 조선과 어떤 관계를 갖고, 조선을 어떻게 인식하였는지 밝히는 일은 의미있는 작업이다. 그리고 이 작업은 일본인이 갖는 조선에 대한 경계인식을 파악하는 단초가 될 것이다.

따라서 본고에서는 먼저 중세 일본인의 관념적 경계인식을 살펴보고, 경계영역에서의 일본인의 활동(교역과 왜구), 인적·물적 왕래, 그리고 대마도인의 조선 정책 수용과 그 대응 등을 분석하여, 중·근세 일본인이 갖는 조선에 대한 경계인식을 고찰해 보고자 한다.

---

7) 기하학의 위상공간론(位相空間論)에서는 어떤 부분집합의 내점도 외점도 아닌 점들을 그 부분집합의 경계 근방(近傍, neighborhood)이라 한다. 본고에서는 국가 경계의 주변 공간을 '경계영역'이라고 설정하였다.

II. 일본인의 관념적 경계인식의 성립과 그 전개

1. '淨(キヨメ)'과 '穢(ケガレ)'의 관념적 경계인식

중세 일본 막부법에는 사회적으로 다양하게 신분을 구분하고 있었다. 국가권력의 중추를 장악하고 있는 최상층부의 侍, 百姓·凡下, 下人·所從(노비) 등이 중세 사회의 기반을 이루는 세 가지 신분 계층이었다. 그 아래에 非人·河源者·坂者·エタ·カワタ·聲聞師·猿樂·乞食 등의 차별적 신분이 중세 신분제의 아래에 자리 잡고 있었다.8) 이들은 고대 말부터 不潔觀의 대상으로 차별받는 신분계층이었으며, 거주와 皇都의 출입 등에서 제한을 받는 신분이었다.

마찬가지로 죽은 자를 기피하는 '死穢'의 인식이 '穢(ケガレ)'의 대표적인 관념으로 자리 잡고 있었다. 고대 율령국가는 일찍부터 死穢를 국가가 관리하는 것으로 되어 있었다. 율령국가는 천황이 기거하는 皇都를 중심으로 皇都에서 각 지방으로 연결되어 있는 公行의 도로, 더욱이 그 도로를 에워싸고 있는 諸國에 死穢가 지나가는 것을 기피하였다.

반대로 '淨(キヨメ)'의 정점에는 천황이 위치해 있었다. 그리고 천황이 기거하는 皇都는 청정한 지역이라는 인식을 함께 갖고 있었다. 皇都와 그 연장에 있는 도로, 더 나아가 畿內로부터 諸國에 이르는 國들로, 천황을 중심으로 內에서 外로 순차적으로 밖으로 넓혀져 가는 국가의 淨(キヨメ)의 구조가 명료하게 의도되어 있었다.9) 따라서 천황이 거처하는 淨의 황도로부터 죽은 자를 추방함으로써, 황도의 바깥에 있는 畿內는 穢라는 인식을

---

8) 大山喬平, 「中世の身分制と國家」, p.278 참조.
9) 서민이 죽었을 때 하루도 지체하지 않도록 하고, 또 畿內와 諸國에서 葬地를 정해 두는 것은 死穢의 확산을 피하려는 율령귀족의 마음을 명확하게 반영하고 있다.(大山喬平, 「中世の身分制と國家」, p.281).

명확하게 대비시켰다. 그리고 淨과 穢의 대비적 관념에서 황도는 淨의 지역이므로 신불의 보호를 받는 성스러운 공간이라는 인식을 갖고 있었다. 따라서 고대의 차별적 신분에서 나타나는 불결관은 황도를 중심으로 '청결(淨)', 그 바깥의 지역은 '불결(穢)'이라는 지역적 차별 인식10)으로 확대되었다.

그리고 시간이 흐르면서 淨 관념의 중심지는 皇都에서 畿內로 확대되었고, 상대적으로 穢는 東國, 그리고 西國의 주변부와 九州로 이동하기에 이르렀다. 그리고 淨과 穢 경계의 메카니즘은 가마쿠라 시대에 접어들어 바깥으로 더욱 확대되어 갔다. 이것에 대해서 村井는 皇都 → 畿內 → 그 바깥의 國이 淨에서 穢로 단계적으로 이행하는 동심원적 구조라고 이해하였다.11) 그리고 淨·穢의 구분은 고정적인 공간의 개념이 아니며, 때로는 안과 밖으로 축소되거나 확대되는 경향을 보이고 있었다.

2. 신국관에서 본 일본인의 경계인식

중세 일본인의 '穢'에 대한 인식은 몽골의 침입과 그 대응과정에서 잘 나타나 있다. 몽골의 1차 침입(1274) 이전에 모두 5차례의 일본 초유의 몽골 사신이 일본에 도착하였다.12) 그 중에서 1269년(文永 6) 9월 고려의 金有

---

10) 大山는 신분적 '淨(キヨメ)'과 '穢(ケガレ)'의 차별을 도시 구조 속에서 찾았다. 즉 皇都를 キヨメ로 파악하고 동쪽에 위치한 河源과 鴨川의 바깥 지역을 ケガレ 지역으로 분석하였다. 그리고 キヨメ가 점차 皇都 → 畿內 → 諸國의 순서로 밖으로 확대되는 구조라고 주장하였다.

11) 村井章介, 『アジアのなかの中世日本』, p.112. 아울러 村井은 '淨'과 '穢'의 동심원적 구조 속에서 중세 일본의 중심은 西國, 周緣은 동국과 남九州, 境界는 동쪽으로 外ヶ浜와 서쪽으로 鬼界ヶ島(혹은 壹岐와 對馬), 그리고 異域은 蝦夷島와 琉球(혹은 고려와 조선)로 보았다(村井章介, 『アジアのなかの中世日本』, p.116 참조).

12) 1274년까지 몽골은 일본 초유의 사신을 총 6차례 파견하였는데, 1266년의 첫 번째 사신은 일본에 도착하지 못하였고, 이후 5차례의 사신이 일본에 도착하였다.

成이 몽골의 첩장을 가지고 이전에 잡아갔던 대마도인 두 명과 함께[13] 다자이후에 도착하였다. 이 때 일본 조정은 반첩을 보내기로 결정하고, 유학자 스가와라노 나가나리(菅原長成)에게 반첩의 초안을 작성하도록 지시하였다. 그런데 반첩 초안을 막부로 보내 의향을 물었지만 막부로부터 반첩을 거절당하였다.[14] 결국 외교 교섭을 통해 난국을 극복하려는 조정의 노력이 막부에 의해 가로막혀 버린 것이다.

그리고 1271년(文永 8) 9월 조양필(趙良弼)이 다자이후에 도착하여 일본 초유를 위한 몽골의 첩장과 고려의 국서를 일본 국왕과 장군에게 직접 전달하고 싶다고 요청하였을 때,[15] 다시 조정은 일전에 막부가 억류해 놓았던 '日本國太政官牒' 초안을 수정하여 보내는 것으로 결정하였다.[16] 일본 태정관의 반첩에는 '아마테라스 오오미카미의 빛이 천하를 통일한 이래 오늘까지 이어져서 성스러운 광명이 미치는 고로, 이 皇土를 오래도록 신국이라고 부르고 있는데, 지혜로 겨룰 수도 없고 힘으로도 싸울 수 없다'[17]고 하여, 일본 우월적 신국관이 묘사되어 있었다. 또 다시 몽골사신을 통해 보내기로 한 반첩이 막부에 의해 좌절되었지만, 반첩의 내용에는 신손(神孫)과 황손이 통치한다는 신국관념과 皇土 관념이 주제어로 자리 잡고 있었다.[18] 이것은 寺社權門을 통한 '天神地祇'와 '神明擁護'에 의지해 보겠다

---

13) 1269년 3월 두 번째 일본 사행이었던 흑적과 은홍은 다자이후에 가지 못하고 쓰시마에서 주민 2명을 붙잡아서 귀국하였다.(『高麗史』 권26 세가26 원종 10년(1269) 3월조).

14) 『師守記』 貞治 6년(1367) 5월 9일조, '文永六年(1269)四月卅六日於院有評定 異國間事. …(중략)… 件度連年牒狀到來之間 有沙汰 被淸書下 反牒無相違者 可遣大宰府之由 雖被仰合關東 不可被遣反牒之旨 計申之間 被略畢'.

15) 『新元史』 권250 열전 제147 外國2 日本條, "(至元) 八年(1271)九月 高麗使通事別將徐稱吉 偕良弼 至日本之筑前今津 津吏欲擊之 良弼舍舟登岸喩旨 乃延良弼等入板屋 嚴兵守之 …(중략)…良弼曰 國書宜獻於王所 若不允 則傳之大將軍".

16) 『古續記』 文永 8년(1271) 10월 24일조.

17) 『鎌倉遺文』 14권 〈10571〉「日本國太政官牒」, "凡自天照皇大神耀天統 至日本今黃帝受日嗣 聖明所事 …(중략)… 故以黃土永號神國 非可以智競 非可以力爭".

는 천황의 새로운 결단을 반영하고 있었다. 마침내 조정은 막부의 독단적인 무반첩 결정을 대신해서 '異國降伏' 기도를 올리도록 寺社權門에 명령하였다. 그리고 조정의 기도 명령이 각 지역의 사사로 하달되고, 異國 패퇴의 기도가 전국에서 빠르게 행해졌다.

1271년(文永 8) 9月에 작성한 『山城正傳寺文書』에서는 일본이 '天神地祇'로서 법도를 바로 세우고 나라를 다스려 왔는데, '垂迹和光'으로 비추지 않은 곳 없이 곳곳에 위엄을 떨치고 덕을 밝혀서 怨賊들이 엎드려 굴복하였다고 서술하고 있다.[19] 또 불교설화집인 『沙石集』에서도 '我朝는 신국으로서 천하의 권세를 물려받았다. 또 우리들 모두 그 후예이다'라고 말하고 있다.[20] 이러한 사사의 신국관념은 異域의 몽골을 항복시킬 수 있다는 '超勝他國'의 우월관이었다. 다시 말해서 타국에 대한 절대적 우월감으로 포장된 차별화된 관념이었다. 또 1차 침입을 물리친 직후인 1274년(文永 11) 『兼仲卿曆記』에서는 일본이 신국이고 반드시 宗廟에 신불의 가호가 있을 것이라는 내용으로 시작하고 있다.[21] 이처럼 조정의 공경들까지도 異國에 대한 우월적 신국관념으로 철저하게 무장해 나갔던 것이다.

따라서 조정과 寺社의 우월적 신국관은 '신불의 가호=淨', '異國=穢'로 바라보는 시각을 갖게 하였다. 즉 일본은 神明의 옹호를 받는 神國이고, 일본을 침입한 세력(몽골과 고려)은 異國(=敵國, 異域, 穢)이라는 이분법적 관념을 정형화시켰다.

---

18) 졸고, 「중세일본의 신국사상과 그 역사적 변천」, 『동아시아세계 일본사상 -일본 중심적 세계관 생성의 시대별 고찰』, 동북아역사재단, 2009, p.92.

19) 『鎌倉遺文』14권 〈10880〉 「東嚴慧安願文」, "一心啓白八幡大士六十余 州一切神等 今日本國天神 地祇 以於正法治國以來 部類眷屬充滿此間 草木土地山川叢擇水陸處空 無非垂迹和光之處 各々振威 各々現德 可令斫伏他方怨賊…(하략)".

20) 『沙石集』(日本古典文學大系), 「興福寺の貞慶(解脫上人)の詞」 "我朝ハ神國トシテ大權アトヲ垂レ給フ, 又, 我等ミナ彼後孫也".

21) 『兼仲卿曆記』1274년(文永 11) 10월 22일조, "我朝は神國なり、定めて宗廟の御冥助あるか…(下略)'.

그렇다면 중세 몽골 침입 시기에 淨과 穢의 경계영역은 어디일까. 1274년(文永 11) 10월 몽골군은 대마도에 상륙하여 전투를 끝내고 壹岐에서 천여 명을 전사시키고 섬 전체를 초토화시킨 다음, 松浦 반도 연안의 섬에 상륙하여 전투를 벌였다.[22] 이 시기 조정의 대응은 사사권문에 이국항복의 기도를 올리라는 명령 뿐이었다. 그리고 대마도와 壹岐가 적국의 수중에 있었을 때, 막부는 이 곳을 직접 구원하려고 하지 않았다. 이렇게 대마도·壹岐·松浦의 위기에서 보여준 조정과 막부의 태도는 경계영역에 대한 조정과 막부의 인식을 잘 보여주고 있다. 이를테면 壹岐에서 전승되어 내려오는 '무쿠리 고쿠리(ムクリコクリ)'가 말해 주듯이, 몽골과 고려군은 이 지역 사람들에게 공포의 대상으로 오랫동안 기억될 수밖에 없었다.

따라서 몽골의 일본 침입을 전후한 시기에 일본에서 淨의 지역은 西國과 東國·九州였으며, 경계영역으로는 대마도와 壹岐·松浦 등지와 이곳 주변에 흩어져 있는 다수의 섬들을 설정할 수 있다. 이 같은 사실은 1272년 2월부터 막부가 九州의 경비태세를 강화하기 위해서 異國 警固番役을 공포하였지만, 주로 大宰府의 외항이라고 할 수 있는 博多 방어에 몰두했다는 점에서도 잘 드러난다.

Ⅲ. 중·근세 일본인의 '경계영역' 활동과 경계인식

1. 교역과 왜구에서 본 '경계영역'

고대 일본에서 동아시아의 교역 담당자는 송상인들이었다. 중국의 송과 일본의 九州 사이를 왕래하던 송상인의 출입이 허가된 장소는 大宰府의 鴻

---

22) 『八幡愚童記』(上), 『日本思想大系』 20, 岩波書店, 1975 ; 『고려사』 권28 세가 28 충렬왕 즉위년(1274) 10월 기사조.

艫館이었다. 송상인 중에서 博多 등지에 장기 거주하거나 귀화하는 자들이 생겨났다. 따라서 당시 博多는 세계적인 상품이 운집하고 외국의 상인들의 왕래가 빈번한 국제화된 상업 도시였다.

그리고 12세기 중반 송상인 蘇 船頭가 松浦 지역의 平戶島에서 일본 여인과 결혼하여 아들을 낳고 재산을 상속했던 예에서도 알 수 있듯이,[23] 이미 이전부터 송상인은 不輸不入權을 가진 九州 장원의 항구에 입항해서 장원영주나 莊官과 공공연히 밀무역을 행하고 있었다. 따라서 九州에는 博多 이외에 平戶·坊津·肥前 神岐莊 등의 항구가 밀무역항으로 새롭게 등장하였다.[24]

그런데 博多 상인과 北九州 지역의 영주들은 송상인의 무역 독점에 대해 불만을 갖게 되었다. 11세기 후반에 접어들자 이들은 그동안 수동적 교역 자세에서 벗어나 직접 무역에 뛰어드는 적극성을 갖기 시작하였다. 그래서 동중국해를 횡단하는 직항로를 포기하는 대신 직접 만든 열악한 무역선을 타고 미숙한 항해술로 고려의 섬들을 징검다리 삼아 북상하는 고려 연안 항로를 선택하였다. 그 결과 博多 상인과 九州의 영주들이 對고려 교역에 나설 수 있었다.

그러면 九州의 어느 지역에서 對고려 무역을 적극적으로 추진하였을까. 먼저 『고려사』에는 1073년(문종 27)부터 일본 무역선이 고려에 입국하는 것으로 기록되어 있다.[25] 일본인의 첫 번째 고려 입국에서 王則·貞松·永年 등 42명이 여러 가지 물품을 바치고, 壹岐의 藤井安國 등 33명이 와서 토산물을 바치는 것으로 되어 있다.[26] 이때 王則 등은 출신지가 기록되어

---

23) 『靑方文書』 安貞 2년(1228) 3월 13일.
24) 森克己, 「鎌倉時代の日麗交涉」, 『朝鮮學報』 34, 1965, p.64 참조.
25) 이후 일본 상인이 고려에 입국하는 횟수에 대해서는 문종代(1046~83) 14회, 선종代 (1083~94) 6회, 예종代(1105~22) 2회, 의종代(1146~70) 2회, 총 24회로 나타난다(森 克己, 「鎌倉時代の日麗交涉」 p.65 참조).
26) 『고려사』 권9 세가9 문종 27년(1073) 7월조.

있지 않지만, 藤井安國은 출신지가 壹岐로 되어 있다.

한편 1266년 11월 일본 초유를 목적으로 파견되었던 몽골 사신 黑的과 殷弘, 그리고 고려의 金贊과 宋君斐 등이 거친 풍랑에 놀라서 다음해 1월 거제도의 松浦邊에서 되돌아갔다. 그리고 몽골 황제에게 고려와 일본이 통호하지 않지만 때때로 대마도인이 무역을 위해서 金州에 왕래하고 있다고 보고하고 있다.[27] 마찬가지로 조선 실학자 안정복의 『順庵集』에서도 대마도인들이 고려 금주에 왕래한 기록이 남아있다.[28]

그리고 대마도는 자신들의 생존과 관련된 고려와의 교역을 지속적으로 유지하기 위해서 고려 조정의 관심을 끌 필요가 있었다. 당시 고려 표류민의 송환은 고려 조정의 환심을 사기 위한 매우 유용한 소재였다. 문종 시기에 모두 세 차례(1049년, 1051년, 1060년) 대마도로부터 고려 표류민의 송환이 이루어지고 있다.[29] 문종 시기에 표류민 송환이 대마도를 중심으로 가장 활발하게 이루어지는데, 이것은 문종 시기 일본 상선의 고려 입국 횟수와 밀접한 관련성이 있었다. 이것을 통해서 일본 중심에서 떨어진 壹岐·대마도 등의 경계영역에 거주하던 영주들이 고려와의 교역을 주도하고 있었음을 알 수 있다.

한편 13세기 중반부터 고려를 대상으로 왜구의 활동이 시작되었다. 왜구 활동의 뿌리는 근본적으로 일본열도에 존재했던 일본 해적의 활동과 밀접하게 관련되어 있었다. 1232년(貞永 원년) 가마쿠라 막부가 공포한 「御成敗式目」에는 해적 금지와 관련된 조항이 실려 있다. 이 법령에서 가장 무거운 중죄는 大犯三箇條(大番催促·謀叛·殺害)였다. 그리고 해적 행위는

---

27) 『고려사』 권26 세가26 원종 7년(1266) 11월조 ; 『고려사』 권26 세가26 원종 8년 (1267) 정월조, "日本素與小邦未嘗通好 但對馬島人時因貿易 往來金州".

28) 『順庵集』, 「倭館始末」. "高麗時對馬島人常往來金州 開市貿易 有館接之所 而未聞有 留館本朝之制也".

29) 『고려사』 권7 세가 권7 문종 3년(1049) 11월조 ; 권7 세가 권7 문종 5년(1051) 7월 조 ; 권8 세가 권8 문종 14년(1060) 7월조.

謀叛·殺害와 함께 중죄로 취급되고 있었다.[30] 막부의 강력한 해적 규제법
은 이후에 공포되는 「追加法」에서도 여러 차례 등장하고 있다.[31] 그러나
세토내해와 九州에서 활동하던 해적을 규제하고자 했던 막부의 단호한 의
지는 쉽게 실현되지 않았다.

일본 해적의 활동 범위가 확대되고 행동 양식이 대범해져 감에 따라 점
차 일본열도 밖으로 그 약탈 영역이 넓혀져 갔다. 이들의 고려 약탈 기록은
『고려사』뿐만 아니라, 일본 사료인『明月記』에도 나타난다.『明月記』에는
1226년(嘉祿 2) 松浦黨이 수십 척 병선을 이끌고 고려의 別島에 가서 민가
를 습격하고 재물을 약탈하였다고 기록하고 있다.[32] 또 막부의 기록인『吾
妻鏡』에는 1232년(貞永 원년) 鏡社의 住人이 고려에 건너가 도적질을 일삼
고, 다수의 값진 재화를 약탈하였다고 기록하고 있다.[33] 鏡社는 肥前國 東
松浦郡 唐津에 위치해 있는 신사로 松浦黨의 근거지였다.

여기에서 松浦黨은 헤이안 말기부터 가마쿠라 초기에 松浦郡의 도서지
역을 중심으로 활동하던 해상무사단을 지칭하는 용어이며, 고려와 조선을

---

30) 『中世法制史料集』「御成敗式目」3條(貞永 원년(1232) 8월), 「諸國守護人奉行事」,
    "右右大將家御時所被定置者大番催促·謀叛·殺害人 付夜討·强盗·山賊·海賊等…" ; 11
    條(貞永 원년(1232) 8월), 「依夫罪過妻女所領被沒收否事」, "右於謀叛殺害并山賊海賊
    夜討强盗等重科者可懸夫咎也…".
31) 『中世法制史料集』「追加法」252條(寬元 4년(1246) 12월 7일), 「可仰諸國守護地頭等,
    令禁斷海陸盗賊, 山賊, 海賊夜討, 强盗類事」 ; 「追加法」282條(建長 5년(1253) 10월
    1일), 「重犯山賊海賊夜討强盗事」 ; 「追加法」320條(正嘉 2년(1258) 9월 21일) ; 「追
    加法」368條(弘長 원년(1261) 12월 30일), 「可仰諸國守護地頭等, 令禁斷海賊次山賊
    等事」 ; 「追加法, 531條(弘安 7년(1284) 5월 27일), 「夜討奸盗山賊海賊殺害罪科事」
    ; 「追加法」705條(乾元 2년(1303) 6월 12일), 「夜討强盗山賊海賊等事」 ; 「追加法」
    19條(貞和 2년(1346)), 「山賊海賊事」 ; 「追加法」30條(貞和 2년(1346) 12월 13일),
    「山賊海賊事」.
32) 『明月記』嘉祿 2년(1226) 10월 17일, "高麗合戰一定云云, 鎮西凶黨等(號松浦黨), 構
    數十艘兵船, 行彼國之別嶋合戰, 滅亡民家, 掠取資財".
33) 『吾妻鏡』貞永 元년(1232) 윤9월 17일(여기서 鏡社는 肥前國 東松浦郡 唐津의 '鏡神
    社'를 의미한다고 볼 수 있다).

대상으로 약탈을 자행하던 왜구 집단이었다. 또 이들은 일본열도의 해양성에 기반을 두고 활동하던 특수 해상 집단이며 조정이나 막부의 교역담당자와 약탈자라는 이중적인 활동을 하는 약탈집단이었다. 당시 비법을 행하는 집단을 '악당(惡黨)'으로 불렸던 것처럼, 일본 중앙에서는 松浦의 무사단에 대해서 멸시의 의미로 '松浦黨'이라는 호칭을 사용하고 있었다.[34] 『해동제국기』에서 왜구의 근거지로 묘사하고 있는 三島(대마도·壹岐·松浦) 중의 한 지역이기도 하다. 따라서 松浦지역은 淨과 穢의 관념적 구분에서, 穢에 인접한 경계영역이었다.

그 이외에도 南九州의 大隅國에서 고려에 건너가 해적질을 일삼던 '惡黨人'이 있었다.[35] 이 곳은 松浦 지역처럼 고려에 출현한 왜구의 근거지와 일맥상통하는 지역이었다. 막부 권력의 입장에서 이들도 松浦黨의 해상무사단과 마찬가지로 '淨'의 지역에서 거주하는 일본인과는 차별되는 존재였다. 이들은 비법적인 행위를 자행하며 일본열도를 뛰어넘어 異域(=穢 지역)에서 약탈을 자행하던 존재였다. 따라서 南九州의 大隅 지역은 대마도·壹岐·松浦 지역 등지와 마찬가지로 淨과 穢 사이의 경계영역으로 설정이 가능한 것이다.

이상에서 살펴본 바와 같이 고려와의 교역과 왜구의 배후지였던 대마도·壹岐·松浦·大隅 등지가 九州의 영주와 연결된 일본 해적의 근거지이며 경계영역이었다. 그러면 앞에서 언급한 여러 곳의 경계영역 중에서 조선과의 해협 사이에 맞대고 있던 대마도가 조선의 대외정책을 어떻게 수용했고, 어떠한 삶을 영위했는지 구체적으로 살펴보도록 하겠다.

---

34) 瀨野精一郎, 『鎭西御家人の硏究』, 吉川弘文館, 1974, p.459 참조.
35) 『禰寢文書』永德 원년(1381) 8월 6일(『南北朝遺文』九州編 5卷 「5673」) "當國惡黨人等渡高麗致狼藉由事, 嚴密可加制止, 若猶不承引者, 爲有殊沙汰可注申候, 右之狀依仰執達如件."

2. 대마도인의 조선에 대한 경계인식

앞 절에서 살펴보았듯이 11세기 중반부터 13세기 중반까지 일본 상인의 고려 입국이 지속적으로 이루어지고 있었다. 13세기 중후반 두 차례 몽골의 일본 침입이라는 일본 초유의 대사건이 발생한 이후 약 1세기 동안 일본 상인의 고려 왕래, 혹은 일본의 고려 내 거주가 거의 단절된 상태였다. 그리고 몽골의 충격이 사라지는 14세기 중반부터 일본인의 왕래와 고려 내 거주가 다시 등장하기 시작하였다.

그런데 일본인의 고려 거주는 이전에 상호공존과 교류와는 전혀 다른 대결적 구도가 자주 나타난다. 예를 들어서 1369년(공민왕 18) 7월 거제 남해현에 살던 왜인들이 배반하여 돌아갔고,[36] 11월에는 영원히 화친할 것을 약속하며 거제도에 거주하던 왜인이 오히려 도적이 되어 寧州·溫水·禮山·沔州에 침입하여 조운선을 약탈하였다고 기록하고 있다.[37] 한편 1375년(우왕 원년) 5월 왜인의 우두머리 藤經光이 무리를 거느리고 와서 양식을 요구하며 고려를 위협하였고, 고려 조정이 金先致로 하여금 그를 유인해서 살해하려다가 미수에 그치는 사건이 발생하였다.[38] 또 같은 해 6월에는 왜인 公昌 등 16인이 투항하여 온다.[39]

이처럼 고려는 평화적으로 투항해 오는 일본인을 받아들이고 거주를 인정해 주면서 우호적인 대왜인 정책을 펴고 있었다. 따라서 『고려사』의 기록에 한계가 있지만, 앞에서 제시한 몇 개의 사료를 통해서 일본의 경계영역

---

36) 『고려사』권41 세가41, 공민왕 18년(1369) 7월조, "辛丑 巨濟南海縣投化倭 叛歸其國."
37) 『고려사』권41 세가41, 공민왕 18년(1369) 11월조 "倭掠寧州溫水禮山沔州漕船 初倭 人願居巨濟 永結和親 國家信而許之 至是人." ; 『동국통감』공민왕 18년(1369) 11월조.
38) 『고려사』권114 열전27 김선치전, "辛禑初倭藤經光率其徒來聲言將入寇恐愒之因索 粮 朝議分處順天燕岐等處官給資糧尋遣密直副使金世祐諭先致誘殺 先致大九州食欲因 餉殺之." ; 『高麗史節要』卷 30, 禑王 원년 5월조 참조.
39) 『고려사』권46 열전46, 신우 원년(1375) 6월조 '六月 倭公昌等十六人 來降'.

에서 상당수의 일본인들이 고려에 들어와 생활하고 있었던 것으로 짐작할 수 있다. 그런데 때로는 이들이 해양적 기질을 발휘하여 고려 연안을 침입하는 왜구로 둔갑하기도 하였던 것이다. 따라서 이들이 일본에서는 경계영역의 일본인이었지만, 고려에서는 약탈을 자행하는 왜구로 취급당하기도 하는 존재였다.

14세기 말 건국한 조선은 고려와 마찬가지로 조선에 거주하기를 희망하는 일본인(투항왜인·향화왜인), 그리고 교역을 목적으로 조선에 들어오는 일본인(흥리왜인)까지 다양한 정책을 통해서 경계영역의 일본인을 적극 수용해 나갔다. 조선은 초기에 일본인을 적극적으로 수용하기 위하여 몇 가지 기본적인 정책의 틀을 유지하고 있었다.

첫째, 일본인에게 관직을 하사하는 적극적인 수용정책(受職人制)을 실시하고 있었다.[40] 이를테면 1407년(태종) 平道全이 투화해 오자 員外司宰少監의 벼슬을 주고 銀帶를 하사하고 있다.[41] 또 1413년(태종 13) 林溫이 보낸 객인을 시켜서 土物을 바치고 투화해 오자 將軍職을 하사하는 경우도 있었다.[42] 이외에도 조선에는 관직을 하사받는 상당수의 경계영역 일본인, 즉 대마도인이 존재하였다.

둘째, 삼포를 개항하여 정책적으로 일본인을 수용하고 있었다. 조선은 1407년 이전부터 부산포와 내이포에 포소를 운영하였고,[43] 일본인의 유입

---

40) 이들은 본래 한성 등의 조선 안에 머무르는 것이 원칙이었지만, 15세기 중기부터 대마도 등지의 거주가 허가되었다. 그 대신에 매년 1회 한성에 와서 국왕을 알현하여 토산물을 바치고 회사품을 받아갔다.

41) 『태종실록』 권14 태종 7년(1407) 7월 15일조, "以平道全爲員外司宰少監 賜銀帶 道全 日本人之投化者也."

42) 『태종실록』 권26 태종 13년(1413) 8월 8일조, "宗貞茂使送客人及林溫使送客人等 來獻土物. 溫投化來仕, 受將軍之職 後還入對馬島 爲倭萬戶."

43) 부산포와 내이포에 포소를 운영과 관련하여, 1407년에 설치되었다고 보는 설이 있고(이현종, 『朝鮮前期對日交涉史硏究』, 한국연구원, 1964 ; 김의환, 「부산왜관의 변천과 日本 專管居留地」, 『朝鮮近代對日關係史硏究』, 1979 ; 한문종, 「조선전기 한일

이 더욱 증가하자 1418년(태종 18) 염포와 가배량에 왜관을 설치하고 거주를 허가하여,44) 기존의 부산포·내이포 등과 함께 포소를 모두 4곳으로 확대하였다.

이러한 일련의 유화정책에서 대마도인이 갖는 조선에 대한 경계인식에 변화가 오는 계기는 대마도 정벌(己亥東征)이었다. 1418년(태종 18) 조선의 왜구 금압에 적극 협조하던 대마도 도주 宗貞茂가 죽자 그의 어린 아들 都都熊丸(宗貞盛)이 그 뒤를 이었지만, 대마도의 정치질서는 매우 불안정하였다. 한편 1419년(세종 1) 5월 왜선 50여 척이 庇仁縣都豆音串에 난입해서 백성을 살해하고 조선의 병선을 불태우는 사건이 발생하였다.45) 그러자 세종에게 왕위를 물려주고 상왕 자리에서 병권을 장악하고 있었던 태종은 이 사건을 계기로 왜구의 소굴이면서 경유지였던 대마도 정벌을 결정하였다.46) 그리고 같은 해 6월 9일 敎書에서 태종은 대마도에 대한 군사적 정벌과 관련해서 다음과 같이 자신의 의지를 밝히고 있다.

"대마도는 본래 우리나라 땅인데, 다만 궁벽하게 후미지고 비좁아 누추하므로 倭奴들이 거류하게 두었다. 개같이 도적질하고 쥐같이 훔치는 버릇을 가지고 경인년으로부터 변경에서 날뛰기 시작하여 마음대로 군민을 살해하며, 부모형제를 잡아가고 그 집에 불을 질러서 고아와 과부가 바다를 바라보고 우는 일이 해마다 그칠 날이 없다. 志士와 仁人이 팔뚝을 걷어 부치고

관계와 1407년의 의미」, 『지역과 역사』 22, 2008), 1409년 설치로 보는 설(나종우, 「조선초기 대일본 통제책에 대한 고찰」, 『如山柳炳德博士華甲紀念韓國哲學宗敎思想史』, 1990 ; 장순순, 「조선전기 왜관의 성립과 조·일외교의 특질」, 『한일관계사연구』 15, 2001)로 크게 대별해 볼 수가 있다. 그런데 1407년 경상도 병마절제사 姜思德의 상소문 내용을 보면 1407년 이전으로 보는 것이 타당하다고 생각한다. (『태종실록』 권14 태종 7년(1407) 7월 27일조 참조).

44) 『태종실록』 권35 태종 18년(1418) 3월 2일조.
45) 『세종실록』 권4 세종 원년(1419) 5월 7일조, "本月初五日曉 倭賊五十餘艘 突至庇仁縣之都豆音串 圍我兵船焚之 烟霧曚暗 未辨彼我."
46) 『세종실록』 권4 세종 원년(1419) 5월 14일조.

탄식하며, 그 고기를 씹고 그 가죽 위에서 잠자고 생각함이 여러 해이다."47)

여기에는 처음으로 대마도가 조선의 땅이었다고 주장하는 내용이 등장한
다. 이것과 관련하여 대마도가 조선의 땅이라고 보는 태종의 주장은 대마도
정벌을 정당화하는 논리로서 창출되었다고 보는 견해가 있다.48) 그러나 일
차적인 대마도 정벌에 대한 정당성은 대마도를 근거지 혹은 경유지로 삼아
조선을 침입하여 '군민을 살해하고 부모형제를 잡아 가고 집에 불을 지르
는' 왜구의 그칠 줄 모르는 만행 때문이었다. 즉 대마도 정벌의 가장 큰 이
유는 오랫동안 베풀어준 조선의 은혜를 잊고 배은망덕하게 행동하는 대마
도 일본인을 질타하기 위해서 취한 군사적인 정벌이었다고 보아야 할 것이
다. 그 다음에 대마도에 대한 조선의 영토인식을 공고히 하려는 의도가 있
었다고 보는 것이 타당할 것이다.

곧이어 6월 17일 三軍都體察使 이종무는 65일분의 식량과 병선 227척과
1만 7,285명의 병사를 거느리고 대마도로 향하였다.49) 6월 20일에 대마도
의 豆知浦에 상륙한 이종무는 宗貞盛에게 서신을 보냈지만 답장이 없자,
섬을 수색하여 크고 작은 배 1백 29척 중에 사용할 만한 것 20척을 고른
다음 나머지는 모두 불태워 버렸다. 또 가옥 1천 9백 39호를 불사르고 밭에
있는 벼 곡식을 모두 베어버렸다. 그런데 대마도에 잡혀있던 중국인으로부
터 대마도에 가뭄이 심하고 대마도인이 한두 말의 양식만을 가지고 달아났
다는 말을 듣고 訓乃串에 柵을 세워 장기전에 대비하였다. 그리고 그 후 宗

---

47) 『세종실록』권4 세종 원년(1419) 6월 9일조. "上王教中外曰, …對馬爲島 本是我國之
地 但以阻僻隘陋 聽爲倭奴所據. 乃懷狗盜鼠竊之計 歲自庚寅 始肆跳梁於邊徼 虔劉軍
民 俘虜父兄 火其室屋 孤兒寡婦 哭望海島 無歲無之. 志士 仁人扼腕歎息. 思食其肉而
寢其皮 蓋有年矣…."

48) 關周一, 「アジアから見た日本の境界」, 『古代·中世の境界認識と文化交流』, 勉誠出版,
2011, p.125.

49) 『세종실록』권4 세종 원년(1419) 6월 17일조.

貞盛의 修好 요청에 응해서, 이종무는 7월 3일 거제도로 철군하였다.[50) 다시 설명하자면 왜구 근거지의 가옥을 불태우고 약탈 활동에 반드시 필요한 선박을 소각시키거나 나포함으로써 대마도를 엄중하게 문책하고 왜구를 근절시키는 것이 대마도 정벌의 제일 목표였다고 할 수 있다.

대마도 원정을 끝낸 다음 7월 17일 태종은 병조판서 趙末生에게 명하여 宗貞盛에게 서계를 보내어, '대마도가 경상도의 鷄林에 예속하고, 본래 조선 땅이란 것이 文籍에 실려 있다'고 하면서 '卷土來降' 할 것을 요구하였다.[51) 이에 대해 1420년(세종 2) 윤1월 10일 宗貞盛이 보낸 사신 時應界都가 조선을 찾아와서 宗貞盛의 의사를 전달하였다.

"대마도는 토지가 척박하고 생활이 곤란하오니, 바라옵건대 섬사람들을 加羅山 등 섬에 보내어 밖을 호위하게 하고, 귀국 백성들이 섬에 들어가서 안심하고 농업에 종사하게 하여 그 땅에서 세금을 받아서 우리에게 나누어 주십시오. 나는 일족 사람들이 守護의 자리를 빼앗으려고 엿보는 것이 두려워 나갈 수가 없습니다. 만일 우리 섬을 귀국 영토 안의 州郡의 예에 따라서 州의 명칭을 정하여 주고, 印信을 하사해 주면 마땅히 신하의 도리를 지키고 명령하는 대로 따르겠습니다."[52)

그 결과 조선은 대마도 守護 宗貞盛의 요청을 받아들여 대마도의 조선 속주화가 진행되었다. 같은 해 윤1월 23일 예조판서 허조가 宗貞盛에게 보낸 서한의 내용을 보면 그 사실을 알 수 있다.

---

50) 『세종실록』 권4 세종 원년(1419) 7월 3일조.
51) 『세종실록』 권4 세종 원년(1419) 7월 17일조, "對馬爲島 隷於慶尙道之鷄林 本是我國之地 載在文籍 昭然可考." ; "若能飜然悔悟 卷土來降 則其都都熊瓦錫之好爵 頒以厚祿."
52) 『세종실록』 권7 세종 2년(1420) 윤1월 10일조, "禮曹啓 對馬島都都能瓦使 人時應界都來傳熊瓦言曰 對馬島土地瘠薄 生理實難, 乞遣島人 戍于加羅山等島 以爲外護. 貴國使人民入島 安心耕墾 收其田稅 分給於我 以爲用, 予畏族人窺奪守護之位 未得出去 若將我島依貴國境內州郡之例 定爲州名 賜以印信 則當効臣節 惟命是從."

"또한 대마도는 경상도에 예속되어 있으니 모든 보고나 또는 문의할 일은 반드시 본도의 관찰사에게 보고하여 그를 통하여 보고하게 하고, 직접 本曹에 올리지 말도록 할 것이다. 아울러 요청한 인장의 篆字와 하사하는 물품을 귀국하는 사절에게 보낸다. 근래에 귀하의 관할 지역에 있는 代官과 萬戶가 각기 제 마음대로 사람을 보내어 글을 바치고 성의를 표시하니, 그 정성은 비록 지극하나 체통에 어그러지는 일이니, 지금부터는 반드시 귀하가 친히 서명한 문서를 받아 가지고 와야만 비로소 예의로 접견함을 허락한다고 하였다. 그 인장의 글자를 '宗氏都都熊瓦'라고 하였다."[53)]

여기에서 대마도가 경상도에 예속되었고, 이후에 대마도주는 경상도 관찰사를 통해서 조선에 서계를 전달하도록 하는 행정상의 계통을 통보해 주고 있다. 그런데 1421년(세종 3) 4월 6일 宗貞盛이 仇里安을 보내 예조에 전한 서신에서, '금년 정월에 보낸 書契에서 대마도가 경상도에 예속되었다고 했는데, 史籍을 조사해 보고 노인들에게 물어보아도 사실 근거할 만한 것이 없다'고 전하고 있다.[54)] 이에 대해 조선 조정은 문서의 내용을 문제삼아 사절을 예법대로 접대하지 않고 돌려보낸다.

宗貞盛이 보낸 仇里安의 전언과 관련해서 關周一은 다음과 같이 주장하고 있다.

"결국 '印信'을 받았던 것 뿐이고 대마도의 속주화는 결정되지 않았다. 한편 '卷土來降'이 관철되지 않아서 대마도의 내국화는 실현되지 않았다. 대마의 귀속에 관한 교섭은, 宗貞盛과 早田左衛門太郎과 같은 대마도주 또는 실력자, 때로는 그 뜻을 받든 사절에 의한 것이고, 무로마치 막부는 어떤

---

53) 『세종실록』 권7 세종 2년(1420) 윤1월 23일조, "且對馬島隷於慶尙道 凡有啓稟之事 必須呈報本道觀察使 傳報施行 毋得直呈本曹. 兼請印篆竝賜物 就付回价. 近來 足下所管代官 萬戶各自遣人 奉書來款 其誠雖至 甚乖體統. 自今須得足下所親署書契以來 方許禮接. 其印文曰 宗氏都都熊瓦."

54) 『세종실록』 권7 세종 3년(1421) 4월 6일조, "又得崔公今玆正月之書云 對馬島隷於慶尙道. 考之史籍 訊之父老 實無所據."

것도 관여하지 않았다."[55]

그런데 조선과 宗貞盛 사이에 오고 간 문서와 관련하여 다른 각도에서 생각해 볼 필요가 있다. 예를 들어 1420년(세종 2) 윤1월 10일 '조선 영토 안의 州郡의 예에 따라서 州의 명칭을 정해 주고 印信을 하사한다면, 마땅히 신하의 도리를 지키고 명령하는 대로 따르겠다'고 전한 宗貞盛의 서신은 중요한 의미가 있다. 무로마치 막부 체제에서 살펴보면 상신문서 중에서 '解狀'이나 '請文'[56]에 해당하지 않을까. 같은 해 윤1월 23일에는 조선의 예조에서 대마도에 보낸 '대마도는 경상도에 예속되어 있으니, …(경상도) 관찰사에게 보고하고, …요청한 인장의 篆字와 하사하는 물품을 보낸다.'라는 내용의 문서는 막부에서 하부조직에 직접 하달하는 '下知狀' 혹은 '封書'·'御敎書' 등에 해당하는 문건이 아니었을까.

물론 조선과 무로마치 막부에서 하달하는 문서 형식을 놓고 그 내용만 가지고 비교하는 것은 무리일지도 모른다. 그러나 15세기 초는 조선과 무로마치 막부가 안정기에 접어들던 시기이다. 특히 두 국가의 체제에서 비교해 보면, 조정과 막부라는 최상위의 중앙권력이 하달하는 문서는 대단히 강력한 집행력을 행사하고 있었다. 그리고 막부 체제에서 상부 명령에 대한 하부조직의 추종은 주종관계의 유지와 밀접하게 연관되어 있었다.

따라서 조선의 문서에서 보이는 대마도 속주화는 분명하게 실현되었다고 볼 수 있다. 이것은 조선의 국왕의 명령에 따라 대마도주가 자발적인 의사결정으로 주종관계가 형성된 속주화였다. 그리고 이것은 무로마치 막부의 허락이 필요하지 않은 대마도의 권한 사항이었다. 반면에 대마도주의 자의

---

55) 關周一,「アジアから見た日本の境界」, p.126.
56) '解狀'은 하급 기관에서 상급 기관에 제출하는 문서 양식, 또는 개인이 소속관리나 일반의 상급자에게 제출하는 문서 양식이다. '請文'은 어떤 일을 확실하게 이행하는 것, 혹은 장래에 이것을 확실하게 이행할 것이라고 상대에게 전하는 문서 양식이다 (佐藤進一,『(新版)古文書學入門』, 법정대학출판국, 1997, p.187 ; p.209).

적 폐기로 속주화가 해지되는 것은 아니었다.

이러한 대마도의 조선 속주화는 이제까지 일본의 경계영역에 속하던 대마도가 조선의 경계영역으로 탈바꿈하는 중대한 결정이었다. 이것은 대마도인을 적극 수용하여 대마도를 속주화하고, 대마도를 조선 중심의 경계영역으로 끌어들인 조선 외교전략의 성과였다.

그리고 대마도 정벌 이후 조선은 이전보다 더욱 적극적으로 대마도인을 지원하는 정책을 실시하였다. 먼저, 이전과 같이 관직뿐만 아니라 본향까지 하사하는 유연한 포용정책을 실시하고 있었다. 1456년(세조 2) 신숙주가 信沙也文과 三甫難灑毛에게 관직을 내리도록 상소하였다.[57] 이처럼 왜인에게 관직을 하사하는 정책을 상당 기간 지속적으로 유지하고 있었다. 특히 1462년(세조 8) 平順에게 昌原, 皮尙宜에게 東萊를 본향으로 내려 주었는데, 이 둘은 조선에서 나서 태어나고 자라서 3품의 벼슬에 오른 자들이었다. 그런데 평순의 아버지 平原海와 皮尙宜의 아버지 皮沙古는 이미 조선으로부터 관직을 하사받은 바 있었다.[58] 이처럼 2대에 걸쳐서 조선에서 관직을 하사받는 왜인도 나타나게 되었다. 일본인에게 관직과 재물, 그리고 본향을 하사하는 것은 조선의 기본적인 왜인 포용정책이었다.

다음에는 조선에 사는 일본인에게 안정된 생활까지 배려하는 정책을 실시하였다. 어느 시기부터 실시했는지 정확히 알 수는 없지만, 조선은 전례에 따라서 투화해서 사는 일본인들에게 3년 동안 관직의 유무를 불문하고 사계절 의복을 지급해 주고 있었다. 그리고 1423년(세종 5)에는 갓·신 이외

---

57) 『세조실록』 권5 세조 2년(1456) 10월 21일조, "且信沙也文 三甫難灑毛皆 除司直 而信沙也文 則招來侍衛爲可 請竢上裁."

58) 『세조실록』 권28 세조 8년(1462) 4월 24일조, "吏曹據投花倭人行大護軍 平順等狀告啓 平順父中樞院副使原海 則去丙子年 皮尙宜父副司直沙 古則去己卯年出來 侍衛身死. 後臣等生長於此 特蒙上恩 官至三品 但無本鄉 至于子孫 以日本稱鄕未便. 乞依梅佑 唐夢璋例賜鄕. 臣等照得平順 尙宜等生于本國 侍衛已久 請賜鄕. 命賜尙宜東萊 順昌原."

에 의복에 대해서 1인당 봄·여름에 苧布 2필, 緜麻布 각 1필과 가을·겨울에 緜紬 4필, 苧布 2필, 緜布 1필, 緜子 3근 7냥을 항상 주도록 재차 결정하고 있다.[59] 한편 1448년(세종 30) 일본인 藤九郎에게 쌀·술·소금·간장·魚肉 등을 하사하고 있다.[60] 또 1469년(성종 원년) 신숙주가 벼슬을 받은 平茂續이 지금은 매우 궁핍하므로 쌀과 먹을 것을 하사하여 우대할 것을 권유하고 있다.[61] 이처럼 조선은 일본인을 적극적으로 끌어들이고, 장기간 거주하는 일본인들의 생활이 안정적으로 유지되도록 세심하게 배려하고 있었다.

마지막으로, 삼포를 계속 개방하여 일본인의 수용을 안정적으로 유지하고 있었다. 1419년 대마도 정벌로 외교관계가 단절되고 포소가 폐쇄되었지만, 1423년(세종 5) 부산포와 내이포를 다시 개항하고,[62] 1426년(세종 8) 염포를 추가로 개항하면서[63] 삼포(三浦) 시대가 열리게 되었다.

그러나 조선은 장기 거주하는 일본인을 정부의 관할 하에서 철저하게 관리하고 있었던 것으로 판단된다. 1437(세종 19) 대마도주 宗貞盛이 대마도 백성 馬三郎 등 26명이 배를 훔쳐 가지고 도망하여 조선 山達浦에 정박하고 있으니 속히 돌려보내 달라고 조선 조정에 요청하고 있다.[64] 이것은 조

---

59) 『세종실록』 권20 세종 5년(1423) 5월 13일조, "禮曹啓 前例 投化人等限三年 勿論有無職 給春秋袷衣一襲 夏節單衣一襲 冬節襦衣一襲. 今濟用監事煩 製造爲難 請笠靴外衣服 每一名給春夏等苧布二匹縣麻布各一匹 秋冬等綿軸四匹 苧布二匹 縣布一匹 縣子三觔七兩 以爲恒式 從之."

60) 『세종실록』 권122 세종 30년(1448) 12월 23일조, "乙亥 賜投化倭護軍藤九 郎米酒鹽醬魚."

61) 『성종실록』 권1 성종 즉위년(1469) 12월 "癸酉/禮曹兼判書申叔舟啓曰 今來倭人平茂續 自其父在時 國家歲有賜米. 茂續投化來 其時亦賜米 今無所賜. 臣聞茂續家甚窘乏 請賜米及食物 以示優待之意. 乃命賜米 豆幷十碩及食物."

62) 『세종실록』 권20 세종 5년(1423) 4월 16일조.

63) 『세종실록』 권31 세종 8년(1426) 1월 18일조.

64) 『세종실록』 권76 세종 19년(1437) 3월 3일조, "宗貞盛請刷還本島逃來人 其書略曰 本島百姓馬三郎等二十六名 去年偸船逃出 到泊山達浦 請速遣還."

선이 국내의 일본인의 동태를 세세하게 파악하고 있음을 보여주는 반증이기도 한다. 또 1497년(연산군 3)에는 왜인 승려 雪明이 일본에 돌아가는 것을 허락받고자 하자, 그가 8도를 돌아다니며 산천의 지형과 민간의 사소한 일까지 두루 알고 있으므로 일본으로 도로 들어가는 것은 지극히 이롭지 못하므로 투화인의 전례에 따라서 한성에 살도록 종용하고 있다.[65] 이러한 결정의 배경에는 만일에 일어날 수 있는 치안의 문제를 염려하여 결정된 것이다. 따라서 당시 조선에서 장기간 거주하던 일본인은 조선 조정의 입장에서 지속적인 통제 관리의 대상이었음을 알 수 있다.

그리고 조선에 거주하는 일본인의 대다수가 대마도인이었다. 이것은 조선의 주도하에 대마도인을 조선으로 끌어들인 적극적인 회유책의 결과였다. 그렇다면 대마도인들은 조선 중심의 경계영역에서처럼 자유로운 활동성을 보장받고 있었는가? 결론적으로 조선에서의 일본인은 항상 감시당하고 통제받는 존재였다. 따라서 일본인에게 있어서 조선은 일본 내의 자신들의 삶의 터전과는 사뭇 다른 편견과 차별이 존재하는 불평등한 삶의 공간이었다. 조선에서 거주가 허가되었지만, 대마도인에게 조선은 삶이 부자유스러운 '異域'에 해당하는 지역이었다.

Ⅳ. 맺음말

이상에서 살펴본 바와 같이, '경계'는 고대의 관념적인 구분, 즉 '淨'과 '穢'의 이분법적 구조에서 출발하였다. 그리고 국가 간의 경계(Boundary)는 字意的으로 선형 개념을 갖기 때문에 경계영역이라는 공간 개념의 새로운 용어가 필요하다. 따라서 경계영역은 경계(Boundary) 주변의 공간 개념이다.

중근세 일본의 경계영역은 고려·조선과의 교역이나 왜구 활동과 밀접하

---

65) 『연산군일기』 권21 연산군 3년(1497) 1월 7일조.

게 관련되어 있었다. 이곳은 인적·물적 유통의 중심지이며, 아울러 왜구의 근거지이기도 하였다. 따라서 중세 일본인이 인식하는 경계영역의 범위는 대마도·壹岐·松浦 지역을 포괄하는 北九州와 大隅를 포함하는 南九州 지역이었다.

고려는 평화적으로 투항하는 일본인의 거주를 허락해 주는 우호적인 일본인 수용 정책을 펴나갔다. 그리고 경계영역에서 상당수의 일본인이 고려에 들어와서 생활하고 있었다. 하지만 때로는 해양적 기질을 발휘하여 고려를 약탈하는 왜구로 둔갑하는 경우가 많았다. 따라서 이들이 일본에서는 경계영역의 일본인이었지만, 고려에서는 약탈을 자행하는 왜구로 취급당하는 존재였다.

마찬가지로 조선은 거주를 희망하는 경계영역의 일본인을 적극적으로 수용해 나갔다. 조선은 일본인을 적극적으로 수용하기 위하여 몇 가지 정책을 실시하였다. 첫째는 일본인에게 관직을 하사하는 적극적인 포용정책(受職人制)을 실시하고, 둘째는 삼포를 개항하여 정책적으로 일본인을 적극 수용하는 것이었다.

이러한 조선의 유화정책에서 대마도인이 조선에 대해 갖는 인식의 변화를 가져온 계기는 대마도 정벌(己亥東征)이었다. 조선의 대마도 정벌은 오랫동안 베풀어준 은혜를 잊고 배반한 대마도인을 질타하기 위해서 취한 군사적인 정벌이었다. 그 외에도 대마도에 대해서 조선의 영토인식을 공고히 하려는 의도가 있었다.

한편 조선과 宗貞盛 사이에 오고 간 문서를 중심으로 일본인의 조선 경계인식을 살펴볼 필요가 있다. 15세기 초는 조선과 무로마치 막부가 안정기에 접어들던 시기이다. 특히 두 국가의 체제에서 조정과 막부라는 최상위의 중앙권력이 하달하는 문서는 대단히 강력한 집행력을 행사하고 있었다. 그리고 막부 체제에서 상부 명령에 대한 하부조직의 추종은 주종관계의 유지와 밀접하게 연관되어 있었다. 이런 점에서 조선의 문서에서 보이는 대마도 속주화는 실현되었다고 볼 수 있다. 이것은 조선의 국왕의 명령에 따라 대마도주가 자발적으로 결정하여 주종관계가 형성된 속주화였다. 그리고 이제까지 일본의 경계영역에 속하던 대마도가 조선 중심의 경계영역으로 탈바꿈하는 중대한 결정이었다. 이것은 대마도인을 적극 수용하여 대마도를 속주화하고, 대마도를 조선의 경계영역으로 끌어들인 조선 외교전략의 큰 성과였다.

조선에 거주하는 일본인의 대다수가 대마도인이었는데, 이것은 조선의 주도하에 대마도인을 적극 끌어들인 회유책의 결과였다. 일본에서의 대마도인은 경계영역에서 자유로운 활동성을 보장받고 있었지만, 조선에서의 일본인은 항상 감시당하고 통제받는 존재였다. 따라서 일본인에게 있어서 조선은 일본 안의 자신들의 삶의 터전과는 사뭇 다른 편견과 차별이 존재하는 불평등한 삶의 공간이었다. 조선에서 거주가 허가되었지만, 대마도인에게 조선은 삶이 부자유스러운 '異域'이었다.

제4장 중세 왜구의 경계침탈로 본 한·일 관계

I. 머리말

역사에서 어떤 국가의 내부 모순이 경계를 초월해서 주변 국가의 사회적 환경을 바꾸어 놓는 예가 있다. 또 한 국가의 내부 혼란이 주변의 다른 국가의 정치와 외교 정책에 미치는 영향을 흔히 볼 수 있다.

한 가지 예로서 고려와 조선에 출몰한 왜구와 그로 인한 대왜(對倭) 외교의 변화를 들 수 있다. 13세기 가마쿠라 막부의 정치적 혼란에서 시작된 왜구의 경계 침탈은 고려가 왜구를 응징하고 금지하는 적극적인 자세를 취하도록 만들었다. 마찬가지로 14세기 무로마치 막부의 대혼란으로 더욱 증가해 가는 왜구의 경계침탈은 고려로 하여금 대왜(對倭) 외교를 선결적 국가 과제로 인식하는 데 일조했다. 조선시대에도 좀처럼 사라지지 않는 왜구의 경계침탈을 방지하기 위한 대왜 사신이 끊이지 않고 파견되었다. 결국 고려와 조선은 모두 선제적 방어 수단으로서 대마도 정벌이라는 강경한 군사적 대응 수단을 선택하였다. 특히 대마도 정벌이라는 강경책과 더불어 실시된 조선의 '삼포 개항'은 대왜인 회유정책을 능동적으로 병행했다는 가시적인 증거였다.

한편 왜구의 경계침탈과 관련해서 현존하는 사료는 『고려사』와 『조선왕조실록』 등에서 한국 측 사료가 일본 측 사료보다 그 수와 양의 면에서 월등히 많다. 따라서 일부 일본학자들은 왜구의 경계침탈의 원인과 결과를 고려와 조선 중심으로 분석하는 데 치중하였다. 그리고 이러한 논리의 강화는 다수의 고려인과 조선인이 왜구에 가담하였다는 왜곡된 이론을 확대 재생

산하였다.1)

반면에 한국학자들은 『고려사』에 수록된 왜구의 침입 횟수를 중심으로 시기와 성격을 분류하고 그 특징을 일본 내의 사정과 고려 내의 사정으로 나누어 분석하는 방법론을 제시하였다.2) 그러나 일본 내부의 정치 상황의 변화에 대한 구체적인 언급 없이, 고려의 대응 수단과 그 성과 중심의 결론 도출이 많았다. 따라서 이러한 연구 성과는 일본학자가 주장하는 왜곡된 왜구의 원인과 주체를 극복할 수 있는 대응 논리로서 한계를 가지고 있었다. 그러나 이후 한국 내에서도 왜구의 원인과 그 실체를 일본사 내에서 규명하려는 연구가 진행되었다. 그리고 일본사 안에서 왜구의 원인과 주체를 입증하려는 논리를 전개하였다.3)

본래 왜구 연구는 왜구의 주체가 일본인이고 왜구의 근거지가 일본열도라는 엄연한 역사성에서 출발해야 한다. 그러면 왜구는 일본열도가 동심원

---

1) 田中健夫, 『中世海外交涉史의 硏究』, 東京大學出版會, 1957 ; 『倭寇－海의 歷史－』, 敎育社, 1982 ; 「倭寇와 東アジア通交圈」, 『日本의 社會史』 第一卷, 岩波書店, 1987 ; 田村洋幸, 『中世日朝貿易의 硏究』, 三和書房, 1967 ; 太田弘毅, 「倭寇와 結託한 朝鮮人－〈賊諜〉·〈奸民〉·〈詐倭〉－」, 『藝林』 36-3, 1987 ; 高橋公明, 「中世東アジア海域에 있어서의 海民과 交流」 『(名古屋大學文學部硏究論集)史學』 33, 1987 ; 太田弘毅, 『倭寇－日本あふれ活動史－』, 文藝社, 2004 등 다수가 있다.

2) 신기석, 「高麗末期의 對日關係－麗末倭寇에 關한 硏究」, 『社會科學』 1, 한국사회과학연구회, 1957 ; 신석호, 「여말선초의 왜구와 그 대책」, 『國史上의 諸問題』 3, 1959 ; 이현종, 「왜인관계」, 『한국사』 9, 국사편찬위원회, 1973 ; 「왜구」, 『한국사』 8, 국사편찬위원회, 1974 ; 손홍렬, 「高麗末期의 倭寇」, 『사학지』 9, 1975 ; 나종우, 「高麗 末期의 麗·日 關係－倭寇를 中心으로」, 『전북사학』 4, 1980.

3) 남기학, 「몽고침입과 중세 일본의 대외관계」, 『아세아문화』 12, 1996 ; 「중세 고려, 일본 관계의 쟁점－몽골의 일본 침략과 왜구」, 『일본역사연구』 17, 2003 ; 이영, 「高麗末期 倭寇構成員에 관한 考察」, 『한일관계사연구』 5, 1996 ; 「'倭寇의 空白期'에 관한 한 考察」, 『일본역사연구』 5, 1997 ; 「'경인년 이후의 왜구'와 松浦黨」, 『일본역사연구』 24, 2006 ; 졸고, 「一揆와 倭寇」, 『일본역사연구』 10, 1999 ; 「少貳冬資와 倭寇의 일고찰」, 『일본역사연구』 13, 2001 ; 「東아시아 海域의 아웃로(Outlaw)」, 『일본역사연구』 24, 2006.

의 중심에 자리잡게 된다. 그 다음 동심원의 경계 밖에는 피해를 당한 고려
와 조선이 존재한다. 그럼에도 기존의 연구에서는 왜구의 중심을 동심원의
안 혹은 밖 어느 위치에서 볼 것인가의 관찰 위치를 간과해 온 경향이 있다.

따라서 본 연구에서는 먼저 제2장에서 일본열도 중심적 시각에서 13세기
이후 가마쿠라 왜구[4]가 자행한 경계침탈과 이에 대응하는 고려 외교의 전
개 양상을 살펴볼 것이다. 그리고 제3장에서는 14~5세기 무로마치 왜구에
의해 자행된 경계침탈과 이에 대한 고려와 조선의 외교적 대응을 검토해
보고자 한다.

Ⅱ. 가마쿠라 왜구의 경계침탈과 한·일 외교의 양상

1. 가마쿠라 왜구의 경계침탈과 그 폐해

가마쿠라 왜구는 나라(奈良) 시대에 등장하여 헤이안(平安) 시대를 거쳐
가마쿠라 시대에 활동하던 해적에서 그 연원을 찾을 수 있다. 고대 말 일본
열도의 해적은 정치와 사회의 불안 속에서 생활의 어려움을 해결하기 위해
서 항해하는 선박의 물품을 탈취하거나 포구의 창고에서 도적질을 일삼던
자들이었다.[5] 또 이들은 해상 운송로로 물품을 운반할 때 선원이 되기도
하고, 겐페이(源平)의 쟁난에서는 수군으로 활약하는 등 그 기능이 변화무

---

4) 기존의 연구에서 '고려 말(조선 초)의 왜구', '고려(조선)에 출몰한 왜구' 등의 용어
  를 주로 사용해 왔다. 그러나 이제부터 왜구의 주체가 일본인이고 왜구의 근거지가
  일본열도라는 사실을 분명하게 포함하는 새로운 용어를 사용할 필요가 있다. 따라
  서 필자는 일본사의 시기 구분에 따라 '가마쿠라 왜구'·'무로마치 왜구'·'센고쿠 왜
  구'로 호칭해야 한다고 생각한다.
5) 12세기 초에 쓰인 것으로 추정되는 『今昔物語集』에 일본열도의 연안에서 약탈과
  살인을 자행하는 해적의 활동 기록이 실려 있다.

쌍한 해상세력이었다.

가마쿠라 시대에 접어들어서도 해상활동에 전념하던 해안 지역 주민들의 열악한 생활조건은 개선되지 않았다. 더욱이 중세에 들어오면 재지에서 자력구제의 사회현상이 만연하였으므로, 이들은 과거처럼 연안 지역에서 선박을 습격하거나 공물(供物)을 탈취하는 등의 해적 행위를 멈추지 않았다. 특히 송과의 교역이 활발해지면서 해외의 재화와 유통에 관심을 갖게 되는 것은 당연한 일이었다. 그리고 송인과의 접촉이 잦아지면서 자신들에게 필요한 재화를 바다 건너 미개척의 땅에서 확보할 수 있다는 인식을 갖기 시작했다. 그리고 13세기 바다를 건너 고려를 대상으로 해적 활동, 즉 왜구로 활동하기 시작하였다.

그런데 일본열도의 연안에서 해상활동에 능숙하더라도 열도의 경계를 넘어가서 약탈하는 행위는 당시의 열악한 항해기술을 극복해내야 했고 대규모의 무력충돌도 예상해야 하는 망설여지는 모험이었다. 그러나 때마침 막부의 호죠씨(北條氏)와 천황가(公家)가 권력 장악을 놓고 일으킨 조큐(承久)의 난(1221)이 발발하였다. 이 난은 일본열도 연안의 해상세력들로 하여금 바다의 경계를 넘어 약탈이라는 위험한 왜구의 모험에 뛰어들게 만들었다.

조큐의 난은 막부의 싯켄(執權) 호조 요시토키(北條義時)에 대항해서 고토바(後鳥羽) 상황이 전국의 무사들을 모아 일으킨 정변이었다. 그러나 막부를 지지하는 무사보다 상황 측에 가담하는 재지무사들의 수가 터무니없이 적어 불과 1개월 만에 상황 측의 패배로 끝났다. 그리고 상황 편에 가담했다가 토지를 몰수당한 서국의 재지세력과 해상의 해적세력은 생존의 위기상황으로 내몰릴 수밖에 없었다. 따라서 중앙 지배력이 이완되고 생존 위기의 상황에서 바닷길에 능통한 해상의 해적세력이 일본열도의 경계를 뛰어넘어 고려를 침탈하는 왜구로 전환해 갔다.

〈표 1〉 일본 사료에 보이는 가마쿠라 왜구의 고려 침구의 사례

西紀	고려 침탈의 주체	약탈 지역	사료 출전
1226(嘉祿 2)	친제이 흉당(鎭西凶黨) 병선 10척 (별칭, 마쓰우라당(松浦黨))	고려 별도(別島)	『明月記』
1227(安貞 1)	대마도 악당(惡黨) 90인	고려	『百錬抄』
1232(貞永 1)	가라쓰(唐津) 가가미신사(鏡神社) 주인(住人)	고려	『吾妻鏡』
1263(원종 4)	일본 선박 1척	고려 웅신현 물도 (熊神縣 勿島)	『고려사』
연도 미상 1264(弘長 4) 추정	일본국 선박 1척(마쓰우라당 추측)	고려	『靑方文書』

〈표 1〉에서와 같이 일본의 사료인 『명월기(明月記)』에는 1226년(嘉祿 2) 친제이(鎭西)의 흉당(凶黨(별칭, 마쓰우라당)이 10척의 병선을 이끌고 고려 별도(別島)에서 민가를 습격하고 재물을 약탈했던 사건을 기록하고 있다.6) 이것은 일본 해상세력이 경계를 넘어 고려의 영토를 침탈하는 첫 번째 일본 기록이다. 아울러 가마쿠라 왜구 주체가 일본 해상의 해적(=凶黨)이라는 사실을 명확히 제시해 주고 있다.

또 『백련초(百錬抄)』에는 1226년(嘉祿 2) 다자이쇼니(大宰少貳)가 가마쿠라 왜구의 침구를 항의하러 온 고려사신의 면전에서 대마도의 '악당(惡黨)' 90인을 참수했다고 기록하고 있다.7) 이것은 대마도가 왜구의 근거지이고 왜구 주체가 해상의 해적세력이었음을 일본 측에서 인정했던 명확한 근거이다. 한편으로는 다자이쇼니가 자진해서 일본 해적의 왜구 행위를 엄벌에 처하고 있다는 점에서, 가마쿠라 왜구의 경계침탈이 규슈 지배권력의 의도와 무관하게 발생했던 약탈 행위라는 사실을 암시해 주고 있다.

---

6) 『明月記』 嘉祿 2년(1226) 10월 17일조, '高麗合戰一定云々, 鎭西凶黨等(號松浦黨), 構數十艘兵船, 行彼國之別鳴合戰, 滅亡民家, 掠取資財.'

7) 『百錬抄』 安貞 원년(1227) 7월 21일조, '去年大馬國惡徒等向高麗國全羅州 侵取入物. 侵陵住民事. 可報由緖之由牒送. 大宰少貳資賴不經上奏. 於高麗國使前浦惡徒九十人斬首. 偽送返牒云々. 我朝之恥也. 牒狀無禮云々.'

또 다른 사료인『오처경(吾妻鏡)』에서는 1232년(貞永 원년) 히가시 마쓰우라군(東松浦郡)의 포구 가라쓰(唐津)에 있는 가가미신사(鏡神社) 장원의 영지 안에 살고 있는 주민(=住人)들이 고려에 침입하여 재물을 약탈했다고 기록하고 있다.[8]

이처럼 조큐의 난이 발발한 이후, 바닷길에 능통할 뿐만 아니라 고려에 대한 많은 정보를 가지고 있던 북규슈의 마쓰우라(松浦)와 대마도 해상의 해적세력이 일본열도를 뛰어넘어 고려를 대상으로 경계침탈하는 왜구로 전환해 갔다. 이들의 고려 경계침탈은 고려를 대상으로 약탈을 자행하는 '가마쿠라 왜구'의 시작이었다.

<표 2> 가마쿠라 왜구가 고려를 침탈한 빈도수[9]

	西紀	A	B	C		西紀	A	B	C
고종 10	1223	1	1	1	충렬왕 6	1280	1	1	1
11	1224								
12	1225	1	3	1	16	1290	1	1	1
13	1226	2	2	3(2)					
14	1227	2		2	충숙왕 10	1323	2	2	2
원종 4	1263	1	1	1					
5	1264								
6	1265	1	1	1					

일본 사료에서 확인할 수 있는 가마쿠라 왜구의 고려 경계침탈 행위는

8) 『吾妻鏡』 貞永 원년(1232) 윤9월 17일조.
9) A는 羅鐘宇의 통계(羅鍾宇, 『韓國中世對日交涉史研究』, 원광대학교 출판국, 1996, p.126).
　　B는 田村洋幸의 통계(田村洋幸, 『中世日朝貿易の研究』, 三和書房, 1967, pp.36~37).
　　C는 田中健夫의 통계(田中健夫, 『倭寇と勘合貿易』, 至文堂, 1961, pp.4~10) ; ( )는 『中世海外交涉史の研究』, 東京大學出版會, 1957, p.4의 통계임.

비슷한 시기의 고려 측의 사료에서도 확인할 수가 있다. 『고려사』의 기록에
따르면 가마쿠라 왜구에 의한 고려 경계침탈은 1223년(고종 10) 5월 금주
(金州)로부터 시작되었다.[10] 또 1225년(고종 12) 4월에는 왜선 두 척이 경
상도 연해의 주현(州縣)을 침탈하고 있다.[11] 그리고 1226년(고종 13) 1월
가마쿠라 왜구가 경상도 연해의 주군을 침입하였을 때, 거제 현령 진용갑
(陳龍甲)이 고려 수군을 이끌고 싸워 왜구 2명의 목을 베고 물리쳤다.[12] 또
1227년(고종 14) 4월 금주에 왜구가 침탈하자, 방호별감 노단(盧旦)이 군사
를 출동시켜 배 두 척을 노획하고 30여 명을 살상하였다. 또 같은 해 5월에
는 별장 정금억(鄭金億) 등이 웅신현에 침탈한 왜구 7명을 죽이고 물리친
것으로 『고려사』에 기록되어있다.[13]

　이상에서 초기 고려를 침탈하는 가마쿠라 왜구에서 두 가지 특징을 발견
할 수 있다. 첫째는 마쓰우라당이 고려의 경계를 침탈하는 시점과 고려에서
가마쿠라 왜구가 등장하는 시점이 거의 일치한다는 점이다. 따라서 마쓰우
라당이 고려의 경계를 넘어 가마쿠라 왜구로 활동하는 주체 세력이라는 점
에서 주목되는 바가 크다고 할 수 있다.

　둘째는 초기의 가마쿠라 왜구는 적은 수의 인원으로 구성되어 있으며 고
려군과의 군사적 충돌을 염두에 두고 준비된 대규모 집단이 아니었다는 점
이다. 『고려사』의 기록에 따르면 1226년부터 가마쿠라 왜구와 고려군과의
군사적 충돌이 시작되었을 때, 초기의 가마쿠라 왜구는 고려군과의 전투에
서 모두 크게 패하여 물러나고 있다. 그리고 고려군과의 전투에서 패하여
죽임을 당한 왜구의 수를 보더라도 소규모 인원으로 구성된 집단이었던 것
으로 짐작된다. 다시 말해서 다음 장에서 살펴볼 14세기 중기 이후의 무로
마치 왜구와 규모 면에서 비교가 되지 않는 소규모 집단이었다.

10) 『高麗史』 권22 세가 제22, 고종 10년(1223) 5월.
11) 『高麗史』 권22 세가 제22, 고종 12년(1225) 4월.
12) 『高麗史』 권22 세가 제22, 고종 13년(1226) 정월.
13) 『高麗史』 권22 세가 제22, 고종 14년(1227) 4·5월.

2. 가마쿠라 막부와 고려의 외교 관계의 양상

가마쿠라 왜구의 침탈이라는 초유의 사건을 경험한 고려 조정은 일본에 사신을 파견하여 왜구 금지를 적극적으로 요구하였다.『고려사』에 따르면 1227년(고종 14) 5월 고려가 일본에 서신을 보내 일본 선박의 고려 경계침 탈에 대해 죄과를 묻고 우호관계와 통상을 요구하였다.14) 이에 대해서 일 본 기록인『백련초』에 따르면, 1227년(安政 원년) 7월 다자이쇼니(大宰少 貳) 무토 스케요리(武藤資賴)가 고려 사신의 면전에서 대마도 '악당' 90인 을 참수하고 고려에 반첩을 보내고 있다.15)

이처럼 다자이쇼니 측에서 고려의 왜구 금지 요구에 적극 호응하여 경계 침탈 사건에 연루된 악당 세력을 처단하고 있다. 이것은 다자이쇼니가 고려 의 왜구 금지 요구에 대해 매우 호의적이었음을 보여주는 증거이다. 반면에 공가(公家) 측에서는 다자이쇼니가 악당 참수와 고려에 반첩을 보내는 행 동이 본조(本朝)의 수치라면서 매우 불쾌한 심정을 드러내고 있었다.

〈표 3〉 가마쿠라 왜구 금지를 위한 고려와 일본의 사신 왕래

西紀	고려사신	일본 사신	고려의 왜구 금지 요구 내용	일본의 대응	사료 출전
1227년 5월 (고종 14)	미상		일본에 서신을 보내 일본 선 박의 경계침탈 죄과를 묻고 우호관계와 통상을 요구		『고려사』
1227년 7월 (安貞 1)				大宰少貳 武藤資賴 ― 대마도 '악당' 90인 참수	『百錬抄』
1260년 7월 (원종 원년)	韓景胤, 洪泞		해적(왜구)의 금지 요구		
1263년 2월 1263년 4월	洪泞 郭王府		2월 왜구 발생, 4월 洪泞, 郭王府 금구 사신	4월 大宰少貳 武藤資賴 ―쌀 20석, 馬麥 30석,	『고려사』

---

14)『高麗史』권22 세가 제22, 고종 14년(1227) 5월.
15) 앞의 주 7) 참조.

西紀	고려사신	일본 사신	고려의 왜구 금지 요구 내용	일본의 대응	사료 출전
(원종 4)			일본 파견-쌀120석, 주포(紬布) 43필 약탈자에 대한 징벌 요구	牛皮 70장 변상	
연도 미상 (1264년 문서로 추정)				작년 2월 23일 일본국의 배 한 척이 이유 없이 고려에 건너가 연공미(年貢 123석·세포(細布) 43필을 습격 약탈하였다. 이것을 되찾고, 적도(賊徒)를 … (이하 결손)	『靑方文書』

　　가마쿠라 왜구의 고려 경계침탈을 둘러싸고 지속되는 사신 왕래는 다음 사건을 통해서도 확인할 수 있다. 〈표 3〉에서 보는 바와 같이 1263년(원종 4년) 2월 왜구가 금주 관내 웅신현(熊神縣) 물도(勿島)에서 공선(貢船)을 침탈해 가는 사건이 발생하였을 때이다.16)

　　그리고 같은 해 4월 홍저(洪苧)와 곽왕부(郭王府)가 이 사건을 해결하기 위해서 가마쿠라 막부에 파견되었다. 고려 사신이 가지고 간 국서에는 "두 나라가 교통한 이래 매년 정상적인 진봉(進奉)은 한 번이고, 한번에 배는 2 척으로 결정하였으며 만일 그 밖의 배가 다른 일을 빙자하여 우리 연해 지방의 촌락과 동리를 소란케 할 때에는 엄격히 처벌하며 금지하기로 약정하였다. 그런데 금년 2월 일본의 배 1척이 고려의 경계를 넘어와서 웅신현 물도에 정박 중인 고려 공선에 실려 있는 쌀 120석과 주포(紬布) 43필을 약탈해 갔고, 또 연도(椽島)에 들어와서 주민들의 의복, 식량 등 생활 필수 물자들을 모조리 빼앗아 갔으니 이러한 사실들은 원래 약정하였던 호상 통교의 본래 뜻에 크게 위반되는 것이다"라는 단호한 내용이 적혀 있었다.17) 아울

16) 『高麗史』 권25 세가 제25, 원종 4년(1263) 2월, '癸酉, 倭, 寇金州管內熊神縣勿島, 掠諸州縣貢船'.

17) 『高麗史』 권25 세가 제25, 원종 4년(1263) 4월, '遣大官署丞洪苧·詹事府 錄事郭王府

러 약탈자를 끝까지 추궁하여 찾아내고 모두 징벌 제어함으로써 두 나라 간의 화친을 공고히 할 것을 요구하는 내용도 함께 다자이쇼니에게 전달되었다. 이에 대해서 8월에 다자이쇼니는 적극적으로 협조하여 쌀 20석, 마맥 (馬麥) 30석, 우피(牛皮) 70장을 변상해 주면서 사건은 일단락지어졌다.[18]

그런데 1269년 6월 경상도 안찰사의 보고를 통해서 일본에 표류되었다가 송환되어 온 제주도인의 말이 고려 조정에 전해졌다.[19] 송환된 제주도인이 전하는 내용은 일본이 병선을 갖추어 고려 침입을 계획하고 있다는 정보였다. 짐작컨대 그는 제주도에서 규슈로 표류하였다가 다자이후와 대마도를 경유해서 고려의 금주로 송환되었을 것이다. 그의 말은 북규슈 혹은 대마도의 어딘가에 큰 선박을 대기시켜 놓고 약탈을 준비하고 있다는 내용이었을 것이다. 따라서 가마쿠라 왜구의 고려의 경계약탈은 적어도 사전 준비를 갖춘 계획된 행동이었던 것으로 짐작할 수 있다.

한편 몽골의 일본 침입을 전후한 시기에 가마쿠라 왜구의 출몰은 거의 사라졌다. 이 시기에 수 차례의 고려와 몽골사신이 일본에 도착하였지만, 이들은 일본 초유의 사신이었지 왜구의 근절을 요구하는 사신이 아니었다.

그런데 몽골의 일본 침입 40여 년이 흐른 후, 1323년(충숙왕 10) 두 번에 걸쳐 가마쿠라 왜구의 출몰 기사가 『고려사』에 나타난다. 이때 전라도에 파

等, 如日本國, 請禁賊, 牒曰, 自兩國交通以來 歲常進奉一度船不過二艘設有他船柱憑他 事濫擾我沿海村里嚴加徵禁以爲定約 越今年二月二十二日, 貴國船一艘, 無故來入我境 內熊神縣界勿島, 略其島所泊, 我國貢船所載, 多般穀米幷一百二十石·紬布幷四十三 匹, …(하략).'

『靑方文書』1-78, '高麗國牒使帶牒狀 去年九月之比令到着之間 披見彼 狀之處 去年二月 卄三日日本國船壹艘 無故 襲渡彼國 年貢米百二十三石·紬布四十三反令搜取之 賊徒可被 …(以下缺)' ; 졸고, 「一揆와 倭寇」, 『日本歷史硏究』 10집, 1999, pp.54~55 참조.

18) 『高麗史』 권25 세가 제25, 원종 4年(1263) 8월, '戊申朔, 洪泞·郭王府等, 自日本還, 奏曰, 窮推海賊, 乃對馬島倭也, 徵米二十石·馬麥三十石·牛皮七十領而來'.

19) 『高麗史』 권26 세가 제26, 원종 10년(1269) 5월조, "慶尙道按察使馳報 濟州人漂風至 日本還言 日本具兵船將寇我."

견된 송기(宋頎)가 왜구와 싸워서 백여 명을 죽였다는 기록이 전하는데,[20) 이것은 왜구의 인적 구성이 점차 대규모화해 가는 추세에 접어들었음을 암시하고 있다. 그러나 14세기에 접어들어 고려는 왜구의 규모가 더욱 커지는 추세였음에도, 다자이후에 사신을 보내지 않았다. 마침내 1333년 가마쿠라 막부가 붕괴되고, 남북조내란이라는 무로마치 초기의 정치적 대혼란이 시작되었다.

Ⅲ. 무로마치 왜구의 경계침탈과 한·일 외교의 양상

1. 무로마치 왜구의 고려 경계침탈과 그 폐해

무로마치 막부 초기에 발생한 남북조의 병립은 1336년(建武 3) 아시카가 다카우지(足利等氏)가 교토에서 고묘천황(光明天皇)을 새로 옹립한 다음 겐무시키모쿠(建武式目)를 제정하자 고다이고천황(後醍醐天皇)이 요시노(吉野)로 거처를 옮기면서 시작되었다. 그리고 일본열도가 남조(=宮方)의 고다이고천황 측과 북조의 막부 측으로 양분되어 전국이 싸움에 휘말리는 남북조내란이 시작되었다.

막부가 군사적으로 우세하였기 때문에 내란이 빨리 종식될 것으로 기대되었다. 그러나 막부 내부에서 쇼군 다카우지와 동생인 다다요시(直義) 사이의 대립으로 내란은 쉽게 끝나지 않고 오히려 더욱 복잡한 양상으로 전개되었다. 막부 내부에서 발생한 아시카가 일족의 내홍은 쇼군 다카우지의 집사인 고노 모로나오(高師直)와 다다요시의 갈등으로부터 시작되었다. 이 것이 막부의 내홍과 규슈를 큰 혼란에 빠뜨리는 간노죠란(觀應擾亂)의 단초가 되었다. 1349년(貞和 5) 9월 다카우지의 친아들이며 다다요시의 양자

---

20) 『高麗史』 권35 세가 제35, 충숙왕 10년(1323) 7월.

인 아시카가 다다후유(足利直冬)가 고노 모로나오 측의 습격을 받고 규슈
로 피신하였다.

한편 규슈의 정세는 막부 측의 잇시키 노리우지(一色範氏)와 남조 측의
가네요시친왕(懷良親王)이 서로 대결하고 있었지만 비교적 평온을 유지하
고 있었다. 그런데 다다후유가 규슈에 내려온 이후 재지무사에게 '이서안도
장(裏書安堵狀)'을 발급하면서 자신의 지지 세력을 적극적으로 규합해 나
갔다. 그 결과 규슈의 정세는 재지무사들이 북조, 남조, 다다후유 등의 군사
력으로 동원되어 싸움에 가담하면서 매우 혼란스러워졌다. 이러한 규슈의
삼파전 양상은 다다후유가 자기세력이 불모지인 규슈에서 독자적인 무사
세력을 확보하려는 강한 의지 때문에 나타난 현상이었다. 그리고 자기세력
을 강화시키려는 다다후유의 의지가 강할수록 규슈에서 재지무사의 분열은
더욱 가속화될 수밖에 없었다.

그리고 다다후유가 1352년(文和 원년) 11월 규슈를 떠난 이후에도, 규슈
의 재지무사들은 막부 측의 쇼니씨(少貳氏), 또는 남조 측의 가네요시친왕
(懷良親王) 편에 가담해야 했으므로 계속해서 혼란스러울 수밖에 없었다.
결과적으로 혼돈에 빠진 규슈 정세는 재지무사가 해상의 해적세력과 함께
경계를 넘어 고려를 대상으로 하는 약탈의 길을 모색하게 만들었다. 이것이
〈표 4〉에서처럼 1350년 이후에 무로마치 왜구의 경계침탈이 급격하게 증가
하는 원인이었다. 아울러 『고려사』에 표현되어 있는 '경인년 이후 왜구'[21]의
시작이었다.

그리고 1355년(文和 4) 막부 측의 잇시키씨(一色氏) 마저도 규슈를 떠난
전후에 남조 측의 가네요시친왕이 규슈를 독자적으로 지배하는 과정에서
일시적으로 왜구의 활동이 잠잠해졌다. 그러나 1357년(延文 2) 2월 쇼군 아
시카가 다카우지가 규슈에서 세력을 만회하기 위해 규슈 토벌을 계획하면
서, 무로마치 왜구가 다시 증가하기 시작하였다. 물론 규슈 토벌 계획은 다

---

21) 『高麗史』 권37 세가 제37, 충정왕 2년(1350) 2월조.

음해 아들 아시카가 요시아키라(足利義詮)의 간언으로 중지되었다. 그러나 1359년(延文 2) 4월 이후 쇼니 요리히사(少貳賴尙)가 가담한 북조 세력과 가네요시 친왕이 이끄는 남조 세력이 벌린 치쿠고(筑後) 오보바루(大保原) 전투의 혼란이 계속되면서 무로마치 왜구의 고려 출현도 끊이질 않았다. 이후 1360년대 중반 이후부터 무로마치 왜구가 감소하는데, 다음 절에서 그 원인을 고려의 왜구 금지 외교와 관련해서 살펴보도록 하겠다.

〈표 4〉 무로마치 왜구가 고려·조선을 침탈한 빈도수[22]

		고려 말					조선 초		
	西紀	A	B	C		西紀	B	C	D
충정왕 2	1350	7	6	6	태조 1	1392	2	1	1
3	1351	4	3	4	2	1393	9(10)	(8)	11
공민왕 1	1352	8	12	7	3	1394	14	(6)	14
2	1353				4	1395	5	(1)	6
3	1354	1	1	1	5	1396	13	(8)	13
4	1355	2	2	2	6	1397	11	(9)	13
5	1356				7	1398			
6	1357	4	3	4	정종 1	1399	4	(4)	4
7	1358	10	10	6	정종 2	1400			
8	1359	4	5	4	태종 1	1401	4	(3)	5
9	1360	8	5	5	2	1402	5	(2)	5
10	1361	10	4	3	3	1403	8	(8)	8
11	1362	1	2	1	4	1404	6	(5)	6
12	1363	2	2	1	5	1405			
13	1364	11	12	8(10)	6	1406	12	(6)	
14	1365	5	3	5(3)	7	1407	6	(9)	12
15	1366	3	3	0	8	1408	17	(13)	7
16	1367	1	1	0	9	1409	2	(1)	1
17	1368				10	1410			4
18	1369	2	2	1	11	1411			

고려 말					조선 초			
	西紀	A	B	C		西紀	B	C	D
19	1370	2	2	2	12	1412			
20	1371	4	4	1	13	1413			1
21	1372	19	11	3	14	1414			
22	1373	6	7	3	15	1415	1	(1)	1
23	1374	12	13	10(11)	16	1416			1
우왕 1	1375	10	16	11(7)	17	1417	1	(1)	3
2	1376	46	20	39(12)	18	1418	1	(1)	1
3	1377	52	42	54(29)	세종 1	1419			9
4	1378	48	29	48(22)	2	1420			2
5	1379	29	23	37(15)	3	1421	4		4
6	1380	40	21	40(17)	4	1422	4		4
7	1381	21	19	26(19)	5	1423			2
8	1382	23	14	23(12)	6	1424	2		2
9	1383	50	28	47(24)	7	1425			2
10	1384	19	16	20(12)	8	1426	5		5
11	1385	13	16	12	9	1427			
12	1386				10	1428	1		1
13	1387	7	5	7(4)	11	1429			
14	1388	20	17	14(11)	12	1430	1		1
창왕 1	1389	5	11	5	13	1431			1
공양왕 2	1390	6	3	1	14	1432			
3	1391	1	1	2	15	1433	3		3
4	1392	1	2	1	16	1434			2
					17	1435			
					18	1436	1		1
					19	1437	1		3
					20	1438	1		1
					21	1439			1
					22	1440	1		1

고려 말					조선 초			
	西紀	A	B	C		西紀	B	C	D
					23	1441			
					24	1442	1		3
					25	1443	2		2

한편 1370년(應安 3) 6월 막부는 규슈에서의 열세를 만회하고 전국 지배를 관철시킬 목적으로 이마가와 료슌(今川了俊)을 규슈단다이(九州探題)로 임명하였다. 1371년(應安 4) 12월 료슌은 충분한 사전 준비를 끝내고 규슈에 내려왔다. 그의 첫 번째 목표는 본격적인 규슈의 경영에 앞서 다자이후(大宰府)를 탈환하는 것이었다. 마침내 그는 1372년(應安 5) 8월 다자이후의 탈환에 성공하고,[23] 1374년(應安 7) 10월 남조를 히고(肥後)의 기쿠치(菊池)로 밀어내는 데 성공하였다.[24]

그런데 〈표 4〉에서처럼 1372년 이후에 무로마치 왜구의 경계침탈이 '경인년 이후 왜구'보다 훨씬 더 빈번하게 일어났다. 이것은 이마가와 료슌이 남조를 압박하여 독자적인 규슈 지배를 관철시키고 더 나아가 규슈의 '단다이 분국화(探題分國化)'를 추진하며 지역권력체로 성장하는 과정에서 발생한 재지의 혼란과 그 부작용의 산물이었다.[25]

그럼에도 이마가와 료슌은 정치적 야망을 멈추지 않았다. 그는 1375(永和 원년) 7월 히고(肥後)의 미즈시마(水島)에서 남조와 교전을 벌이고 있었다.[26] 남조의 본거지가 의외로 강하여 규슈 3대 세력인 오오토모 치카요(大

---

22) A, B, C는 주 9) 참조.
   D는 한문종의 통계(한문종, 「조선 초기의 왜구대책과 대마도」, 『전북사학』 19·20, 1997, p.166 참조).
23) 『入江文書』應安 8년(1375) (『南北朝遺文』九州編 5卷 〈5171〉) '至于同八月十二日宰府凶徒沒落之期.'
24) 『阿蘇文書』應安 7년(1374) 12월 晦日(『南北朝遺文』 九州編 5卷 〈5157〉) '去十月十七日注進狀 披露訖 菊池以下凶徒 高良山沒落事' ; 川添昭二, 『今川了俊』, p.106 참조.
25) 졸고, 「少貳冬資와 왜구의 일고찰」, 『일본역사연구』 13, 2001, p.70 참조.

友親世), 시마즈 우지히사(島津氏久), 쇼니 후유스케(少貳冬資)에게 지원을 요청하였다. 그리고 우지히사에게 부탁하여 다자이후가 위치한 치쿠젠(筑前)의 슈고인 후유스케(冬資)를 미즈시마 전투에 출전하도록 종용하였다. 마침내 1375년(永和 원년) 8월 료슌은 마즈시마 진영에서 후유스케를 암살해 버렸다.[27] 후유스케 피살은 규슈 세력을 재편하기 위한 료슌의 정치적 도박이었다. 결과적으로 남규슈의 실세인 시마즈씨(島津氏)를 적대 세력으로 만들었지만, 료슌은 스스로 치쿠젠(筑前)의 슈고가 되어 치쿠젠을 '단다이 분국'으로 만드는 데 성공하였다.

한편 료슌의 후유스케의 피살 이후에 나타난 규슈의 정치적 혼란과 세력의 재편은 이웃한 고려 사회에 큰 영향을 주었다. 쇼니 후유스케가 피살되는 다음 해인 1376년부터 무로마치 왜구의 경계침탈이 가히 폭발적으로 늘어나고 있기 때문이다.

한편 1370년대 말과 80년대 초 고려 내의 사정은 무로마치 왜구의 침입으로 말미암아 조세를 나르는 뱃길이 막혀 창고들이 텅 비게 되었고,[28] 싸움이 그칠 날이 없어 백성이 생업을 잃고 굶주리며 떠돌아다니는 상황으로 악화되어 있었다.[29] 이처럼 고려의 내부의 사회적 혼란은 료슌의 정치적 야망으로 발생한 무로마치 왜구의 고려 침탈과 깊게 연계되어 있었다.

그러면 창궐하는 무로마치 왜구의 경계침탈에 대해 고려와 조선은 외교적으로 어떻게 대응해 갔는지 살펴보도록 하겠다.

---

26) 『阿蘇文書』(永和 원년(1375) 7월 13일(『南北朝遺文』 九州編 5卷 〈5211〉) '十三日卯時 菊池口水島原二陳ヲ取候了 於今者菊池勢一モ人不可出候 …(下略)'.

27) 『花營三代記』 應安 8년(1375) 9월 14일조 '九月十四日. 去八月十六日午刻 御肥後國軍陣 太宰府少貳冬資 爲探題今川伊與入道被誅之由 使者到來' ; 『薩藩舊記』 前篇 卷 28 永和 원년(1375) 8월조 '八月十一日 了俊會 公於水島 少貳冬資不來會 了俊使 公徵之 冬資乃來 二十六日 了俊令賊殺冬資於水島' ; 『太宰少貳系圖』 筑後將士軍談 권 34 ; 『深江文書』 永和 3년(1377) 3월 일조 등 다수가 전한다.

28) 『高麗史』 권80 지 제34, 식화3, 녹봉, 諸衙門工匠別賜, 신우 4년(1378) 5월조 참조.

29) 『高麗史』 권104 열전 제17, 김방경전, 신우 7년(1381)조 참조.

2. 무로마치 막부와 고려의 외교와 대마도 정벌

한편 고려는 무로마치 왜구의 경계침탈에 대해 군사적 대응에만 의존한 것이 아니었다. 고려는 왜구 침탈 문제를 해결하기 위해서 1366년(공민왕 15) 처음으로 김용(金龍)을 무로마치 막부에 파견하였다.[30] 무로마치 왜구의 경계침탈에 대한 고려의 항의 서신 내용은 1367년(貞治 6) 2월『善隣國寶記』기사에 구체적으로 기술되어 있다. 막부에 전달한 첩장에는 해적 다수가 일본에서 나와 합포(合浦) 등의 관청을 불사르고 백성을 살해하여 10여 년 동안 선박이 왕래하지 못하고 있다는 항의 내용이 담겨져 있었다. 이에 대해서 2대 쇼군 아시카가 요시아키라(足利義詮)가 사신을 보내서 고려에 회신하였다.[31] 그런데『고려사』에는 구체적인 내용의 언급 없이 정이대장군이 왜구 금지를 약속해 왔다는 간략한 내용만이 기술되어 있다.[32]

또 1366년(공민왕 15)년 11월에도 고려는 교토에 김일(金逸)을 파견하여 왜구의 경계침탈을 막아주도록 요구하고 있다.[33] 무로마치 막부는 김일을 성대하게 대접하고[34] 1368년(공민왕 17) 1월에 일본 승려 범탕(梵盪)·범유(梵鏐)와 함께 보내 고려에 답례하였다.[35]

---

30) 『高麗史』권133 열전 제46, 신우 3년(1377) 6월조.

31) 『善隣國寶記』貞治 6년(1367) 丁未條 ; '古記曰 二月十四日 高麗使方戸左右衛保勝中郎將金龍·檢校左右衛保 …(中略)… 通書 其略曰 海賊多數 出自貴國地 來侵本省合浦 等 燒官廨 擾百姓 甚至于殺害 于今十有余歲 海舶不通 辺民不得寧處云 …(中略)… 六月卅六日 將軍家 以高麗回書 授使者'.

32) 『高麗史』권133 열전 제46, 辛禑 3년(1377) 6월조. '丙午年間 差萬戸金龍等 報事意 卽蒙征夷大將軍禁約 稍得寧息 …(後略)'.

33) 『高麗史』권41 세가 제41, 恭愍王 15년(1366) 11월조 '壬辰 遣檢校中郎將 金逸如 日本 請禁海賊' ; 『善隣國寶記』貞治 6년(1367) 丁未條 '同卅七日 重中請 大夫前典義 令相金一來朝'.

34) 『善隣國寶記』貞治 6년(1367) 4월 18일조 ; 『師守記』貞治 6년(1367) 4월 18일조 ; 5월 19일조.

35) 『高麗史』권41 세가 제41, 恭愍王 17년(1368) 1월조 '戊子 日本國 遣僧梵盪梵鏐 偕

이후에도 고려와 무로마치 막부, 또는 고려와 대마도 사이에 왜구 금지를 위한 지속적인 사신 왕래가 있었다. 1368년(공민왕 17) 7월 대마도가 사자를 보내오자, 윤7월 고려는 답례로 이하생을 대마도에 파견하였다.36) 또 11월에 대마도에서 송종경(宋宗慶)이 사자를 보내 입조해 왔을 때, 고려가 쌀 천 석을 답례품으로 전달하는37) 것으로 보아 상호우호적 입장에서 무로마치 왜구의 경계침탈 방지에 노력하고 있음을 알 수 있다. 이처럼 고려와 무로마치 막부, 고려와 대마도의 사신 왕래, 그리고 규슈에서 남조의 가네요시 친왕과 북조 사이에 정치적 안정 등의 결과로, 〈표 4〉에서 보는 바와 같이 1366년부터 1371년까지 수년 간 왜구의 경계침탈이 비교적 줄어들고 있었다.

〈표 5〉 무로마치 왜구 금지를 위한 고려와 일본의 사신 왕래

시기	고려 사신	일본 사신	내용	사료 출전
1366년 ?월 (공민왕 15)	金龍		丙午年間 差萬戶金龍等 報事意 卽蒙 征夷大將軍禁約 稍得寧息(1377년 (우 왕 3) 6월조 참조)	『고려사』
1367년 2월 (貞治 6)	(金龍)		古記曰 二月十四日 高麗使万戶左右 衛保勝中郎將金龍·檢校左右衛保	『善隣國寶記』
1366년 11월 (공민왕 15)	金逸		壬辰 遣檢校中郎將金逸如日本 請 禁海賊	『고려사』
1367년 2월 (貞治 6)	金一 (=金逸)		同卅七日 重中請 大夫前典義 令相金 一來朝	『善隣國寶記』
1367년 6월 (貞治 6)		미상	六月卅六日 將軍家 以高麗回書 授 使者	『善隣國寶記』

金逸來 報聘'.

36) 『高麗史』 권41 세가 제41, 恭愍王 17년(1368) 7월조 '秋七月 乙亥 日本遣使來聘 己卯 對馬島萬戶遣使 來獻土物 …(中略)… 閏月 以旱放影殿役徒 遣講究使李夏生于對馬島'.

37) 『高麗史』 권41 세가 제41, 恭愍王 17년(1368) 11월조 '十一月 丙午 對馬島萬戶崇宗慶 遣使來朝 賜宗慶米一千石'.

시기	고려 사신	일본 사신	내용	사료 출전
1368년 1월 (공민왕 17)		梵盪, 梵鏐	戊子 日本國遣僧梵盪梵鏐 偕金逸來 報聘	『고려사』
1368년 7월 (공민왕 17)		미상(對馬 島萬戶)	秋七月乙亥 日本遣使 來聘 巳卯 對馬島萬戶遣使來 獻土物	『고려사』
1368년 윤7월 (공민왕 17)	李夏生		遣講究使李夏生于對馬島	『고려사』
1368년 11월 (공민왕 17)		對馬島萬 戶崇宗經	十一月 丙午 對馬島萬戶崇宗經 遣使 來朝 賜宗慶米一千石	『고려사』
1375년 2월 (우왕 원년)	羅興儒		判典客寺羅興儒 聘日本	『고려사』
1376년 10월 (우왕 2)	羅興儒 재귀국		아래의 사료 참조/1377년 10월 사료 참조	『고려사』
1376년 10월 (우왕 2)		僧 良柔 〈周左 書〉	十月 羅興儒 還自日本 日本遣僧良柔 來報聘 …(中略)… 其國僧周佐 寄書 曰 惟我西海一路 九州亂臣割據 不納 貢賦 且二十餘年矣 西邊海道頑民觀釁 出寇 非我所爲	『고려사』
1377년 6월 (우왕 3)	安吉祥		遣判典客寺事安吉祥于日本 請禁賊	『고려사』
1377년 8월 (우왕 3년)		僧 信弘	日本國遣僧信弘 來報聘 書云 草竊之 賊 是逋逃輩 不遵我令 未易禁焉.	『고려사』
1377년 9월 (우왕 3)	鄭夢周		遣前大司成鄭夢周 報聘于日本 且請 禁賊	『고려사』
1378년 6월 (우왕 4)		僧信弘	日本九州節度使源了俊 使僧信弘 率 其軍六十九人 來捕倭賊	『고려사』
1378년 7월 (우왕 4)	鄭夢周 귀국	周孟仁	七月 鄭夢周 還自日本 九州道節度使 源了俊 遣周孟仁 偕來	『고려사』
1378년 10월 (우왕 4)	李子庸, 韓國柱		遣版圖判書李子庸 前司宰令韓國柱 如日本 請禁海賊	『고려사』
1378년 11월 (우왕 4)		覇家臺倭使	(覇家臺倭使 來泊蔚州 信弘言 彼若見 我必歸告其國 遂給曰 高麗將拘汝 使 懼逃歸	『고려사』
1379년 2월 (우왕 5)		僧 法印	二月 日本國遣使僧法印 來報聘 獻 土物	『고려사』

시기	고려 사신	일본 사신	내용	사료 출전
1379년 5월 (우왕 5)		朴居士	韓國柱還自日本 大內義弘 遣朴居士 率其軍一百八十人 偕來	『고려사』
1379년 윤5월 (우왕 5)	尹思忠		遣檢校禮儀判書尹思忠 報聘于日本	『고려사』
1380년 11월 (우왕 6)		探題將軍 五郎兵衛	押物中郎將房之用還 探題將軍五郎 兵 衛等使 偕來 獻土物	『고려사』

한편 이마가와 료슌의 정치적 야망에서 비롯된 무로마치 왜구의 경계침탈이 이전보다 증가하고 있었음에도, 1372년(공민왕 21)부터 1374년까지 사신 왕래는 한 건도 없었다. 그런데 왜구가 더욱 증가함에 따라, 1375년부터 79년까지 거의 매년 고려 사신이 막부에 도착하였다. 1375년(우왕 원년) 2월 고려에서 나흥유가 교토로 파견되었고,[38] 또다시 파견되었던 나흥유가 다음 해 10월에 일본 승려 양유(良柔)와 함께 귀국하였다.[39] 이때 고려와 막부의 중개자 역할을 담당했던 승려 주좌(周左)의 서신을 함께 전하였다. 그 서신에는 왜구 주체가 '서변 해도의 완민'이므로 규슈만 평정하면 왜구의 경계침탈을 금지시킬 수 있다는 내용을 담고 있었다.[40]

그리고 1376년(우왕 2)부터 고려 조정의 기대와는 달리 오히려 무로마치 왜구의 경계침탈이 가히 폭발적으로 증가하는 추세였다. 1377년(우왕 3) 6월 안길상을 통해서 무로마치 막부에 전해진 고려의 첩장은 왜구 금지 약속의 불이행을 강력히 항의하는 내용이었다. 즉 규슈가 평정될 때까지는 왜구의 경계침탈 금지를 즉시 이행할 수 없다는 승려 주좌의 서신에 강력한

---

38) 『고려사』 권133 열전 제46, 신우 원년(1375) 2월조 '判典客寺事羅興儒 聘日本' ; 『東寺文書』 永和 원년(1375) 11월 19일 ; 永和 원년(1375) 12월 9일.

39) 『고려사』 권133 열전 제46, 신우 2년(1376) 10월조 '十月 羅興儒 還自日本 日本遣僧良柔 來報聘 …(下略)'.

40) 『고려사』 권133 열전 제46, 신우 2년(1376) 10월조 '惟我西海一路 九州亂 臣割據 不納貢賦 且二十餘年矣 西邊海道頑民 觀釁出寇 非我所爲 …(中略)… 庶幾克復九州 則誓天指日禁約海寇'.

불만을 표시하면서 상호 통호와 바닷길의 안정이 일본 측의 처리에 달려있다는 경고의 메시지였다.[41]

이에 대한 회답으로 1377년(우왕 3) 8월 규슈단다이 이마가와 료슌(今川了俊)이 승려 신홍(信弘)을 보내왔다. 신홍의 고려 파견은 일본에서 순직한 안길상에 대한 위문과 왜구 금지 요구에 대한 회답사의 성격을 가지고 있었다. 신홍이 가져온 왜구 금지에 대한 다자이후의 답신은 왜구의 주체가 '포도배(逋逃輩)'이므로 막부 명령을 잘 따르지 않아 금지시키는 것이 용이하지 않다는 내용이었다.[42] 그리고 같은 해 9월에는 정몽주가 교토와 다자이후에 파견되었다.[43] 또 1378년(우왕 4) 10월 이자용과 한국주가 파견되었고, 다음해 윤5월에는 윤사충이 일본에 파견되었다.[44] 이와 같이 고려는 사신을 적극적으로 파견하여 무로마치 막부와 다자이후에게 왜구의 침탈방지를 요구하는 왜구 금지 외교를 지속적으로 추진해 나갔다.

한편 무로마치 막부는 초기부터 일본열도에서 해적 행위를 금지하는 '추가법(追加法)'[45]을 공포하여 해상세력의 해적활동을 막기 위해 노력하였다. 또한 규슈단다이 이마가와 료슌도 고려의 왜구 금지 요구에 매우 적극적으로 호응하였다. 그럼에도 무로마치 왜구의 고려 경계침탈은 좀처럼 사라지지 않았다. 그 이유는 첫째로 무로마치 막부가 일본열도의 해상세력을 일원

---

41) 『고려사』권133 열전 제46, 신우 3년(1377) 6월조 '遣判典客寺事安吉祥于 日本 請禁賊 書曰. …(中略)… 後據羅興儒賓來貴國回文言稱 此寇 因我西海一路 九州亂臣割據 西島頑(民)然作寇 實非我所爲 未敢卽許禁約 得此衆詳 治民禁盜 國之常典 前項海寇 但肯禁約 理無不從 兩國通好 海道安靜 在於貴國處之如何耳'.

42) 『고려사』권133 열전 제46 신우 3년(1377) 8월조 '日本國遣僧信弘 來報聘書云 草竊之賊 是逋逃輩 不遵我令 未易禁焉'.

43) 『고려사』권133 열전 제46, 신우 3년(1377) 9월조 '遣前大司成鄭夢周 報聘于日本 且禁城 …(下略).'

44) 『고려사』권133 열전 제46, 신우 4년(1378) 10월조 ; 『고려사』권134 열전 제47, 신우 5년(1379) 윤5월조 ; 신우 6년(1380) 11월조.

45) 「追加法」貞和 2년(1346), '山賊海賊事' ; 貞和 2년(1346) 12월 13일, '山賊海賊事'.

적으로 통제하지 못하였고, 둘째로 이마가와 료슌의 지나친 정치적 야망이 오히려 규슈의 정치적 혼란을 촉진시켰기 때문이었다. 즉 무로마치 왜구는 권력의 통제를 벗어난 동아시아 해역의 아웃로(Outlaw)와 같은 존재였기 때문에 막부나 규슈단다이가 의도하는 대로 쉽게 사라지지 않았다.

한편, 고려에서도 1376년(우왕 2)의 최영의 홍산대첩, 1380년(우왕 6) 나세·심덕부·최무선이 화포를 이용한 진포대첩, 1380년(우왕 6) 이성계의 황산대첩 등의 왜구의 3대첩에서 큰 승리를 거두었지만 왜구의 근절에는 실패하였다. 따라서 고려는 극단적인 처방을 내릴 수밖에 없었다. 1389년(창왕 원년)에 실시된 박위의 대마도 정벌이 그것이었다. 박위는 100척을 동원하여 대마도를 정벌하고 돌아왔다.[46] 박위의 대마도 정벌은 이제까지 고려가 수세적인 방어에서 벗어나 선제적인 방어가 가능하다는 자신감을 심어주는 데 일조했다. 그러나 무로마치 왜구의 고려 침탈이 원초적으로 근절된 것이 아니었다.

따라서 고려 조정이 군사력을 동원한 대마도 정벌을 통해서도 근절시키지 못한 무로마치 왜구의 경계침탈은 새로 건국한 조선의 대왜(對倭) 외교의 우선 과제로 넘어갈 수밖에 없었다.

3. 무로마치 막부와 조선의 외교와 대마도 정벌

조선 개국 이후에 다시 증가하는 무로마치 왜구의 출현은 대왜 외교의 최대 현안이었고 선결 문제였다.

〈표 6〉에서처럼 조선은 개국 직후 교토의 무로마치 막부, 규슈의 다자이후, 대마도 등지에 수시로 사신을 파견하며 왜구 금지 외교를 시도하였다. 그리고 무로마치 막부와 정치 세력들은 조선의 왜구 금지 외교와 궤를 같

---

46) 『高麗史』 권116 열전 제29 박위전 ; 『고려사』 권137 열전 제50, 신창 원년 (1389) 2월조.

이 하는 적극적인 호응을 보여주고 있었다. 이것을 통해서 조선이 왜구에게 잡혀갔던 피로인의 송환이라는 부수적인 성과를 이루어 낼 수는 있었다.

그러나 1396년(태조 5) 7월에 섬라곡국(暹羅斛國)에 회례사(回禮使)로 갔던 사신 일행이 전라도 나주(羅州) 근처에서 왜구에게 죽임을 당하고, 겨우 이자영(李子瑛)만이 일본에 붙잡혀 갔다가 살아 돌아오는 사건이 일어났다.47) 같은 해 8월에는 무로마치 왜구가 영해성(寧海城)을 함락시키고48) 10월에는 동래성을 포위하였다가 물러가면서 병선 21척을 불사르는 사건을 일으켰다.49)

조선 태조는 군사를 동원하여 바다와 육지에서 함께 공격하여 왜구를 일거에 섬멸하는 강경책을 선택하였다. 1396년(태조 5) 12월 조선은 김사형을 오도병마도통처치사로 삼아 남재, 신극공, 이무 등과 함께 이키(一岐)와 대마도를 정벌하도록 명하였다.50) 조선 초기에 경계를 침범하여 수시로 약탈을 일삼는 왜구를 군사력을 동원하여 바다와 육지에서 일거에 섬멸하는 왜구의 근거지 토벌을 실시한 것이다.

〈표 6〉 태조 시기 무로마치 왜구 금지를 위한 조선과 일본의 사신 왕래

시기	조선 사신명	일본 사신명	내용	사료 출전
1392년 10월 (태조 1)		僧 藏主 宗順(筑州)	日本 筑州太守藏忠佳遣僧藏主宗順等, 歸我 被虜人民, 且請修好。	『태조실록』
1392년 11월	覺鎚		仲冬の初め, 貴國の僧覺鎚來り, 諸相國の命	『善隣

---

47) 『태조실록』권10 태조 5년(1396) 7월 11일조, '李子瑛來自日本. 初子瑛以通事, 偕禮賓少卿裵厚, 回禮暹羅斛國, 與其使者林得章等, 還到羅州海中, 爲倭寇所虜盡殲之. 子瑛獨被生擒以歸, 至是乃還'.

48) 『태조실록』권10 태조 5년(1396) 8월 23일조.

49) 『태조실록』권10 태조 5년(1396) 10월 27일조.

50) 『태조실록』권10 태조 5년(1396) 12월 3일조, '丁亥 以門下右政丞金士衡 爲五道兵馬都統處置使 以藝文春秋館太學士南在爲都兵馬使 中樞院副使辛克恭爲兵馬使 前都觀察使李茂爲都體察使 聚五道兵船 擊一歧對馬島'.

시기	조선 사신명	일본 사신명	내용	사료 출전
(태조 1)			を將て, 書を我が征夷大將軍府に達し…(하략)	國寶記』
1392년 12월 (태조 1)		僧 壽允	(상략)… 今臣僧壽允を遣わし, 細に情實を 陳べしむ, …	『善鄰 國寶記』
1393년 6월 (태조 2)		僧 建哲 (一岐)	日本一岐島僧建哲, 使人來歸 我被擄男女二 百餘人,	『태조실록』
1393년 9월 (태조 2)		-?-	日本國遣使來獻劍二十柄, 上賜諸大臣, 還 時坐宮。	『태조실록』
1394년 5월 (태조 3)	金巨原	僧 梵明	日本回禮使金巨原與僧梵明, 領被梵本國人 五百六十九名以來。	『태조실록』
1394년 5월 (태조 3)		僧 梵明	日本國九州節度使源了俊使者, 與我所遣僧 梵明來, 歸我被擄男女六百五十九人。	『태조실록』
1394년 9월 (태조 3)		-?- (日本)	上視朝。日本及琉球國使人 隨班行禮。	『태조실록』
1394년 10월 (태조 3)	-?-		上送鶻鴿三雙于日本國九州節度使源了俊。 從其請也。	『태조실록』
1394년 10월 (태조 3)	崔龍蘇		遣前工曹典書崔龍蘇于日本, 使都堂致書九 州節度使源了俊。	『태조실록』
1394년 12월 (태조 3)		-?- (今川了俊)	日本國鎭西節度使源了俊使人求《大藏經》。	『태조실록』
1395년 3월 (태조 4)	金積善		重承國使戶曹典書金積善護送兩《藏經》, 今 歲三月初八日, 繫纜于此岸。	『태조실록』
1395년 4월 (태조 4)		-?- (薩摩)	日本薩摩守總守藤伊久 發還被擄人口。又中 伊集院太守藤原賴久, 稱臣奉書獻禮物, 歸我 傳傳到來人口。	『태조실록』
1395년 7월 (태조 4)		僧 原正泉 (今川了俊)	日本九州節度使源了俊遣僧原正泉等, 來獻 土物。	『태조실록』
1395년 7월 (태조 4)		僧 宗俱 (今川了俊)	日本回禮使崔龍蘇與九州節度使源了俊所遣 僧宗俱來, 歸我被虜男女五百七十餘口 …蒙 諭禁賊之事, 罄力於一岐, 對馬已久矣…	『태조실록』
1395년 7월 (태조 4)		-?- (日向)	日本國日向州人來獻土物。	『태조실록』
1395년 7월 (태조 4)		-?- (薩摩)	日本國薩摩州人來獻土物。	『태조실록』

시기	조선 사신명	일본 사신명	내용	사료 출전
1395년 12월 (태조 4)	金積善 귀국		回禮使金積善至自日本。	『태조실록』
1395년 12월 (태조 4)		-?- (大內)	日本大內多多良, 遣人來獻土物。	『태조실록』
1396년 3월 (태조 5)		僧 通笁 ·永琳 (大內)	日本國左京權大夫多多良義弘遣通笁、永琳 兩禪和, 來達禁賊及擄掠人還送事, 仍獻禮 物兼求《大藏經》。	『태조실록』
1396년 7월 (태조 5)	李子瑛 귀국		李子瑛來自日本。初子瑛以通事, 偕禮賓少 卿裵厚, 回禮暹羅斛國, 與其使者林得章等 還到羅州海中, 爲倭寇所虜盡殲之。子瑛獨 被生擒以歸, 至是乃還。	『태조실록』
1397년 5월 (태조 6)	朴仁貴		遣前司宰少監朴仁貴, 通書于日本對馬島。書 曰…	『태조실록』
1397년 6월 (태조 6)		-?- (今川了俊)	日本九州節度使源了俊, 遣人來獻土物。	『태조실록』
1397년 7월 (태조 6)		-?- (今川了俊)	日本九州節度使遣人來獻土物。	『태조실록』
1397년 7월 (태조 6)		-?- (大內)	日本六州刺史多多良朝臣義弘, 遣使致書都堂。	『태조실록』
1397년 8월 (태조 6)		-?-	被擄本國男女十九人及倭三人、唐二人, 來 自日本。	『태조실록』
1397년 10월 (태조 6)		僧 梵明	日本九州節度使使者, 與本國僧梵明, 來獻 土物。	『태조실록』
1397년 11월 (태조 6)		僧 永範·永廓	日本國六州牧義弘, 遣僧永範、廓永, 來獻土 物。	『태조실록』
1397년 12월 (태조 6)	朴惇之		日本國六州牧義弘使者永範、永廓還, 上以 前秘書監朴惇之爲回禮使遣之。	『태조실록』
1397년 12월 (태조 6)		-?- (澁川滿賴)	日本關西道九州探題源道鎭, 使人獻禮物, 求 《大藏》。	『태조실록』
1398년 7월 (태조 7)		-?- (肥前)	日本肥前州駿州太守源慶, 使人獻禮物	『태조실록』
1398년 7월 (태조 7)		僧 靈智 (大內)	日本六州牧多多良義弘, 承相國大夫人之命, 遣僧靈智, 獻禮物, 求《大藏經》。	『태조실록』

　그러나 한편으로 조선은 1396년 대마도를 정벌한 다음 해, 처자를 거느리고 조선에 들어온 일본 승려 원해(原海)에게 전의박사(典醫博士)와 평(平)씨라는 성을 하사하는[51] 회유정책을 즉시 시행하였다. 또 1398년(태조 7) 2월 투화해 오는 등육(藤六)과 임온(林溫)에게 장군직(將軍職)을 하사하고,[52] 1407년(태종 7) 7월 투화한 왜인 평도전(平道全)을 원외사재소감(員外司宰少監)으로 삼고 은대(銀帶)를 하사하는[53] 등의 회유정책을 지속적으로 유지해 갔다. 이처럼 조선은 무로마치 왜구를 근절시키기 위해 대마도 정벌이라는 군사적인 강경책뿐만 아니라 회유책을 적절하게 병행해 나갔던 것이다.

　그런데 1419년(세종 1) 5월 왜구가 비인현(庇仁縣)에서 백성을 살해하고 병선을 불태우는 사건을 일으켰다.[54] 다시 고개를 드는 무로마치 왜구의 만행은 조선으로 하여금 회유정책을 강경정책으로 선회하게 만든 결정적인 요인이 되었다. 병권을 장악하고 있던 상왕 태종은 왜구의 소굴이며 집결지인 대마도에 대한 군사적인 응징을 결정하였다.[55] 같은 해 6월 9일 태종은 대마도 정벌의 이유를 교서로 내리고,[56] 같은 달 19일 이종무를 삼군도체찰사(三軍都體察使)로 삼아 대마도로 발진시켰다.[57] 20일에 대마도의 두지

---

51) 『태조실록』 권10 태조 6년(1397) 8월 25일조, '日本僧原海率妻子來. 稍精醫術, 命長髮, 授典醫博士, 姓平'.

52) 『태조실록』 권13 태조 7년(1398) 2월 17일조, '以降倭萬戶仄六, 改名藤六, 爲宣略將軍、行中郎將 ; 羅可溫改名林溫, 爲宣略將軍、行郎將'.

53) 『태종실록』 권14 태종 7년(1407) 7월 15일조, '以平道全爲員外司宰少監賜銀帶 道全 日本人之投化者也'.

54) 『세종실록』 권4 세종 원년(1419) 5월 7일조, '本月初五日曉 倭賊五十餘艘突至庇仁縣之都豆音串 圍我兵船焚之 烟霧朦暗 未辨彼我'.

55) 『세종실록』 권4 세종 원년(1419) 5월 14일조.

56) 『세종실록』 권4 세종 원년(1419) 6월 9일조.

57) 『세종실록』 권4 세종 원년(1419) 6월 19일조 ; 이종무의 대마도 정벌은 병선 227척과 17,285명의 병사, 그리고 65일분의 식량 등을 가지고 출전하였다(『세종실록』 권4 세종 원년(1419) 6월 17일조).

포(豆知浦)에 상륙한 이종무가 장기전에 대비하자, 종정성(宗貞盛)이 수호(修好)를 요청해 왔고, 이것을 받아들여 이종무는 7월 3일 거제도로 철군하였다.58) 이것이 이종무의 대마도 정벌(=己亥東征)이었다. 조선의 대마도 정벌은 무로마치 막부와의 경계에 위치한 왜구 근거지를 초토화시켜서 왜구의 만행을 엄중하게 문책하는 군사적 징벌이었다.

한편 조선은 이미 1407년(태종 7) 이전부터 부산포와 내이포에 포소를 운영하고 있었고 대마도 정벌 직전인 1418년(태종 18) 3월 염포(鹽浦)와 가배량(加背梁)에 왜관 설치를 결정하여 왜인 거주를 허락하고 있었다.59) 그리고 대마도 정벌 직후 10월에는 종준(宗俊)이 와서 투화하면 그 공적에 따라서 벼슬을 주겠다고 설득하고 있다.60) 이처럼 조선은 지속적으로 왜인의 투화를 권유하고 큰 상을 내리는 원칙을 유지해 나갔다. 더 나아가 투화 이후에도 조선에서의 생활이 안정되게 의복과 식량을 지급하고 조세와 10년 동안 역(役)을 면제해 주는 등의 세심한 배려를 아끼지 않았다.

그리고 조선은 15세기 중반 왜구가 사라진 이후에도 '삼포'를 중심으로 강경책과 유화책을 적절히 운용하며 대왜인 정책의 기조를 유지해 나갔다. 비록 이것은 조선에게 막대한 재정적 부담을 안겨주는 정책이었지만 국내의 안정을 유지하고 왜구 문제를 조선이 주도적으로 전개할 수 있는 최선의 방법이었다.

---

58) 『세종실록』 권4 세종 원년(1419) 7월 3일조.
59) 1419년(세종 1) 대마도 정벌로 인해 대마도와 왕래가 단절되고 조선 내의 포소가 폐쇄되었다. 그러나 1423년(세종 5) 부산포와 내이포, 1426년(세종 8) 염포가 다시 개항되어 '삼포'의 시대가 열리게 되었다.
60) 『세종실록』 권5 세종 1년(1419) 10월 11일조, "其必如宗俊等親來投化 乃許其降 大者爲官 小者爲民 聽其所願 使安生業, 汝往曉諭島人 其速來報."

Ⅳ. 맺음말

이상에서 살펴본 왜구의 경계침탈과 외교의 양상을 몇 가지로 요약 정리해 볼 수 있다.

첫째, 가마쿠라 왜구의 시작은 조큐의 난의 발발과 관련되어 있었다. 그리고 가마쿠라 왜구는 고려 관군과의 군사적 충돌을 염두에 두지 않은 소규모 집단의 약탈로부터 시작되었다.

둘째, 가마쿠라 왜구의 등장은 마쓰우라당에 의한 고려의 경계를 침탈하는 시점과 거의 일치하는 것으로 보아, 초기 가마쿠라 왜구는 마쓰우라당이 주체적으로 가담한 약탈 행위였다.

셋째, 다자이후는 왜구의 경계침탈을 막아줄 것을 요구하는 고려 사신 면전에서 '악당(Ackutou)'을 참수하거나 약탈한 물품을 변상하는 등의 매우 우호적인 자세를 보여주고 있었다.

넷째, 무로마치 막부는 고려에 보내온 첩장에서 무로마치 왜구가 남북조 내란기의 규슈의 정치 혼란과 직접 관련되어 있다고 인정하였다. 그리고 무로마치 막부는 고려와 조선에서 왜구의 경계 침탈 금지를 요구하는 사신이 오자 답례의 사신을 적극적으로 파견하였다. 그러나 막부의 호의적인 대(對)조선 외교 자세에도 불구하고 무로마치 왜구의 고려 경계침탈이 즉각적으로 사라지지 않았다.

다섯째, 무로마치 왜구는 해적금지령을 공포한 막부의 강한 의지와 재지세력의 자구적 노력, 그리고 조선의 대왜인 강온정책 등의 상호 촉매 작용으로 인해 점차 근절되어 갔다.

이상에서 협소한 지면으로 인하여 미처 분석하지 못한 대마도 정벌 이후의 무로마치 막부와 조선의 외교 교섭, 그리고 조선의 대왜인 정책의 문제는 추후의 과제로 미루고자 한다.

제2부 왜구의 실체

제1장 고려 말 왜구 근거지의 일고찰
-마쓰우라(松浦)와 마쓰우라토(松浦黨)를 중심으로-

I. 머리말

  고려에서 출현하기 시작한 왜구는 해양의 경계를 뛰어넘어 고려와 조선
에서 약 2백여 년 이상 정치·사회·외교에 큰 영향을 미쳤다. 따라서 한일
학계에서 왜구와 관련된 연구가 계속되어 왔으며, 특히 왜구의 주체와 근거
지와 관련한 연구에서 한일 양국의 학자들의 견해가 첨예하게 대립해 왔다.

  한국보다 먼저 시작된 왜구연구에서 20세기 초의 일본 연구자들은 왜구
의 주체를 일본 해적으로 규정하기 시작하였다.[1] 그리고 왜구 주체를 일본
해적으로 규정한 연구는 전후에도 많은 일본학자들에 의해서 상당 기간 지
속되었다고 볼 수 있다. 그 결과로 한국과 일본 학자들의 기존의 연구에서
최근까지도 왜구의 근거지를 삼도(對馬島, 壹岐島, 松浦지방)로 일관되게
주장해 왔으며 많은 연구성과를 도출해 왔다.

  그러나 일본에서 왜구의 주체 연구와 관련해서 이견이 등장하기 시작하
는데, 이것은 고려에서 왜구가 창궐하는 원인으로 고려에서 전제(田制)와
군제(軍制)의 이완에서 비롯되었다는 이론이 제기되면서 부터이다.[2] 그리

---

1) 後藤秀穂,「予が觀たる倭寇」,『歷史地理』23-5·6, 24-1·2, 1914 ;「倭寇の說明するわ
  が國民性の一角」,『史學會雜誌』26-1, 1915 ;「海國民としての倭寇」,『歷史と地理』第
  4卷 第1号, 1919 ; 三浦周行,「朝鮮の'倭寇'」,『史林』第2卷 第2号, 1917 등이 가장
  빠른 왜구에 관한 연구 성과물이다.
2) 田村洋幸,『中世日朝貿易の硏究』, 三和書房, 1967 ; 田中建夫,『倭寇－海の歷史－』,
  敎育社歷史新書, 1982.

고 이런 논리를 더욱 확대하여 고려의 천민집단(禾尺·才人·楊水尺)과 일반 농민 등이 왜구로 참여했다고 보는 고려·조선인의 왜구연합설이 제기되었고,[3] 이것은 왜구 근거지가 삼도라는 기존의 논리가 흔들리는 주장으로 비추어지는 듯하였다. 또 1380년에 전라도의 황산전투에서 이성계에게 패하여 전사한 왜구 대장 아지발도(阿只拔都)가 제주도 출신일지도 모른다는 애매모호한 주장과 더불어 제주도 근거지설까지 제기하는 학자가 나타나기도 하였다.[4]

반면에 한국 내의 연구에서는 최근까지도 왜구의 주체가 일본 해적 혹은 일본인이며, 왜구 근거지를 일본의 삼도(三島)로 보는 일관된 주장이 지배적이었다. 이를테면 왜구의 근거지가 고려와 조선의 사료에서 자주 등장하던 삼도(쓰시마(對馬島), 이키도(壹岐島), 마쓰우라(松浦)지방)로 보는 견해가 그것이다. 물론 그 당시에는 삼도왜구(三島倭寇)라고 불리었고, 왜구의 근거지로 삼도를 쓰시마(對馬島), 이키도(壹岐島), 마쓰우라(松浦) 등으로 보는 해석이 최근까지의 일반적인 견해였다.[5] 그리고 이러한 주장을 보강

---

3) 田中健夫,「倭寇と東アジア通交圈」,『日本の社會史』, 岩波書店, 1987 ; 太田弘毅, 「倭寇と結託した朝鮮人-「賊諜」·「奸民」·「詐倭」-」,『藝林』36-3, 1987 등이 대표적인 연구성과물이다.

4) 高橋公明,「中世東アジア海域における海民と交流-濟州道を中心として-」,『史學』33(名古屋大學文學部硏究論集 19), 1987.

5) 한국과 일본 내의 연구에서 왜구의 근거지를 일본내의 삼도(삼도)라고 보는 학자들이 거의 대부분이다. 그중에서 대표적인 일본에서의 연구로는 長沼賢海,「松浦党の發展及び其の党的生活」,『史淵』10·11, 1935 ;『松浦黨の硏究-北九州海賊史-』, 九州大學文學部國史硏究室, 1957 ; 田中健夫,『中世海外交涉史の硏究』, 東京大學出版會, 1959 ; 田村洋幸,『中世日朝貿易の硏究』, 三和書房, 1967 ; 網野善彥,「鎌倉幕府の海賊禁壓について」,『日本歷史』299, 1973 (再錄,『惡黨と海賊』, 法法大學出版局, 1995) ; 長 節子,『中世日朝關係と對馬』, 吉川弘文館, 1987 ; 村井章介,『アジアの中の中世日本』, 校倉書房, 1988 ; 佐伯弘治,「海賊論」(荒野·石井·村井編,『アジアのなかの日本史Ⅲ 海上の道』, 東京大學出版會に 所收), 1992 ;『大馬と海峽の日本史』, 山川出版社, 2008 ;「14-15世紀東アジア海域世界と韓日關係」,『第2期日韓歷史共同委員會』, 2010 등이 있다.

하기 위해서 필자는 왜구 근거지 중의 하나로서 왜구가 삶의 터전으로 삼
고 있는 마쓰우라 지역의 약소무사들과 그 주민에 의한 왜구적 약탈을 검
토한 바가 있다.[6] 그런데 최근 한국 내에서 왜구 근거지로 인식된 삼도 중
의 한 곳 마쓰우라 근거지에 대해 부정적 견해가 제기되었고,[7] 즉시 이것
을 반박하며 삼도에 관한 기존의 주장이 옳다는 반박 의견이 제기되기도
하였다.[8]

한국의 기록에서는 왜구의 근거지와 관련해서 『고려사』의 기록과 삼도
(對馬島, 壹岐島, 松浦)라고 밝힌 『조선왕조실록』·『해동제국기』의 기록이
존재한다. 그런데 고려와 조선에 출몰했던 왜구의 주요 근거지를 절대적으
로 대마도라 규정하고 이에 대해서 거의 의문을 제기하지 않는 것이 이제
까지 한국학계에서 마치 불문율처럼 여겨져 왔다. 왜냐하면 고려 말과 조선
초 세 차례에 걸쳐 거행된 대마도 정벌과 연결 짓기 위해서 대마도가 왜구
의 중심 근거지라고 단정지을 필요성 때문일지도 모른다. 그러나 대마도와
비교해서 마쓰우라는 훨씬 광활하며 더 많은 씨족과 인구가 어업과 농업
등의 다양한 생업에 종사하였고, 심지어는 고대부터 해적질과 항해에도 능
숙하여 상상 이상으로 다양성이 풍부하게 존재하는 지역이었다. 다시 말해
쓰시마와 이키도처럼 협소한 섬이 아니었기 때문에 많은 수의 무장 인력을
지속적으로 혹은 교대로 동원하기 비교적 쉬운 넓은 육지와 수많은 씨족들
의 섬들로 구성되어 있었기 때문에 최상의 왜구 근거지였음이 분명하다. 특
히 대규모의 왜구를 집단적으로 동원할 수 있는 '당(黨)=무리'의 혈연적·지

---

6) 網野善彦, 「鎌倉幕府の海賊禁壓について」, 『日本歷史』 299, 1973 (再錄, 『惡黨と海賊』,
   法政大學出版局, 1995) ; 졸고, 「一揆와 倭寇」, 『일본역사연구』 10, 1999 ; 「海洋文
   化와 倭寇의 소멸」, 『문화사학』 16, 2001 ; 「少貳冬資와 倭寇의 일고찰」, 『일본역사
   연구』 13, 2001.

7) 이영, 「〈고려 말·조선 초 왜구=삼도(쓰시마·이키·마쓰우라)지역 해민〉설의 비판적
   검토」, 『日本文化硏究』 38, 2011.

8) 이태훈, 「〈삼도왜구〉의 〈삼도〉에 대한 이영 說의 재검토」, 『한일관계사연구』 43,
   2012.

연적 결합이 잘 갖추어진 최적의 장소가 마쓰우라이었기 때문에 더욱 그러하다.

따라서 본고에서는 마쓰우라의 지역적 특성과 대규모의 인적 구성과 집단적 활동에 대해 재검토해 나갈 것이다. 이제까지 한국 연구자들이 간과해 왔던 마쓰우라 지방에서 재지무사들의 수군 활동과 해적 활동을 재구성하면서 왜구와의 관련성에 대한 연구를 진행하고자 한다. 아울러 마쓰우라 지역에서 대규모의 족(族)적 결합으로 구성된 마쓰우라토(松浦黨)의 집단에 주목하고, 왜구 근거지로서 삼도 중에서 마쓰우라의 인적 구성과 그 규모가 갖는 의미를 부여하고자 한다. 아울러 고려에 왜구 출몰과의 연관성뿐만 아니라 왜구의 소멸과 관련해서도 마쓰우라 지역이 어떤 연관성을 갖는지 집중 검토해 나갈 것이다.

Ⅱ. 마쓰우라군(松浦郡)과 마쓰우라토(松浦黨)의 구성

일본의 고대사에서 마쓰우라(松浦)의 유래는 그 시기가 상당히 거슬러 올라간다. 일반적으로 '마쓰우라'라는 지명의 유래는 『위지 왜인전(魏志 倭人伝)』에서 보이는 '마쓰라코쿠(末廬國)'에서 시작되었다고 추정되고 있다.9) 일본 열도에서 한반도의 구야한국(狗邪韓國) - 쓰시마 - 이키도 등과의 연결 교통로를 설명할 때에 빼놓을 수 없는 중요한 요충지가 '마쓰라코쿠(末廬國)'이었다. 이곳이 고대 율령국가체제 하에서는 히젠국(肥前國)에 속하면서 '마쓰라(松浦)', '마쓰우라(松浦)'로 음편이 같은 다른 한자로 바뀌어 불렀고, 이후 동·서·남·북 4개의 마쓰우라군(松浦郡)으로 분리되어 현재에 이르고 있다. 또한 마쓰우라군은 시기별로 소규모로 지역적 분리와

---

9) 마쓰라코쿠(末廬國)는 전근대에 히젠국(肥前國)으로 불리었고 현재의 사가현(佐賀縣)의 가라쓰시(唐津市) 주변으로 보는 설이 유력하다.

통합이 이루어졌지만, 대체로 이 일대를 마쓰우라 지역이라고 부르는 것이 일반적이었다.

그 다음에 살펴봐야 하는 명칭이 마쓰우라토(松浦黨)인데, 마쓰우라토가 등장하는 시기와 그 유래를 검토할 필요가 있다. 마쓰우라토라는 용어는 『원평성쇠기(源平盛衰記)』에서 1182년 2월에 처음 사용되기 시작하는데,10) 역사적으로 중세의 시작을 알리는 겐페이합전(源平合戰)과 관련된 초기 기록에서 등장한다. 그 다음에는 겐지(源氏)와 헤이시(平氏)의 전투에서 몇 차례 등장하는데, 1183년 7월 『평가물어(平家物語)』의 기록에서 기쿠치(菊池), 하라타(原田), 마쓰우라토(松浦黨) 등의 3천여 기를 모아 상경하였다는 내용을 찾아볼 수 있다.11) 이어서 1185년 3월의 『오처경(吾妻鏡)』에서는 헤이케(平家)가 5백 기를 셋으로 나누어 야마아효도지히데토(山峨兵藤次秀遠)와 마쓰우라토(松浦黨)를 대장군으로 삼고 겐지(源氏)의 장수들과 싸웠다는 합전의 막바지 전투 단노우라(壇ノ浦)해전 기록에서 보인다.12) 그리고 지방문서로서는 1199년 11월 『이마리문서(伊万里文書)』에 처음 등장한다. 호죠 토키마사(北條時政)가 히젠국(肥前國) 마쓰우라토(松浦黨)의 기요시(淸), 히라쿠(披), 가코우(圍), 시라스(知), 시케히라(重平) 등에게 안도(安堵)해야 하는 이유를 문서로 내려 보내고 있다.13) 따라서 고대 말부터 중세 초의 여러 종류의 합전 기록에서 마쓰우라토의 기록을 찾아 볼 수가 있으며 당시에 중앙과 지방에서 모두 마쓰우라 지역의 무사들을 마쓰우라토라고 부르고 있었다는 사실이 확인되고 있다.

---

10) 『源平盛衰記』 권26, 「宇佐公通脚力附伊預國飛脚事條」.

11) 『平家物語』 권7, 「主上都落」.

12) 『吾妻鏡』 元曆 2년(1185) 3월 24일, "廿四日丁未, 於長門國赤間關壇浦海上, 源平相逢, 各隔三町, 艫向舟船, 平家五百余艘分三手, 以山峨兵藤次秀遠幷松浦黨等爲大將軍挑戰于源氏之將帥 …(하략)."

13) 『伊万里文書』 正治 元年(1199) 11月 2日, "(상략)… 抑松浦黨(淸披圍知重平), 如本可令安堵之由 …(하략)."

그렇다면 마쓰우라토는 규슈 북쪽의 어느 지역이 근거지이며 어디까지 분포하고 있었을까. 마쓰우라토는 히젠국 마쓰우라의 4군(동·서·남·북)과 히가시소노기군(東彼杵郡), 기시마군(杵島郡), 오기군(小城郡)의 일부지역, 그리고 하카타 쪽에 위치한 치쿠젠국(筑前國)의 이토군(怡土郡), 시마군(志摩郡), 이키국(壹岐國) 등에서 활약하던 무사단을 부르는 총칭이었다. 또 이것을 지역의 족적구성 특성에 따라 구분하는데 동·서 마쓰우라군이 가미마쓰우라토(上松浦黨)라고 불리고, 남·북 마쓰우라군이 시모마쓰우라토(下松浦黨)라고 불리며 두 개의 지역결합체로 상당기간 실존하고 있었다. 그리고 이들은 앞에서도 언급하였듯이 『위지왜인전』의 기록처럼 대륙에서 한반도를 경유하여 규슈로 연결되는 해상활동의 요충지에 자리하고 있었다. 또한 역사적으로 오랜 동안 대륙과 한반도의 정보를 본인들의 의지에 따라서 직간접적으로 쉽게 접할 수 있는 일본 열도의 창구를 장악하고 있는 집단이었다. 그리고 마쓰우라는 4군과 규슈 서북쪽의 내륙과 해안지역, 그리고 고토열도(五島列島)까지 포함하는 광범위한 해상지역의 거점이었기 때문에, 나름대로는 대륙과 한반도의 선진문화를 직접적으로 가장 빠르게 접하며 항상 활력이 넘치는 집단일 수밖에 없었다.

그러면 마쓰우라 지역에서 지역지배를 관철하고 있던 마쓰우라토의 구체적인 인적 구성은 어떠했을까. 마쓰우라토는 앞에서도 언급하였듯이 크게 시모마쓰우라토와 가미마쓰우라토로 구분해서 불리었다. 먼저 시모마쓰우라토는 남·북 마쓰우라군에 분포되어 있던 우노노미쿠리아 장원(宇野御廚莊)을 중심으로 활동하는 무사집단이었다. 이 당에서 주축을 이룬 성씨는 미쿠리야씨(御廚氏), 미네씨(峯氏), 이마토씨(今戶氏), 이마부쿠씨(今福氏), 시사씨(志佐氏), 다페이씨(田平氏), 사자씨(佐佐氏), 히라도씨(平戶氏), 야마시로씨(山代氏), 이마리씨(伊万里氏) 등으로 고대의 사가겐지(嵯峨源氏)에서 분파되어 갈라진 일족들이었다. 또 시모마쓰우라토의 일파에는 다른 성씨가 다수 포함되어 있었는데, 고토열도 내에서는 우라베시마(浦部嶋=中

通島)와 간자키장원(神崎莊)를 지배하고 있는 아오카타씨(靑方氏)와 그 서
자 가문인 시로이오씨(白魚氏)가 있었다. 또 고토열도 내의 우구시마(宇久
島)에서는 그 중심에 우구씨(宇久氏)가 있었다. 그 외에 시지키씨(志自岐
氏), 오오시마씨(大島氏), 소우다씨(早田氏), 하이키씨(早岐氏) 등이 시모마
쓰우라토에서 활약하고 있었다. 이들 성씨들은 가마쿠라 막부 말기부터 남
북조 내란기에 걸쳐서 마쓰우라 지역에서 일족화를 진행하면서 모두 시모
마쓰우라토의 세력으로 편입되어 활동하였다.

그 다음으로 호엔(保延) 년간(1135~41)에 동·서 마쓰우라 지역을 포괄하
는 마쓰우라장원(松浦莊)으로 이주해서 터전을 잡은 사가겐지(嵯峨源氏)의
일족으로 구성된 집단이 가미마쓰우라토이었다. 즉 가미마쓰우라토는 이시
시씨(石志氏), 오우치씨(相知氏), 무타베씨(牟田部氏), 사리씨(佐里氏), 야
마모토씨(山本氏), 사시씨(佐志氏), 하타씨(波多氏), 아리우라씨(有浦氏),
데라타씨(寺田氏), 치가씨(値賀氏) 등으로 이들은 시모마쓰우라토와 같은
겐지(源氏=松浦氏)의 일족이었다. 이외에 이마리(伊万里) 포구의 구몬씨
(公文氏)와 치쿠젠국(筑前國) 이토군(怡土郡)의 나카무라씨(中村氏), 그리
고 마타라시마(斑島)의 마타라시마씨(斑島氏) 등이 가미마쓰우라토에 흡수
되면서 마쓰우라씨로 대거 일족화가 진행 하고 있다.[14]

이처럼 가미·시모마쓰우라토는 모두 겐지(源氏)에서 출발하여 거의 동시
대에 마쓰우라씨(松浦氏)라는 일족의 이름으로 전화되었음을 알 수 있다.
그러나 동국(東國) 무사단과는 달리 그 무사단을 통괄하는 수장, 즉 가독
(家督)이 분명하지 않았기 때문에 총령제(惣領制)의 원리에 기초한 무사단
의 결합은 아니었다.[15] 이렇게 마쓰우라토가 무사단으로서 약간은 느슨한

---

14) 졸고, 「松浦氏의 성립과 松浦 一族化의 시대적 배경」, 『일본역사연구』 25, 2009,
    p.36 참조.
15) 外山幹夫, 「松浦黨에關する一考察」, 『中世日本の諸相』 下卷, 吉川弘文館, 1989, pp.
    57~59 참조. 또 도야마는 마쓰우라토의 경우 총령(惣領) 뿐만이 아니라 일족을 대
    표하는 가독(家督)이 존재하지 않았기 때문에, 타인들에게서 당(黨)이라고 멸시를

결합 형태를 갖게 된 이유는 마쓰우라 지방이 굴곡이 심한 만(灣)과 척박한 구릉지대가 분포하여 생업을 바다에 의존하고 있었기 때문이었다.16) 그리고 마쓰우라 일족들의 소영주들이 어민들을 지배하는 형태를 띠고 있었기 때문에 대영주인 총령(惣領)의 지배체제로 결속할 수가 없었다.17) 따라서 가마쿠라 말기의 혼란기에 접어들면 타지역과 마찬가지로 마쓰우라 지역에서도 지배 영지의 상속과 관련해서 분쟁이 자주 일어났고, 주변에 거주하는 타 성씨들과의 분쟁도 잦아지고 있었다.

Ⅲ. 마쓰우라토의 고려 약탈과 왜구의 출현

규슈 히젠국 마쓰우라군은 마쓰우라토의 주요한 활동 근거지로서 벼 재배가 어려운 척박한 구릉지대를 이루고 있다. 그리고 굴곡이 심한 해안을 끼고 있으므로 전통적으로는 바다에서 삶을 영위하는 어업과 해상 교역을 생업으로 하는 지역적 특성을 가진 지역이었다. 이러한 자연환경은 마쓰우라 지역에 거주하는 무사들로 하여금 적극적인 해상활동에 몰입하게 만들었고, 해적행위를 통해 자신들의 삶과 집단의 활동성을 유지하는데 필요한 재화를 무력으로 확보하는데 절대가치를 부여하게 만들었다.

따라서 헤이안 말기 이후 마쓰우라토와 관련된 해적행위가 심심치 않게 등장하는데, 그 증거가 『청방문서(靑方文書)』에 남아있다. 고토열도의 아오

받는 이유일 수도 있다고 주장하였다. 또 그는 당(黨) 안에서는 혈연적 집단이 시대 변화에 따라 서서히 지연적(地緣的) 집단으로 변질되어 갔다고 보았다.

16) 미야모토는 중세 마쓰우라 지방의 사람들은 농업에 종사하는 농민 이외의 어민들이 많았는데, 바다를 대상으로 살아가면서 어업·제염이나 항해를 업(業)으로 하고 있었다. 그런데 이 일은 매우 불안정하였고 생산도 수입도 일정하지 않았다고 주장하였다(宮本常一, 『日本中世の殘存』(宮本常一著作集十一), 未來社, 1972, pp.142~45 참조).

17) 豊田 武, 『武士團と村落』(日本歷史叢書 I), 吉川弘文館, 1963, pp.47~48.

카타(靑方)에서 전해지는 『청방문서』에 따르면, 1152년 고토열도 오지카지마(小値賀島)에서 기요하라 고레카네(淸源是包)가 백성을 혼란에 빠뜨리고 고려의 선박을 탈취하였기 때문에 이 섬을 지배하는 권한에 해당하는 지토시키(地頭職)를 박탈하였다.18) 또 가마쿠라 시대에는 마쓰우라 지역이 약탈세력의 근거지라고 입증될 만한 기록이 『명월기(明月記)』에도 등장하고 있다. 이 『명월기』의 기록을 살펴보면 1226년 마쓰우라토가 고려의 별도(別島)에 수십 척의 병선을 이끌고 쳐들어가서 민가를 습격하고 재물을 약탈하였던 것으로 설명하고 있다.19) 이 기록에 마쓰우라토라는 구체적인 명칭이 남아있어서 분명하게 마쓰우라에 세력 기반을 둔 무리들이 고려를 약탈하는 왜구에 직접 가담하고 있었음을 밝혀주는 희귀한 기록이다. 또 『오처경(吾妻鏡)』에는 1232년 가가미신사(鏡社)의 주민들이 고려에 건너가 다수의 값진 재화를 약탈하며 도적질을 일삼았다고 쓰여있다.20) 위 세 개의 기록은 일본에서는 매우 보기 드문 기록으로서, 왜구의 근거지와 왜구의 주체를 분명하게 남기고 있는 것이 특징이다.

또한 상당 부분이 낡고 훼손되어 작성연대조차 알 수 없는 문서가 『청방문서』에 전하고 있다. 특히 이 문서에는 아쉽게도 누가 언제 누구에게 보냈는지 확인할 수 있는 '고토가키(事書)', '히즈케(日付)', '가오(花押)' 부분이 떨어져 나간 채 남아있다. 문서의 앞부분 '고토가키'가 뜯겨져서 중간 부분의 내용부터 보이는데, 고려국 사신과 첩장이 작년 9월경에 도착하였기에 이 첩장을 전달해 준다는 내용으로부터 문서가 시작된다. 이어서 고려 사신이 전하는 내용이 소개되어 있다. "작년 2월 23일 무렵에 일본국의 배 한

---

18) 『靑方文書』 安貞 2년(1228) 3월 13일, "是包好狼藉, 致民煩, 依移高麗船, 仁平二年蒙御勘當, 被解却之刻."

19) 『明月記』 嘉祿 2년(1226) 10월 17일, "高麗合戰一定云云, 鎭西凶黨等(號松浦黨), 構數十艘兵船, 行彼國之別嶋合戰, 滅亡民家, 掠取資財."

20) 『吾妻鏡』 貞永 元년(1232) 윤9월 17일(현재의 히젠국 동마쓰우라군 가라쓰시의 '가가미신사(鏡神社)'를 지칭한다고 생각한다).

척이 이유 없이 고려를 습격하였다. 연공미(年貢米) 123석·세포(細布) 43필을 되찾고, 적도들을 …"이라고 매우 간략한 문서의 내용이 전하고 있다.21) 그런데 아쉽게도 이 조각 문서만으로는 전반적인 내용을 알 길이 없기 때문에 이 조각 문서만으로는 전체 문서의 내용과 그 의미를 밝혀낼 방법이 없었다.

그런데 이러한 궁금증을 풀어줄 수 있는 내용이 『고려사』에 전하고 있다. 『청방문서』의 연도미상의 문서와 일치하는 내용이 전하고 있는 것이다. 『고려사』에는 1263년 2월 22일 왜구가 금주(金州)에 속하는 웅신현(熊神縣) 물도(勿島)에 침입하여 공선(貢船)을 약탈하였다고 기록하고 있다.22) 같은 해 4월 고려 조정은 공선 약탈을 일본 측에 항의하기 위해서 홍저(洪泞)와 곽왕부(郭王府)를 사신으로 파견하였다. 그리고 이유 없이 일본 배 1척이 침입하여 웅신현 물도에 정박해 있던 쌀 120석과 주포 43필이 실린 공선을 탈취해 갔다고 항의하는 첩장을 일본에 전하고 있다.23) 그리고 같은 해 8월 홍저와 곽왕부는 다자이쇼니(大宰少貳) 무토 요리쓰케(武藤資賴)로부터 이번 사건의 범인색출의 성과를 얻지못하고 겨우 쌀(米) 20석 마

---

21) 『靑方文書』1-78(연도 불분명), ‘高麗國牒使帶牒狀 去年九月之比令到着之間 披見彼狀之處 去年二月廿三日日本國船壹艘 無故 襲渡彼國 年貢米百二十三石·細布四十三 反令搜取之 賊徒可被 …(以下缺)’ ; 『靑方文書』에는 ‘세포(細布)’로 되어 있고, 『고려사』에는 ‘주포(紬布)’로 기록하고 있다. 『고려사』에 기록되어 있는 ‘주포’가 더 확실할 것으로 추정하는데, 그 이유는 고려에서 돌려받기를 요구했다는 것과 주포 43필의 가치는 쌀 1,290여 석으로서 그 가치가 매우 높다는 것 때문이다(졸고, 「해적과 약탈경제」, 『동북아문화연구』 20, 2009, p.543 참조). 아마도 『청방문서』에서 ‘세포(細布)’라고 표기한 것은 근래에 활자화하는 과정에서 생긴 오류인 듯하다.

22) 『高麗史』권25, 세가 권25, 元宗 4년(1263) 2월, ‘癸酉, 倭, 寇金州管內熊神縣勿島, 掠諸州縣貢船.’.

23) 『高麗史』권25, 세가25, 元宗 4년(1263) 4월, ‘遣大官署丞洪泞·詹事府錄事郭王府等, 如日本國, 請禁賊, 牒曰, …(중략)… 越今年二月二十二日, 貴國船一艘, 無故來入我境內熊神縣界勿島, 略其島所泊, 我國貢船所載, 多般穀米幷一百二十石·紬布幷四十三匹 ….’

맥(馬麥) 30석·우피(牛皮) 70장 등 이전에 탈취당한 물건의 가치와는 비교도 되지 않는 하찮은 물품을 받아들고 귀국하여 보고하였다.[24] 다분히 약탈 물품이 전부 반환되기 보다는 이번 약탈이 일본인 왜구들의 소행이라는 명분상의 인정을 받아냈다는 측면에서의 성과였다고 할 수 있을 것이다.

이렇게 똑같은 내용이 『청방문서』와 『고려사』에 나타나는 이유는 무엇일까? 우선 『청방문서』의 기록들은 대부분이 권력자와 재지무사, 무사들의 잇키 결성에 관한 문건이 대부분이다. 그런데 약탈과 관련한 연도미상의 문건이 『청방문서』에 전해진다는 것은 매우 보기 드문 사례이다. 이미 앞에서 언급하였듯이 이 문서에는 수신자명이 기록된 부분이 훼손되어 누가 누구에게 무엇을 목적으로 보낸 문서인지 불분명하다. 그럼에도 이 연도미상의 문서가 『청방문서』안에 보전되어 있던 것으로 보아 다자이쇼니가 마쓰우라토의 여러 무사에게 보낸 문서 중의 하나이었을 가능성이 크다. 그리고 해적 약탈의 주동자를 색출하고 직접 처벌 보다는 고려에 답례품으로 건네준 물품을 약탈의 주모자에게서 변상받아낼 목적으로 발급한 문서로 보는 것이 타당할 것 같다.[25] 따라서 1263년 2월 고려의 공선을 약탈한 왜구의 주체가 마쓰우라토이었음이 거의 분명해 진다. 이와 같이 1152년의 사건을 왜구의 소행으로 규정하는 것은 앞으로의 연구과제이겠지만, 일본 측 사료에 등장하는 마쓰우라토의 왜구 약탈을 정리해 보면, 적어도 1152년부터 1263년까지 왜구의 만행이 계속되고 있었음을 분명하게 알 수 있다.

---

24) 『高麗史』 권25, 세가25, 元宗 4년(1263) 8월. 다자이후에서 돌려받은 쌀 20석·마맥 30석·우피 70장은 고려에서 약탈해간 쌀 120석과 주포 43필과는 등가가치로 비교 조차 되지 않는 형식적인 답례품에 불과하였다(졸고, 「해적과 약탈경제」, p.543 참조).
25) 졸고, 「一揆와 倭寇」, p.56 참조.

〈표 1〉 12~13세기 마쓰우라토의 왜구 기록

왜구의 근거지	왜구의 주체	시기	대상	출전사료
마쓰우라군 고토열도	기요하라 고레카네	1152년	고려 선박(고려)	『청방문서』
마쓰우라군	마쓰우라토	1226년	고려 별도	『명월기』
마쓰우라군 가라쓰시	가가미신사 주민	1232년	고려	『오처경』
마쓰우라군 고토열도 아오카타(青方)	?	1263년	고려 물도	『고려사』
	마쓰우라토	1263년(?)	고려	『청방문서』

그러면 일본의 기록과 비교해서 고려의 왜구와 관련된 기록이 언제부터 나타나는가를 살펴볼 필요가 있겠다. 『고려사』의 기록에 따르면 〈표 2〉에서와 같이 첫 번째 고려의 영토 내에서 왜구의 출몰은 1223년 금주의 침입으로부터 시작된다.26) 그리고 이후에도 1225년에는 왜선 두 척이 경상도 연해의 주현에 침입했다는 기사가 나타난다.27) 또 1226년에는 왜구가 경상도 연해에 침입했는데, 거제 현령 진용갑(陳龍甲)이 수군을 이끌고 이들을 물리친다.28) 또 1227년에는 왜구가 금주와 웅신현에 두 차례 출현하였다고 기록하고 있다.29) 이처럼 고려에서 왜구가 활동하는 기록과 마쓰우라 지역의 무사들이 고려를 약탈하는 기록이 시기적으로 거의 일치하고 있다. 물론 대마도나 이키도에서 왜구로 고려를 약탈했다고 볼 수도 있겠지만, 적어도 가마쿠라 초기에 한일의 역사기록에서 대마도와 이키도의 기록이 전무하다. 따라서 기존 사료를 바탕으로 판단했을 때 마쓰우라토가 히젠국 마쓰우라군에서 활동하던 무사집단이 주류였을 가능성이 매우 크다. 그리고 이들이 고려를 대상으로 약탈을 일삼던 해적집단이었음이 분명하다.

그런데 14세기 이후에는 고려에 출몰한 왜구와 관련된 사료는 일본 측에서 거의 발견되지 않는다. 그러나 마쓰우라 지방에서 왜구의 약탈 기록이

26) 『高麗史』 권22, 세가22, 高宗 10년(1223) 5월.
27) 『高麗史』 권22, 세가22, 高宗 12년(1225) 4월.
28) 『高麗史』 권22, 세가22, 高宗 13년(1226) 정월.
29) 『高麗史』 권25, 세가22, 高宗 14년(1227) 4·5월.

발견되지 않는다고 해서, 마쓰우라에서 해적 약탈이 완전히 사라졌고, 왜구의 근거지가 다른 지방으로 이동했다고 추정하기에는 무리가 따른다. 왜냐하면 고려에서는 왜구가 사라지지 않고 오히려 약탈의 규모와 빈도수가 비약적으로 증가해 가고 있었기 때문이다. 따라서 다음 장에서 14세기 고려에서 약탈의 확대와 마쓰우라토 내부의 일족이 분열하는 상황, 그리고 그 원인을 시기별로 비교하면서 고찰해 보고자 한다.

Ⅳ. 마쓰우라(松浦) 일족의 유동성과 왜구의 근거지

〈표 2〉〈표 3〉에서와 같이 가마쿠라 막부의 멸망(1333) 이후에 1350년까지 고려에서 왜구의 출현은 20여 년간 전혀 없었다. 그렇다고 고려에서 왜구가 완전히 사라진 것은 아니었다. 고려의 고요한 국내외 상황은 경인년(1350년) 이후에 왜구의 급격한 증가를 예고하는 전조와도 같았다. 한편 가마쿠라막부의 멸망과 무로마치막부의 성립, 그리고 남북조 내란기의 혼란한 과도기를 경험하면서 마쓰우라 지방의 약소무사들은 마쓰우라(松浦) 일족임을 내세우고 전면에 나섰다.

〈표 2〉『고려사』의 왜구출몰 빈도수[30]

	연도	A	B	C		연도	A	B	C
고종 10	1223	1	1	1	충렬왕 6	1280	1	1	1
11	1224								
12	1225	1	3	1	충렬왕 16	1290	1	1	1
13	1226	2	2	3(2)					
14	1227	2	1	2	충숙왕 10	1323	2	2	2

---

30) 졸고, 「중세 왜구의 경계침탈로 본 한·일 관계」, 『한일관계사연구』 42, 2012, p.10, 〈표 2〉 참조.

	연도	A	B	C		연도	A	B	C
원종 4	1263	1	1	1					
5	1264								
6	1265	1	1	1					

A는 羅鍾宇의 통계.
(羅鍾宇, 『韓國中世對日交涉史研究』, 원광대학교 출판국, 1996, p.126)
B는 田村洋幸의 통계.
(田村洋幸, 『中世日朝貿易の研究』, 三和書房, 1967, pp.36~37)
C는 田中健夫의 통계.
(田中健夫, 『倭寇と勘合貿易』, 至文堂, 1961)
(단, ( )는 田中健夫, 『中世海外交涉史の研究』, 東京大學出版會, 1957, p.4의 통계)

1330년대 말에 접어들면서 기명방식이 아오카타씨(靑方氏)에서 고토 아오카타씨(五島靑方氏)를 거쳐서 마쓰우라 아오카타씨(松浦靑方氏)로 단계적으로 바꾸었고,[31] 가미마쓰우라와 시모마쓰우라의 거의 모든 약소무사들이 '마쓰우라(松浦)'라는 일족 명칭을 공통으로 사용하기 시작하였다. 이것은 1336년 아시카가 다카우지(足利尊氏)를 따라서 규슈에 내려온 진제이칸레이(鎭西管領) 잇시키 도유(一色道猷)(=잇시키 노리우지(一色範氏))의 지휘를 받으면서 군사력으로서 하나가 되어 통일성을 유지하는 것과 관련성이 있는 행위였다.

1349년 9월 아시카가 다카우지의 아들 아시카가 다다후유(足利直冬)가 중앙의 정치대결에서 패하여 규슈로 도망치듯이 쫓겨내려왔다. 그는 규슈에서 적극적인 세력 확장을 추진하였고, 이것이 1350년 간노죠란(觀應擾亂)으로 이어지면서 규슈의 정국을 혼미한 상태로 빠뜨렸다. 이 때문에 마쓰우라 지방도 직접적으로 내란의 영향권 안에 놓이게 되었다.

---

31) 무라이(村井)는 하달문서와 상신문서의 기명방식이 모두 1338년 무렵에는 기본적으로 고토아오카타씨(五嶋靑方氏) → 마쓰우라아오카타씨(松浦靑方氏)로 변한다고 보았다(村井章介, 「在地領主法의 誕生－肥前松浦一揆－」, 『歷史學研究』 419, 1975, p.19 참조).

이전부터 아시카가 다카우지를 따르고 있었던 쇼니 요리히사(少貳賴尙)
가 재빠르게 다다후유 측에 항복하였다.[32] 이때문에 북규슈의 재지무사들
은 대부분 다다후유 측에 가담하게 되었고, 마쓰우라씨 일족들이 대부분 이
와 비슷한 양상이었다.[33] 예를 들어 마쓰우라씨 일족 중에서 마쓰우라 마
타라시마씨(松浦斑島氏), 마쓰우라 아오카타씨(松浦靑方氏), 마쓰우라 간
자키씨(松浦神崎氏), 마쓰우라 오오시마씨(松浦大島氏), 마쓰우라 아유카
와씨(松浦鮎河氏), 마쓰우라 나카무라씨(松浦中村氏), 마쓰우라 니시하라
(松浦西原氏), 마쓰우라 다케쓰에씨(松浦武末氏), 마쓰우라 오우치쓰케지
씨(松浦相知築地氏) 등이 일순간에 다다후유 편으로 가담하였다. 그러나
마쓰우라씨 중에서 일부의 마쓰우라 사시씨(松浦佐志氏), 마쓰우라 나카무
라씨(松浦中村氏), 마쓰우라 히타카씨(松浦日高氏), 마쓰우라 다카시마씨
(松浦鷹嶋氏) 등은 쇼군 측의 진제이칸레이 잇시키 도유(一色道猷)를 계속
해서 따르고 있었다.[34] 또 마쓰우라 일족 중에서는 일부의 마쓰우라 오우
치씨(松浦相知氏), 마쓰우라씨(松浦氏) 등과 같이 막부의 직할군에 편입되
어 기나이(畿內)와 간토(關東)지방을 전전하며 전공을 세우는 일족도 있었
다.[35] 이처럼 마쓰우라 일족이라 하더라도 아시카가 다다후유, 진제이칸레

32) 쇼니 요리히사는 처음부터 다다후유 측이 아니었지만, 1350년(觀應 원년) 10월의
단계에 오면 막부의 쇼군 다카우지 측에서 다다후유(=반막부) 측으로 변화하였다
고 볼 수 있다(山口隼正, 『南北朝期九州守護の硏究』, 文獻出版, 1989, p.113 참조).
33) 村井章介, 「在地領主法の誕生-肥前松浦一揆-」, 『歷史學硏究』 419, 1975, p.28.
34) 松浦佐志源藏人披, 松浦中村源三郞(互), 日高八郞, 松浦鷹嶋中里菊壽(佐志授) 등이
쇼군 측인 잇시키 도유(一色道猷) 편에 가담하고 있었다(『有浦文書』 觀應 元년(1350)
9월 11일(『南北朝遺文』 九州編 3卷 〈2845〉);『中村文書』 觀應 2년(1351) 3월 15일
(『南北朝遺文』 九州編 3卷 〈3033〉);『斑島文書』 觀應 2년(1351) 9월 10일;同년
10월 3일(『南北朝遺文』 九州編 3卷〈3182〉〈3201〉);『有浦文書』 觀應 2년(1351) 10
월 3일(『南北朝遺文』 九州編 3卷 〈3201〉)).
35) 松浦相知孫太郞(秀)와 松浦三郞左衛門(尉)는 쇼군의 직할군에 편입되어 활약하고 있
었다(『松浦文書』 觀應 元년(1350) 10월 19일, 觀應 2년(1351) 10월 29일(『南北朝遺
文』 九州編 3卷 〈2882〉);『松浦文書』 觀應 2년(1351) 12월 20일(『南北朝遺文』 九

이 잇시키 도유, 막부의 직할군으로 각각 갈라섰기 때문에 일족 내부의 분열을 경험할 수밖에 없었다.

그 외에도 마쓰우라 하타노히라쿠(松浦波多披)의 경우에는 1351년 10월에 남조의 가네요시신노우(懷良親王)로부터 영지지배권을 인정받고 있었다.36) 그렇지만 같은 해 11월에는 쇼군 측의 규슈탄다이(九州探題) 잇시키 나오우지(一色直氏)의 서장(書狀)을 받는 경우도 있었다.37) 한편 1353년 12월에는 쇼군 아시카가 다카우지(足利尊氏)의 하문(下文)으로 훈공상을 받는 것으로 보아 쇼군 편에서 활동했었음을 알 수 있다.38) 마쓰우라 하타씨의 경우처럼 전황에 따라 주군을 바꾸어 가며 전공을 세우고 영지지배를 유지해 가는 약소무사들이 상당수 존재했을 거라고 짐작해 보는 것은 그리 어렵지 않다.

이렇게 마쓰우라 지방에서 마쓰우라라는 일족 명칭을 공유하던 약소무사들은 기존의 토지지배권의 인정과 관련해서 자신의 의지 혹은 상부권력의 요구에 따라 제각각 아군과 적군으로 나뉘어져서 전투에 참여하는 상황에 놓이게 되었다. 결국 다다후유가 규슈로 내려오는 시점부터 마쓰우라 일족 중심의 구심점에서 이탈한 약소무사들이 더욱 개별적으로 활동할 수밖에 없게 되었다. 이 같은 일족 내부 분열은 다다후유가 불리한 전세를 극복하지 못하고 규슈를 떠나간 후에도 쉽게 사라지지 않았다. 마쓰우라 일족은 다다후유가 떠났음에도 불구하고 쇼군측의 잇시키씨(一色氏) 또는 남조 측의 가네요시신노우(懷良親王) 편에 가담해서 제각각 자신의 살길을 헤쳐나가야 하는 운명에 놓여졌다. 결국 이러한 대혼란 속에서 특히 유동적인 성격을 갖는 약소무사들이 시국에 편승해서 재지를 이탈하여 해양을 넘어 약

州編 3卷 〈3287〉)).

36) 『有浦文書』 正平 6년(1351) 11월 1일(『南北朝遺文』 九州編 3卷 〈3241〉).

37) 『有浦文書』 年度 缺(1351) 11월 18일 「一色直氏書狀」(『南北朝遺文』 九州編 3卷 〈3258〉) ; 年度 缺(1352) 2월 18일 「一色直氏書狀」(『南北朝遺文』 九州編 3卷 〈3334〉).

38) 『有浦文書』 文和 2년(1353) 12월 25일(『南北朝遺文』 九州編 3卷 〈3646〉).

탈의 신개척지를 향해서 삶의 길을 모색하게 되었다.39)

이러한 은상 확보의 생존경쟁이라는 육상의 불리한 상황을 극복하기 위해서 더 관심을 가져야 했던 영역은 포구를 중심으로 경계를 분명하게 확정해야 하는 바다의 영역이었다. 따라서 마쓰우라 지방에서 약소무사에 의한 어업권 분쟁은 1350년 간노죠란(觀應擾亂)을 전후한 시기부터 고토열도 내에서 늘어났다. 그 결과 일족의 분열이라는 내부의 대혼란 상황을 탈피하기 위해서 해상에서 '계약장(契約狀)'을 만들어서 자발적으로 자구책을 세워나갔다.40) 그리고 이것을 이용해서 내부에서 발생하는 혼란을 해결해 나가고자 하였다. 당시에 포구 앞의 바다는 약소무사들이 막부의 쇼군이나 다다후유 편에 들어서 군충을 하지 않아도 누구나 자신의 지배영역으로 확보가 가능한 미개척의 영역이었다. 이것이 이들로 하여금 어업권에 관심을 갖게 하는 결정적인 원인으로 작용하였다. 이조차도 마쓰우라 지역의 모든 약소무사들에게 접근 기회가 주어진 것이 아닌 것 같다. 이들은 육지에서 해결 못하는 생존권의 난제를 풀어내는 방법으로 미소유의 바다를 선택할 수밖에 없었다. 포구 앞 바다의 어업권에서 소외된 계층들은 생존권의 확보를 위해서 훨씬 멀고 험한 바다로 나아갈 수밖에 없었던 것이다.41) 결국 이들에 의한 해양활동은 '경인년(1350) 이후의 왜구'로 전화되었을 가능성이 충분했다고 생각한다.

---

39) 졸고, 「一揆와 倭寇」, p.65 참조.
40) 『靑方文書』康永(1344) 3년 5월 24일(『南北朝遺文』 九州編 2卷 〈2015〉) ; 『靑方文書』 觀應 3년(1352) 10월 25일(『南北朝遺文』 九州編 3卷 〈3478〉).
41) 졸고, 「一揆와 倭寇」, p.69 참조.

〈표 3〉 『고려사』의 왜구출몰 빈도수II[42)]

고려 말					조선 초				
	연도	A	B	C		연도	B	C	D
충정왕 2	1350	7	6	6	태조 5	1396	13	(8)	13
3	1351	4	3	4	6	1397	11	(9)	13
공민왕 1	1352	8	12	7	7	1398			
2	1353				정종 1	1399	4	(4)	4
3	1354	1	1	1	정종 2	1400			
4	1355	2	2	2	태종 1	1401	4	(3)	5
5	1356				2	1402	5	(2)	5
6	1357	4	3	4	3	1403	8	(8)	8
7	1358	10	10	6	4	1404	6	(5)	6
8	1359	4	5	4	5	1405			
9	1360	8	5	5	6	1406	12	(6)	
10	1361	10	4	3	7	1407	6	(9)	12
11	1362	1	2	1	8	1408	17	(13)	7
12	1363	2	2	1	9	1409	2	(1)	1
13	1364	11	12	8(10)	10	1410			4
14	1365	5	3	5(3)	11	1411			
15	1366	3	3	0	12	1412			
16	1367	1	1	0	13	1413			1
17	1368				14	1414			
18	1369	2	2	1	15	1415	1	(1)	1
19	1370	2	2	2	16	1416			1
20	1371	4	4	1	17	1417	1	(1)	3
21	1372	19	11	3	18	1418	1	(1)	1
22	1373	6	7	3	세종 1	1419	7		9
23	1374	12	13	10(11)	2	1420			2
우왕 1	1375	10	16	11(7)	3	1421	4		4
2	1376	46	20	39(12)	4	1422	4		4

42) 졸고, 「중세 왜구의 경계침탈로 본 한·일 관계」, p.17, 〈표 4〉 참조.

고려 말

	연도	A	B	C
3	1377	52	42	54(29)
4	1378	48	29	48(22)
5	1379	29	23	37(15)
6	1380	40	21	40(17)
7	1381	21	19	26(19)
8	1382	23	14	23(12)
9	1383	50	28	47(24)
10	1384	19	16	20(12)
11	1385	13	16	12
12	1386			
13	1387	7	5	7(4)
14	1388	20	17	14(11)
창왕 1	1389	5	11	5
공양왕 2	1390	6	3	1
3	1391	1	1	2
4	1392	1	2	1

	연도	B	C	D
태조 1	1392	2	1	1
2	1393	9(10)	(8)	11
3	1394	14	(6)	14
4	1395	5	(1)	6

조선 초

	연도	B	C	D
5	1423			2
6	1424	2		2
7	1425			2
8	1426	5		5
9	1427			
10	1428	1		1
11	1429			
12	1430	1		1
13	1431			1
14	1432			
15	1433	3		3
16	1434			2
17	1435			
18	1436	1		1
19	1437	1		3
20	1438	1		1
21	1439			1
22	1440	1		1
22	1441			
24	1442	1		3
25	1443	2		2

A는 羅鍾宇의 통계.
(羅鍾宇, 『韓國中世對日交涉史硏究』, 원광대학교 출판국, 1996, p.126)
B는 田村洋幸의 통계.
(田村洋幸, 『中世日朝貿易の硏究』, 三和書房, 1967, pp.36~37)
C는 田中健夫의 통계.
(田中健夫, 『倭寇と勘合貿易』, 至文堂, 1961)
(단, ( )는 田中健夫, 『中世海外交涉史の硏究』, 東京大學出版會, 1957, p.4의 통계)
D는 한문종의 통계
(한문종, 「조선 초기의 왜구대책과 대마도」, 『전북사학』 19·20, 1997, p.166)

한편 1355년 규슈탄다이 잇시키 나오우지(一色直氏)가 경영에 실패하여 아버지 도유(道猷)와 함께 규슈를 도망치듯 떠난 이후에, 규슈는 가네요시 신노우의 남조세력에게 완전히 장악되었다. 전란이 잠잠해져 가는 정세 속에서 〈표 3〉에서 보는 것처럼 비교적 고려에 출몰하는 왜구의 빈도수가 한 자리 수를 유지하는 듯 보였다. 그러나 규슈에서의 열세를 만회해야만 했던 무로마치막부는 1371년 12월에 공석의 자리에 있던 규슈탄다이에 이마가와 료슌(今川了俊)을 임명하고 規슈로 내려 보냈다. 왜냐하면 규슈 경영에 실패한 쇼군 측의 잇시키씨(一色氏)가 떠난 이후에 규슈에서 황금기를 구가하는 남조의 가네요시신노우의 세력을 견제해야 했기 때문이었다. 1360년대에 료슌이 규슈에 내려오기 직전까지 마쓰우라 일족 중에서 마쓰우라 하타씨(松浦波多氏)와 마쓰우라 사시씨(松浦佐志氏)만이 쇼군 측에서 활약하였고, 마쓰우라 아오카타씨(松浦靑方), 마쓰우라 아유가와씨(松浦鮎河), 마쓰우라 시로이오씨(松浦白魚氏), 마쓰우라 마타라시마씨(松浦斑島氏), 마쓰우라 나카지시마씨(松浦中嶋氏), 마쓰우라 오오시마씨(松浦大島氏) 등의 마쓰우라 일족이 남조 측으로부터 '군충장(軍忠狀)'을 받을 정도로 남조세력 일색이었다. 그런데 료슌이 등장하면서 뛰어난 정치적 수완으로 1372년부터 마쓰우라 일족의 거의 모든 일족을 자신의 세력으로 편입시키는 공작을 진행시켜 나갔다.

1370년대 료슌에 대한 마쓰우라 일족의 군충의 빈도수는 마쓰우라 아오카타씨(松浦靑方氏) 1회, 마쓰우라 마타라시마씨(松浦斑島氏) 2회, 마쓰우라 오오시마씨(松浦大島氏) 10회 밖에 지나지 않아서, 간노(觀應) 년간(1350~52)에 상당수의 마쓰우라 일족이 다다후유 편에 가담했던 것과 비교해서 숫적으로 열세였다. 이것은 다다후유 시기와 비교하였을 때 료슌에 대한 형식적인 숫자에 불과하며 적극적으로 군충에 가담하지 않았다는 것을 의미하는 수준이었다. 예를 들어 수많은 마쓰우라 일족 중에서 료슌에 가담하고 있는 일족에는 마쓰우라 하타씨(松浦波多氏), 마쓰우라 사시씨(松浦

佐志氏), 마쓰우라 아오카타씨(松浦靑方氏), 마쓰우라 아유카와씨(松浦鮎河氏), 마쓰우라 시로이오씨(松浦白魚氏), 마쓰우라 마타라시마씨(松浦斑島氏), 마쓰우라 나카시마씨(松浦中嶋氏), 마쓰우라 오오시마씨(松浦大島氏) 등이었다. 그런데 이 시기에 남조에 가담한 마쓰우라 일족은 마쓰우라 아오카타노가타시(松浦靑方固)뿐이었기 때문에, 상당수의 마쓰우라 일족이 료슌이나 남조의 편에 가담하지 않고 수수방관하고 있었음을 알 수 있다. 이런 사실들은 당시에 약소무사들이 가(家)를 중심으로 개별적으로 활동하였기 때문에, 료슌에 의한 마쓰우라 일족의 일원적인 통제가 불가능했다는 것을 방증하는 예라고 생각한다.43) 따라서 고려가 규슈탄다이 료슌에게 끊임없이 사신을 파견하여 왜구 금압을 요구하였지만 성사시키지 못한 이유가 여기에 있었다.

〈표 4〉 고려사신의 일본파견과 첩장내용(1360∼70년대)44)

년도	고려 사신	일본 사신	사료 출전
1366년(공민왕 15) ?월	김용(金龍)		『고려사』
1367년(貞治 6) 2월	김용(金龍)		『선린국보기』
1366년(공민왕 15) 11월	김일(金逸)		『고려사』
1367년(貞治 6) 2월	김일(金一=金逸)		『선린국보기』
1367년(貞治 6) 6월		미상	『선린국보기』, (『사수기』)
1368년(공민왕 17) 1월		승려 梵盪, 梵鏐	『고려사』
1368년(공민왕 17) 7월		미상	『고려사』
1368년(공민왕 17) 윤7월	이하생(李夏生)		『고려사』
1368년(공민왕 17) 11월		미상	『고려사』
1375년(우왕 원년) 2월	나홍유(羅興儒)		『고려사』
1376년(우왕 2) 10월	나홍유(羅興儒) 재 귀국		『고려사』

43) 졸고, 「一揆와 倭寇」, p.70 참조.
44) 졸고, 「고려·조선의 대(對)일본 외교와 왜구」, 『한일관계사연구』 47, 2014, pp.16∼18, 〈표 3〉〈표 4〉 참조.

년도	고려 사신	일본 사신	사료 출전
1376년(우왕 2) 10월		승려 良柔	『고려사』
1377년(우왕 3) 6월	안길상(安吉祥)		『고려사』
1377년(우왕 3) 8월		승려 信弘	『고려사』
1377년(우왕 3) 9월	정몽주(鄭夢周)		『고려사』
1378년(우왕 4) 6월		승려 信弘	『고려사』
1378년(우왕 4) 7월	정몽주(鄭夢周) 재 귀국	周孟仁	『고려사』
1378년(우왕 4) 10월	이자용(李子庸), 한국주(韓國柱)		『고려사』
1378년(우왕 4) 11월		覇家臺 倭使	『고려사』
1379년(우왕 5) 2월		승려 法印	『고려사』
1379년(우왕 5) 5월		朴居士 (大內氏)	『고려사』
1379년(우왕 5) 윤5월	윤사충(尹思忠)		『고려사』
1380년(우왕 6) 11월	방지용(房之用) 귀국	探題將軍五郎兵衛	『고려사』

한편 고려의 왜구 근절을 위한 노력은 〈표 4〉의 수차례에 걸친 금구사신의 파견에서 분명하게 알 수 있다. 〈표 3〉에서와 같이 1372년부터 왜구가 다시 창궐하게 되자 1375년 2월 나흥유를 일본에 파견하는 것으로 되어 있다.[45] 그리고 나흥유가 다시 일본에 건너가 1376년 10월에 일본 승려 료쥬(良柔)와 함께 고려에 돌아와서 텐류지(天龍寺)의 승려 슈사(周左)가 보낸 서신을 전하였다. 그 내용을 살펴보면 다음과 같다.

"지금 우리나라 서해도(西海道) 일대에 규슈 난신(九州亂臣)이 할거하면서 공부(貢賦)를 바치지 않은지 20여 년이다. 서변해도(西邊海道)의 완민(頑民)이 이 틈을 노려 귀국을 침공하는 것이지 우리가 하는 것이 아니다. 그러므로 조정에서 토벌하도록 장수를 보내어 그 지방 깊숙이 들어가 두 진영이 맞붙어 날마다 싸우고 있다. 규슈만 평정하면 하늘에 맹세하건데 해구(海寇)

---

45) 『高麗史』 열전46, 辛禑 3년(1377) 6월조, "遣判典客寺事安吉祥于日本 請禁賊 書曰 …(中略)… 近自甲寅以來 其盜 又肆猖蹶 差判典客事羅興儒 賓咨再達 兩國之間 海寇 造釁 實爲不祥事意 …(下略)"

금지를 약속한다."[46]

이 사료의 내용 중에서, 우선 "서해도(西海道) 일대에 규슈의 난신이 할거하여 공부(貢賦)를 바치지 않은지 20여 년이다"라고 기술한 내용에 대해서 구체적으로 분석해 보겠다. 여기에서 '공부(貢賦)를 바치지 않은지 20여 년'은 앞에서 언급하였듯이 규슈탄다이(九州探題) 잇시키 나오우지(一色直氏)가 규슈경영의 난제를 극복하지 못하고 기쿠치 다케미쓰(菊池武光)에게 패하여 1355년 규슈를 떠난 시점, 즉 막부에서 다음 인물을 선정할 때까지 일정기간 공석이었던 상황을 설명하는 것이다.

그리고 규슈탄다이 잇시키 나오우지가 규슈를 떠난 후 남조의 가네요시 친왕(懷良親王)이 다자이후를 점령하고 북규슈를 장악하게 되었으므로, '구주의 난신의 할거'는 세이세이쇼군(征西將軍) 가네요시 친왕을 중심으로 한 남조와 그 추종세력이 규슈를 장악하였음을 의미하는 것이다. 또 "조정에서 토벌하도록 장수를 보내어 그 지방 깊숙이 들어가 두 진영이 맞붙어 날마다 싸우고 있다"라는 기록을 당시 상황과 대비시켜 보면, 조정에서 토벌하도록 보낸 장수=규슈탄다이(九州探題) 이마카와 료슌(今川了俊)이고, 두 진영=남조의 가네요시신노우와 북조의 이마카와 료슌의 대결을 의미한다고 풀이가 된다.

따라서 위에서 분석한 두 가지 내용을 종합해서 정리해 보면, "규슈(=서해도) 일대는 잇시키 나오우지(一色直氏)가 (20여 년 전)퇴각한 이후에 가네요시 친왕(懷良親王)이 이끄는 남조가 할거하였다. 그래서 막부가 규슈탄다이 이마카와 료슌(1370년 임명, 1371년 규슈 하향)을 보내 그들을 토벌하도록 하였는데, 지금 남조의 가네요시신노우와 북조의 이마카와 료슌의 두

---

46) 『高麗史』 열전46, 辛禑 2년(1376) 10월조, "惟我西海道一路 九州亂臣割據不納貢賦 且二十餘년矣 西邊海道頑民 觀釁出寇 非我所爲 是故朝廷遣將征討 架入基地 兩陣交鋒 日以相戰 庶幾克復九州 則誓天指日禁約海寇."

진영이 계속해서 격렬하게 각축전을 벌이고 있다.”라고 해석할 수가 있다.
위의 사료는 승려 슈사(周左)의 서신내용을 옮겨 전하는 『고려사』의 기록
이지만, 당시 규슈에서 북조와 남조가 벌이는 사실적인 전투 상황을 함축적
으로 정확하게 묘사했다고 단언할 수가 있다. 사료에서 눈에 띄는 흥미로운
문구는 왜구의 실체를 규슈의 ‘서변해도(西邊海道)의 완민(頑民)’이라고 분
명하게 밝혔다는 점이다. 여기에서 ‘완민(어리석은 백성)’이라 함은 넓은 의
미에서 서변해도의 바다를 배경으로 활동하는 주민(백성)을 포괄하는 용어
이다. 따라서 ‘완민’은 남조를 상징하는 ‘규슈의 난신’과는 구분될 뿐만 아
니라 전혀 다른 계층을 지칭하는 용어라고 볼 수 있다. 위의 내용 안에서
사용된 용어를 체계적으로 대비시켜 보면, ‘규슈 난신(九州亂臣)’이 ‘조정
에서 보낸 장수’와 대비되고, ‘서변해도(西邊海道)의 완민’이 ‘해구(海寇)’
와 대비되는 상호 대비등식이 각각 성립한다. 따라서 이 사료 내용에서는
절대로 ‘규슈의 난신’을 ‘해구(海寇)’로 보는 논리가 성립할 수가 없는 것이
다.[47] 그리고 ‘서변해도(西邊海道)’는 규슈에서 고려 쪽에 가장 가까운 서
쪽 해안을 의미한다고 풀이해야 할 것이다. 따라서 사료에 숨겨진 왜구의
본거지는 규슈의 서북쪽에서 그 바다에 인접한 주변 지역으로 이해할 수
있다. 나흥유가 일본에서 받아온 국서에서 주장하는 왜구의 실체는 결코 남
조세력을 의미하는 것이 아니고 규슈의 북서부 가미마쓰우라와 시모마쓰우
라 지역(고토열도 포함)과 그 바다를 배경으로 활동하는 주민(백성)들을 포
함하는 약소무사 세력이라고 생각할 수가 있다.[48]

---

47) 이영은 왜구의 주체를 그 배후 세력으로서 다자이후의 쇼니씨(少貳氏) 혹은 가네요
시 친왕(懷良親王)과 기쿠치씨(菊池氏)를 중심으로 하는 남조 세력이었다고 주장하
고 있지만 직접적인 근거 사료의 제시가 어렵기 때문에 설득력이 부족하다(이영,
「‘전환기의 동아시아 사회와 왜구’ - ‘경인년 이후의 왜구’를 중심으로」, 『한국사연구』
123, 2003 ; 「‘경인년 이후의 왜구’와 松浦黨 - 우왕3년(1377)의 왜구를 중심으로」,
『일본역사연구』 24, 2006).
48) 남북조 내란기의 마쓰우라 지역의 무사와 약소무사 및 주민(백성)들은 가(家)를 중
심으로 개별적으로 활동하면서 강력한 권력(아시카가 다카우지, 아시카가 다다후

그런데 슈사(周左)의 서신을 받은 고려에서 왜구 출몰이 축소되는 것이 아니라 오히려 급격히 증가하는 양상이었다. 이것 때문에 고려는 1377년 6월에 안길상(安吉祥)을 막부로 파견하지만 애석하게 안길상이 사행 도중에 병사하고 말았다. 이에 1377년 8월 사망한 안길상을 대신해서 다자이후에서 승려 신코(信弘)를 보내와 다음과 같은 회답을 전하고 있다.

"좀도둑들은 포도배(逋逃輩)로서 명령을 따르지 않아 금하기가 용이하지 않다"[49]

이처럼 고려의 안길상이 들고 갔던 고려 국서의 강력한 항의에 대한 답서에 대해서, 규슈의 다자이후(규슈탄다이 이마가와 료슌)는 고려의 왜구 피해를 인정하고 그 주동자가 '포도배(逋逃輩)'라고 밝히고 있다. 즉 다자이후가 주장하는 왜구의 주체는 '포도배(도망친 무리)'이며, 규슈탄다이(九州探題)의 통제에서 벗어난 세력임으로 시인하는 국서였다.

이상에서 슈사(周左)와 신코(信弘)의 답서에서 일본 측이 파악한 고려 왜구의 주체가 '서변해도의 완민'과 '포도배(도망친 무리)'로 각기 다르게 표현되고 있다. 사실 1376년 전후한 시기에 왜구의 주체가 '서변해도의 완민'과 '포도배(도망친 무리)"로 다르게 불리고 있지만 동질의 세력을 지시하는 용어였을 것이다. 두 용어의 구분 시점은 규슈탄다이 이마가와 료슌이 쇼니 후유스케(少貳冬資)를 암살하는 사건(1375년 8월)과 관련되어 있었다.

이 사건은 다자이후가 위치한 치쿠젠국(筑前國)을 둘러싼 규슈탄다이 (九州探題)와 쇼니씨(少貳氏)의 원초적인 갈등에서 발생한 사건이었다. 그

유, 남조의 가네요시신노우, 북조의 이마가와 료슌 등)이 시기별로 등장할 때마다 유동적으로 그 세력에 편승하려는 경향을 보여주었다. 이런 것이 왜구의 근거지인 마쓰우라 지방의 재지무사들의 일반적인 동향이었다(졸고, 「一揆와 倭寇」, p.70 참조 ; 「少貳冬資와 倭寇의 일고찰」, pp.71~73 참조).

49) 『高麗史』 열전46, 辛禑 3년(1377) 8월조, "草竊之賊 是逋逃輩 不遵我令 未易禁焉"

리고 〈표 1〉에서 알 수 있듯이 1376년부터 왜구가 가히 폭발적으로 증가하는데, 이는 후유스케를 살해한 료슌에 대한 규슈의 무사들의 배신감이 몰고 온 후폭풍 때문이었다. 료슌에 의한 후유스케(冬資)의 암살은 누구도 예상하지 못한 돌발행동으로 규슈에서 슈고 세력뿐만 아니라 다수의 무사세력이 동요하며 규슈탄다이 이마가와 료슌의 정치적 통제권에서 이탈하게 만들었다. 따라서 '포도배(도망친 무리)'는 규슈탄다이의 통제권에서 이탈한 약소무사들을 지칭하는 용어라고 판단해야 할 것이다. 다른 예로서 규슈탄다이 세력의 근거지이며 왜구 근거지가 되기도 하는 히젠국 마쓰우라 지방에서 마쓰우라 하타씨(松浦波多氏)가 '변심(心替り)'하는 일이 없도록 해야 한다는 내용의 이마가와 료슌의 편지가 아소 고레무라(阿蘇惟村)에게 전달되고 있다.[50] 이것은 규슈탄다이의 통제에서 이탈한 '도망무리(포도배)'가 이미 마쓰우라 일족 내부에서 다수 발생하는 상황이 연출되었음을 상상하게 만드는 문건이다. 이러한 '도망무리(포도배)'를 단속하는 료슌의 정치행위는 히젠국에서 마쓰우라씨 일족의 이탈을 미연에 방지하고, 여타의 약소무사 세력들에게도 분열의 풍조가 번지는 것을 사전에 막아 자신의 정치권력을 확고히 만들려는 료슌의 정치적 의도가 숨어 있었다.

V. 시모마쓰우라(下松浦)의 해적 금지와 어장 분배

시모마쓰우라 지역에서는 료슌이 규슈에 내려오기 훨씬 이전부터 상당수의 '계약장'이나 '압서장' 등이 존재해 왔다. 이것은 일상생활에 관련된 약소무사 사이에 지배영역에서 분쟁을 해결할 목적에서 만든 계약이었다. 즉 자치적이고 자율적인 의지에 의해서 계약을 맺고, 몇 개의 규약을 상호 준

---

50) 『阿蘇文書』(永和 2년(1376)) 1월 23일(『南北朝遺文』九州編 5卷〈5266〉 "一. 松浦事ハ 波多一人心替候間煩なく候 …(下略)."

수하도록 약속하는 것이었다. 그런데 규슈탄다이 이마가와 료슌이 규슈에 내려와 남조세력과 대치하며 쇼니 후유스케를 암살하면서 규슈가 다시 대혼란에 빠졌다. 이 시기에 마쓰우라 지역의 약소무사들과 주민(백성)들이 내적 변화를 보여주는 단체 행동을 취해 나갔다. 왜냐하면 규슈에서 상부 정치권력의 향방이 혼미한 상태에서도 자력구제의 중세적 사회풍조 속에서 스스로 내부 결속력을 모색하는 변화가 필요했기 때문이다.

1374년에 만들어진 '고토 주인 등 잇키 계약장(五島 住人等 一揆契約狀)'[51]을 통해서 흔들리는 규슈 고토열도에서 마쓰우라 일족이 무엇을 목적으로 잇키 계약장을 만들었는지 탐색해 볼 필요가 있겠다. 먼저 계약장의 내용에서 제 1조에 군충을 할 때에 한마음(一味同心)으로 한 곳에 충성할 것을 다짐하고 있다.[52] 이것은 1350년부터 몇 년간 아시카가 다다후유(足利直冬)가 규슈에서 자신의 세력확장을 시도했을 때 당시 일족의 분열을 경험했던 마쓰우라씨가 각 씨족의 내부 분열을 막고 구심력을 되찾기 위해 제시한 첫 번째 조항이었다. 또한 잇키로 공동체 내에서 결의내용을 강력히 준수하고, 구성원간의 대립과 소송을 단결된 힘으로 해결하는 것이 '잇키 계약장' 작성의 목적이었다. 그런데 잇키 계약장을 통해서 마쓰우라 일족 내부에서 발생하는 소송문제를 해결하는 방법을 찾아 나아갈 즈음에, 고려에는 왜구의 출몰 빈도수가 급격히 증가하고 있다. 예를 들면 〈표 2〉에서와 같이 이마가와 료슌이 규슈에 내려 온 다음 해인 1372년부터 『고려사』에 왜구의 출현 빈도수가 예전과 다르게 급격히 증가하기 시작하였다.

이미 앞에서 언급하였듯이 왜구의 급격한 증가는 이마가와 료슌이 규슈에 내려오는 상황과 규슈에서 자기 세력을 만들기 위해 쇼니 후유스케를 살해하는 과정에서 발생한 마쓰우라 일족의 이탈과 깊게 관련성이 있었다. 그렇다면 왜구가 감소하는 상황과 그 원인에 대해서도 마쓰우라 내부에서

---

51) 『靑方文書』 應安 6년(1373) 5월 6일(『南北朝遺文』 九州編 5卷 〈5031〉).
52) "一. 君御大事時者, 成一味同心之思, 於一所可抽軍忠, 聊不可有思思儀矣."

다시 검토할 필요가 있을 것 같다. 이를테면 〈표 3〉에서와 같이 1384년부터 1388년 사이에 왜구의 출현 빈도가 줄어들기 시작하였고, 1389년 이후에는 왜구의 출현 빈도수가 급격히 감소하는 양상을 보이고 있다. 이러한 왜구 감소 현상과 관련해서 주목되는 것이 '잇키 계약장'이다. 료슌이 규슈에 내려와서 13년이 지난 후에 시모마쓰우라(下松浦) 지역에서 1384년, 1388년, 1392년에 각각 3건의 '시모마쓰우라 잇키 계약장(下松浦 一揆契約狀)'[53]이 만들어 진다. 만일 규슈 내부의 상황변화 안에서만 왜구의 감소 원인을 찾는다면 1384년, 1388년의 잇키 계약장이 왜구 소멸의 열쇠가 될 수 있을 것으로 생각한다.

14세기 이후에 전국적으로 다양한 '잇키 계약장'이 만들어졌지만 '시모마쓰우라 잇키 계약장(下松浦 一揆契約狀)'에서는 다른 잇키 계약에는 없는 독특한 내용의 조항이 존재한다. 1384년 잇키 계약장에서 제 3조에 야토(夜討)와 해적(海賊)을 금지하는 내용이 그것이다. 그 내용의 전문을 구체적으로 살펴보면 다음과 같다.

> "일(一). 야도(夜盜=夜討ち), 강도(强盜), 산적(山賊), 해적(海賊) 및 여러 재물, 농작물 등의 도둑의 일. 진범(眞犯)이 나타나면 쫓아가 붙잡고, 만일 증거를 가지고 신고해 오는 자가 있으면 먼저 그 죄인을 붙잡아 들여서 처벌은 자백(白狀)에 따라 관결해야 한다."[54]

라고 되어 있다. 기본적으로 무로마치 막부법에서는 야도(夜討), 강도, 산적, 해적 등을 금하는 법령[55]이 공포되었다. 이러한 막부에 의한 금지 법령

---

53) 『靑方文書』 永德 4년(1384) 2월 23일(『南北朝遺文』 九州編 5卷 〈5814〉) ; 『靑方文書』 嘉慶 2년(1388) 6월 1일(『南北朝遺文』 九州編 6卷 〈6058〉) ; 『靑方文書』 明德 4년 (1392) 7월 5일(『南北朝遺文』 九州編 6卷 〈6224〉).

54) "一. 夜討·强盜·山賊·海賊幷諸財物田畠作毛以下盜人等事, 實犯現形者, 見合可討留, 若以支證有差申族者, 先召取, 科者依白狀可有沙汰矣."

55) 「追加法」 建長 5년(1253) 10월 1일 '重犯山賊海賊夜討强盜輩事' ; 乾元 2년(1303) 6

의 공포는 전국적인 내란의 혼란한 정국을 타개하기 위한 당연한 조치일 수도 있었다. 그런데 어째서 이 같은 법령이 시모마쓰우라(下松浦) 지역의 주인(住人) 46명이 연서한 계약장 안에 포함되었는지 의문이다. 아마도 시모마쓰우라 지역의 주민(住人)들은 야도(夜盜=夜討ち), 강도, 산적, 해적 및 여러 가지 재물·농작물 등의 약탈 피해를 심각하게 공감하였던 것으로 추측해 본다. 왜냐하면 시모마쓰우라 지역은 서쪽과 북쪽이 바다에 접해 있어서 해로를 통해 항상 해적이나 야토(夜討)가 발생할 수 있는 가능성이 충분한 곳이기 때문이었다.

만일 야토와 해적의 행위가 외부집단의 소행이었다고 한다면, 잇키의 조항 안에 적어도 무위적 방비나 퇴치를 언급하는 단 한 개의 조항이라도 언급되었을 것이다. 그런데 범인을 붙잡아서 증거에 따라 판결한다 는 내적 규제의 내용에 더 중점을 두고 있다. 따라서 시모마쓰우라 지역에서 야토, 해적의 범죄는 내부자들의 소행일 가능성이 매우 높다는 이야기가 된다. 결론적으로 정리하면 야토, 해적의 불법적 행위가 시모마쓰우라 지역 내에서 자주 발생하였고, 이것을 통제할 목적으로 잇키 계약장을 만들고 금지 조항을 삽입해 넣었던 것으로 추측할 수가 있다.

그렇다면 잇키 계약장에서 야토, 해적의 금지의 대상지역이 시모마쓰우라 지역으로 제한되었을까 다시 의문을 제기해 본다. 시기적으로 차이가 있지만 이미 제 3장에서 살펴본 1226년에 마쓰우라토가 병선을 타고 고려의 별도(別島)에 침입했다는 점과, 1232년 가가미신사(鏡社)의 주민이 고려에 건너가 야토를 일삼았다는 내용, 그리고 1263년 고려의 공선을 탈취했다는 내용을 보았을 때, 약탈 지역이 시모마쓰우라 지역의 경계를 뛰어넘어 고려까지도 미치고 있었다. 그렇다면 고려에서 해적과 야토의 금지 효과가 있었는지 궁금해진다. 이 사실을 추정하기 위해서 1384년의 '시모마쓰우라 주인

월 12일 '夜討强盜山賊海賊等事' ; 弘安 7년(1284) 5월 27일 '夜討奸盜山賊海賊殺害罪科事' ; 貞和 2년 ?(1346) '山賊海賊事' ; 貞和 2년(1346) 12월 13일 '山賊海賊事'.

잇키 계약장(下松浦 住人 一揆契約狀)'의 야토, 해적 금지 조항의 효과가 왜구 빈도수에 어떠한 영향을 미쳤는지 살펴보아야 할 것이다. 그 결과는 〈표 2〉에서와 같이 『고려사』를 기반으로 조사된 왜구 출몰 빈도수가 1384 년부터 1388년까지 줄어들고 있어서 잇키 계약장의 왜구 감소 효과가 나타나고 있음을 확인할 수 있다. 그 다음에 『고려사』에서 1384년 2월 왜인이 포로로 잡아갔던 부녀 25인을 진포(鎭浦)에서 돌려보냈다는 기록이 그 증거가 될 수 있을 것 같다.56) 이것은 이전의 왜구에서는 찾아 볼 수 없는 돌출된 행동이었다. 고려에서 사신의 파견이 없던 시점에서 나타나는 피로인의 해방이기 때문에 고려의 금구외교를 통한 성과였다기보다는 시모마쓰우라 주민들의 잇키 계약장의 성과가 아닌지 조심스럽게 추측해 본다.

이러한 야토(夜討)와 해적(海賊)의 내용은 31명의 연서자가 서명한 1388 년 6월의 '시모마쓰우라 주인 잇키 계약장(下松浦 住人 一揆契約狀)'에서도 찾아볼 수 있다. 제3조에서 다음과 같이 언급하고 있다.

> "일(一). 야도(夜討=夜討ち), 강도, 산적, 해적, 방화, 농작물 베어 가는 무리(族)에 대해서는 증거가 분명하면 바로 사형(死罪)으로 처리해야 한다."57)

라는 기록이 눈에 띈다. 이전의 1384년 잇키 계약장의 내용과 비교했을 때 처벌을 엄격하게 강화하고 있다. 처벌 규정에 관해서는 이전 1384년의 잇키 계약장에서는 '자백(白狀)에 따라 판결'하는 것이었으나 실제적인 통제의 효과가 기대에 못 미쳤다고 판단했기 때문에 재차 1388년의 잇키 계약장에서는 '증거가 분명하면 사형'이라고 그 처벌을 대폭 강화시켜 놓았다. 이에 대해서『고려사』에서는 1388년 잇키 계약장의 처벌 강화 결정이 왜

---

56) 『高麗史』 세가135, 禑王 10년(1384) 2월조.
57) 一. 於夜討·强盜·山賊·海賊·放火·田畠作毛盜刈族者, 證據分明者, 直可行死罪, 聊以撿疑不可致理不盡之沙汰, 次同類之事, 爲衆中之沙汰, 可被罪科云云焉."

구 출몰에 상당히 영향을 미쳤다고 반증해 주는 통계를 제공해 주고 있다. 즉 〈표 3〉에서와 같이 1389년에 5회, 1390년에 6회, 1391년에 1회, 1392년에 1회 등으로 왜구의 침입이 현격히 감소하고 있다. 물론 1389년 2월에 경상도 원수 박위(朴葳)가 대마도를 정벌한[58] 이후의 변화이므로 고려 강경책의 결과를 간과할 수는 없을 것이다. 결론적으로 고려의 대마도 정벌로 일시적으로는 대마도가 왜구 경유지로서 제 기능을 상당 부분 상실했을 것이고, 아울러 1388년 잇키 계약장에 따라 강력해진 야토와 해적의 금지 조항에 따라 마쓰우라 지역의 왜구 금지가 가시적인 성과로 나타났다고 보는 것이 타당하지 않을까 생각한다.

이상에서 고려의 왜구 문제까지도 압제하는 잇키 계약장의 직간접적 왜구 금지의 효과를 언급하였다. 그런데 왜구의 감소와 소멸의 원인에는 더 구체적인 전제 조건이 갖추어져야 한다. 왜구의 목적이 자신들의 생존에 필요한 인적 물적 약탈에 있으므로, 이들이 고려에서 약탈 행위를 멈추었을 때 그들에게 보상이 되는 대체품이 일본 열도 내부 혹은 또 다른 지역에서 확보되어야만 했을 것이다. 그게 아니라면 이것에 상응하는 다른 안정적인 생업이 보장되어야 했을 것이다. 그런데 왜구가 감소해가던 시기에 마쓰우라 지역에서 해안연안의 어장관리에 커다란 변화가 일어나고 있었다. 이 시기에 어장에서 어떠한 변화가 일어나고 있었는지 살펴보도록 하겠다.

어장의 변화 과정을 이해하기 위해서는 먼저 1380년대 초부터 나타나는 점진적인 변화를 검토해야 한다. 고려에서 왜구의 약탈이 극점에 도달했을 때 1380년 8월 진포에 나타난 500여 척이 가장 큰 규모의 대선단이었다.[59] 그런데 1380년대 중반 이후부터 왜구 금지를 위한 잇키 계약장이 활성화되면서 왜구가 점차로 감소하고 있었다. 그리고 왜구에 가담했던 자들이 타국으로 이주한 것이 아니었으므로 일본 열도의 어느 곳에 정착하여 생업에

---

58) 『高麗史』 세가137, 昌王 元년(1389) 2월조.
59) 『高麗史』 권134, 열전47, 禑王 6년(1380) 5월.

종사했을 것으로 보아야 할 것이다. 그런데 이들은 익숙하지 않은 육지의
농업보다는 친숙한 해상에서 자신의 삶이 지속되기를 바랐을 것이다. 즉 바
다를 배경으로 약탈에 가담했던 왜구가 자신의 능력과 경험을 이용해서 정
착할 수 있는 장소로 다시 바다에 관심을 두는 것은 당연했다고 본다. 따라
서 마쓰우라 지역에서는 이들이 정착하려는 수요와 욕구가 증가할수록 넓
이가 제한적인 어장 안에서 공동어로를 위한 어장 분배가 더욱 절실했을
것이다.

예를 들어 남북조의 합체가 성사되는 1392년 이후에 고도열도의 각 섬의
포구(浦)에서 '압서장(押書狀)'이 지속적으로 나타난다. 그리고 1398년 '온
아등 연서 압서장(穩阿等 連署 押書狀)'은 어장의 공동분배에 대해 구체적
으로 그 방법을 제시해 주고 있다.[60] 이 '압서장'은 어장이 1일 교대가 가능
하다는 특성을 이용해서 한 개의 어장을 여러 사람이 다중적으로 활용하도
록 만든 계약장이다. 이를테면 어장을 대상으로 1일 교대 또는 2일 교대로
아지로(網代)를 이용하도록 성문화하고 있다.

한편 어장의 이용을 1일 교대로 계약해서 문제를 해결하는 방법이 있었
지만, 1400년에 만들어진 '마등 연서 압서장(篤等 連署 押書狀)'에서처럼 1
년 교대로 활용하는 방법도 성문화시켰다.[61] 이것은 어장 내의 아지로(網
代)를 1년씩 교대로 주인을 바꾸어 가며 어로 작업하는 방식이었다. 1398년
1일 혹은 2일 교대에서 비교적 장기간의 1년 교대로 어업권이 바뀌는 것은
어장분배가 비교적 안정적으로 정착해 갔다는 것을 의미한다고 볼 수 있다.

그렇다면 남북조 내란이 종식되고 정치적으로 안정기를 맞는 시점에서
마쓰우라 지역의 공동어장에서 교대로 조업해야 하는 어장분배가 무엇 때
문에 시작되었을까. 그 이유는 제한된 어장에서 많은 수의 해상세력의 유입
이나 정착이 나타났고 이로 인해 발생하는 인구 증가 현상 때문이었다고

---

60) 『靑方文書』 應永 5년(1398) 7월 7일.
61) 『靑方文書』 應永 7년(1400) 2월 9일.

해석할 수 있을 것이다. 즉 마쓰우라의 포구내(浦內)에서의 과밀화 현상이 공동 어로작업을 가속화시켰던 것이다.[62]

결국 '우라우치(うちうら=浦內)'라는 제한된 장소에서 과거 왜구로 활동하던 구성원들이 다함께 공존공생하기 위한 방법으로 공동어업 방식을 모색하였던 것이다. 그리고 이러한 공동어업은 '우라우치'의 인구의 고밀도화를 해결함과 동시에 해적활동을 접고 정착하려는 약소무사와 주민(백성)에게 생존을 보장해 주는 최상의 선택이었다.

VI. 맺음말

이상에서 헤이안 말기부터 가마쿠라 시대, 그리고 무로마치 초기까지 마쓰우라 지역이 고려와 조선을 대상으로 약탈하던 왜구의 근거지와 주체에 대해서 검토하였다. 13세기부터 마쓰우라(松浦) 지역이 왜구의 근거지였고, 이곳의 약소무사와 주민들이 고려를 대상으로 하는 약탈의 주체였음이 일본 측의 사료를 통해 분명하게 드러났다. 그리고 14세기 남북조 내란의 혼란기에 접어 들어서면서 마쓰우라라는 일족 명칭을 공동으로 사용하여 씨족의 분열을 극복하고 결속을 유지하기 위해 노력하였다. 그러나 1350년 간노죠란(觀應擾亂)의 시점에 아시카가 다다후유(足利直冬)가 규슈에 내려오자 마쓰우라 일족은 형제 또는 부자간에도 다다후유, 쇼군, 남조 측으로 제각기 나뉘어 군사적으로 상호 충돌하는 상황이었다. 결국 이 시점에서 마쓰우라 일족의 약소무사들은 가독권(家督權)으로 지배하는 체제가 더 이상 유지될 수 없기 때문에 정황에 따라 개별적으로 활동해 나가기 시작하였다.

그리고 다다후유가 규슈를 떠난 후에도 쇼군 측의 잇시키씨(一色氏), 혹은 남조 측의 가네요시 친왕(懷良親王) 편에 서서 각각의 군사력으로 행동

---

62) 졸고, 「海洋文化와 倭寇의 소멸」, 『文化史學』 16, 2001, p.186.

해야 하는 운명에 놓이게 된다. 결국 계속되는 마쓰우라 지역의 혼란은 유동적인 성격을 갖고 있는 약소무사들로 하여금 지역을 이탈하여 대거 해양개척이라는 새로운 삶의 길을 모색하게끔 만들었다. 이들에 의한 약탈 행위를 역사 기록에서는 '경인년(1350) 이후의 왜구'로 나타나게 되었다.

한편 1371년 무로마치 막부에 의해 이마가와 료슌(今川了俊)이 규슈 탄다이로 임명되어 규슈로 내려온다. 그러나 마쓰우라 지역의 약소무사들은 가(家)를 중심으로 개별적으로 활동하고 있었기 때문에 료슌에 의해 일족으로 분열을 경험하고 통제가 불가능한 해적세력으로 성장해 있었다. 따라서 지속적으로 규슈탄다이 료슌에게 파견된 고려 사신의 왜구 금지 요구가 성사되지 않았던 것이 여기에 이유가 있었다.

한편 마쓰우라 지역의 약소무사들은 남북조내란 후기에 자체적으로 해적과 약탈을 금지하고 해상에서 어장의 경계를 구분 짓는 상호계약을 적극적으로 추진하였다. 그리고 이런 과정에서 '계약장(契約狀)'과 '압서장(押書狀)'이 출현하였다. 특히 '잇키 계약장(一揆契約狀)' 안에 야토(夜討), 해적 금지 조항을 삽입하여 이웃한 고려를 약탈했던 왜구 출몰을 자제시키는데 크게 영향을 주었다. 그리고 '압서장(押書狀)'을 통해 왜구들의 근거지인 마쓰우라 지역의 '우라우치(うちうら=浦內)'의 어장 분배와 왜구에 가담했던 약소무사와 주민들의 안정적인 정착에 주력하였다. 이상에서 마쓰우라 지역이 왜구 근거지이며 마쓰우라토는 고려 왜구의 주체이었음을 파악할 수 있었다. 그리고 마쓰우라 지역 약소무사와 주민들의 분열과 규합이 고려 왜구의 창궐, 혹은 소멸 과정과 밀접한 인과관계에 있었음을 알 수 있었다.

제2장 '가마쿠라기 왜구'와 '무로마치기 왜구'의 성격과 그 주체 연구

I. 머리말

약 1세기 동안 일본학자에 의해 왜구 연구가 진행된 이래, 한국학자들이 자주 사용하는 대표적인 왜구 학술 용어가 '전기 왜구'와 '후기 왜구'이다. 이 용어는 약 반세기 전 다나카 다케오(田中健夫)가 왜구를 논하면서 처음으로 사용하기 시작하였고[1] 이후 한국·일본·중국의 학계에서 가장 넓게 자리잡은 왜구 전문용어 중의 하나가 되었다. 이러한 '전기 왜구'와 '후기 왜구'의 보편화는 두 용어의 적절성과 타당성을 검토하지 않은 채 대다수 학자들이 그대로 따라 사용함으로써 일어난 현상이다.

이미 필자는 '전기 왜구'와 '후기 왜구'의 대안으로서 '가마쿠라기 왜구', '무로마치기 왜구', '센고쿠기 왜구'로 재설정되어야 한다고 제안한 바가 있다.[2] 13세기는 일본 측 사료에서 알 수 있듯이 규슈 연안의 해상세력과 주

---

1) 다나카는 14~15세기의 '전기 왜구'와 16세기의 '후기 왜구'로 구분하고, 그 성격에 있어서 현저한 차이가 있지만 해외에서의 해적행위이며 중세 일본의 특징적인 사건이라고 설명하고 있다. (田中健夫, 『中世海外交涉史の硏究』, 東京大學出版會, 1959 (1981년 복간), p.257 참조 ; 「'前期倭寇'·'後期倭寇'というよび方について」, 『日本歷史』 404, 1982). 그런데 다나카의 이분법적 시기 구분에서는 처음 고려를 침탈하기 시작하는 13세기 왜구, 즉 가마쿠라 시대의 왜구를 간과한 면이 있다.

2) 필자는 일본사 시대 구분법을 적용하여 '가마쿠라기 왜구', 무로마치왜구', '센고쿠기 왜구' 세 시기로 구분하였는데, '가마쿠라기 왜구(13세기~14세기 중반)'는 왜인 주체로 고려를 침탈하던 왜구이고, '무로마치기 왜구(14세기 중반~15세기 중반)'는

민에 의한 고려 침입과 약탈이 시작되는 시기이다.[3] 그럼에도 불구하고 다나카는 13세기 왜구를 제외시키고 본격적인 왜구를 '14~15세기 왜구'로 규정하고 고려·조선을 주 무대로 하고 중국 대륙 연안을 침탈한 왜구라고 비정한 바가 있다.[4] 또 그는 '14~15세기 왜구(전기 왜구)'에 대한 설명에서 경인년(1350) 이후 왜구를 본격적인 왜구 출몰의 시점이며 그 주체가 '일본인과 고려·조선인의 연합 집단'[5]이라는 학설을 제기했었다. 그러나 앞에서도 언급하였듯이 13세기 왜구가 전적으로 왜인의 소행에서 시작되었음을 밝혀주는 몇 건의 일본 측 사료가 존재함에도 불구하고 이를 간과한 측면이 있다. 만일 13세기를 전기 왜구에 포함시켰다면 다나카가 주장한 왜구의 주체가 '일본인과 고려·조선인의 연합 집단'이라는 주장은 13세기의 왜구 주체와 상호 연결성을 갖지 못하게 된다. 따라서 필자는 다나카가 제시한 '전기 왜구'에서 누락시킨 13세기 왜구를 그 시대적 특성에 맞게 새롭게

왜인이 주체가 되어 고려·조선을 약탈한 왜구와 왜인·중국 해적(해상)세력이 중심이 되어 명 연안을 침탈했던 왜구이며, '센고쿠기 왜구(15세기 중반~16세기)'는 중국 상인과 왜인, 그리고 서양인들까지 가담하여 명 연안에 침탈했던 왜구로 각각 재설정하였다(졸고, 「'전기 왜구'와 '후기 왜구' 용어의 모순과 새 용어의 선택」, 『일본역사연구』 38, 2013).

3) 일본 측 사료에서 왜구의 고려 출몰을 확인할 수 있는 몇 건의 사례를 확인 할 수가 있다(『明月記』嘉祿 2년(1226) 10월 17일조 ; 『吾妻鏡』安貞 원년(1227) 5월 14일조 ; 『百鍊抄』安貞 원년(1227) 7월 21일조 ; 『吾妻鏡』貞永 원년(1232) 윤9월 17일조 ; 『靑方文書』 1-78(1264년 문서로 추정)).

4) 다나카는 '14~15세기 왜구'에 대해, "『고려사』에 따르면 13세기 초부터 한반도 남해안에서 소규모 왜인의 약탈이 나타나지만, '왜구'라는 고정 관념이 성립한 것은 1350년 이후부터인데, 조선에서는 '경인(庚寅)이래 왜구'라고 불렀다"라고 간단히 설명하고 있다('倭寇', 『國史大辭典』(14권), 吉川弘文館, 1993, p.886 ; '倭寇', 『日本史大事典』(6권), 平凡社, 1994, p.1312 참조).

5) 田中健夫, 『中世海外交涉史の硏究』, 東京大學出版會, 1959 ; 「倭寇と東アジア交流圈」 『日本の社會史』 1, 岩波書店, 1987 ; 田村洋幸, 『中世日朝貿易の硏究』, 三和書房, 1967. 이에 대한 비판 논문으로는 이영, 「고려 말기의 왜구 구성원에 관한 고찰」, 『한일관계사연구』 5, 1996, p.49이 있다.

'가마쿠라기 왜구'라 하고 '14~15세기 왜구'를 '무로마치기 왜구'로 명명해
야 할 필요성을 느끼게 되었다.

따라서 본고에서는 필자가 제기한 '가마쿠라기 왜구', 즉 13세기 왜구의
발생원인과 그 주체 및 성격에 대해 일본의 초기 왜구연구자들이 제기한
논지부터 살펴보고, 그 이후의 학자들이 제시한 학설도 함께 검토할 것이
다. 그 다음 '무로마치기 왜구(14~15세기)'의 증가 원인과 주체 세력의 특
성, 그리고 그 변화양상에 대해 검토하고자 한다.

Ⅱ. '가마쿠라기 왜구'의 성격과 주체 규명

20세기 초부터 일본학자에 의해 왜구 연구가 시작되었는데, 고토 히데호
(後藤秀穗)가 최초로 왜구연구를 시도한 일본학자 중에 한 사람이다. 고토
는 11세기 후반 『고려사』에 기술된 상인과 해적의 사료를 통해[6] 이들이 순
수한 무역상에서 출발했지만 침탈로 내몰리는 '상구(商寇)', 처음부터 약탈
을 목적으로 바다를 건너는 '순구(純寇)'로 구분할 것을 제안하였다.[7] 물론
초기 왜구가 일본상인에서 전화된 '상구'였다는 고토의 주장이 이후 등장하
는 무장상인단설의 원형으로서 의미를 부여할 수 있을지는 모른다. 그러나
그는 초기 왜구연구자로서 『고려사』와 『명월기(明月記)』, 『오처경(吾妻鏡)』,
『백련초(百鍊抄)』 등의 분석을 통해 1223년 이후 나타나는 고려에 왜구가
침탈하는 원인이 조큐(承久)의 난이고, 이들이 '순구'로서 그 주체를 일본인

---

6) 『고려사』 제9권 세가 제9권 문종 27년(1073) 7월조 ; 『고려사』 제10권 세가 제10권
　　선종 10년(1093) 7월조.
7) 고토는 『고려사』의 기록에서 1073년(문종27) 일본인 왕측(王則), 정송(貞松), 영년
　　(永年) 등 42명과 잇키(壹岐) 등정안국(藤井安國) 등 33명은 상인, 1093년(선종 10)
　　의 송나라 사람 12명과 왜인 19명은 상구로서 왜구의 선구자로 보아야 한다고 주
　　장하였다(後藤秀穗, 「予カ觀たる倭寇(上)」, 『歷史地理』 23-5, 1914, pp.520~521 참조).

으로 파악했다는 점에 더 큰 의미를 두고 있다.[8] 이처럼 고토가 이룬 연구 성과의 특징은 왜구의 원인이 '조큐의 난(1221)'이라는 일본의 대혼란에서 비롯되었다는 것을 최초로 분명하게 언급하였다는 점에 있다. 이후 고토의 연구는 아오야마 고료(靑山公亮)로 이어졌다. 아오야마는 왜구의 출현과 관련해서 13세기 초 무렵(1227년 전후)에 '왜상(倭商)에서 왜적(倭賊)'으로 전화가 나타난다고 주장하였다. 또 부진에 빠진 고려와의 진봉무역이 부활되지 않는 한 해구(海寇)가 사라지는 것을 기대할 수 없었고, 몽골의 고려 침입으로 발생한 고려의 혼란이 왜구 도약에 이용되었다고 주장하였다.[9] 따라서 13세기 초 무렵이 왜적(왜구)의 출발 시점이라는 아오야마의 주장은 고토의 그것과 일맥상통하고 있다고 볼 수 있다.

한편 일송교역의 관점에서 왜구를 파악한 모리 가쓰미(森克己)는 가마쿠라 시대의 일본 해적이 고려를 침탈하는 왜구로 전환하였다고 파악하였다. 그는 헤이안 말의 후지와라노 스미토모(藤原純友)가 세토내해에서 해적의 난을 일으켰고, 일·중 무역사에 나타나는 가마쿠라 시대 해적의 활동이 북규슈의 잇키 지역까지 확대되면서 고려에도 그 영향이 미쳤다고 주장하고 있다.

> 이 해적의 발전은 가마쿠라 시대에 접어들어 점차 맹렬해지고 1226년 (嘉祿 2) 잇키섬의 백성들이 고려를 침탈했을 때에는 교토에서 일본의 적도(賊徒)가 고려의 궁정에 침입했다는 소문이 전해져서 일본과 고려의 전쟁설이 유포된 상태였다. 또 1227년(安貞 원년)에도 쇼니 스케요리(少貳資賴)가 (교토에) 상주하지 않고 고려사신의 면전에서 (고려의)섬을 침탈한 대마도민 90여인을 참수하여 그 뒤에 비난을 받는 일이 있었다. 고려정부가 점차 (일본) 상선에 대해 봉쇄적이었고, 또 자주 일본 정부에 대해 해적의 금압을 요청하였으며, 이후 몽골에도 구원을 요청하고 있는 것으로 보아 일본 해적의 활약

---

8) 後藤秀穗, 「予が觀たる倭寇(上)」, pp.523~524 참조.
9) 靑山公亮, 「高麗高宗朝及び元宗朝の倭寇」, 『史學雜誌』 38-4, 1927, pp.389~390 참조.

이 얼마나 맹렬하였는지 상상하는데 어려움이 없다.

이와 같이 이른바 왜구의 해외 비약은 일본의 능동적 무역 전개의 방향과 같고 지리적으로 근린 관계라는 자연적 계기를 이용해서 비교적 국내의 정세를 잘 아는 고려 방면으로 전개되어 갔다. 그러나 아직 이 무렵에는 왜구 침략의 손길이 대륙 방면으로 연장된 흔적은 거의 발견되지 않는다.[10]

여기에서 모리가 주장하려는 논점은 두 가지이다. 첫째 일본 해적의 해외 비약이 왜구로 전환되어 갔다는 것과, 둘째 일본 해적이 왜구가 되어 고려를 침탈하기 시작하는 시점이 13세기부터라는 것이다. 따라서 모리의 논점은 이미 앞에서 언급한 왜구의 발생 원인에 대한 고토의 견해, 즉 왜구의 발생이 '조큐의 난(1221)'이라는 일본의 대혼란에서 비롯되었다는 주장을 뒷받침해 준다고 볼 수 있다.

이와 같은 사실은 〈표 1〉에 제시된 바와 같이 당시 일본 측의 기록에서도 분명하게 확인할 수가 있는데, 첫번째 기록은 1226년(嘉祿 2) 『명월기』 기사에서 확인할 수 있다. 마쓰우라당(松浦黨)의 한무리가 수십 척의 병선을 이끌고 고려 별도(別島)에 가서 민가를 습격하고 재물을 약탈하였다는 내용이 그것이다.[11] 또 『오처경』에서는 1227년 경상도 김해부를 대마도인이 야밤에 약탈하였고,[12] 1232년(貞永 원년) 규슈에서 한반도 항해의 기항지로 잘 알려진 가라쓰(唐津)에서 가가미신사(鏡神社) 주인(住人)들이 바다를 건너 고려로 건너가 재물을 약탈해 가는 사건을 확인할 수 있다.[13] 물론

---

10) 森 克己, 「日宋交通に於ける我か能動的貿易の展開(二)」, 『史學雜誌』 45-3, 1934, pp. 457~458.

11) 『明月記』 嘉祿 2년(1226) 10월 17일조, '高麗合戰一定云々, 鎭西凶黨等(號松浦黨), 構數十艘兵船, 行彼國之別嶋合戰, 滅亡民家, 掠取資財'.

12) 『吾妻鏡』 安貞 원년(1227) 5월 14일조, "彼告金海府 對馬人等舊所住依之處 奈何 於 丙戌六月 乘其夜寐 入自城窺奪掠正屋訖 比之已甚".

13) 『吾妻鏡』 貞永 원년(1232) 윤9월 17일조, "十七日 甲子 鏡社住人渡高麗企夜討 盜取 數多珍寶 歸朝之間…".

타 지역에 쳐들어가 약탈하는 해적질은 일본 내에서도 용납될 수 없는 비법으로서 가마쿠라 막부의 추가법에도 분명하게 명시되어 있는 처벌 대상 범죄였다. 『백련초』 사료를 통해서도 알 수 있듯이, 1226년(嘉祿 2)에 규슈 다자이쇼니가 고려와의 관계 개선과 왜구의 강력한 약탈 금지를 위해 고려 사신의 면전에서 대마도 '악당' 90인을 참수하고 있는 것도 그 한가지 예인 것이다.14) 이처럼 20세기 초부터 일본에서 발표된 초기 왜구연구자의 연구 논문에서는 13세기부터 왜구가 발생하였고 그 왜구의 주체가 일본인(왜인)이라는 논지가 보편성을 가지고 있었다.

〈표 1〉 일본 고려 왜구 출전 사료와 침구 횟수 및 침구 장소, 규모

일본 사료		한국 사료			
서기(연호)	사료, (횟수)	서기(연호)	사료, (횟수)	침구장소	규모
		1223(고종 10)	『고려사』, (1)	금주	?
		1225(고종 12)	『고려사』, (1)	경상도 연해	왜선 2척
1226(嘉祿 2)	『명월기』, (1)	1226(고종 13)	『고려사』, (2)	경상도 연해의 주군	왜구 2명 죽임
				금주	
1227(安貞 1)	『오처경』, (1) 『백련초』, (1)	1227(고종 14)	『고려사』, (2)	금주	왜선 2척, 30여명 죽임
				경상도 웅신현	왜구 7명 죽임
1232(貞永 1)	『오처경』, (1)				
		1263(원종 4)	『고려사』, (1)	(금주 관내) 웅신현 물도	왜선 1척 (공선 약탈)
연도 미상 1264(弘長 4) 추정	『청방문서』, (1)15)				
		1265(원종 6)	『고려사』, (1)	남도 연해의 주군	?

---

14) 『百錬抄』安貞 원년(1227) 7월 21일조, "去年大馬國惡徒等向高麗國全羅州 侵取入物. 侵陵住民事. 可報由緖之由牒送. 大宰少貳資賴不經上奏. 於高麗國使前浦惡徒九十人斬首. 偸送返牒云々. 我朝之耻也. 牒狀無禮云々".

일본 사료		한국 사료			
서기(연호)	사료, (횟수)	서기(연호)	사료, (횟수)	침구장소	규모
		1280(충렬왕 6)	『고려사』, (1)	고성 칠포, 합포	?
		1290(충렬왕 16)	『고려사』, (1)	고려 변경	?
		1323(충숙왕 10)	『고려사』, (2)	군산도, 추자도 전라도	? 왜구 100여 명 죽임

패전 이후에도 나카무라 신타로(中村新太郎)는 자신의 저서 『日本と朝鮮の二千年(上)』에서 초기 왜구의 발생 시기와 그 주체에 대해 다음과 같이 언급하였다.

　　왜구는 해상무역 안에서 해적이었던 일본무사·어민들의 집단이었다. 「고려사」에서는 몽골의 침입 이전(1223) 규슈 연안의 무사, 어민들이 조선에 침입하여 미(米)·두(豆)·포(布) 등을 탈취했던 사실이 기록되어 있다.[16]

이처럼 나카무라는 한반도에 출몰한 왜구과 관련해서 13세기 해상무역 안에서 '규슈 연안', '무사', '어민'이라는 어휘를 끌어내 왜구의 근거지와 그 주체세력의 신분 계층까지 분명하게 제시하였다. 한편 기존의 연구에서 정설화된 13세기 왜구에 대한 보편적 견해에 대해 다나카 다케오(田中健夫)가 이의를 제기하고 13세기 왜구를 14~15세기 왜구에서 분리시켜야 하는 이유에 대해서 다음과 같이 설명하였다.

　　이 『고려사』의 고종 10년 5월조에 있는 "倭寇金州"라는 문장이 보통 왜구 문자의 초견으로 되어 있다. 고종 10년은 일본에서는 貞應 2년(1223)으로 몽골의 습래는 이보다 약 반세기 이후의 일이었다. 그런데 "倭寇金州"는 당

---

15) 『靑方文書』 1-78(연도 불명, 1264년 문서로 추정), "高麗國牒使帶牒狀 去年九月之比 令到着之間 披見彼狀之處 去年二月卄三日日本國船壹艘 無故 襲渡彼國 年貢米百二十三石 細布四十三反令搜取之 賊徒可被…".

16) 中村新太郎, 『日本と朝鮮の二千年(上)』, 東方出版, 1981, p.194.

연히 "왜, 금주에 침입하다"로 읽어야하기 때문에 '왜구'라는 완성된 낱말이 아니다. 따라서 이 시기에 '왜구'라는 고정된 관념이 존재했다고 이해할 수가 없다.[17]

다나카는 이후 계속되는 논지에서 '왜구'라는 단어가 완성되고, 그것이 고려인의 의식에 분명하게 고정된 시점이 1350년(중정왕 2) 이후의 일이라고 주장하면서 14~15세기 왜구가 전기 왜구이며 왜구의 출발이라는 논리를 펼쳤다. 그러나 고려 조정은 왜구 약탈의 심각성을 깨닫고 왜구 금지를 요구하는 사신을 파견하였고 1227년 다자이쇼니가 왜구에 가담한 악당 90여 명을 참수하는 현장을 직접 목격하고 돌아오는 외교적 성과를 거두었다. 그렇다면 아직 13세기에는 왜구라는 고정관념이 성립하지 않았다는 다나카의 논지가 타당할까 의문을 가져본다. 통상적으로 낱말 뜻의 완성은 사건이 사회적으로 확산되고 보편화된 다음에 일반명사화하여 쓰이는 것이 일반적이다. 『고려사』나 『고려사절요』에서 '왜구'라는 완성된 단어가 쓰이는 시점을 14세기로 규정하고 13세기에는 '왜구'라는 고정관념이 완성되지 않았다고 보는 것은 억지 주장일 수가 있다는 생각이다. 이와 관련해서 무라이 쇼스케(村井章介)는 다나카의 13세기의 왜구 논리에 이의를 제기한 다음 새로운 용어의 사용을 제안하였다

> 1223년부터 27년에 걸쳐서 '왜'가 고려의 경상도 연해 주현에 '침입(寇)' 하였다고 하는 기사가 『고려사』 고종 세가에 자주 나타난다. 다나카 다케오는 "성어 혹은 역사적 관념으로서의 왜구에는 이르지 못한다."는 이유로 이것을 왜구의 범주에 넣지 않았다. 왜구의 시작은 '왜구'라고 부를 수 있는 실체의 출현에서 구해야 하고 실체에 대응하는 성숙한 관념의 성립은 조금 늦어지는 것이 보통이다. …(중략)… 이것들을 총괄해서 《초발기(初發期) 왜구》로 규정하는 것이 적당하다. 초발기 왜구는 조큐의 난(1221)에 따른 일본

---

17) 田中健夫, 『倭寇－海の歴史－』, 教育社歴史新書, 1982, p.15.

국내의 혼란을 원인으로 해서 대마를 중심으로 하는 해상세력이 국가 규제
의 틀을 초월하는 행동을 취했다는 것을 의미하며 일본 열도를 둘러싸고 여
러 지역에서 13세기에 일제히 일어난 구조적 변동의 일환이었다.[18]

이와 같이 무라이는 14세기에 '왜구'라는 완성된 낱말이 성립한다는 다
나카의 논지를 정면으로 반박하며 13세기에 이미 왜구의 실체가 출현하였
고 그 다음에 성숙한 관념이 성립했다고 주장하며 '전기 왜구'에서 누락된
13세기 왜구를 '초발기 왜구'라고 새롭게 규정하였다. 그리고 '초발기 왜구'
가 조큐의 난(1221)에 따른 일본 국내의 혼란이 원인이며 대마도 중심의 해
상세력이 국가 규제의 틀을 초월해서 취한 행위라고 분석하였다.

한편 13세기 왜구를 '초발기 왜구'로 규정한 무라이의 논지가 어느 정도
의 설득력은 있지만 문제점이 없는 것이 아니다. 예를 들어 그는 논문과 저
서에서 '14~15세기 왜구', '16세기 왜구' 등을 자주 사용해 왔다. 따라서
'초발기 왜구'에 그 자신이 자주 사용해 왔던 용어를 연결해 보면 '초발기
왜구', '14~15세기 왜구', '16세기 왜구'라는 시대 조합이 성립된다. 이것은
용어 선택에서 일반명사와 숫자의 조합이라는 일관성이 결여된 어색한 시
기 조합이 되고 만다.

또한 무라이는 한일학자들이 보편적으로 널리 사용하고 있는 다나카의
'전기 왜구', '후기 왜구'에 대해 논리적으로 비판한 적이 없다. 따라서 무라
이와 다나카의 시대구분을 조합해 보면 '초발기 왜구', '전기 왜구', '후기
왜구'가 된다. 이와 같은 경우에도 시기적으로 초발기와 전기의 시점이 서
로 중첩되는 어색한 시대 연결이 되기 때문에 받아들이기가 어렵다.

반면에 필자가 주상한 대로 13세기 왜구를 일본사의 시대구분에 맞추어
'가마쿠라기 왜구'로 명명한다면, '가마쿠라기 왜구', '무로마치기 왜구',

---

18) 村井章介, 『アジアの中の中世日本』, 校倉書房, 1988, pp.313~316(첫 수록, 「中世日本
列島の地域空間と國家」, 『思想』 732号, 1985.)

'센고쿠기 왜구'라는 시기적으로 정연한 조합이 가능하다. 따라서 〈표 1〉처럼 1223년부터 1323년까지 왜구는 일본사의 시대구분과 왜구를 결합시켜 '가마쿠라기 왜구'로 명명되어야 자연스럽게 그 다음 시대와 조합이 성립되는 것이다. 그러면 다음 장에서 '무로마치기 왜구'의 주체와 특성, 그리고 그 변화 양상에 대해 논해 보겠다.

Ⅲ. '무로마치기 왜구'의 고려·조선·명 출몰과 주체

1. '무로마치기 왜구'의 동아시아 확산

가마쿠라 막부 멸망(1333) 이후, 아시카가 다카우지(足利尊氏)가 고다이고(後醍醐)천황의 겐무정권(建武政權)에게 반기를 들고 거병하였으나 수세에 몰려 규슈에서 군사를 재정비한 다음 교토로 입경하여 고묘(光明)천황을 세웠다. 이때에 고다이고 천황은 열세의 국면을 타개하기 위해 남쪽의 요시노(吉野)로 들어가(1335) 교토의 북조와 대립구도를 형성하였고, 다카우지는 교토에서 겐무식목(建武式目)을 제정하여 무로마치 막부를 세웠다(1336).

한편 막부내에서 쇼군 다카우지와 그 동생 다다요시(直義)의 내홍으로 간노죠란(觀應擾亂, 1350)이 발발하였기 때문에, 무로마치 막부의 쇼군은 전국의 무사들의 폭넓은 지지로 군사력이 우세하였음에도 불구하고 요시노의 남조 조정을 쉽게 통합시키지 못하였다.

1340년대에 규슈에서는 북조(쇼군)의 잇시키 노리우지(一色範氏)와 남조의 가네요시친왕(懷良親王)이 서로 대립하고 있었지만 대체로 큰 충돌 없이 평온을 유지하고 있었다. 그런데 1349년(貞和 5) 9월 간노죠란의 발발 직전에 막부의 내홍에서 신변의 위협을 느낀 아시카가 다다후유(足利直冬)가 자신의 근거지 주고쿠(中國)를 떠나 규슈로 내려왔다.[19] 그리고 규슈에서 무사세력의 지지가 필요했던 다다후유는 양부 다다요시와 대결 관계에 있던 친부 다카우지 두 사람의 권위를 모두 활용하였다. 이러한 그의 의중은 다급하게 군사력을 모집하기 위해 교토의 명령 혹은 두 분(兩殿)의 뜻에 따라 내려왔다는 표현을 써서 재지무사들에게 발급했던 문서를 통해 확인할 수 있다.[20] 이것은 다다후유가 북조, 남조, 다다후유 등 삼파전의 와중에 자기세력의 불모지나 다름없는 규슈에서 재지무사 세력을 독자적으로 확보하려는 강한 의욕 때문에 취한 행동이었다. 그 과정에서 누군가를 선택해서 군사력으로 참여해야만 했던 재지무사들은 혼란에 빠질 수밖에 없었고 심지어는 가문의 내부조차도 분열되는 해체 위기의 전환점에 직면하게 되었다.

〈표 2〉'무로마치기 왜구' 침공 횟수, 침구 장소, 규모[21]

서기(고려 연호)	출전, 고려 횟수	침구 장소	규모	출전, 횟수
1350년(충정왕 2) 2월 1350년(충정왕 2) 4월 1350년(충정왕 2) 5월 1350년(충정왕 2) 6월	『고려사』, 7건	고성, 죽말, 거제 순천부 순천부 합포	왜적 300명 죽임 왜선 100여 척 왜선 66척, 왜적 13명 죽임 왜선 20척	
1351년(충정왕 3) 6월	『고려사』, 4건	자연도, 삼목도	왜선 130척	
1352년(공민왕 1) 9월	『고려사』, 8건	합포	왜선 50여 척	
1354년(공민왕 3) 4월	『고려사』, 1건	전라도	漕船 40여 척 약탈	
1355년(공민왕 4) 4월	『고려사』, 2건	전라도	漕船 200여 척 약탈	
1358년(공민왕 7) 4월	『고려사』, 10건	각산의 방어소	배(漕船) 300여 척 불태움	

---

19) 『太平記』 권28, 「直冬朝臣蜂起事付將軍御進發事」(『日本古典文學大系』, 東京: 岩波書店, 1962), p.89 참조.

20) 『志岐文書』, 貞和 5년 (1349) 9월 16일(『南北朝遺文』 권3, 「九州編」〈2623〉). "自京都依有被仰之旨, 所令下向也, 早早馳參…" ; 『周防吉川家文書』, 貞和 5년(1349) 11월 19일(『南北朝遺文』 권3, 「九州編」〈2657〉). "爲奉息兩殿御意, 所打入也, 急速厚東周防權守(武藤)令同心合力, 可致忠節之狀如件."

21) 졸고, 「'가마쿠라기 왜구'와 '무로마치기 왜구'의 비교연구」, 『사학지』 49, 2014, p.150 〈표 3〉 참조하여 재작성함.

서기(고려 연호)	출전, 고려 횟수	침구 장소	규모	출전, 횟수
1358년(공민왕 7) 10월		전라도/경상도	왜적 수십 명 살상과 포로	
1360년(공민왕 9) 윤5월	『고려사』, 8건	강화	300명 살해, 쌀 4만 석 약탈	
1361년(공민왕 10) 윤5월	『고려사』, 10건	전라도, 양광도	왜선 5척 포획, 30여 명 죽임	
1363년(공민왕 12) 4월	『고려사』, 2건	교동	왜선 213척 교동 정박	『원사』, 1건
1364년(공민왕 13) 3월	『고려사』, 11건	갈도	왜선 200여척 갈도 정박	
1364년(공민왕 13) 3월		양주	200여 호 불태움	
1364년(공민왕 13) 5월		경상도 진해	왜적 3,000명 물리침	
1366년(공민왕 5) 5월	『고려사』, 3건	교동	왜적의 교동 침입, 주둔	
1366년(공민왕 15) 9월		양천현	漕船 약탈	
1367년(공민왕 16) 5월	『고려사』, 1건	강화부	왜구 노략질	
1368년(공민왕 17) 11월	『고려사』, 0건		대마도 宋宗慶 쌀 1천 석 하사	
1369년(공민왕 18) 11월	『고려사』, 2건	아주	왜선 3척 노획, 포로 2명	『명사』, 8건
		영주, 온수, 예산	漕船 약탈	
		면주		
1370년(공민왕 19) 2월	『고려사』, 2건	내포	병선 30척 파괴, 벼와 조 약탈	『명사』, 3건
		선주	왜적 50명 죽임	

    결국 가중되어 가는 재지 혼란은 유동적인 성격을 갖고 있는 규슈의 약소무사들로 하여금 재지를 이탈하여 바다를 넘어 신 개척지를 대상으로 새로운 약탈 길을 모색하게끔 만들었다.[22] 특히 북규슈의 재지무사들은 불안한 규슈를 떠나 바다로 흩어져 가장 근거리에 있는 고려를 대상으로 약탈을 전개해 갔던 것이다. 〈표 1〉과 〈표 2〉를 비교해 볼 때 드러나는 것처럼, 1350년부터 침구 횟수가 갑자기 늘고 거의 매년 약탈이 자행되고 있었기 때문에 고려에 심각한 폐해를 주는 것은 당연한 일이었다. 이런 현상이 『고

---

22) 졸고, 「一揆와 倭寇」, 『일본역사연구』 10, 1999, p.65 참조.

려사』에서는 '경인년(1350) 이후 왜구'로 표기되어 일반명사처럼 사용되었고 조선시대까지 왜구피해를 설명 할 때 자주 사용하는 대표적 용어로 자리잡게 되었다.

〈표 2〉에서 처럼 1350년부터 시작된 '무로마치기 왜구'의 침탈 횟수와 규모는 〈표 1〉의 13세기 '가마쿠라기 왜구'의 그것과는 매우 다른 양상이었다. '무로마치기 왜구'는 간노죠란이라는 규슈의 정치적 혼란과 그 여파로 인해 재지를 이탈한 무사와 백성들이 근접한 고려를 대상으로 벌린 대규모 약탈의 양상으로 전환되었다. 한편 1352년(文和원년) 11월 왜구 급등의 원인을 제공했던 다다후유가 규슈를 떠났음에도 고려에 왜구의 침탈은 계속되었다. 여전히 규슈에서는 북조(쇼군)의 쇼니씨(少貳氏)와 잇시키씨(一色氏), 남조의 가네요시친왕(懷良親王)이 서로 군사충돌의 고삐를 늦추지 않고 대립과 항쟁을 계속해 나갔기 때문이었다.

그리고 1355년(文和 4) 규슈 지배의 어려움에 직면한 북조의 잇시키씨(一色氏)가 다자이후를 떠난 후, 남조의 가네요시친왕이 독자적으로 규슈를 지배하는 과정에서 일시적으로 왜구가 잠잠해졌지만 그렇다고 완전히 사라진 것이 아니었다. 〈표 1〉에서처럼 '가마쿠라기 왜구'가 선박 1~2척과 수십 명 규모에 불과하였지만, 〈표 2〉에서 1360년대 이후 '무로마치기 왜구'는 2~3백 척의 선박에 왜구 숫자도 최대 3천 명에 이르는 등 이전과 비교가 되지 않을 정도로 규모가 확대되어 있었다. 또 〈표 2〉에서와 같이 거의 매년 1건 이상의 고려 침탈이 계속되었고 약탈 지역도 고려 전체로 광범위하게 확대하는 조짐이었다. 예를 들어 '가마쿠라기 왜구'에서는 경상도와 전라도의 도서 지방이 약탈 대상이었지만, '무로마치기 왜구'에서 1360년대 이후 경상도, 전라도, 양광도와 개경 근처의 교동과 강화도에까지 왜구가 출몰하였다.

이와 같은 시기에 원에서도 왜구가 출현하는데, 『이칭일본전(異稱日本傳)』에서 1350년(至正 10) 원에 왜구가 시작되었다고 기록하고 있다.[23) 또

『원사』에 따르면 1358년(至正 18) 이래 왜인들이 연해의 주현 침구를 시작하였고, 1363년(至正 23) 봉주(蓬州)를 약탈한 것으로 기록하고 있다.[24] 즉 1360년(공민왕 9) 왜구가 강화에 출현하여 쌀 4만 석을 약탈해 가고, 1363년(공민왕 12) 왜선 213척이 교동에 출현하여 고려의 서해까지 침탈 범위를 확대하던 시점에 산동반도의 봉주를 습격하고 있는 것이다. 이처럼 『고려사』의 기록에서 왜구가 급증하는 '경인년(1350) 이래 왜구' 이후 서쪽의 중국 대륙에도 순차적으로 왜구가 출현하기 시작하는 것이다.

한편 이보다 이른 시기인 1348년(至正 8) 태주(台州)의 방국진(方國珍)이 왜인과 결합하여 반란을 일으켰고, 1353년(至正 13)에 태주(泰州)에서 장사성(張士誠)이 반란을 일으켰는데 왜인과 연결되어 있었다.[25] 그리고 방국진은 명주를 장악하고 5차례에 걸쳐 고려에 사신을 파견하고, 같은 시기에 장사성은 17차례 고려에 사신을 파견하고 있었다.[26] 이들은 원 말에 해상교역에 종사하던 강남지역의 해상세력이었다. 그러나 명을 건국한 주원장과 대결 관계에 있던 방국진과 장사성이 명이 건국하던 그 해에 명주(明州)의 주산군도(舟山群島)에서 난을 일으키는데, 이것이 난수산(蘭秀山)의 난(1368)이다. 명 태조에 의해 난의 세력이 진압된 이후에도 여전히 그 잔당들이 왜인과 결탁하여 명의 연안에서 활동을 계속하고 있었다.[27] 이처럼 명에 출몰한 왜구의 주체는 명의 연안에서 활동하던 해상세력과 왜인이 결탁한 세력으로서 명의 해안을 대상으로 약탈을 자행하고 있었다. 따라서 '무로마치기 왜구'는 시기적으로 고려 말과 원 말·명 초 거의 동시기에 출

23) 松下見林, 『異稱日本傳』 「皇明自治通記」, 권2, 洪武 2년 4월조, "倭寇之起, 元至元十年"
24) 『元史』 권46 「皇帝本紀」, 至元 23년(1263) 8월 정유삭조, "倭人寇蓬州 守將劉擊敗之 自十八年以來 倭人連寇瀕海州縣 至是海隅逢安."
25) 崔韶子, 「元末 倭寇와 元日關係」, 『梨大史苑』 26, 1992, p.34.
26) 박영철, 「鎭浦와 鎭城倉」, 『전북사학』 44, 2014, pp.67~68 참조.
27) 윤성익은 당시 장사성과 왜구의 밀접한 관계를 보여주는 단서로 『元史』 권140 「열전」 145 「月魯不花傳」을 제시하고 있다(『명대 왜구의 연구』, 경인문화사, 2007, p.49 참조.)

몰하기 시작하여 지역적으로는 고려의 남해안과 서해안을 따라 산동반도와 중국 연해로 연결되는 무역로를 따라 동아시아로 확산되는 경향을 보여주고 있었다. 한편 고려와 조선에서 약탈하는 왜구, 원과 명의 해상세력과 왜인이 결탁해서 침탈하는 연합 왜구세력은 서로 지리적으로 먼 지역을 침탈하였고 그 주체와 성향도 매우 다르기 때문에 일단은 구분해서 설명되어야 할 것이다. 또 본고에서는 왜인에 의한 고려·조선에 침입한 왜구만을 주로 다루고 있으므로 다음 절에서 '무로마치기 왜구'의 전개 양상과 그 주체세력에 대해 검토하도록 하겠다.

2. 무로마치기 왜구의 전개와 그 주체

규슈에서 큰 정치적 소용돌이에 해당하는 1350년(觀應 원년)의 간노죠란의 발발과 1355년(文和 4) 쇼군 측의 잇시키씨가 규슈를 떠난 이후 남조 측의 가네요시친왕이 규슈를 장악하고서 십여 년 간 규슈에서의 전성기를 누리고 있었다.

한편 무로마치 막부의 3대 쇼군 아시카가 요시미쓰(足利義滿)는 기나이 지역에서 남조를 제압하여 정치적 안정을 달성한 다음 규슈의 남조 세력을 제압하기 위해 공석에 있는 다자이후의 규슈탐제에 새로운 인물을 인선하였다. 그가 1370년(應安 3) 6월 다자이후의 규슈탐제로 임명된 이마가와 료슌(今川了俊)이다. 료슌은 규슈지역의 성공적인 탈환과 경영을 위해 사전 작업에 시간을 투자하였다. 형제와 아들, 이마가와씨 가문의 무사들을 중심으로 규슈 상륙을 철저히 준비하고 문서를 통해 규슈의 무사들에게도 협력을 요구하는 등 이전의 규슈탐제에게서는 볼 수 없는 치밀한 준비를 마쳤다.

1371년(應安 4) 12월 규슈의 부젠국(豊前國)에 상륙한 료슌의 첫 번째 목표는 남조가 장악하고 있는 다자이후를 탈환하는 것이었다. 료슌은 자신의 동생과 아들, 그리고 오토모 치카요(大友親世)와 함께 남조 측의 기쿠치씨(菊池氏)의 배후를 공격하게 하고, 자신은 직접 군사를 이끌고 다자이후를 공격하여 1372년(應安 5) 8월에 다자이후를 되찾고[28] 남조세력을 치쿠고(筑後)의 고라산(高良山)으로 몰아냈다.[29] 다시 1374년(應安 7) 10월에는 기쿠치씨의 근거지인 히고(肥後)의 기쿠치 지역으로 패퇴시키는데 성공하였다.[30] 그리고 그는 히고국(肥後國)과 부젠국을 자신의 분국(分國)으로 삼고[31] 지역 권력체로의 전환과 함께 자의적으로 경제적인 기반을 확보해 나감으로써, 독자적이고 강력한 권력을 목표로 규슈지배를 관철시켜 나가고 있었다.[32]

이처럼 규슈에서 료슌이 남조 토벌을 진행하던 시기에 재지무사들은 이전의 간노죠란(1350) 때보다 더 큰 혼란의 소용돌이 속에서 재지를 이탈해서 자력구제를 목적으로 스스로 왜구가 되어 〈표 3〉에서처럼 고려에 더 자주 더 큰 규모로 침입하였다. 이때 왜구는 고려 조정에서 군사력으로 대응하여 큰 타격을 입었음에도 고려 관군과의 충돌을 감수하며 멈추지 않고 약탈을 계속하였다. 〈표 3〉에서처럼 1370년대 전반의 왜구는 1360년대보다 더 급격하게 증가하였고 1만 석의 곡식을 약탈하거나 수백 척의 선박과 수천 명의 인원을 동원하여 고려에게 큰 피해를 줄 정도로 약탈을 더욱 확대시켜 가는 조짐을 보여주고 있었다.

---

28) 『入江文書』應安 8년(1375) 12일(『南北朝遺文』「九州編」 5권 〈5171〉), "…至于同八月十二日大宰府凶徒沒落之期…".

29) 川添昭二, 『今川了俊』 人物叢書 117, 吉川弘文館, 1964, p.98 참조.

30) 『阿蘇文書』應安 7년(1374) 12월 회일(『南北朝遺文』「九州編」 5권 〈5157〉), "去十月十七日注進狀 披露訖 菊池以下凶徒 高良山沒落事" ; 川添昭二, 『今川了俊』, p.106 참조.

31) 『阿蘇文書』(應安 7년(1374)) 10월 7일(『南北朝遺文』「九州編」 5卷 〈5134〉) ; 山口隼正, 『南北朝期九州守護の研究』, 文獻出版, 1989, p.130 참조.

32) 졸고, 「少貳冬資와 倭寇의 일고찰」, 『일본역사연구』 13, 2001, p.66 참조.

〈표 3〉'무로마치기 왜구' 침공 횟수, 침구 장소, 규모33)

서기(고려 연호)	출전, 고려 침구 횟수	침구 장소	규모	출전, 원·명 침구 횟수
1372년(공민왕 21) 6월	『고려사』, 19건	동북지방 안변	미곡 1만여 석 약탈	『명사』, 3건
1372년(공민왕 21) 6월		함주, 북청주	왜적 70여 명 죽임	
1372년(공민왕 21) 10월		양천	왜선 27척, 3일간 정박	
1373년(공민왕 22) 2월	『고려사』, 6건	구산현	왜적 수백 명 죽임	
1373년(공민왕 22) 7월		교동	왜적 교동 함락	
1374년(공민왕 23) 3월	『고려사』, 12건	경상도	병선 40척 파괴	
1374년(공민왕 23) 4월		경상도 합포	왜선 350척 침입, 병사 5천명 피살	
1374년(공민왕 23) 6월		양주	왜적 100여 명 죽임	
1375년(우왕 1) 8월	『고려사』, 10건	경상도	왜적 26인 죽임	
1375년(우왕 1) 11월		양광도	왜선 2척의 왜적 섬멸	
1376년(우왕 2) 7월	『고려사』, 46건	전라도	왜선 20여척 침입	
1376년(우왕 2) 10월		한주	왜적 100여 명 죽임	
1377년(우왕 3) 4월	『고려사』, 52건	계림	왜적 4명 죽임	
1377년(우왕 3) 5월		남양, 안성, 종덕	왜적 100여 명 침공	
1377년(우왕 3) 6월		서해도 안주	왜적 4명 죽임	
1377년(우왕 3) 6월		제주도	왜적 200척으로 침공	
1377년(우왕 3) 10월		동래현	왜적 40척으로 침공	
1377년(우왕 3) 11월		김해, 의창	왜선 130척 침공	
1378년(우왕 4) 5월	『고려사』, 48건	서주, 비인현, 수원, 용구	왜적 10여명 포로	
1378년(우왕 4) 8월		아주	왜적 3명 죽임, 말 20필 노획	
1378년(우왕 4) 10월		옥주, 진동, 회덕, 창산	왜적 2명 죽임, 말 10필 노획	
1378년(우왕 4) 12월		하동, 진주	왜적 19명과 2명 죽임	
1380년(우왕 6) 5월	『고려사』, 40건	결성, 홍주	왜선 100여 척	『명사』, 1건
1380년(우왕 6) 8월		공주, 임천	왜적 4명과 46명 죽임	

33) 졸고, 「'가마쿠라기 왜구'와 '무로마치기 왜구'의 비교연구」, pp.161~163. 〈표 4〉 〈표 5〉 참조하여 재작성함.

서기(고려 연호)	출전, 고려 침구 횟수	침구 장소	규모	출전, 원·명 침구 횟수
1381년(우왕 6) 5월 1381년(우왕 6) 5월 1381년(우왕 7) 6월 1381년(우왕 7) 6월 1381년(우왕 7) 9월 1381년(우왕 7) 11월	『고려사』, 21건	이산수	왜적 8명 죽임, 1명 생포	
		계림	왜적 11명 죽임	
		김해부	왜선 50척, 왜적 8명 죽임	
		울진현	왜적 20명 죽임, 말 70필 노획	
		지리산	왜적 4명 죽임, 말 16필 노획	
		밀성군	왜적 3명 죽임	
1382년(우왕 8) 4월 1382년(우왕 8) 10월	『고려사』, 23건	강릉	왜적 30명 죽임	
		남원	왜적 3명 죽임	
1383년(우왕 9) 7월 1383년(우왕 9) 7월 1383년(우왕 9) 8월 1383년(우왕 9) 8월 1383년(우왕 9) 9월 1383년(우왕 9) 11월	『고려사』, 50건	예안, 순흥	왜적 8명과 6명 죽임	『명사』, 1건
		강릉	왜적 8명 죽임, 말 59필 노획	
		춘양, 영월, 정선	왜적 1,300여 명 침입	
		목주, 흑참	왜적 20명 죽임	
		홍천현	왜적 5명 죽임	
		청풍현	왜적 8명 죽임	
1384년(우왕 10) 8월 1384년(우왕 10) 11월	『고려사』, 19건	서해도 노도	병선 2척 불태움	『명사』, 2건
		수원 공이향	왜적 간첩 2명 생포	
1385년(우왕 11) 6월 1385년(우왕 11) 8월 1385년(우왕 11) 11월	『고려사』, 13건	웅진 기린도	왜적 3명 생포	
		전라도	왜적 20명 생포	
		계림	왜적 4명, 2명 죽임	
1387년(우왕 13) 11월	『고려사』, 7건	전주	왜적 2명 죽임	
1388년(우왕 14) 5월 1388년(우왕 14) 5월	『고려사』, 20건	진포	왜선 80척 정박	
		거제도	왜선 1척 노획, 왜적 18명 죽임	
1389년(공양왕 1) 12월	『고려사』, 5건	서해도	왜적 포로 획득	
1390년(공양왕 2) 윤4월 1390년(공양왕 2) 6월 1390년(공양왕 2) 8월	『고려사』, 6건	양광도	왜적 포로 획득	『명사』, 1건
		양광도, 음죽, 음성, 안성, 죽주	왜적 100여 명 죽임, 가축 탈환	
		전라도	왜적 70명 죽임	

이후 규슈에서 더 큰 정치적 혼란이 기다리고 있었는데 료슌에 의한 쇼니 후유스케(少貳冬資) 암살 사건이 그것이다. 료슌은 규슈에 내려온 이후 자신의 행위가 "쇼군가를 위해서 또는 국(國)을 위해서"라고 말하면서 재지 무사 세력에게 쇼군에 대한 '직(職)'의 충(忠)'과 '신분관(分身觀)'을 강요하였는데, 실제로 그는 스스로 제도적인 슈고(守護)에서 한걸음 더 나아가 규슈에서 '사적인 분국화'를 꾀하고 있었다.34) 원래 료슌이 규슈탐제로 임명되기 이전부터 다자이후가 위치한 주변국은 쇼니씨(少貳氏)가 지배하고 있었다. 규슈에서 쇼니씨의 부활을 시도하는 쇼니 후유스케(少貳冬資)의 세력 확장 행위는 료슌의 정치적 야망에 최대의 걸림돌이 될 수밖에 없었다.

1375년(永和 원년) 7월 료슌은 미즈시마(水島)에서 남조 세력과 교전을 벌이고 있었다.35) 그러나 료슌의 우세한 공격에도 불구하고 남조의 강력한 저항이 강하였으므로 오토모 치카요(大友親世)·시마즈 우지히사(島津氏久)·쇼니 후유스케 등 규슈 3대 세력에게 지원을 요청하였다. 그리고 료슌은 이 전투에서 출전하지 않은 후유스케를 끌어들이기 위해 우지히사에게 후유스케의 출전을 부탁하였다. 같은 해 8월 우지히사에게 출전을 부탁받은 후유스케는 미즈시마 전투에 출전하였을 때 진영 안에서 살해하였다.36) 이 살해사건으로 우지히사는 규슈 3인의 체면을 잃었다고 료슌을 불신하며 홀연히 자신의 영지인 오스미국(大隅國)으로 되돌아가 반(反)료슌 세력으로 활동을 시작하였다.37) 이 때 남조의 거센 반격을 받아 큰 손실을 입게 된 료

---

34) 山口隼正, 『南北朝期九州守護の研究』, 文獻出版, 1989, p.321 참조.

35) 『阿蘇文書』, 永和 원년(1375) 7월 13일 (『南北朝遺文』 「九州編」 5권 〈5211〉), "十三日卯時 菊池口水島原ニ陳ヲ取候了 於今者菊池勢一モ人不可出候…".

36) 이와 관련된 사료는 『花營三代記』 應安 8년(1375) 9월 14일조, "九月十四日. 去八月廿六日午刻 御肥後國軍陣 太宰府少貳冬資 爲探題今川伊與入道被誅之由 使者到來" ; 薩藩舊記 前篇 권28 永和 원년(1375) 8월조, "八月十一日 了俊會 公於水島 少貳冬資不來會 了俊使 公徵之 冬資乃來 二十六日 了俊令賊殺冬資於水島" 등 다수가 전한다.

37) 『薩藩舊記』 前篇 권28 聖榮自記, "…則九州警告地三人 共所以失面目也 且又於氏久者 不知了俊之僞言…".

슌은 미즈시마 전장에서 패퇴하고 다자이후를 남조에게 빼앗긴 채 규슈를
또다시 큰 혼란 속으로 몰아넣었다.

이처럼 규슈에서 쇼니 요리히사의 피살과 미즈시마 전투에서 패배, 그리
고 이를 다시 회복하려는 료슌의 반격 등 반복되는 규슈에서의 군사적 충
돌은 바다 건너 고려에서 전폭적인 왜구가 증가하는 원인이었다. 즉 1375년
후유스케가 피살당하는 시점 이후부터 고려에 왜구 출몰이 가히 폭발적으
로 늘어나는 것이 〈표 3〉에서와 같이 『고려사』에 기록을 통해서 확인할 수
가 있다.

이제까지 규슈의 정치적 동향과 그 전개과정을 통해 고려에서 '무로마치
기 왜구'가 급증하는 원인을 살펴보았다. 그러면 그 왜구의 실체가 누구인
가에 대해서도 검토할 필요가 있겠다. 고려는 왜구가 급증하자 1375년(공민
왕 23) 2월에 나흥유(羅興儒)를 일본에 파견하였고,[38] 그 해 10월에 승려
양유(良柔)와 함께 돌아온 나흥유로부터 천룡사(天龍寺) 승려 주좌(周左)의
서신을 전해 받는다. 이 서신은 "지금 우리나라 서해도 일로에 규슈 난신이
할거하면서 공부(貢賦)를 바치지 않은지 20여 년이다. 서변해도의 완민(頑
民)이 그 틈을 타 귀국을 침공하는 것이지 우리가 하는 것이 아니다. 그러
므로 조정에서 토벌하도록 장수를 보내어 그 지방 깊숙이 들어가 양 진영
이 맞붙어 날마다 싸우고 있다. 규슈만 평정하면 하늘에 맹세하건데 해구
금지를 약속한다."는 내용으로 되어 있었다.[39] 또 1377년(우왕 3) 6월 고려
에서 사신으로 보낸 안길상(安吉祥)의 첩장에 대한 회답으로 규슈의 다자
이후가 승려 신홍(信弘)을 보내와 "좀도둑들은 포도배(逋逃輩)로서 명령을

---

38) 『고려사』 열전 권46, 신우 3년(1377) 6월조, "遣判典客寺事安吉祥于日本請禁賊 書曰
…(中略)…近自甲寅以來 其盜 又肆猖蹶 差判典客事羅興儒 賓咨再達 兩國之間 海寇
造釁 實爲不祥事意…(下略)"

39) 『고려사』 열전 권46, 신우 2년(1376) 10월조, "惟我西海道一路 九州亂臣割據 不納貢
賦 且二十餘年矣 西邊海道頑民 觀釁出寇 非我所爲 是故朝廷遣將征討 架入基地 兩陣
交鋒 日以相戰 庶幾克復九州 則誓天指日禁約海寇".

따르지 않아 금하기가 용이하지 않다"고 고려에 전하고 있다.40)

또 1378년(우왕 4) 6월 다자이후의 료슌이 69명의 군사와 함께 승려 신홍을 다시 보내와 고려에서 왜구의 체포를 돕도록 하였다.41) 같은 해 11월에 하카타(覇家臺)의 왜인사절이 와서 울주(蔚州)에 정박하였을 때, 신홍이 "저들이 만일 나를 본다면 반드시 그 국(國)에 돌아가 보고 할 것이다."라고 말하며, "고려가 장차 너희들을 잡아가둘 것이다"라고 위협하자 모두 두려워 도망치는 사건이 있었다.42) 또 일본 측 사료에서 1381년(永德 원년) 8월 막부가 료슌에게 명령하여 '악당인(惡黨人)' 등이 고려에 쳐들어가 해적(왜구)질하는 행위를 엄히 금지시키도록 내린 문서 등을 통해 살펴보았을 때, 왜구는 일본 내의 해상세력으로서 해적질을 일삼던 '악당'일 가능성이 매우크다. 이상 한일의 사료 검토를 통해 왜구의 주체가 '완민(어리석은 백성)'과 '포도배(도망친 무리)', '해상세력'과 '악당'이라는 사실을 확인할 수가 있다.

따라서 1370년대 고려에서 왜구가 급등하는 원인은 규슈탐제 이마가와 료슌이 무로마치 쇼군의 명에 따라 규슈를 평정하고, 아울러 독자적인 권력을 창출하는 과정에서 생긴 부작용의 산물이었다. 그러므로 료슌이 정치적 야망을 버리지 않는 한 고려가 요구하는 왜구 금지의 문제는 쉽게 풀 수 없는 난제였음이 분명하다.

---

40) 『고려사』 열전 권46, 신우 3년(1377) 8월조, "草竊之賊 是逋逃輩 不遵我令 未易禁焉".
41) 『고려사』 열전 권46, 신우 4년(1378) 6월조, '日本九州節度使源了俊 使僧信弘 率其軍六十九人 來捕倭賊'.
42) 『고려사』 열전 권46, 신우 4년(1378) 11월조 '覇家臺倭使 來泊蔚州 信弘言 彼若見我 必歸告其國 遂給曰 高麗將拘汝 使懼逃歸'. ; 그해 11월에 信弘은 固城郡 赤田浦 싸움에서 패하여 본국으로 돌아갔다.(『고려사』 열전 권46, 신우 4년 11월조.)

IV. 맺음말

이상에서 13세기 왜구에 대해 일본의 초기 왜구연구자들이 제기한 논지를 중심으로 '가마쿠라기 왜구'의 발생원인과 그 주체 및 성격을 살펴보고, '무로마치기 왜구(14~15세기)'의 증가 원인과 주체 세력의 특성에 대해 검토하였다.

20세기 초부터 고려에 출몰하는 왜구 연구는 고토 히데호(後藤秀穗)에 의해서 시작되었다. 그는 왜구의 출발이 '조큐의 난(1221)'이라는 일본의 대혼란에서 비롯되었다는 것을 최초로 언급한 역사가였다. 이후 아오야마 고료(靑山公亮)가 고토의 견해와 일맥상통하는 의견을 제시하였다. 마찬가지로 모리 가쓰미(森克己)도 일본 해적이 왜구가 되어 13세기부터 고려를 침탈하기 시작하였으며, 왜구의 발생 원인이 '조큐의 난(1221)'이라는 견해를 제시하였다. 그리고 패전 이후에도 나카무라 신타로(中村新太郎)는 일본 내 왜구의 근거지가 규슈 연안이며 '무사', '어민' 등 그 주체세력의 신분 계층까지 분명하게 명시하였다.

한편 다나카 다케오(田中健夫)는 '왜구'라는 단어가 완성되고 고려인의 의식에 분명하게 고정된 시점이 경인년(1350) 이후의 일이라고 주장하면서 14~15세기 왜구가 전기 왜구로써 왜구의 출발이라는 논리를 펼쳤다. 이에 반발해서 무라이 쇼스케(村井章介)는 14세기에 '왜구'라는 낱말이 완성되었다는 다나카의 논지를 정면으로 반박하며 '전기 왜구'에서 누락된 13세기 왜구를 '초발기 왜구'라고 새롭게 규정하였다. 그러나 무라이의 주장은 '초발기 왜구' '전기 왜구' '후기 왜구'라는 시대적 전개과정에서 보면 그 연결성이 불완전하므로, 필자의 견해대로 '가마쿠라기 왜구'라는 명칭을 사용해야 한다.

1350년대에 접어들어 막부 내에서 쇼군 아시카가 다카우지(足利尊氏)와 그 동생 다다요시(直義)의 내홍으로 간노죠란(觀應擾亂, 1350)이 발발하였

기 때문에 규슈에서 재지무사들을 대혼란에 빠뜨렸고, 이런 현상이 고려에
서는 '경인년(1350) 이후 왜구'를 촉발시켰다. 이것이 '무로마치기 왜구'인
데 고려 말과 원 말·명 초 거의 동시기에 출몰하기 시작하여 지역적으로는
고려의 남해안과 서해안, 산동반도와 중국 연해로 연결되는 무역로를 따라
동아시아 해역으로 확산되어 갔다.

1370년대 규슈의 혼란은 규슈탐제로 임명된 이마가와 료슌(今川了俊)의
정치적 야망에 의해 더욱 가속화되었다. 이것은 료슌이 지역 권력체로의 전
환과 함께 자의적으로 경제적인 기반을 확보하고 독자적이고 강력한 권력
을 관철시키려는 시도 때문에 나타난 현상이었다. 따라서 1370년대의 왜구
는 1만 석의 곡식을 약탈하고 수백 척의 선박과 수천 명의 인원을 동원하여
고려에 큰 피해를 줄 정도로 확대되는 조짐을 보여주었다. 고려는 나흥유,
안길상 등을 일본에 보내 왜구 금지를 요구하였고, 일본은 승려를 고려에
보내 왜구가 규슈의 '완민(어리석은 백성)'과 '포도배(도망친 무리)'라서 왜
구 금지가 어렵다는 사실을 전해 왔다. 또 다른 일본 사료를 통해서도 왜구
의 주체가 '해상세력'과 '악당'이라는 사실을 확인할 수가 있다. 따라서 '무
로마치기 왜구'의 주체는 사료에서 '백성'과 '도망친 무리', '해상세력', '악
당' 등이었다는 사실을 확인할 수가 있다.

본고에서 15세기의 '무로마치기 왜구'와 16세기의 '센고쿠기 왜구'에 관
해서 지면 관계상 다룰 수가 없었다. 이에 관한 연구는 차후의 연구를 통해
소개하고자 한다.

제3장 고려·조선의 금구외교(禁寇外交)와
일본의 대응

Ⅰ. 머리말

역사적으로 한 나라의 문제가 그 경계를 뛰어넘어 다른 나라의 정치·사회에 크게 영향을 미치는 경우는 매우 흔하다. 한일 관계에서도 한 가지 대표적인 사례가 존재하는데, 그것이 바로 왜구에 의한 고려·조선의 침탈 사건이다. 왜구의 출몰은 무려 2백여 년 이상 고려와 조선의 정치·사회뿐만 아니라 대왜인 정책에 지대한 영향을 미쳤다.

13세기 초중반 막부와 천황이 권력을 다투는 조큐(承久)의 난이 발발하였다. 정치적 혼란의 야기로 일본 열도의 경계를 이탈한 왜구가 고려에 출몰하면서 고려와 일본의 갈등이 시작되었다. 마찬가지로 14세기 무로마치 막부 초기부터 천황과 막부의 대립, 막부의 내홍 등으로 일본 열도가 대혼란에 빠지면서 고려에 왜구가 급격하게 증가하였다. 이전 시기와 비교해서 더욱 증가한 왜구의 출몰은 고려에게 있어서 우선적으로 해결해야 할 범국가적인 선결과제로 급부상하였다. 그리고 조선이 건국한 이후에도 좀처럼 사라지지 않는 왜구의 침탈을 금지시킬 목적으로 일본에 끊임없이 금구사신(禁寇使臣)을 파견하였다.

한편 왜구의 선제적 방어 수단으로서 고려에서 한 차례, 조선에서 두 차례의 대마도 정벌을 실행했는데, 이는 군사력을 동원하여 해외정벌이라는 왜구에 대한 강경대응책이었다. 그렇다고 왜구의 근거지인 대마도 정벌이라는 강경책에만 의존한 것이 아니었다. 왜인의 고려 거주가 허용되기도 하였고, 삼포를 왜인에게 개방해서 왜인의 집단거주를 허락하는 회유정책을 병행함으로써 강온의 이원적인 대왜인 정책을 실시하고 있었다.

이처럼 13세기 이후부터 잦아지는 왜구에 의한 약탈의 악몽을 기억하는 고려와 조선은 왜구의 침탈을 막아내기 위해 막부에 수십 차례에 걸쳐 금구사신을 파견하였다. 그러나 고려의 금구외교(禁寇外交)는 기대만큼의 뚜렷한 성과를 거두지 못하였으므로, 조선에서도 금구사신의 파견은 지루할 정도로 계속 이어졌다.

기존의 연구 성과를 살펴보면, 1950년대 이후 30여 년간 왜구 연구는 주로 왜구 침탈과 그에 대한 고려와 조선의 대응이라는 시각에서 진행되어 왔다.1) 이후 1980년대에 접어들면서 고려와 조선의 대일본 관계는 외교와 대외정책의 관점으로 시야가 넓혀져 갔다.2) 다시 말해 과거에 왜구와 그 침탈에 관한 갈등의 사실적 관계를 정리하는 연구 단계에서 벗어나 고려와 조선의 대외 관계를 외교와 대외정책의 관점에서 어떻게 해석할 것인가에 대한 연구로 진화되어 갔다.

이러한 연구의 경향성에 비추어 본 연구에서는 방법론적으로 한일 양국의 화해라는 시각을 전제할 필요가 있다고 생각한다. 그런 다음에 고려와

1) 신기석, 「高麗末期의 對日關係－麗末倭寇에 關한 硏究」, 『社會科學』1, 1957 ; 신석호, 「여말선초의 왜구와 그 대책」, 『國史上의 諸問題』3, 1959 ; 이은규, 「15世紀初 韓日交涉史 硏究－對馬島征伐을 中心으로」, 『湖西史學』3, 1974 ; 손홍렬, 「高麗末期의 倭寇」, 『사학지』9, 1975 ; 이현종, 「高麗와 日本과의 關係」, 『동양학』7, 1977 ; 한용근, 「高麗 末 倭寇에 관한 小考」, 『慶熙史學』6·7·8, 1980.
2) 이현종, 「朝鮮前期의 日本關係」, 『동양학』4, 1984 ; 나종우, 「朝鮮前期韓·日關係의 性格硏究」, 『동양학』24, 1994 ; 나종우, 『韓國中世對日交涉史硏究』, 원광대학교 출판국, 1996 ; 한문종, 「朝鮮初期의 倭寇對策과 對馬島征伐」, 『전북사학』19·20, 1997 ; 한문종, 「조선전기 對馬 早田氏의 對朝鮮通交」, 『한일관계사연구』12, 2000 ; 한문종, 「조선전기 倭人統制策과 통교 위반자의 처리」, 『왜구·위사 문제와 한일관계』(한일관계사연구논집 4), 경인문화사, 2005 ; 졸고, 「고려·조선의 대일본 외교와 왜구」, 『일본역사연구』47, 2014.

조선에서 금구외교와 사신의 왕래, 일본의 외교적 대응을 다룰 필요가 있다고 생각한다. 이처럼 금구외교라는 한 가지 테마를 가지고 고려와 조선의 두 시대를 비교 분석함으로써 기존 연구와의 차별성을 갖고자 한다.

따라서 본 연구에서는 금구사신에 관한 연구가 고려와 조선을 통시적으로 엮어서 연구된다는 점에서 이전 연구와의 차별성과 그 성과를 기대해 보고 싶다. 아울러 일본이 고려와 조선이라는 각기 다른 두 국가에 어떻게 대응했는가에 대한 비교 연구라는 관점에서도 새로운 시도가 될 것으로 생각한다.

Ⅱ. '가마쿠라 왜구'의 출현과 금구외교(禁寇外交)

고려는 초기부터 투항해 오는 일본인을 수용하고 이들을 정착시키는 일에 적극적이었다. 한 가지 예로써 999년(목종 2)년에 도요미도(道要 彌刀) 등이 고려에 투항해 오자 이천군(利川郡)에 이주시켜서 일본인의 고려정착을 시작하였다.[3] 또 1012년(현종 2)에 일본인 반다(潘多) 등 35인이 고려에 투항해 왔고,[4] 1035년(정종 5)에는 일본인 남녀 26인이 투항해 왔다는 기록이『고려사』에 전한다.[5] 이처럼 고려 초기에는 투항해 오는 일본인과의 갈등적 요소를 포용력으로 수용하여 고려내 정착을 적극적으로 추진하고 있었다.

한편 일본 열도에서는 헤이안 시대부터 세토내해에서 항해하는 선박을 약탈하던 일본 해적의 약탈이 1185년 가마쿠라 막부가 성립한 이후에도 사

---

3) 『고려사』 권3, 세가3 목종 2년(999) 7월조. "日本國人道要彌刀等 二十戶來投 處之利川郡爲編戶."
4) 『고려사』 권4, 세가4 현종 2년(1012) 8월조. "日本國潘多等三十五人來投."
5) 『고려사』 권5, 세가5 정종 5년(1039) 5월조. "日本民男女二十六人來投."

라지지 않고 있었다. 막부는 일본 열도의 해적들을 제어할 목적으로 새로운 법제적 장치로서 '어성패식목(御成敗式目)'과 '추가법(追加法)'에서 해적 행위의 금지 조항을 만들고 살인이나 모반처럼 엄하게 규제하려고 시도하였다. 그러나 일본 열도의 연안과 세토내해에서 해적행위가 좀처럼 사라지지 않고 있었다.

한편 일본 열도의 해적에 의한 고려 침탈에 대한 기록이 『고려사』에 처음으로 등장하기 시작한다. 『고려사』에 나오는 초기의 왜구 침탈을 〈표 1〉로 정리하였다. 〈표 1〉에서 최초 왜구에 의한 고려 침탈은 1223년 금주(金州)에서 시작된 것으로 나타난다.6) 그 다음 두 번째의 왜구 침탈은 1225년 경상도 연해의 주현에 침입한 왜선 두 척이었고,7) 세 번째는 1226년에 경상도 연해의 주군을 침입한 왜구의 침탈이었다.8) 이와 관련해서 일본 측의 사료에서는 처음으로 『명월기(明月記)』에 등장하는데, 1226년 규슈 친제이(鎭西)의 마쓰우라당(松浦黨)이 병선 수십 척을 이끌고 고려의 별도(別島)에 가서 민가를 습격하고 재물을 약탈하였다고 기록하고 있다.9)

또 『백련초』의 기록을 통해서도 알 수 있는데, 1226년에 규슈 다자이쇼니가 왜구 금지에 대한 강한 의지를 보여주기 위해서 고려와의 관계 개선을 위해 사신의 앞에서 대마도 악당 90인을 참수하고 있다.10) 이것은 다자이쇼니 측에서 고려 사신의 금구 요구에 호응하여 고려 침탈사건에 연루된 악당 세력을 처단하고 있는 매우 적극적인 행동이었다. 또한 다자이쇼니가 고려의 금구 요구에 대해 매우 호의적이었음을 보여주는 증거이었다.11) 그

---

6) 『고려사』 세가 권22, 고종 10년(1223) 5월조.

7) 『고려사』 세가 권22, 고종 12년(1225) 4월조.

8) 『고려사』 세가 권22, 고종 13년(1226) 정월조.

9) 『明月記』 嘉祿 2년(1226) 10월 17일조, "高麗合戰一定云々 鎭西凶黨等(號松浦黨) 構數十艘兵船 行彼國之別嶋合戰 滅亡民家 掠取資財…."

10) 『百鍊抄』 安貞 원년(1227) 7월 21일조, "去年大馬國惡徒等向高麗國全羅州侵取入物. 侵陵住民事. 可報由緖之由牒送. 大宰少貳資賴不經上奏. 於高麗國使前浦惡徒九十人斬首. 偸送返牒云々. 我朝之恥也. 牒狀無禮云々."

런데 1227년 『고려사』에서는 두 차례에 걸쳐서 금주와 웅신현에 왜구가 거
듭 출몰하고 있다.[12)] 또한 같은 해 『오처경』에서는 대마도인이 경상도 김
해부(金海府)에서 야음을 틈타 약탈하였다고 기록하고 있다.[13)]

〈표 1〉 사료별 왜구 빈도수, 사신 파견[14)]

연도	왜구 빈도수	사신 파견	침입지역
1223(고종 10)	『고려사』 1건		금주(金州)
1225(고종 12)	『고려사』 1건		경상도 연해 주현
1226(고종 13) 1226(嘉祿 2)	『고려사』 2건 『明月記』 1건	고려의 사신 파견	경상도 연해 주현 別島
1227(고종 14) 1227(安貞 1)	『고려사』 2건, 『吾妻鏡』 1건, 『百鍊抄』 1건		금주와 웅신현, 경상도 김해
1232(貞永 1)	吾妻鏡 1건		고려
1263(원종 4)	『고려사』 1건	홍저, 곽왕부 파견	(금주관내) 웅신현 물도(勿島)
1264(弘長 4) 추정	『靑方文書』 1건		고려
1265(원종 6)	『고려사』 1건		남도 연해의 주군
1280(충렬왕 6)	『고려사』 1건		고성 칠포, 합포
1290(충렬왕 16)	『고려사』 1건		고려 변경
1323(충숙왕 10)	『고려사』 2건		군산도, 추자도, 전라도

이처럼 일본 사료인 『명월기』, 『백련초』, 『오처경』 기록과 고려 사료인
『고려사』의 왜구침탈 기록이 시기적으로 거의 일치한다. 즉 초기 가마쿠라
왜구의 고려 침탈기록이 일본과 고려의 기록에서 거의 동시기에 나란히 나
타나고 있는 것이다.

---

11) 졸고, 「중세 왜구의 경계 침탈로 본 한·일 관계」, 『한일관계사연구』 42, 2012, p.12.
12) 『고려사』 세가 권22, 고종 14년(1227) 4·5월조.
13) 『吾妻鏡』 安貞 원년(1227) 5월 14일조, "彼告金海府對馬人等舊所住依之處奈何 於丙戌六月 乘其夜寐 入自城窺奪掠正屋訖 比之已甚."
14) 졸고, 「고려·조선의 對일본 외교와 왜구」, 『한일관계사연구』 47, 2014, pp.11~12의 〈표 1〉과 〈표 2〉를 혼합하여 작성한 표임.

초창기 왜구는 일본 정국의 혼란을 야기한 1221년의 '조큐(承久)의 난'과 관련되어 있다고 볼 수 있다. 1199년 미나모토노 요리토모(源賴朝)가 낙마 사고로 죽게 되고, 혼란한 정국 속에서 천황 친정을 꿈꾸던 공가(公家)권력의 수장 고토바상황(後鳥羽上皇)이 새로운 결단을 내리고 전국의 무사에게 막부 토벌 명령을 하달하였다. 이것이 일본 열도를 정치혼란의 소용돌이로 빠트리는 1221년의 '조큐(承久)의 난'이다. 이 난은 불과 한 달 만에 무가권력을 대표하는 호죠씨(北條氏)의 승리로 막을 내렸다. 이때에 서국의 무사들은 상황을 지지하였는데, 결과적으로 이들은 정치적·경제적 기득권을 포기당한 채 자신의 소령을 몰수당해야만 했다. 어쩔 수 없이 새로운 생존 방법을 찾아가야 했던 서국의 무사들은 '해상 무사단'을 이끌고 일본 열도를 벗어나 바다 건너 고려로 해적의 길을 떠나게 되었던 것이다.

결과적으로 고려는 일본 열도의 정치적 혼란 때문에 새로운 시련을 경험해야만 했다. 일본 열도의 모든 해적이 고려 약탈에 가담하지는 않았더라도 적어도 일부 지역의 일본 해적이 고려 약탈에 가담했다. 초기 '가마쿠라 왜구'는 규모가 크지도 않았고, 침입 빈도가 잦지도 않았다. 그렇지만 왜구의 피해가 적었다는 이유로 고려 사회가 충격에 빠지지 않았다고 말할 수는 없었다. 이전에 왜구의 침탈을 경험해 보지 못했던 고려가 왜구 때문에 고통스러워했던 증거는 금구사신을 파견하여 출몰하는 왜구를 근절시키려고 부단히 노력했던 사실에서도 찾아볼 수가 있다. 1226년 고려가 처음으로 왜구 금지를 목적으로 금구사신을 파견한 것이 그 첫 번째 사례이다. 이때에 다자이쇼니가 대마도 악당 90명을 참수하는 외교적 성과를 거두었기에 일본 기록과 『고려사』에서는 왜구에 의한 침탈 기록이 40여 년 동안 전혀 나타나지 않았는데, 이것이 금구외교의 성과였다고 할 수 있겠다.

그러나 오랜 소강상태를 깨고 1263년 '가마쿠라 왜구'의 침탈이 다시 시작되었다. 그리고 고려 조정에서 가마쿠라 막부에 다시 왜구 금지 사신을 파견하기에 이른다. 〈표 1〉에서 보는 바와 같이 1263년 2월 왜구가 출몰하여 금주 관내 웅신현(熊神縣) 물도(勿島)에서 공선(貢船)을 침탈해 가는 사건이 발생하였을 때,15) 이것을 항의하기 위해서 같은 해 4월 고려는 홍저(洪泞)와 곽왕부(郭王府)를 가마쿠라 막부에 파견하였다. 고려 사신이 가지고 간 국서에는 "두 나라가 교통한 이래 …(중략)… 우리 연해 지방의 촌락과 동리를 소란케 할 때에는 엄격히 처벌하며 금지하기로 약정하였다. 그런데 금년 2월 일본의 배 1척이 고려의 경계를 넘어와서 웅신현 물도에 정박 중인 고려 공선에 실려 있는 쌀 120석과 주포(紬布) 43필을 약탈해 갔다. 또 연도(椽島)에 들어와서 주민들의 의복, 식량 등 생활 필수 물자들을 모조리 빼앗아 갔으니 이러한 사실들은 원래 약정하였던 호상 통교의 본래 뜻에 크게 위반되는 것이다"라고 단호하게 항의하는 외교서한을 전달하였다.16) 아울러 다자이쇼니에게 그 약탈자를 끝까지 찾아내고 모두 징벌함으로써 두 나라 간의 화친을 공고히 하라는 요구 내용도 빼놓지 않고 첨가하였다. 그리고 8월에 약소하지만 다자이쇼니로부터 쌀 20석, 마맥(馬麥) 30석, 우피(牛皮) 70장을 변상 받아내는 선에서 고려는 이 사건을 일단락 지었다.17)

그런데 고려는 왜 40여 년 만에 발생한 단 한 차례의 왜구 약탈을 놓고 강력하게 항의하는 사신과 첩장을 보낸 것일까? 이것은 고려 공선에 실려 있던 쌀 120석과 주포 43필의 당시 가치가 매우 컸다는 점에 그 이유를 찾을 수가 있다. 실제로 약탈당한 주포 43필의 가치는 쌀 1,290여 석 이상의

---

15) 『고려사』 권25, 세가25, 원종 4년(1263) 2월, "癸酉, 倭 寇金州管內熊神縣勿島, 掠諸州縣貢船."

16) 『고려사』 권25, 세가25, 원종 4年(1263) 4월, "遣大官署丞洪泞·詹事府錄事郭王府等, 如日本國, 請禁賊, 牒曰, 自兩國交通以來 歲常進奉一度船不過二艘設有他船枉憑他事濫擾我沿海村里嚴加徵禁以爲定約 越今年二月二十二日, 貴國船一艘, 無故來入我境內熊神縣界勿島, 略其島所泊, 我國貢船所載, 多般穀米幷一百二十石·紬布幷四十三匹, …(하략)."

17) 『고려사』 권25, 세가25, 원종 4年(1263) 8월, "戊申朔, 洪泞·郭王府等, 自日本還, 奏曰, 窮推海賊, 乃對馬島倭也, 徵米二十石·馬麥三十石·牛皮七十領而來."

상당히 높은 가치를 가졌다고 짐작할 수 있다.[18] 그러나 무토 스케요리(武藤資賴)로부터 받아온 변상 품목은 약탈당한 품목과는 비교가 되지 않는 소박한 답례품에 지나지 않았다. 따라서 무토 스케요리가 보내온 변상품은 40여 년 전에 고려의 사신 앞에서 대마도의 소행임을 인정하고 악당 90여 명을 참수했던 사건의 처리와 마찬가지로 고려에게 보여준 화해의 제스처였을 가능성이 충분하다고 생각한다. 이에 대해 고려의 입장에서는 이처럼 형식적인 답례품만으로 사건을 무마시킨 것은 사건의 직접적인 해결과 변상보다는 다자이쇼니로부터 왜구 침탈의 인정과 해결 의지가 있는지 확인하는 절차 정도로 이해해도 무방할 것 같다. 이처럼 왜구의 약탈에 대해 고려는 막부와 더불어 금구사신의 파견을 통해서 왜구 침탈을 순리대로 해결하려는 노력을 계속해 나가고 있었다.

한편 왜구에 의한 고려 침탈 기록은 1274년과 1281년 여몽연합군에 의한 일본 침입을 전후한 시기부터 거의 사라졌다. 몽골의 두 차례 일본 침입 이후에 한동안 『고려사』에는 일본인의 투항이나 고려 정착, 왜구의 침입 등과 관련된 기록이 거의 전하지 않고 있다. 오히려 이 시기에 고려와 몽골의 사신이 막부로 파견되었지만 이들은 금구의 사신이 아니고 모두가 일본 초유의 사신이었다.

다시 여몽연합군의 일본 침입 시기와 그 이후 3~40년 동안에 〈표 1〉에서처럼 1280년, 1290년, 1323년에도 왜구 침탈이 있었지만, 고려가 금구사신을 일본에 파견했다는 기록은 없다. 다만 1323년 두 차례의 왜구의 침입 기사가 다시 『고려사』에 나타나는데, 이때 고려의 전라도에서 송기(宋頎)가 왜구 백여 명을 죽였다는 기록이 전한다.[19] 이것은 이전의 『고려사』의 왜

---

18) 졸고, 「해적과 약탈경제」, 『동북아문화연구』 20, 2009, p.543 참조(당시 주포의 가치를 정확히 알 수가 없다. 다만, 주포 1필=백승포 1필의 가치로 놓고, 쌀 약 30여 석으로 환산해 계산했을 때, 1263년 공선의 주포 43필의 가치는 쌀 1,290여 석으로 환산된다).

19) 『고려사』 권35, 세가35, 충숙왕 10년(1323) 7월.

구 기록에서는 찾아 볼 수가 없는 군사력을 동원한 큰 전과였다. 바꾸어서 말하면, 이것은 왜구의 인적 규모가 매우 커졌다는 사실을 대변해 주는 사료이기도 하다. 한편으로는 일본 내부에서 재지의 상황이 열악해지고, 이를 통제해야 할 막부의 정치력이 점차 쇠퇴해가고 있다는 것을 대변해주는 증거일 수도 있다. 이 시기부터 점차 왜구의 규모가 커져가는 추세에 접어들었다는 것을 암시하는 것일 수도 있다. 이것은 가마쿠라 막부의 붕괴와 남북조내란의 정치적 대혼란을 예고하는 것은 아니었을까 생각한다.

Ⅲ. '무로마치 왜구'와 고려의 금구외교

1. '무로마치 왜구'의 약탈품과 고려의 대왜인 정책

아시카가 다카우지(足利尊氏)는 고다이고천황(後醍醐天皇)의 명을 받들어 가마쿠라 막부를 무너뜨리는데 큰 공을 세웠다. 그런데 다카우지는 고다이고천황의 겐무정권(建武政權)에 반기를 들고 거병하여, 겐무 정권을 무너뜨리고 교토에서 고묘(光明)천황을 세운 다음, 겐무식목(建武式目)을 제정하여 새로운 무가정권인 무로마치 막부를 세웠다. 이때부터 고다이고천황의 남조와 교토의 북조가 대결하는 남북조 내란기가 지루하게 계속되었다. 그리고 남북조 내란기에 무로마치 막부의 내홍이 일어나면서 복잡한 삼파전(남조, 다카우지, 다다요시)이 전개되었다. 이것이 1350년에 발발한 막부의 내홍인 간노죠란(觀應擾亂)이다.

간노죠란의 여파로 일본 열도가 극도로 혼란스러워졌지만, 특히 규슈가 더욱 극심한 혼돈 속으로 빠져들고 말았다. 1350년부터 고려에 왜구 침입이 갑자기 잦아지고 규모도 커지기 시작하였는데, 이것이 고려와 조선에서는 '경인년(1350년) 이후 왜구'라고 불려졌다. 〈표 2〉에서처럼 왜구에 의한 대

규모 곡물 약탈은 1350년대와 60년대에 걸쳐서 수차례 발생하면서 이전의
가마쿠라 왜구와는 규모와 성격이 매우 다른 무로마치 왜구의 시대가 시작
되었다.

〈표 2〉 고려 침탈 왜구 빈도수와 대규모 곡물 약탈[20]

연 도	빈도수	대규모 약탈 / 대마도에 쌀 하사
1350(충정왕 2)	7	
1351(충정왕 3)	4	
1352(공민왕 1)	8	
1353(공민왕 2)		
1354(공민왕 3)	1	4월, 전라도 조운선(漕船) 40여 척 약탈
1355(공민왕 4)	2	4월, 전라도 조운선 200여 척 약탈
1356(공민왕 5)		
1357(공민왕 6)	4	
1358(공민왕 7)	10	
1359(공민왕 8)	4	
1360(공민왕 9)	8	윤5월, 강화도에서 쌀 4만여 석 약탈
1361(공민왕 10)	10	
1362(공민왕 11)	1	
1363(공민왕 12)	2	
1364(공민왕 13)	11	
1365(공민왕 14)	5	
1366(공민왕 15)	3	
1367(공민왕 16)	1	
1368(공민왕 17)		11월, 대마도 崇宗慶에게 쌀 1천 석 하사
1369(공민왕 18)	2	
1370(공민왕 19)	2	

20) 연도별 왜구 빈도수는 나종우의 통계이다 (羅鍾宇, 『韓國中世對日交涉史硏究』, 원
   광대학교 출판국, 1996, p.126 참조) ; 졸고, 「무로마치 왜구와 조선의 대왜인 정책」,
   『日本硏究』 18, 2012, pp.268~269 참조.

13세기 중반에 처음 왜구가 출현한 이후에 조운선의 대규모 약탈이라는 기록이 전해지는 것은 '경인년 이후의 왜구' 부터이다. 왜구 침탈에 대규모의 약탈이 자행된 이후에 나타나는 공통점이 매우 특이한데 한번 정리해 볼 필요가 있겠다. 1354년 4월 전라도에서 조운선 40여 척을 약탈해 간 다음에 약 1년간의 왜구의 침탈이 『고려사』에 거의 나타나지 않는다. 또 1355년 4월 전라도에서 조운선 200척을 약탈한 다음에 1년 이상 왜구 침탈에 대한 기록이 전혀 없다. 이어서 1360년 윤 5월 고려의 강화도에서 약 4만 석을 약탈당한 후에 9개월간 왜구 침탈이 전혀 나타나지 않는다. 그리고 1368년 11월에 고려 조정에서 쌀 1천 석을 대마도 도주인 숭종경(崇宗慶)에게 하사한 다음에도 약 1년간 왜구가 고려를 침탈한 흔적을 찾아볼 수가 없다.

이상 4건의 기록에서 그 공통점을 찾아본다면, 왜구의 목적은 주로 곡물의 약탈이며, 대규모의 약탈품과 대규모 하사품이 있었던 다음에 상당기간 동안 약탈이 소강 상태였다는 점이다. 다시 말해서 대량의 약탈품과 하사품 기록이 있은 다음에 9개월에서 1년 동안 조운선의 약탈이나 고려 민가의 약탈을 자행하지 않았다는 점이다. 이 같은 사례는 약탈품이 왜구 손에 들어간 다음에 이것들이 모두 소진될 때까지 왜구 침탈이 일어나지 않았고, 왜구가 침탈하는 목적이 자신들이 필요로 하는 곡물이었다는 사실을 입증해 준다.

또한 고려는 초기의 일본인의 적극적인 수용과 마찬가지로, 14세기에도 고려가 일본인의 고려 거주를 적극적으로 수용하고 있었던 것으로 보인다. 일본인의 고려 거주가 다시 등장하는 기록은 1369년 7월 거제 남해현에 살고 있던 왜인들이 고려에게 등을 돌리고 일본으로 돌아간 사건 기록에서 찾을 수가 있다.[21] 또 왜구의 출몰 기록과 함께 나타나는 사례인데, 같은 해 11월 거제에 일본인이 살면서 고려와 화친하기를 원하였기에 그것을 허

---

21) 『고려사』 권41, 세가41, 공민왕 18년(1369) 7월조, "辛丑 巨濟南海縣投化倭叛歸其國."

락하였는데, 그 은혜를 잊고 영주(寧州)·온수(溫水)·예산(禮山)·면주(沔州)의 조운선을 약탈하는 사건을 일으켰다고 『동국통감』에 기록하고 있다.[22]

또 『고려사』의 「김선치전」에 따르면, 1375년 7월 왜인 등경광(藤經光)이 무리를 이끌고 와서 상륙해서 약탈할 것이라고 협박하였고, 그 대신에 양식을 요구하며 위협하는 어이없는 사건을 일으킨다. 이에 고려는 그 대안으로 이들에게 순천(順天), 연기(燕岐) 등지에 분산 배치시키고 양식을 공급하였다. 그러나 이들의 태도를 수상히 여긴 고려는 이들을 유인해서 살해하려고 시도하였고, 이것이 실패하자 왜인들이 도망친 것으로 기록이 전하고 있다.[23] 앞에서 예시한 몇 차례의 사례들은 일본인이 화친을 목적으로 고려에 거주한 것이 아니라 약탈을 전제로 거주했던 것으로 추측되는 사건들이었다.

따라서 왜구가 극성을 부리던 1360년대 이후에 왜인이 고려에 안정적으로 정착하기 힘들었고, 또 고려 조정과도 원만한 관계를 유지하기도 힘들었던 것으로 파악된다. 결국 '경인년 이후 왜구'의 등장과 왜구에 의한 약탈의 성행은 고려를 피폐하게 만들었고, 고려 조정의 유화적인 대일본인 정책을 방해하는 걸림돌로 작용했을 것으로 판단된다.

다만 고려의 일본인 수용의 사례와 그 정책에 관한 기록이 매우 적기 때문에, 고려의 일본인 수용정책에 대해서 구체적으로 어떠한 것이 있는지를 파악하는 것이 쉬운 일이 아니다. 단지 투항해 오는 일본인에 대한 고려의 대응은 이들을 각지에 분산 배치시키고 임시로 거주를 허가하여 주는 정도의 배려가 있었을 것으로 추측할 따름이다.

특히 왜구 창궐기에 왜인은 왜구이고 통제가 어려운 존재이기 때문에 상대적으로 이들에 대한 고려 조정의 경계심이 작용하였던 것이 아닐까. 그리

---

22) 『동국통감』, 공민왕 18년(1369) 11월조.
23) 『고려사』 권114, 열전27, 김선치전, "辛禑初倭藤經光率其徒來聲言將入寇恐惕之因索糧 朝議分處順天燕歧等處官給資糧尋遣密直副使金世祐論先致誘殺 先致大具酒食欲因餉殺之."

고 이것이 대일본인 정책에 반영되었던 것은 아니었을까 생각해본다. 그러
면 고려가 적극적으로 어떠한 대일본 외교정책을 추진했는지, 이에 대해 막
부의 대응은 어떠했는지, 고려와 일본의 상호 사신 파견을 통해서 살펴보도
록 하겠다.

2. 고려의 금구외교와 일본의 대응

'경인년 이후의 왜구'가 출몰하면서, 고려는 심각한 피해를 입고 있었다.
『고려사』에 따르면 본격적인 왜구의 침탈은 경인년(1350) 이후부터 본격적
으로 시작되었고, 1370년대에 접어들면서 이전보다 더 급격하게 증가하고
있었다.[24] 그러면 우선 고려가 왜구 금지를 위해서 외교적으로 어떤 정책
을 추진하고 있었는지 살펴보도록 하겠다.

〈표 3〉과 같이 1360~80년대 사신의 왕래를 통해 고려와 무로마치 막부
가 왜구 금지를 위해 얼마나 고심하였는지를 알아볼 수가 있다. 1360년대부
터 고려는 무로마치 막부에 왜구 금지를 목적으로 금구사신을 파견하였다.
우선 1366년 금구사신으로 김용(金龍)이 무로마치 막부에 파견되었다.[25]
『선린국보기』1367년 2월조 기사를 통해서 고려의 김용이 막부에 전달한
첩장의 내용을 유추할 수가 있다. 그 내용을 정리해 보면, 일본 해적이 합포
(合浦) 등의 관청을 불사르고 백성을 살해하였기 때문에 10여 년 동안 선박
이 왕래하지 못하고 있다는 내용이다.[26] 이와 함께 『선린국보기』에서는 막
부의 쇼군이 고려에 회답사를 보냈다고만 되어 있을 뿐, 쇼군의 답신 내용
은 그 전문이 전하지 않는다. 다만 『고려사』에서 김용이 정이대장군(=쇼군)

---

24) 졸고, 「一揆와 倭寇」, 『일본역사연구』 10, 1999, pp.73~74 참조.
25) 고려사』 권133, 열전46, 신우 3년(1377) 6월조.
26) 『善隣國寶記』 貞治 6년(1367) 丁未條 ; "(上略)… 通書 其略曰 海賊多數 出自貴國地
來侵本省合浦等 燒官廨 擾百姓 甚至于殺害 于今十有余歳 海舶不通 辺民不得寧處云
…(中略)… 六月卅六日 將軍家 以高麗回書 授使者."

으로부터 왜구 금지의 약속을 받고 귀국하였다고 간략하게 전하고 있을 따름이다.27)

거의 같은 시기에 왜구의 침탈이 계속되고 있었기 때문에, 1366년 11월 다시 고려는 김일(金逸)을 무로마치 막부에 파견하여 왜구 금지를 요구하였다.28) 막부에 전달된 첩장은 고려와 일본의 사료 어디에서도 찾아볼 수가 없기 때문에 첩장의 구체적인 내용도 파악할 수가 없다. 다만 『선린국보기』와 『사수기』에서는 김일이 막부로부터 성대하게 대접받았다는 사실만을 기록하고 있을 뿐이다.29) 그리고 『고려사』의 기사를 통해 1368년 1월 무로마치 막부가 승려 범탕(梵盪)과 범유(梵鏐)을 회답사로 보내왔다는 사실을 확인할 수가 있다.30) 한일 양국의 사료를 통해서 무로마치 막부가 고려의 금구요구에 대해 즉각적으로 회답사를 통해 화해의 제스처를 보내왔음을 알 수가 있다.

고려는 막부뿐만이 아니라 대마도와의 관계에서도 금구를 목적으로 매우 적극적으로 관리를 파견하고 있었다. 1368년 7월 왜구 금지의 의지 표현으로 대마도에서 이름 미상의 관리를 보내왔을 때, 고려는 그 답례로 이하생(李夏生)을 대마도에 파견하기도 하였다.31) 또 같은 해 11월에 대마도의 숭종경(崇宗慶)이 이름 미상의 관리를 고려에 보내오기도 하였다.32) 이처럼

---

27) 『고려사』 권133, 열전46, 신우 3년(1377) 6월조, "丙午年間 差萬戶金龍等 報事意 卽蒙征夷大將軍禁約 稍得寧息 …(後略)."

28) 『고려사』 권41, 세가41, 恭愍王 15년(1366) 11월조, "壬辰 遺檢校中郞將金逸如日本 請禁海賊" ; 『善隣國寶記』 貞治 6년(1367) 정미조, "同卅七日 重中請 大夫前典義 令相金一來朝."

29) 『善隣國寶記』 貞治 6년(1367) 4월 18일조 ; 『師守記』 貞治 6년(1367) 4월 18일조 ; 5월 19일조.

30) 『고려사』 권41, 세가41, 恭愍王 17년(1368) 1월조, "戊子 日本國 遣僧梵盪梵鏐 偕金逸來 報聘."

31) 『고려사』 권41, 세가41, 恭愍王 17년(1368) 7월조, "秋七月 乙亥 日本遣使來聘 己卯 對馬島萬戶遣使 來獻土物 …(中略)… 閏月 以旱放影殿役徒 遣講究使李夏生于對馬島."

32) 『고려사』 권41, 세가41, 恭愍王 17년(1368) 11월조, "十一月 丙午 對馬島萬戶崇宗慶

고려와 막부, 고려와 대마도가 금구를 목적으로 상호 호의적인 입장에서 외교사신이나 관리를 파견하고 있었다.

〈표 3〉 1360~80년대 고려와 무로마치 막부의 왜구 금지 사신[33]

시기	고려 사신	일본 사신	사료 출전
1366년(공민왕 15) ?월	金龍		『고려사』
1367년(貞治 6) 2월	(金龍)		『선린국보기』
1366년(공민왕 15) 11월	金逸		『고려사』
1367년(貞治 6) 2월	金一(=金逸)		『선린국보기』
1367년(貞治 6) 6월		미상	『선린국보기』(『사수기』)
1368년(공민왕 17) 1월		僧 梵溫, 梵鏐	『고려사』
1368년(공민왕 17) 7월		미상	『고려사』
1368년(공민왕 17) 윤7월	李夏生		『고려사』
1368년(공민왕 17) 11월		미상	『고려사』
1375년(우왕 원년) 2월	羅興儒		『고려사』
1376년(우왕 2) 10월	羅興儒 재 귀국		『고려사』
1376년(우왕 2) 10월		僧 良柔	『고려사』
1377년(우왕 3) 6월	安吉祥		『고려사』
1377년(우왕 3) 8월		僧 信弘	『고려사』
1377년(우왕 3) 9월	鄭夢周		『고려사』
1378년(우왕 4) 6월		僧 信弘	『고려사』
1378년(우왕 4) 7월	鄭夢周 귀국	周孟仁	『고려사』
1378년(우왕 4) 10월	李子庸, 韓國柱		『고려사』
1378년(우왕 4) 11월		覇家臺 倭使	『고려사』
1379년(우왕 5) 2월		僧 法印	『고려사』
1379년(우왕 5) 5월		朴居士(大內氏)	『고려사』
1379년(우왕 5) 윤5월	尹思忠		『고려사』
1380년(우왕 6) 11월	房之用 귀국	探題將軍五郎兵衛	『고려사』

遣使來朝 賜宗慶米一千石."

33) 〈표 3〉은 졸고, 「고려·조선의 對일본 외교와 왜구」, 『한일관계사연구』 47, 2014, pp.16~18의 〈표 3〉과 〈표 4〉를 보완하여 작성한 표임.

만약에 막부와 대마도가 고려에서 제기한 왜구 침탈의 문제를 자신들과 관련이 없는 일로 인식했다면, 고려가 보낸 금구사신에 대해 냉담했을 것이다. 그러나 〈표 3〉에서처럼, 일본의 막부와 대마도는 회답사를 보내주며 고려 금구사신에 대해 매우 호의적으로 대응하고 있었다. 이처럼 막부와 대마도가 보여준 고려의 금구사신에 대한 우호적 태도는 '무로마치 왜구'를 왜인 혹은 일본 해적의 소행으로 인식했다는 증거들로 파악해도 무리가 없을 것이다.

그런데 일본 막부와 정치권력 내부에서 왜구 금지 의지가 어느 정도였는지를 파악하는 일은 쉽지가 않다. 다만『고려사』의 기록을 통해 1360년대에 왜구 침입 횟수가 어느 정도 줄어들고 있는 것만은 확인할 수 있을 뿐이다.[34] 그러나 1370년대에 들어와서 규슈의 정세가 다시 큰 혼돈에 빠져들었고 왜구의 침입 빈도수가 급격히 늘어나는 추세로 급변하고 있었다.

무로마치 막부의 쇼군은 1371년 12월 이마가와 료슌(今川了俊)을 규슈탄다이로 임명하여 규슈를 장악하고 있던 남조의 가네요시친왕(懷良親王)세력에게 타격을 안겨줄 계획을 세웠는데, 막부의 이러한 판단과 결정은 맞아떨어졌다. 자신의 일족과 무사들을 거느리고 규슈로 내려간 료슌은 규슈에서 무사세력을 규합하여 1372년 8월 다자이후를 함락하고 남조세력을 고라산(高良山)으로 몰아냈다. 이 과정에서 규슈는 아주 심각한 혼란에 빠져야만 했다.

이어서 1375년 7월 료슌은 남조의 가네요시친왕(懷良親王)이 근거지로 삼고 있는 기쿠치씨(菊池氏)의 본거지를 공격하였다. 이때에 료슌은 규슈 3대 세력으로 불리던 오토모 치카요(大友親世)·시마쓰 우지히사(島津氏久)·쇼니 후유스케(少貳冬資) 등에게 군사 지원해 줄 것을 요청하였다. 또 1375년 8월 료슌은 우지히사(氏久)에게 전투에 출전하지 않는 치쿠젠(筑前)의 슈고(守護) 후유스케에게 출전을 종용하도록 요청하였다. 그런데 료슌은 후

---

34) 졸고, 「一揆와 倭寇」, p.73(〈표 3〉 왜구의 출몰 빈도수 참조).

유쓰케가 미즈시마(水島) 진영에 도착하자 그를 제거해 버렸다.[35] 이렇게 료슌에 의한 후유스케 제거는 남규슈를 장악하고 있던 시마쓰 우지히사의 거센 저항을 촉발시켜 일순간에 규슈에서 료슌의 입지를 어렵게 만들었다. 결국 남조 측의 반격을 거세게 받은 료슌은 미즈시마 진영에서 퇴각해야만 했다. 이렇게 이마가와 료슌의 규슈 등장과 활동은 오히려 규슈의 정세를 두 차례에 걸쳐 대혼란에 빠뜨렸고, '무로마치 왜구'의 고려 침탈을 더욱 급격하게 증가시키는 원인으로 작용하였다.

〈표 3〉에서와 같이 고려의 금구사신이 1375년부터 79년까지 매년 일본에 파견되었다. 1375년(우왕 원년) 2월부터 나흥유가 두 차례에 걸쳐 무로마치 막부에 파견되었고,[36] 다음해 10월 귀국하는 길에 일본 승려 양유(良柔)를 대동하고 돌아왔다.[37] 이때 승려 양유는 막부의 외교 서신을 담당하던 승려 주좌(周左)의 서신을 고려에 전달하였다. 그 반첩에는 규슈에서 남조의 가네요시친왕이 난립하여 혼란스런 상황인데, 그 틈을 이용해서 규슈의 어리석은 백성(頑民)이 고려를 침탈한다는 내용을 담고 있었다. 또 규슈를 북조가 평정하게 된다면 곧 왜구가 사라지게 될 것이라는 내용도 담고 있었다.[38] 이렇게 왜구의 잦은 침탈에 대해 무로마치 막부가 무게감 있는 회답와 반첩을 보내온 것은 이전에 볼 수 없었던 상당히 우호적인 접근 방법이었다.

그러나 오히려 고려에서는 왜구가 더욱 폭발적으로 늘어나는 경향을 보

---

35) 『薩藩舊記』前篇 권28, 永和 원년(1375) 8월조, "八月十一日 了俊會 公於水島 少貳 多資不來會 了俊使 公徵之 多資乃來 二十六日 了俊令賊殺多資於水島."

36) 『고려사』 권133, 열전46, 신우 원년(1375) 2월조 "判典客寺事羅興儒 聘日本" ; 『東寺文書』 永和 원년(1375) 11월 19일 ; 永和 원년(1375) 12월 9일.

37) 『고려사』 권133, 열전46, 신우 2년(1376) 10월조 "十月 羅興儒 還自日本 日本遣僧良柔 來報聘 …(下略)."

38) 『고려사』 권133, 열전46, 신우 2년(1376) 10월조, "惟我西海一路 九州亂臣割據 不納貢賦 且二十餘年矣 西邊海道頑民 觀釁出寇 非我所爲 …(中略)… 庶幾克復九州 則誓天指日禁約海寇."

여주고 있었다. 이 때에 고려에서는 1377년(우왕 3) 6월 안길상을 무로마치 막부로 보내서 이전에 나흥유가 받아온 반첩에서 왜구 금지가 규슈가 평정 될 때까지 어렵다는 반첩에 강한 불만을 표시하고, 오히려 막부의 조치에 상호 통교와 바닷길의 안정이 달려 있음을 항의하는 첩장을 전달하였다.[39] 이에 대해 같은 해 8월 무로마치 막부는 교토에서의 안길상의 순직에 대한 해명을 목적으로 회답사로 승려 신홍(信弘)을 보내왔다. 승려 신홍이 고려 에 들고 온 반첩에는 왜구가 도망친 무리들로서 명령을 잘 따르지 않아 억 제시키기가 쉽지 않다는 내용이었다.[40] 이처럼 일본의 반첩에서 왜구의 억 제하기가 불가능하다는 내용이었으므로 금구의 노력에 대한 실질적인 성과 를 외교적으로 기대할 수가 없는 상황이 되어버렸다.

　고려에서는 왜구 출몰이 줄어들지 않았으므로, 다시 1377년 9월 정몽주 (鄭夢周)를 파견하여 왜구 금지를 재차 요구하였다.[41] 그 답례로 1378년 6 월 규슈단다이 이마가와 료슌이 승려 신홍으로 하여금 왜구를 직접 토벌하 도록 69명의 군사를 보내왔다.[42] 또 같은 해 10월 고려는 이자용(李子庸)과 한국주(韓國柱)를 일본에 보냈다. 1379년 2월 무로마치 막부가 승려 법인 (法印)을 고려에 보내왔고, 같은 해 5월 한국주가 오우치 요시히코(大內義 弘)가 보낸 박거사(朴居士)와 함께 군사 180명을 인솔하고 귀국하였다.[43]

39)『고려사』권133, 열전46, 신우 3년(1377) 6월조, "遣判典客寺事安吉祥于日本 請禁賊
　　書曰 …(中略)… 後據羅興儒賫來貴國回文言稱 此寇 因我西海一路 九州亂臣割據 西
　　島頑(民)然作寇 實非我所爲 未敢卽許禁約 得此叅詳治民禁盜 國之常典 前項海寇 但
　　肯禁約 理無不從 兩國通好 海道安靜 在於貴國處之如何耳."
40)『고려사』권133, 열전46 신우 3년(1377) 8월조, "日本國遣僧信弘 來報聘 書云 草竊
　　之賊 是逋逃輩 不遵我令 未易禁焉."
41)『고려사』권133, 열전46, 신우 3년(1377) 9월조, "遣前大司成鄭夢周 報聘于日本 且
　　請禁賊 …(下略)."
42)『고려사』권133, 열전46, 신우 4년(1378) 6월조, "日本九州節度使源了俊 使僧信弘
　　率其軍六十九人 來捕倭賊."
43)『고려사』권133, 열전46, 신우 5년(1379) 5월조, "韓國柱還自日本 大內義弘遣朴居士
　　率其軍一百八十人 偕來."

같은 해 윤 5월 윤사충(尹思忠)이 일본에 건너갈 때까지 매년 금구사신을 쉬지 않고 파견하였다.44) 이처럼 막부에서 군사까지 보내 왜구 토벌을 직접 지원하는 막부의 적극적인 노력은 이전의 외교에서는 볼 수 없었던 친근한 대응이었음이 분명하다.

무로마치 막부나 규슈단다이가 고려의 금구외교를 거부하거나 부정했던 사례가 없듯이 고려는 막부와 규슈에 금구사신을 마찰없이 파견할 수가 있었다. 그러나 당시의 상황에서 막부가 규슈 내의 전란을 평정하고 '무로마치 왜구'가 고려에 출몰하는 것을 막아내는 것은 용이하지 않았다. 결과적으로 십수 차례에 걸친 고려의 금구외교가 결과적으로는 기대한 만큼의 성과를 거두지 못하였다. 이것은 고려의 왜구 출몰이 일본 열도 특히 규슈의 정세 안정과 밀접하게 관련되어 있었기 때문이었다.

금구라는 외교 목표가 뚜렷했던 고려의 입장에서 외교적 성과가 기대에 미치지 못하였던 것이 사실이었다. 그럼에도 내륙 깊숙이 침탈을 일삼는 왜구를 대상으로 고려에서는 군사적으로 성과를 내고 있었다. 1376년(우왕 2) 최영 장군에 의한 홍산에서의 대승리(홍산대첩), 1380년(우왕 6) 나세·심덕부·최무선 등이 화포공격을 이용한 진포에서의 대승리(진포대첩), 1380년(우왕 6) 이성계에 의한 황산에서의 대승리(황산대첩) 등이 그 사례들이다. 특히 1389년 고려는 박위의 대마도 정벌을 단행하여 선제적인 왜구 근거지 공격 전략을 선택하기도 하였다.45) 그러나 고려의 몇 차례에 걸친 군사적인 대승만으로 '무로마치 왜구'를 근본적으로 근절 시킬 수는 없었다. 이와 같은 선제적인 공격을 통해 왜구를 금지시키려는 군사적인 강경 대응책은 조선이 건국한 후에도 그대로 이어졌다.

---

44) 『고려사』 권133, 열전46, 신우 4년(1378) 10월조 ; 『고려사』 권134, 열전47, 신우 5년(1379) 윤5월조 ; 신우 6년(1380) 11월조.

45) 『고려사』 권116, 열전29, 박위전 ; 『고려사』 권137, 열전50, 신창 원년(1389) 2월조.

Ⅳ. '무로마치 왜구'와 조선의 금구외교

조선이 건국한 이후에도 왜구의 출몰이 좀처럼 사라지지 않았으므로 왜구의 억제가 대일본 외교에서 최대의 현안이었다. 조선의 대왜인 정책은 고려에서처럼 왜인을 조선에 수용하고 더 나아가 왜구로 활동할 가능성이 있는 이들을 정치적·경제적으로 복속시키는 일이었다. 따라서 조선은 무로마치 막부, 다자이후, 대마도, 기타 슈고(守護)세력 등과 수시로 사신과 관리를 교류하며 다각적인 금구외교를 시도하였다. 〈표 4〉와 같이 1392년부터 1398년까지 약 7년간 수십 차례에 걸쳐 일본과 사신을 주고받았으며 이후에도 조선과 일본, 조선과 대마도 사이에 헤아릴 수 없을 정도로 많은 사신과 관리의 왕래가 있었다.

조선 초기 금구외교는 고려 후기와 마찬가지로 계속될 수밖에 없었다. 고려 멸망 직전에 왜구의 침탈이 몇 년간 소강상태였지만, 1393년(태조 2)부터 다시 고개를 들고 조선을 침탈하기 시작했기 때문이다. 예를 들어 조선에서 섬라곡국(暹羅斛國)으로 파견했던 회례사(回禮使) 일행이 전라도 나주(羅州)에서 왜구에게 붙잡혀서 포로가 되었다가, 1396년 7월에 이자영(李子瑛)만이 겨우 일본에서 살아 돌아오는 사건이 발생하기도 하였다.[46] 또 같은 해 8월에는 왜구에게 영해성(寧海城)이 점령당하였고,[47] 10월에는 왜구가 동래성을 포위하고 병선 21척을 불태우는 사건을 일으켰다.[48]

이와 같이 일련의 사건을 통해 조선이 선택한 대응 방법은 군사를 동원하여 왜구 근거지를 일거에 습격하여 왜구의 세력을 섬멸하려는 강경책을 추진하는 것이었다. 조선 건국 초기에 태조는 1396년 12월 김사형에게 대

---

46) 『태조실록』권10, 태조 5년(1396) 7월 11일조, "李子瑛來自日本. 初子瑛以通事, 偕禮賓少卿裵厚, 回禮暹羅斛國, 與其使者林得章等, 還到羅州海中, 爲倭寇所虜盡殲之. 子瑛獨被生擒以歸, 至是乃還."
47) 『태조실록』권10, 태조 5년(1396) 8월 23일조.
48) 『태조실록』권10, 태조 5년(1396) 10월 27일조.

마도와 이키(一岐)를 정벌하도록 명령하였다.[49] 이것은 고려 말 박위의 대마도 정벌 때와 마찬가지로 조선에서 약탈하는 왜구를 군사력으로 정벌하는 왜구 토벌 작전이었다. 이후 김사형의 대마도 정벌의 성과라고 단정할 수는 없지만, 1398년부터 조선에서의 왜구 출몰이 일시적으로 감소하는 성과를 얻을 수 있었다.

〈표 4〉 조선과 무로마치 막부의 왜구 금지 사신 왕래.[50] ( )는 추정

시기	조선 사신	일본 사신	사료 출전
1392년(태조 1) 10월		僧 藏主·宗順 (筑州)	『태조실록』
1392년(태조 1) 11월	覺鎚		『선린국보기』
1392년(태조 1) 12월		僧 壽允	『선린국보기』
1393년(태조 2) 6월		僧 建哲 (一岐)	『태조실록』
1393년(태조 2) 9월		미상	『태조실록』
1394년(태조 3) 5월	金巨原	僧 梵明	『태조실록』
1394년(태조 3) 5월		僧 梵明	『태조실록』
1394년(태조 3) 9월		미상 (日本)	『태조실록』
1394년(태조 3) 10월	미상		『태조실록』
1394년(태조 3) 10월	崔龍蘇		『태조실록』
1394년(태조 3) 12월		미상 (今川了俊)	『태조실록』
1395년(태조 4) 3월	金積善		『태조실록』
1395년(태조 4) 4월		미상 (薩摩)	『태조실록』
1395년(태조 4) 7월		僧 原正泉 (今川了俊)	『태조실록』
1395년(태조 4) 7월		僧 宗俱 (今川了俊)	『태조실록』
1395년(태조 4) 7월		미상 (日向)	『태조실록』
1395년(태조 4) 7월		미상 (薩摩)	『태조실록』

---

49) 『태조실록』 권10, 태조 5년(1396) 12월 3일조, "丁亥 以門下右政丞金士衡爲五道兵馬都統置使 以藝文春秋館太學士南在爲都兵馬使 中樞院副使辛克恭爲兵馬使 前都觀察使李茂爲都體察使 聚五道兵船 擊一岐 對馬島."

50) 졸고, 「중세 왜구의 경계 침탈로 본 한·일 관계」, 『한일관계사연구』 42, 2012, pp.23~24 〈표 6〉을 간략하게 정리한 것임.

시기	조선 사신	일본 사신	사료 출전
1395년(태조 4) 12월	金積善 귀국		『태조실록』
1395년(태조 4) 12월		미상 (大內)	『태조실록』
1396년(태조 5) 3월		僧 通笠·永琳 (大內)	『태조실록』
1396년(태조 5) 7월	李子瑛 귀국		『태조실록』
1397년(태조 6) 5월	朴仁貴		『태조실록』
1397년(태조 6) 6월		미상 (今川了俊)	『태조실록』
1397년(태조 6) 7월		미상 (今川了俊)	『태조실록』
1397년(태조 6) 7월		미상 (大內)	『태조실록』
1397년(태조 6) 8월		미상	『태조실록』
1397년(태조 6) 10월		僧 梵明	『태조실록』
1397년(태조 6) 11월		僧 永範·永廓 (大內)	『태조실록』
1397년(태조 6) 12월	朴惇之		『태조실록』
1397년(태조 6) 12월		미상 (澁川滿賴)	『태조실록』
1398년(태조 7) 7월		미상 (肥前)	『태조실록』
1398년(태조 7) 7월		僧 靈智 (大內)	『태조실록』

　그런데 조선 초기의 강경한 왜구 진압에도 불구하고 투화해 오는 왜인의 수가 고려 말과 비교도 안될 만큼 증가해 가고 있었다. 따라서 조선에는 투화해 오는 일본인을 어떻게 수용하는가는 당면과제로 부상하였다. 조선에게는 군사적 정벌이라는 강경한 군사적 전략만을 구사하는 것만이 능사가 아니었다. 조선은 일본인의 유입과 동향에 맞추어 정책의 유연성을 보여주는 일이 무엇보다 중요하였다.

　따라서 조선은 왜인을 포용하는 회유책과 대마도 정벌이라는 강경책을 적절히 병행하면서 무로마치 왜구를 근절하기 위한 대왜인 정책의 기본 틀을 만들어 갔다. 이를테면 대마도 정벌 다음 해인 1397년(태조 6) 일본 승려 원해(原海)가 조선에 투화해 오자 전의박사(典醫博士)와 평(平)씨의 성을 하사하였다.[51] 또 1398년(태조7) 2월 투화해 온 등육(藤六)과 임온(林溫)

---

51) 『태조실록』 권10, 태조 6년(1397) 8월 25일조. "日本僧原海率妻子來. 稍精醫術, 命長

에게 장군직을 하사하고,[52] 1407년(태종 7) 7월 평도전(平道全)에게 관직을 주는[53] 등의 투화해 오는 왜인에 대해 회유정책을 실시해갔다. 또 1413년 대마도 종정무(宗貞茂)의 객인(客人)과 임온(林溫)의 객인 등이 와서 토산물을 바쳤을 때, 임온에게 관직을 하사하기도 하였다.[54] 이처럼 조선 초부터 일본인 투화자에게 벼슬을 내리는 수직인제도(受職人制度)를 적극 실시하고 있었다. 고려시대에는 산발적이던 투화자 수가 조선 초기부터 크게 확대되었으므로 조선의 적극적인 투화인의 수용과 정착을 배려하는 체계적인 제도의 운용을 필요로 하게 되었다.

예를 들어 조선은 고려와 달리 유입해 오는 일본인에게 일정한 지역(=포소)에 거주하도록 규정하고 있었다. 1407년 경상도 병마절제사 강사덕(姜思德)이 올린 상소문을 보면,[55] 부산포와 내이포의 경우처럼 1407년 이전부터 왜인들의 집단거주지로서 포소가 운영되고 있었음을 알 수가 있다.[56] 〈표 5〉에서와 같이 염포와 가배량의 경우에는 1418년(태종 18) 왜인 거주

髮, 授典醫博士, 姓平."

52) 『태조실록』 권13, 태조 7년(1398) 2월 17일조, "以降倭萬戶疚六, 改名藤六, 爲宣略將軍, 行中郎將 ; 羅可溫改名林溫, 爲宣略將軍, 行郎將."

53) 『태종실록』 권14, 태종 7년(1407) 7월 15일조, "以平道全爲員外司宰少監 賜銀帶 道全 日本人之投化者也."

54) 『태종실록』 권26, 태종 13년(1413) 8월 8일조, "宗貞茂使送客人及林溫使送客人等來獻土物. 溫投化來仕, 受將軍之職 後還入對馬島 爲倭萬戶."

55) 『태종실록』 권14, 태종 7년(1407) 7월 27일조, "興利倭船 於各浦散泊 窺覘兵船虛實 實爲未便. 前番都節制使報于議政府 使於左右道都萬戶防禦之處到泊 (令)諸島倭船不能通知其故 依前於各浦散泊. 乞通諭各島 渠首行狀成給 使於都萬戶在處到泊 以防詐僞 以一體統."

56) 기존의 연구에서 부산포와 내이포가 1407년(태종 7)에 설치되었다고 보는 설로는 이현종, 『朝鮮前期對日交涉史硏究』, 한국연구원, 1964 ; 김의환, 「부산왜관의 변천과 日本 專管居留地」, 『朝鮮近代對日關係史硏究』, 1979 ; 한문종, 「조선 전기 한일관계와 1407년의 의미」, 『지역과 역사』 22, 2008 등의 연구가 있다. 반면에 1409년(태종 9) 설치되었다고 보는 설로는 나종우, 「조선 초기 대일본 통제책에 대한 고찰」, 『如山柳炳德博士 華甲紀念 韓國哲學宗敎思想史』, 1990 ; 장순순, 「조선전기 왜관의 성립과 조·일외교의 특질」, 『한일관계사연구』 15, 2001 등의 연구가 있다.

와 홍리왜인의 증가로 인해서 이곳에 왜관을 설치하기에 이른다. 따라서 1418년이 되면 왜인을 수용하는 포소가 부산포, 내이포, 염포, 가배량 등 4곳으로 확대되었다.

〈표 5〉 조선 초기 포소와 삼포에 관한 기록[57]

장소	출처 년대	기사 내용
富山浦 (釜山浦)	1407년(태종 7) 7월	홍리왜선이 左右道都萬戶가 방어하는 곳에 와서 정박
	1419년(세종 원년) 9월	왜인이 부산포와 내이포에 모여듦
	1423년(세종 5) 10월	객인이 숙박하는 내이포와 부산포 두 곳에 관사(館舍)와 창고를 지음
乃而浦 (薺浦)	1407년(태종 7) 7월	홍리왜선이 左右道都萬戶가 방어하는 곳에 와서 정박, 내이포는 홍리왜선과 왜객의 사선(使船)이 항상 정박
	1419년(세종 원년) 9월	왜인이 부산포와 내이포에 모여듦
	1423년(세종 5) 10월	객인이 숙박하는 내이포와 부산포 두 곳에 관사(館舍)와 창고를 지음
鹽浦	1418년(태종 18) 3월	염포와 가배량에 각각 왜관을 설치하여 항거왜인을 나누어 거주케 함
加背梁	1418년(태종 18) 3월	염포와 가배량에 각각 왜관을 설치하여 항거왜인을 나누어 거주케 함

조선이 초기부터 실시한 강·온의 대일 외교정책은 한동안 왜구 출몰을 자제하게끔 만들었다. 그런데 1419년(세종 1) 5월 왜구가 비인현(庇仁縣)에 출몰하여 백성들을 살해하고 병선을 불태우는 사건을 일으켰다.[58] 다시 고개를 드는 왜구의 침탈은 세종에게 왕위를 물려준 태종에게 '무로마치 왜구'의 소굴인 대마도를 군사력으로 응징하도록 빌미를 제공하였다.[59] 같은

---

57) 졸고, 「무로마치 왜구와 조선의 대왜인 정책」, 『日本研究』 18, 2012, pp.275~276 〈표 3〉을 참조하여 정리함.
58) 『세종실록』 권4, 세종 원년(1419) 5월 7일조, "本月初五日曉 倭賊五十餘艘突至庇仁縣之都豆音串 圍我兵船焚之 烟霧曚暗 未辨彼我."
59) 『세종실록』 권4, 세종 원년(1419) 5월 14일조.

해 6월 9일 태종은 병권을 장악하고 대마도 정벌의 교서를 내렸다.60) 그리고 같은 달 19일 이종무로 하여금 대마도 정벌을 단행하도록 명령하였다.61) 20일에는 이종무가 대마도의 두지포(豆知浦)에 상륙하였을 때, 대마도의 종정성(宗貞盛)이 화친을 요청해 왔으므로, 마침내 화친을 수용하여 7월 3일 거제도로 철수하였다.62) 이처럼 이종무에 의한 대마도 정벌(=己亥東征)은 왜구의 근거지를 초토화시켜서 왜구의 만행을 엄중히 문책하는 군사적 징벌이었다.

이종무의 대마도 정벌로 인해서 대마도와의 외교관계가 단절되었고 포소도 폐쇄되었다. 일시적으로 조선과 일본 사이에 외교적 관계가 소원해지는 상황이 연출되었다. 그러나 1423년 부산포와 내이포가 다시 개항되고, 1426년 염포를 추가로 개항하면서 이른바 삼포(三浦)시대가 본격적으로 열리게 되었다.63)

삼포를 중심으로 전개된 조선의 대왜인 정책은 단순히 왜인을 수용하는 것에만 국한시키지 않았다. 왜인에게 투화를 권유하고 큰 상을 내려주는 적극적인 왜인 수용정책을 추진해 나갔다.64) 조선의 대왜인 정책의 기본은 왜인에게 투화를 권유하고 큰 상을 내리는 등의 대원칙이 유지되었다. 또 왜인이 투화한 이후의 관리도 철저하게 유지시켜 나갔다. 예를 들어 봄·가을에 겹옷 한 벌, 여름에 홑옷 한 벌, 겨울에 유의(襦衣) 한 벌씩의 의복과 식량을 지급하고 조세와 10년 동안 역(役)을 면제해 주어 왜인들이 포소에

---

60) 『세종실록』 권4, 세종 원년(1419) 6월 9일조.
61) 『세종실록』 권4, 세종 원년(1419) 6월 19일조 ; 이종무의 대마도 정벌은 병선 227척과 17,285명의 병사, 그리고 65일분의 식량 등을 가지고 출전하였다(『세종실록』 권4, 세종 원년(1419) 6월 17일조).
62) 『세종실록』 권4, 세종 원년(1419) 7월 3일조.
63) 졸고, 「고려와 조선 전기 왜인 집단거주지의 형성과 운영」, 『역사와 담론』 56, 2010, p.165.
64) 『세종실록』 권5, 세종 1년(1419) 10월 11일조, "其必如宗俊等親來投化 乃許其降 大者爲官 小者爲民 聽其所願 使安生業. 汝往曉諭島人 其速來報."

서의 생활이 안정되도록 배려하는 세심한 생활지원 정책도 실시하는 것이
었다. 또 1448년(세종 30)에는 투화한 왜인에게 쌀·술·소금·간장·어육(魚
肉) 등을 지급하도록 규정하고 있었다.[65] 이처럼 조선은 고려와 차별화해
서 왜인을 적극적으로 수용하고 체계적으로 지원하는 대왜인 유화정책을
적극적으로 추진해 나갔다.

그러나 조선이 실시했던 왜인 수용정책에는 몇 가지 부작용이 잠재되어
있었다. 첫 번째는 삼포 거주 왜인에게 투입되는 막대한 재정의 문제였다.
1418년(태종 18) 하연(河演)은 상소문에서 투화한 왜인들에게 들어가는 비
용이 적지 않다는 점을 지적하고 이제부터 더 이상 양식을 지급해주지 말
도록 건의하고 있다.[66] 또 조선의 재정 부담이 커지는 이유는 삼포에 처음
규정한 것보다 더 많은 수의 왜인이 거주하기 때문이었다. 그래서 1436년
(세종 18) 삼포에 거주하는 상당수의 왜인을 돌려보내고 206명만을 삼포에
거주하도록 조치하였다.[67] 또 1440년(세종 22)에는 삼포에 무단으로 드나
드는 왜인을 통제하기도 하였다.[68] 그리고 1443년(세종 25) 삼포에 숨어든
도적과 본국에서 죄를 지은 왜인을 찾아내도록 지시하고 있다.[69] 조선 조
정은 삼포에 거주하는 왜인의 수가 조선의 재정에 부담이 되며 풍속 유지
에 어려움이 따른다고 판단하였다. 따라서 조선은 삼포에 거주하는 왜인의

---

65) 『세종실록』 권122, 세종 30년(1448) 12월 23일조, "乙亥 賜投化倭護軍藤九郎米酒鹽
醬魚."

66) 『태종실록』 권35, 태종 18년(1418) 3월 20일조, "代言河演啓曰 投化倭人等來居我國
非一二年矣. 而猶賴國家資生 其支費不貲 請自今勿復給糧."

67) 『세종실록』 권71, 세종 18년(1436) 3월 29일조, "遂遣敬差官于慶尙道 挨刷以送乃而
浦住倭二百五十三人 鹽浦住倭九十六人 富山浦住倭二十九人. 其貞盛請留人及情願仍
居二百六人 許令仍留."

68) 『세종실록』 권89, 세종 22년(1440) 5월 26일조, "若無符牒下海者 令各浦禁遏 亦勿許
過送."

69) 『세종실록』 권102, 세종 25년(1443) 12월 16일조, "予惟在逃本賊及得罪本國之倭 恐
或變名易姓 潛來隱伏. 卿知此意 密諭舊住親信之倭曰 如有潛來者盡心伺察以告 則國
家必厚賞汝矣 多方設計以捕之."

수를 일정하게 유지함으로써 재정 부담을 줄이기 위해 노력하였다.

두 번째는 조선 조정의 일본사행의 접대에 따른 재정적 부담이었다. 조선에게 있어서 일본 사행의 잦은 입국과 접대가 커다란 부담이었다. 『해동제국기』와 『경국대전』에 일본 사신에게 소요되는 순수 접대비가 무려 1만 석이라고 기록하고 있다. 그런데 왜인이 삼포에 입항하고 본국으로 귀환할 때까지 소요되는 모든 경비를 부담하는 것이 관례였기 때문에 조선이 실제적으로 부담하는 경비는 적지 않았다. 『성종실록』에는 1477년(성종 8) 삼포에서 소요되는 왜료(倭料)가 22,390여 석이고,[70] 1490년(성종 21)부터 삼포에서 왜인에게 소요된 3년간의 총비용이 40,500여 석이라고 기록하고 있다.[71] 이것은 『경국대전』에서 규정해 놓은 비용보다 훨씬 더 많은 지출이었다. 따라서 해마다 늘어나는 투화왜인의 수와 사행의 증가는 점점 조선에게 큰 부담일 수밖에 없었다.

따라서 조선이 왜구를 근절시키기 위해 실시했던 대왜인 유화정책의 이면에는 조선에게는 필수적으로 재정 부담이 뒤따를 수밖에 없었다. 그럼에도 조선의 재정 부담은 기꺼이 왜인을 상대로 화해와 공존을 위해 필요한 뜨거운 햇빛 아래의 그늘 같은 것이었다. 그래서 조선은 막대한 경비를 감내해 가면서 '삼포'를 대상으로 왜인에 대한 유화책과 강경책을 적절히 병행해 나갔다.

---

70) 『성종실록』 권77, 성종 8년(1477) 윤2월 11일, "慶尙道軍需, 雖曰不裕, 丙申年冬等會計之數一百六十五萬六千八百三十餘碩, 同年一牛州倉加納七千二百七十餘碩, 三浦倭料二萬二千三百九十餘碩 ; 國屯田所出、 監司及各官補添亦多, 年年如此儲備, 雖不大裕, 亦非不足."

71) 『성종실록』 권278, 성종 24년(1493) 윤5월 8일, "近年客人出來之數, 比前日少減, 然考庚戌, 辛亥, 壬子三年, 三浦所費之數, 則大槪四萬五百餘石, 若有凶歉, 國家將何以待之."

V. 맺음말

일본의 왜구는 일본 열도에서 조큐(承久)의 난의 발발로 일본 해적이 고려를 약탈하면서 시작되었다. 반면에 고려는 초기부터 왜인을 내지에서 수용하고 이들을 정착시키려는 정책을 유지해 갔다. 이후 몽골의 두 차례 일본 침입으로 왜인의 고려 유입이 뜸했으나, 14세기 중반 이후부터는 왜인의 고려 거주는 정착이 우선이라기보다 약탈을 진행하려는 목적으로 시작된 것 같다.

이들이 '가마쿠라 왜구'인데, 이들의 고려 침탈 기록은 일본 사료인 『명월기』, 『백련초』, 『오처경』 등에도 나타난다. 왜구가 등장하던 시기에 고려는 막부에 금구사신을 수차례 파견하여 막부와 다자이후로부터 매우 우호적인 회답을 받아냈다. 결과적으로 가마쿠라 막부를 상대로 추진한 고려의 금구외교는 어느 정도 성과를 거두었다고 평가할 수 있다.

무로마치 막부 초기에 시작된 남북조 내란으로 일본 열도는 큰 혼란에 빠져들었다. 특히 1350년 간노죠란(觀應擾亂)의 여파로 고려에서 왜구가 창궐하였는데, 이것을 『고려사』에서 '경인년 이후 왜구'라고 불렀다. 경인년 이후부터 본격적으로 시작된 왜구의 침탈은 고려에게 심대한 사회적·경제적 피해를 안겨 주었다. 1360년대부터 고려는 왜구를 제압하고 왜구의 발호를 근절시키기 위하여 교토에 금구사신을 파견하기 시작하였다. 이에 대해 1370년대에 접어들면서 무로마치 막부는 왜구의 출몰이 일본의 혼란과 밀접하게 관련되어 있음을 공감하고, 금구의 문제를 해결하기 위해 고려와 공동으로 노력하였다. 그리고 막부와 대마도에서 고려의 금구사신을 접대하는 태도는 매우 호의적이었으므로 고려와 막부는 큰 마찰 없이 금구외교 문제를 풀어나가려고 노력하였다. 양국의 우호적인 외교 관계 속에서 십 수 차례에 걸쳐 금구외교의 사신들이 오갔지만, 결과적으로는 기대했던 것만큼 성공적이지는 못하였다.

조선시대에 들어와서 개국 직후 일시적으로 증가해가는 '무로마치 왜구'의 출몰은 건국 이후의 최대 현안이었다. 조선은 사회적 안정을 유지하기 위해서 왜인을 적극 수용하는 대왜인 정책을 추진하였고, 이들을 포소에 정착시키는 방향으로 전개해나갔다. 그리고 조선은 개국 직후부터 무로마치 막부, 다자이후, 대마도, 슈고(守護)세력 등과 수시로 금구사신을 주고받으며 다각적으로 왜구 금지 외교를 시도하였다. 조선은 강경책으로 왜구를 군사력으로 토벌하는 대마도 정벌을 두 차례나 실시하였다. 반면에 조선의 유화적인 대왜인 정책은 왜인이 집단 거주하는 포소를 제공하는 것이었다. 그리고 조선 초기에 '삼포'시대를 열어 투화한 왜인을 수용하고 이들의 안정적인 생활까지도 배려하는 우호적인 대왜인 정책을 전개하였다. 또한 왜인을 수용하는 것뿐만 아니라, 왜인에게 투화를 권장하고 관직을 하사하는 적극적인 왜인 수용정책을 실시하였다. 그러나 조선이 실시한 대왜인 유화정책의 이면에는 조선에게 막대한 재정적 부담을 안겨주었다. 조선의 재정 부담은 '무로마치 왜구'의 문제를 해결해서 국내 안정을 유지하기 위해 지불하는 비용이었다.

제4장 고려·조선의 對일본 외교와 왜구
-13~15세기 금구(禁寇)외교와 그 성과를 중심으로-

I. 머리말

세계 역사의 긴 여정에서 국가 간에는 전쟁보다 평화의 시기가 훨씬 더
길었다. 그러나 우리의 뇌리에는 전쟁, 침략, 약탈 등의 사건이 더 강하게
남아 있다. 19세기 독일인 클라우제비츠(C.V.Clausewitz)가 역작『전쟁론(Vom-
Kriege)』에서 자신의 의지를 실현하기 위해 적에게 굴복을 강요하는 폭력행
위가 전쟁이라고 정의한 바 있다.[1]

한편 동아시아 세계의 동단에 위치한 일본 열도는 바다의 삶과 밀접하게
연관되어 있었다. 특히 바다에서 해적, 왜구, 침입, 약탈, 내란 등의 격한 용
어들은 일본 열도 왜인들의 삶 속에서는 결코 생소하지 않다. 물론 해적과
왜구에 의한 약탈은 폭력 행위임에 분명하지만 적을 굴복시키기 위한 전쟁
행위와는 거리가 멀다. 따라서 해적과 왜구의 약탈행위는 전쟁과 구분할 필
요가 있다.[2] 그렇지만 장기간에 걸쳐 해적과 왜구에게 당해야 했던 약탈의
피해는 한 국가와 그 사회를 전쟁 이상의 충격과 혼란에 빠뜨릴 수도 있었다.

13세기 이후 동아시아 세계는 왜구에 의한 대규모 침략과 약탈을 기억하

---

1) 김만수 역, 칼 폰 클라우제비츠(CarlvonClausewitz), 『전쟁론』, 도서출판 갈무리,
   1994, p.46 참조.
2) 이영은 저서『잊혀진 전쟁, 왜구』에서 왜구를 전쟁으로 규정하고 있지만 (『잊혀진
   전쟁, 왜구』, 한국방송통신대학교 출판부, 2007), 왜구의 침탈에 대한 고려와 조선
   의 대응을 근현대적 의미의 전쟁으로 규정하는 것은 무리가 있다고 생각한다.

고 있다. 약탈의 기억은 고려에서 시작되었다고 할 수 있다. 그리고 고려 조정은 왜구의 침탈을 막기 위해 일본에 수십 차례에 걸쳐 왜구 금지(禁寇) 사신을 파견하였다. 본래 외교란 평화적으로 자국의 안전을 도모하고 타국에 대한 영향력을 제고시키는 범국가적 행위를 말한다. 그러나 13세기 왜구 금지를 위한 고려의 외교는 기대만큼의 뚜렷한 성과를 거두지 못하였고, 이후 약 2세기에 걸쳐 왜구 금지 외교가 지루하게 이어졌다.

한편, 기존 연구에서 고려와 조선에서 전개한 대일본 왜구 금지 외교연구는 1950년대 이후 왜구 침략사 연구의 일환으로 진행되었다.3) 다시 말해 기존의 연구는 한국사 혹은 한일관계사의 위치에서 왜구 중심으로 연구가 진행되었기 때문에, 순수하게 외교 논지만을 다룬 연구가 아니었다. 따라서 본 연구는 고려 말과 조선 초 두 시대를 하나로 엮어 외교사 중심으로 연구했다는 점과 왜구 금지 외교라는 한 가지 테마로 두 시기를 비교 분석했다는 점에서 기존 연구와는 차별성을 갖는다. 그러나 본 연구가 자료의 한계 때문에 선행연구의 연구 범위에서 크게 벗어나지 못한다는 점을 부인할 수는 없다.

---

3) 신기석, 「高麗末期의 對日關係－麗末倭寇에 關한 研究」, 『社會科學』 1, 1957 ; 신석호, 「여말선초의 왜구와 그 대책」, 『國史上의 諸問題』 3, 1959 ; 이은규, 「15世紀初 韓日交涉史研究－對馬島征伐을 中心으로」, 『湖西史學』 3, 1974 ; 손홍렬, 「高麗末期의 倭寇」, 『사학지』 9, 1975 ; 이현종, 「高麗와 日本과의 關係」, 『동양학』 7, 1977 ; 한용근, 「高麗末倭寇에 관한 小考」, 『慶熙史學』 6·7·8, 1980 ; 나종우, 「高麗末期의 麗·日關係－倭寇를 中心으로」, 『전북사학』 4, 1980 ; 나종우, 『韓國中世對日交涉史研究』, 원광대학교 출판국, 1996 ; 나종우, 「朝鮮前期韓·日關係의 性格研究」, 『동양학』 24, 1994 ; 이현종, 「朝鮮前期의 日本關係」, 『동양학』 4, 1984 ; 한문종, 「朝鮮初期의 倭寇對策과 對馬島征伐」, 『전북사학』 19·20, 1997 ; 한문종, 「조선전기 倭人統制策과 통교위반자의 처리」, 『왜구·위사 문제와 한일 관계』(한일관계사연구논집 4), 경인문화사, 2005 ; 한문종, 「조선전기 對馬 早田氏의 對朝鮮通交」, 『한일관계사연구』 12, 2000 ; 이영, 「高麗末期 倭寇構成員에 관한 考察」, 『한일관계사연구』 5, 1996 ; 졸고, 「一揆와 倭寇」, 『일본역사연구』 10, 1999 ; 졸고, 「少貳冬資와 倭寇의 일고찰」, 『일본역사연구』 13, 2001.

다만 본 연구에서는 지금까지 미비했던 점은 왜구 금지 사신에 관한 고려와 조선의 통시적 연구로 보완한다는 점에서 그 성과를 기대하고 싶다. 아울러 고려와 조선이라는 각기 다른 두 국가체제의 대일본 외교를 비교 연구했다는 측면에서도 새로운 시도가 될 것으로 생각한다.

II. '가마쿠라기 왜구'의 고려 출현과 왜구 금지(禁寇) 외교의 출발

1. 일본 해적의 '가마쿠라기 왜구' 전환의 시대적 상황

헤이안 시대 일본 해적이 세토내해에서 항해하는 선박을 약탈하며 활동했다는 기록이 『今昔物語集』에 등장한다.[4] 이 시기 일본 해적들의 약탈 행위는 9세기부터 10세기에 걸쳐서 중앙의 지배력이 이완되고 유력자들의 세력 싸움의 일환으로서 해적 행위가 발생하거나, 또는 지방의 고쿠시(國司)와 군지(郡司)의 대립에서 군사력으로 해적 행위가 이용되는 일이 발생하였다.[5] 따라서 일본 해적은 고대 말기의 정치적·사회적 불안 상황에서 주로 자신들의 해상 근거지를 중심으로 활동하는 것이 일반적이었다.

1185년(文治 원년) 가마쿠라 막부가 성립한 이후에도 일본 내에서의 해적 행위가 사라지지 않았다. 가마쿠라 시대에 상업 유통의 발달과 헤이안 이래 지속되는 열악한 생활환경, 그리고 자력구제의 사회적 현상이 가속화되면서 약탈은 더욱 활성화되어 갔다. 따라서 가마쿠라 시대에도 과거에 유행했던 선박 탈취, 선박에 실린 공물 약탈, 선원 살해 등과 같은 해적의 만

---

4) 일본사에서 처음 해적의 약탈이 보이는 문헌은 헤이안 시대에 편찬한 『今昔物語集』이다(『今昔物語集』 券24 第19, 「幡磨國陰陽師智德法師語」).

5) 金谷匡人, 『海賊たちの中世』, 吉川弘文館, 1998, p.33.

행이 사라지지 않았다.6) 오히려 이들의 활동 근거지가 세토내해뿐만 아니라 규슈 주변 해역으로 확대되어 한층 활발해지는 경향이었다. 그리고 해적들의 활동성과 역동성은 안정기에 접어든 가마쿠라 무가정권에게 정치적·사회적 골칫거리로 등장하였다. 따라서 막부는 해적들을 제어하기 위해서 새로운 법제적 장치를 만들어야만 했다.7)

가마쿠라 막부는 정치적 기틀을 다지고 사회적 안정을 도모하기 위해 무가법을 제정하기에 이른다. 1232년(貞永 원년) 무가의 제법도를 성문화한 「어성패식목(御成敗式目)」의 제정이 그것이다. 먼저, 법령에서 해적 금지와 관련된 두 개의 조항이 주목된다. 「어성패식목」의 세 번째 조항에는 국에 임명된 슈고(守護)임무에 대해서 해적 행위를 대번최촉(大番催促)·모반·살해 등의 대법삼개조(大犯三箇條)와 같이 처벌하도록 하고 있다.8) 또 열한 번째 조항에서는 해적 행위에 가담한 자는 모반자·살인자와 함께 소령 몰수라는 중죄로 처벌하도록 규정하고 있다.9)

이렇게 해적행위가 모반·살인처럼 엄하게 규제되었음에도 해적행위가 세토내해에서 좀처럼 사라지지 않았다. 막부는 「어성패식목」을 제정한 이후에도 무가의 전국 지배를 강화할 목적으로 「추가법」을 공포하는데, 이 「추가법」에서도 해적금지를 강조한 흔적이 있다. 예를 들어, 1244년(寬元 2) 공포한 「추가법」에서는 해적에 대해 그 지역의 지토(地頭)가 선박을 동원해서 직접 체포하도록 명령하고 있다.10) 그리고 이후에도 가마쿠라 막부

---

6) 졸고, 「해적과 약탈경제」, 『동북아문화연구』 20, 2009, p.539.

7) 졸고, 「東아시아 經濟圈域에 있어서 약탈의 주역, 海賊과 倭寇」, 『中國史硏究』 29, 2004, p.156 참조.

8) 『中世法制史料集』 「御成敗式目」 3조, 貞永 원년(1232) 8월, 「諸國守護人奉行事」, "右右大將家御時所被定置者大番催促·謀叛·殺害人付夜討·强盜·山賊·海賊等事也而…"

9) 『中世法制史料集』 「御成敗式目」 11조, 貞永 원년(1232) 8월, 「依夫罪過妻女所領被沒收否事」, "右於謀叛殺害幷山賊海賊夜討强盜等重科者可懸夫咎也…"

10) 『中世法制史料集』 「追加法」 227조, 寬元 2년(1244) 10월 20일, 「可搦山賊海賊事」, "…被下關東御敎書畢, 就中海賊事, 仰國中地頭等, 令用意船, 可召取也…"

는 여러 차례 해적금지의 「추가법」을 공포하였고,11) 심지어는 무로마치 막부의 성립 이후에도 해적금지에 관한 「추가법」의 제정은 계속되었다.12) 이렇게 가마쿠라·무로마치 시대 해적금지 법령의 공포는 헤이안 시대 이후 일본 열도에서 해적들의 약탈 활동이 심화되고 있었음을 방증하는 근거가 될 것이다.

한편, 일본 열도에서 해적 활동이 일상적으로 전개되는 상황에서 1199년 가마쿠라 막부를 세운 미나모토노 요리토모(源賴朝)가 낙마 사고로 숨을 거두었다. 혼란한 정국 속에서 무가정권에 대항해서 권력 회복을 꿈꾸던 공가(公家) 권력의 수장 고토바상황(後鳥羽上皇)이 전국의 무사에게 막부 토벌 명령을 내렸다. 이것이 일본 열도를 정치혼란의 소용돌이로 빠트리는 조큐(承久)의 난(1221)이다.

이 난은 불과 한 달 만에 미나모토 장군가를 계승해서 무가권력을 장악하고 있던 호죠씨(北條氏)의 승리로 막을 내렸다. 전란이 단기간에 끝났음에도 공가를 지지했던 서국의 무사들은 자신의 소령을 몰수당하고 정치적·경제적 기득권을 포기해야 하는 상황으로 내몰렸다. 중앙지배 권력의 정쟁 속에서 큰 혼란을 맞닥뜨린 무사들은 새로운 생존 방법을 찾아 내해에서 '해상무사단'을 이끌고 해적행위를 계속하였기 때문에, 이를 저지하기 위해 막부는 추가법령에서 지속적으로 해적 금지 조항을 포함시킬 수밖에 없었다.13)

---

11) 『中世法制史料集』 「追加法」 252조, 寬元 4년(1246) 12월 7일, 「可仰諸國守護地頭等, 令禁斷海陸盜賊, 山賊, 海賊夜討, 强盜類事」 ; 「追加法」 282조, 建長 5년(1253) 10월 1일, 「重犯山賊海賊夜討强盜輩事」 ; 「追加法」 320조, 正嘉 2년(1258) 9월 21일 ; 「追加法」 368조, 弘長 원년(1261) 12월 30일, 「可仰諸國守護地頭等, 令禁斷海賊次山賊等事」 ; 「追加法」 531조, 弘安 7년(1284) 5월 27일, 「夜討奸盜山賊海賊殺害罪科事」 ; 「追加法」 705조, 乾元 2년(1303) 6월 12일, 「夜討强盜山賊海賊等事」.

12) 「追加法」 19조, 貞和 2년(1346), 「山賊海賊事」 ; 「追加法」 30조, 貞和 2년(1346) 12월 13일, 「山賊海賊事」.

13) 졸고, 「東아시아 經濟圈域에 있어서 약탈의 주역, 海賊과 倭寇」, p.158 참조.

이렇게 일본 열도에서 무가정권과 공가정권의 대결은 정치적 혼란과 해적세력의 약탈을 조장하는 결과를 낳았다. 그리고 일본 열도를 벗어나 바다 건너 전개되는 일본 해적의 침탈 때문에 고려는 새로운 시련을 경험하게 되었다. 일본 해적에 의한 고려 연안 침탈 사건이 그것이다.

일본 열도의 모든 해적세력이 고려 침탈에 가담한 것은 아니었다 하더라도 적어도 일부 일본 해적이 고려 약탈을 주도했다고 보는 것은 무리가 없다. 이들이 고려를 대상으로 약탈을 전개하는 '가마쿠라기 왜구'인 것이다. 물론 아직 왜구가 규모와 빈도 면에서 고려 존립에 크게 위협이 되는 정도가 아니었지만, 적어도 고려에서 적지 않은 정치적·사회적 파랑을 일으켰던 것만은 분명하였다.

2. '가마쿠라기 왜구'와 고려의 왜구 금지(禁寇) 외교

13세기 일본 해적이 열도를 벗어나 동아시아 바다로 뻗어나가는 것을 입증해 주는 일본자료가 등장한다. 〈표 1〉에서와 같이, 처음 나타나는 기록이 『명월기(明月記)』인데 1226년(嘉祿2) 친제이(鎭西)의 흉당(松浦黨이라 부름)이 수십 척의 병선으로 (고려) 별도(別島)의 민가를 습격하고 재물을 약탈하였다고 되어 있다.[14] 또 1227년(安貞원년) 『오처경(吾妻鏡)』에도 그 전년에 발생한 대마도인의 약탈을 기록하고 있다.[15]

이울러 일본에 파견된 왜구 금지 고려 사신에 관한 첫 기록도 일본 측 자료에서 찾을 수 있다. 1227년(安貞원년) 『백련초(百鍊抄)』의 기록에 따르면, 다자이쇼니(大宰少貳)가 고려 사신 앞에서 고려 약탈에 참여한 대마도

---

14) 『明月記』嘉祿 2년(1226) 10월 17일조, "高麗合戰一定云々鎭西凶黨等(號松浦黨)構數十艘兵船行彼國之別嶋合戰滅亡民家掠取資財…".

15) 『吾妻鏡』安貞 원년(1227) 5월 14일조, "彼告金海府對馬人等舊所住依之處奈何於丙戌六月乘其夜寐入自城窺奪掠正屋訖比之已甚"

의 '악당' 90인을 엄벌로 참수하고 있다.16) 따라서 이『백련초』기록을 통해 1227년 '가마쿠라기 왜구' 금지를 목적으로 고려 사신이 처음 파견되었음을 알 수 있다. 또한 다자이쇼니가 고려사신 앞에서 악당 90인의 참수라는 단호한 행동을 보였다는 점에서, 어느 정도는 고려의 왜구 금지 외교가 목표를 달성했다고 보아도 무리가 없다.

그렇다고 첫 왜구 금지 고려사신의 파견으로 왜구가 즉시 사라진 것은 아니었다. 이 시기에 왜구의 구성원은 대마도 지역의 악당 세력만이 아니었기 때문이다. 『오처경』에는 1232년(貞永원년) 히가시마쓰우라군(東松浦郡)의 가라쓰(唐津)에 있는 가가미샤(鏡社)의 주인(住人)들이 고려에 건너가 다수의 진보(珍寶)를 약탈하였다고 기록하고 있다.17) 이 사건은 1226년 『명월기』의 왜구는 '친제이(鎭西)의 흉당(松浦黨이라부름)'과 같은 마쓰우라 지역 해적세력에 의한 침탈이었다. 이것들을 종합해 보면, 13세기 왜구는 대마도의 악당과 마쓰우라 지역의 해적세력에 의한 침탈로부터 시작되었다고 볼 수 있다.

〈표 1〉 일본 사료의 왜구 출전 자료와 빈도수, 사신 파견

서기(연호)	출전, 침입 회수	사신 파견
1226(嘉祿 2)	『明月記』, 1건	
1227(安貞 1)	『吾妻鏡』, 1건 『百鍊抄』, 1건	고려의 사신 파견
1232(貞永 1)	『吾妻鏡』, 1건	
연도미상, 1264(弘長 4) 추정	『靑方文書』, 1건18)	

---

16) 『百鍊抄』安貞 원년(1227) 7월 21일조. "去年大馬國惡徒等向高麗國全羅州侵取入物. 侵陵住民事. 可報由緒之由牒送. 大宰少貳資賴不經上奏. 於高麗國使前浦惡徒九十人斬首. 儵送返牒云々. 我朝之恥也. 牒狀無禮云々."

17) 『吾妻鏡』貞永 원년(1232) 윤9월 17일조, "十七日甲子鏡社住人渡高麗 企夜討盜取數多珍寶歸朝之間…."

한편 일본 악당과 해적세력에 의한 고려 침탈을 기록한 일본사료 보다 앞선 시기에『고려사』에서도 왜구 관련 기사가 등장한다.『고려사』의 기록에 따르면, 〈표 2〉에서와 같이 1223년(고종 10) 왜구는 금주(金州) 침탈로부터 시작되었다.[19] 이후 1225년(고종 12)에는 왜선 두 척이 경상도 연해의 주현에 침입하였고,[20] 다음 해에도 경상도 연해의 주군을 침입하고 있다.[21] 또 1227년(고종 14)에는 금주와 웅신현에 두 차례에 걸쳐 거듭 출현하였다.[22] 이처럼『고려사』에서 설명하는 가마쿠라기 왜구의 침탈 기록은 일본 사료인『명월기』,『백련초』,『오처경』의 기록과 거의 시기가 일치한다. 따라서 일본 사료와『고려사』의 공통점은 일본 정국의 혼란을 일으킨 '조큐(承久)의 난' 직후의 사건을 기록하고 있다는 점이다.

〈표 2〉 한국 사료의 왜구 출전 자료와 빈도수, 사신 파견

서기(연호)	출전, 침입 회수	사신 파견
1223(고종 10)	『고려사』, 1건	
1225(고종 12)	『고려사』, 1건	
1226(고종 13)	『고려사』, 2건	
1227(고종 14)	『고려사』, 2건	
1263(원종 4)	『고려사』, 1건	고려의 사신 파견
1265(원종 6)	『고려사』, 1건	
1280(충렬왕 6)	『고려사』, 1건	
1290(충렬왕 16)	『고려사』, 1건	
1323(충숙왕 10)	『고려사』, 2건	

---

18)『靑方文書』1-78(연도불명, 1264년 문서로 추정), "高麗國牒使帶牒狀去年九月之比令到着…之間披見彼狀之處去年二月卄三日本國船壹艘　無故襲渡彼國年貢米百二十三石·細布四十三反令搜取之賊徒可被…."
19)『고려사』세가 권22, 고종 10년(1223) 5월조.
20)『고려사』세가 권22, 고종 12년(1225) 4월조.
21)『고려사』세가 권22, 고종 13년(1226) 정월조.
22)『고려사』세가 권22, 고종 14년(1227) 4·5월조.

이후 가마쿠라기 왜구가 완전히 사라진 것이 아니었으므로, 이에 대응한 고려의 왜구 금지 외교는 계속되었다. 1227년(安貞 원년) 다자이쇼니에 의해 대마도 악당 90명이 참수당한 이후, 『고려사』에서는 마치 왜구가 사라진 것처럼 40여 년 동안 왜구의 침탈 기록이 전혀 없다. 그러나 긴 소강상태를 깨고 1263년(원종 4) 가마쿠라기 왜구의 침탈이 다시 시작되었으므로, 이에 고려 조정이 다자이후에 다시 왜구 금지 사신을 파견하기에 이른다. 『고려사』에 따르면 1263년(원종 4) 2월 왜구가 금주 관내의 웅신현 물도(勿島)에 침입하여 공선(貢船)을 약탈하고 있다.23) 같은 해 4월 고려에서 홍저(洪泞)와 곽왕부(郭王府)를 왜구 금지 사신으로 파견하여 "금년에 들어 2월 22일 귀국의 배 1척이 이유 없이 우리 국경 내 웅신현 물도에 침입하여 이 섬에 정박 중인 우리나라(고려) 공선(貢船)에 실려있는 쌀 120석과 주포(紬布) 43필을 약탈하여 갔다"고 항의하였다.24) 그리고 같은 해 8월 고려 사신은 다자이후(大宰府)의 무토 스케요리(武藤資賴)로부터 왜구 금지에 적극 협조하겠다는 말을 듣고 돌아와 "해적을 끝까지 추궁해보니 대마도의 왜인이고, 이들에게서 쌀 20석·마맥(馬麥)30석·우피(牛皮)70장을 징발해 왔다"고 고려 원종에게 보고하였다.25)

그런데 청방문서(靑方文書)에는 1263년 일본에 보낸 고려 첩장과 그 내

---

23) 『고려사』 세가 권25, 원종 4년(1263) 2월조, "癸酉, 倭, 寇金州管內熊神縣勿島, 掠諸州縣貢船".

24) 『고려사』 세가 권25, 원종 4년(1263) 4월조, "遣大官署丞洪泞·詹事府錄事郭王府等, 如日本國, 請禁賊, 牒曰, …(중략)… 越今年二月二十二日, 貴國船一艘,無故來入我境內熊神縣界勿島, 略其島所泊, 我國貢船所載, 多般穀米并一百二十石·紬布并四十三匹, …." 1264년(弘長 4)의 기록으로 추정되는 일본 측 기록에는 연공미(年貢米) 123석·세포(細布) 43필로 기록하고 있다. 일본 측 기록에서 '세포(細布)'는 '주포(紬布)'의 오류이다(『靑方文書』 1-78, "高麗國牒使帶牒狀去年九之比令到着…之間披見彼狀之處去年二月卄三日日本國船壹艘無故襲渡彼國年貢米百二十三石·細布四十三反令搜取之賊徒可被…(以下缺)" ; 졸고, 「一揆와 倭寇」, pp.54~55 참조)

25) 『고려사』 세가 권25, 원종 4년(1263) 8월조, "戊申朔, 洪泞·郭王府等, 自日本還, 奏曰, 窮推海賊, 乃對馬島倭也, 徵米二十石·馬麥三十石·牛皮七十領而來."

용이 일치하는 문서가 있다. 그 문서는 "고려국 첩사(牒使)가 첩장을 가지고 작년 9월경에 도착하였기 때문에 이 첩장을 살펴본 바, 작년 2월 23일 일본국의 배 한 척이 까닭 없이 고려에 건너가 습격하였다. 연공미(年貢米) 123석·세포(細布) 43필을 되찾고, 적도(賊徒)들을…(이하 절손)"이라고 기록하고 있다.26) 그런데 40여 년 만에 다시 등장한 단 한 차례의 왜구 약탈에 대해 왜 고려가 첩장을 보내 거세게 항의하였을까. 이것은 고려 공선에 실려있던 쌀 120석과 주포 43필의 실제 가치가 상당히 컸다는 점에 그 이유를 찾을 수 있다. 1263년에 약탈한 쌀 120석과 주포 43필의 가치는 쌀 120석과 쌀 1,290여 석으로 모두 쌀 1,410여 석으로 환산된다. 그리고 실제로는 훨씬 더 높은 가치였을 것으로 짐작할 수 있다.27) 그러나 무토 스케요리로부터 징발해 받아온 쌀 20석·마맥 30석·우피 70장은 약탈당한 품목과는 비교조차 할 수 없는 형식적인 답례품에 지나지 않았다. 이처럼 고려와 가마쿠라 막부는 왜구의 약탈에 대해 왜구 금지 외교를 통해 순리대로 해결하려고 노력하였다고 할 수 있다. 이후 1280년(충렬왕 6), 1290년(충렬왕 16), 1323년(충숙왕 10)에도 왜구의 침탈이 있었지만, 고려가 사신을 파견했다는 기록은 찾을 수가 없다. 가마쿠라 막부의 멸망 때까지 몽골에 의한 일본 초유의 사신만이 파견되었을 뿐이고, 고려가 가마쿠라 막부를 대상으로 실시한 왜구 금지 외교를 더 이상 시도하지 않는다.

이처럼 고려가 일본에 파견한 왜구 금지 사신은 두 차례에 불과하였다.

---

26) 『靑方文書』 1-78, "高麗國牒使帶牒狀去年九月之比令到着…之間披見彼狀之處去年二月卄三日本國船壹艘無故襲渡彼國年貢米百二十三石·細布四十三反令搜取之賊徒可被…(以下缺)"(이 문서는 끝 부분이 절손되어 작성연도를 알 수 없는 문서이다). 『고려사』에서는 '주포(紬布)'로 되어있으나, 『청방문서』에서는 '세포(細布)'로 되어 있다. 이 '세포(細布)'는 문서를 활자화하는 과정에서 생긴 오류인 듯하다.

27) 졸고, 「해적과 약탈경제」, p.543 참조(당시 주포의 가치를 정확히 알 수가 없다. 다만, 주포 1필=백승포 1필의 가치로 놓고, 쌀 약 30여석으로 환산해 계산했을 때, 1263년 공선의 쌀 120석과 주포 43필의 가치는 쌀 120석과 쌀 1,290여 석이므로, 총 쌀 1,410여 석으로 환산된다).

그러나 고려의 왜구 금지 외교는 일본의 다자이후로부터 매우 우호적인 접대를 받았으며 또한 어느 정도의 성과를 이끌어 냈다고 평가할 수 있다. 이후 무로마치 막부 시기에 더욱 잦은 왜구의 등장으로 인해 고려의 왜구 금지 외교는 더욱 활발히 전개되었다. 다음 장에서 고려의 왜구 금지 외교가 무로마치 막부를 상대로 어떻게 전개되었는지 살펴보도록 하겠다.

Ⅲ. 고려 말 '무로마치기 왜구'의 창궐과 왜구 금지 외교

가마쿠라 막부를 무너뜨리는 데 공을 세운 아시카가 다카우지(足利尊氏)는 고다이고천황(後醍醐天皇)의 겐무정권(建武政權)에 반기를 들고 거병하였다. 1336년(建武 3) 일시적으로 규슈에 피신했던 다카우지는 세력을 재정비하여 교토로 다시 진입한 다음 겐무정권을 무너뜨리고 고묘(光明)천황을 세웠다. 곧바로 다카우지는 겐무식목(建武式目)을 제정하여 교토에서 새로운 무가정권인 무로마치 막부를 세웠다.

이때 고다이고천황은 남쪽의 요시노(吉野)로 피신하여 달아났고, 약 60여 년간 요시노의 남조와 교토의 북조가 대결하는 남북조 내란기가 시작되었다.

남북조 내란은 재지무사 세력으로부터 폭넓은 지지를 받는 북조(막부)에 의해 쉽게 종식될 것 같았지만 막부의 내홍으로 장기간 계속되었다. 특히 다카우지와 동생 다다요시(直義)의 대립이 표면화되면서 복잡한 삼파전(남조, 다카우지, 다다요시)의 양상이 전개되었는데, 이것이 1350년(觀應 원년)에 발발한 간노죠란(觀應擾亂)이다.

남북조 내란의 장기화로 일본 열도가 혼란스러웠고, 특히 간노죠란의 여파로 어느 때보다 규슈가 극도의 혼돈 속으로 빠져들었다. 1350년 이후 고려에 급격히 왜구 출몰이 잦아졌는데, 이것을 『고려사』에서는 '경인년(1350

년) 이후 왜구'라고 기록하였다. 고려는 '무로마치기 왜구'의 극성 때문에 막부에 왜구 금지 사신을 자주 파견하였는데, 이러한 고려의 외교적 노력은 『고려사』와 『선린국보기(善隣國寶記)』에서 찾아볼 수가 있다.

〈표 3〉과 같이 1360년대 고려와 무로마치 막부 사이에 사신이 왕래하는 횟수를 통해 고려가 얼마나 왜구 금지에 고심하였는지를 엿볼 수 있다. 가마쿠라 시대와 마찬가지로 1360년대 고려 사신이 왜구 금지를 목적으로 무로마치 막부에 파견되었다. 우선 1366년(공민왕 15) 고려는 사신으로 김용(金龍)을 파견하였다.[28] 『선린국보기』 1367년(貞治 6) 2월조 기사를 통해 고려 첩장의 내용을 유추할 수 있는데, 일본 해적이 합포(合浦) 등의 관청을 불사르고 백성을 살해하여 10여 년 동안 선박이 왕래하지 못했다는 내용이 있다.[29] 그리고 막부의 쇼군이 고려에 회답사를 보냈다고 했지만, 『선린국보기』에서는 쇼군의 답신 내용은 전하지 않는다. 반면에 『고려사』에는 김용이 정이대장군(=쇼군)으로부터 왜구 금지의 약속을 받아 귀국한 것으로만 간략하게 소개하고 있다.[30]

〈표 3〉 1360년대 고려와 무로마치 막부의 왜구 금지 사신 왕래

시기	고려 사신	일본 사신	사료 출전
1366년(공민왕 15) ?월	金龍		『고려사』
1367년(貞治) 2월	(金龍)		『선린국보기』
1366년(공민왕 15) 11월	金逸		『고려사』
1367년(貞治 6) 2월	金一(金逸)		『선린국보기』
1367년(貞治 6) 6월		미상	『선린국보기』(『사수기』)

---

28) 『고려사』 권133 열전 제46, 신우 3년(1377) 6월조.

29) 『善隣國寶記』 貞治 6년(1367) 丁未條 ; "(上略)…通書其略日海賊多數出自貴國地來侵本省合浦等燒官廨擾百姓甚至于殺害于今十有余歲海舶不通辺民不得寧處云…(中略)…六月卄六日將軍家以高麗回書授使者."

30) 『고려사』 권133 열전 제46, 신우 3년(1377) 6월조. "丙午年間差萬戶金龍等報事意卽蒙征夷大將軍禁約稍得寧息…(後略)."

시기	고려 사신	일본 사신	사료 출전
1368년(공민왕 17) 1월		僧梵盪, 梵鏐	『고려사』
1368년(공민왕 17) 7월		미상	『고려사』
1368년(공민왕 17) 윤7월	李夏生		『고려사』
1368년(공민왕 17) 11월		미상	『고려사』

또 고려는 1366년(공민왕 15) 11월에 다시 김일(金逸)을 파견하여 왜구 금지를 요구하였다.[31] 이 첩장의 내용은 구체적으로 알 수가 없고, 다만 『선린국보기』와 『사수기』에서 김일이 막부로부터 성대하게 대접받았다는 사실만을 확인할 수 있다.[32] 또 『고려사』의 기사를 통해 1368년(공민왕 17) 1월 막부에서 승려 범탕(梵盪)과 범유(梵鏐)을 보내왔다는 사실을 확인할 수 있다.[33]

한편으로는 고려와 대마도 사이에도 왜구 금지를 목적으로 사신이 왕래 하였는데, 1368년(공민왕 17) 7월 대마도에서 사신을 보내왔고, 그 답례로 고려는 이하생(李夏生)을 대마도에 파견하였다.[34] 또 같은 해 11월에 대마 도의 숭종경(崇宗慶)이 고려에 사신을 보내 왔다.[35] 이처럼 고려와 막부·고 려와 대마도가 왜구 금지를 위해 사신을 주고받으며 상호 호의적인 입장에 서 왜구 금지 사신이 왕래하였다.

---

31) 『고려사』 권41 세가 제41, 恭愍王 15년(1366) 11월조 "壬辰遣檢校中郎將金逸如日本 請禁海賊" ; 『善隣國寶記』 貞治 6년(1367) 정미조, "同卄七日重申請大夫前典義令相 金一來朝."

32) 『善隣國寶記』 貞治 6년(1367) 4월 18일조 ; 『師守記』 貞治 6년(1367) 4월 18일조 ; 5월 19일조.

33) 『고려사』 권41 세가 제41, 恭愍王 17년(1368) 1월조, "戊子日本國遣僧梵盪梵鏐偕金 逸來報聘."

34) 『고려사』 권41 세가 제41, 恭愍王 17년(1368) 7월조, "秋七月乙亥日本遣使來聘己卯 對馬島萬戶遣使來獻土物…(中略)…閏月以旱放影殿役徒遣講究使李夏生于對馬島."

35) 『고려사』 권41 세가 제41, 恭愍王 17년(1368) 11월조, "十一月丙午對馬島萬戶崇宗 慶遣使來朝賜宗慶米一千石."

만일 막부와 대마도가 고려의 왜구 출몰 문제를 일본과 관련이 없는 것
으로 인식했다면 고려가 외교적으로 결례를 범한 것이 될 것이므로 고려
사신에게 매우 냉담한 태도를 보였을 것이다. 그러나 사료들을 보면 일본이
고려 사신에게 상당히 호의적이었다는 증거들이 많다. 따라서 고려 사신에
대한 막부와 대마도의 우호적 태도는 '무로마치기 왜구'가 일본인 혹은 일
본 해적과 악당으로 인식하고 있음을 보여주는 결정적 증거들이다. 그러나
일본의 정치권력 내부에서 어떠한 왜구 금지 노력이 있었는지를 자료의 한
계로 파악하는 것이 쉽지 않다. 다만 『고려사』의 기록을 통해 왜구 침입 횟
수가 점차 줄어들고 있는 것을 확인할 수가 있을 따름이다.[36]

<표 4> 1370년대 고려와 무로마치 막부의 왜구 금지 사신 왕래

시기	고려 사신	일본 사신	사료 출전
1375년(우왕 원년) 2월	羅興儒		『고려사』
1376년(우왕 2) 10월	羅興儒 재 귀국		『고려사』
1376년(우왕 2) 10월		僧良柔	『고려사』
1377년(우왕 3) 6월	安吉祥		『고려사』
1377년(우왕 3) 8월		僧信弘	『고려사』
1377년(우왕 3) 9월	鄭夢周		『고려사』
1378년(우왕 4) 6월		僧信弘	『고려사』
1378년(우왕 4) 7월	鄭夢周 귀국	周孟仁	『고려사』
1378년(우왕 4) 10월	李子庸, 韓國柱		『고려사』
1378년(우왕 4) 11월		覇家臺倭使	『고려사』
1379년(우왕 5) 2월		僧法印	『고려사』
1379년(우왕 5) 5월		朴居士(大內氏)	『고려사』
1379년(우왕 5) 윤5월	尹思忠		『고려사』
1380년(우왕 6) 11월	房之用 귀국	探題將軍五郎兵衛	『고려사』

36) 졸고, 「一揆와 倭寇」, p.73(<표 3> 왜구의 출몰 빈도수 참조).

그러나 1370년대에 접어들면서 규슈의 정세가 다시 큰 혼돈에 빠져든다. 1355년(文和 4) 막부 측의 친제이칸레이(鎭西菅領) 잇시키씨(一色氏)가 규슈 지배를 포기하고 떠난 다음, 1371년(應安 4) 12월 막부는 이마가와 료슌(今川了俊)를 규슈탐제로 임명하여 현지에 파견하였다. 막부는 1360년대 규슈에서 황금기를 구가하던 남조의 가네요시친왕(懷良親王) 세력을 견제하는 데 적합한 인물로 료슌을 선택했기 때문이다. 막부의 이러한 판단은 올바른 결정이었다. 우선 일족을 거느리고 규슈의 무사세력을 규합한 료슌은 1372년(應安 5) 8월 다자이후(大宰府)를 함락시키고 남조세력을 고라산(高良山)으로 패퇴시켰다. 그런데 오히려 1372년(應安 5)부터 고려에서는 '무로마치기 왜구'가 다시 증가하는 양상이었다.

이후 규슈는 한 차례 더 큰 혼란을 경험해야 했다. 1375년(永和 원년) 7월 료슌은 남조의 가네요시친왕(懷良親王)과 기쿠치씨(菊池氏)의 본거지를 공격하고 있었다. 그러나 남조의 반격은 의외로 강하였으므로, 료슌은 규슈 3대 세력인 오토모 치카요(大友親世)·시마쓰 우지히사(島津氏久)·쇼니 후유스케(少貳冬資) 등에게 군사지원을 요청하였다. 그런데 이 전투에 다자이후가 위치한 치쿠젠(筑前)의 슈고(守護) 후유스케(冬資)만이 출전하지 않았다. 1375년(永和 원년) 8월 료슌은 우지히사(氏久)에게 후유스케가 전투에 출전하도록 종용하였고, 마침내 미즈시마(水島) 진영에 도착한 후유스케를 암살해 버렸다.[37] 이렇게 료슌에 의한 후유스케 암살은 남규슈를 장악하고 있던 우지히사의 거센 저항을 촉발시켜 일순간에 료슌의 입지를 어렵게 만들었다. 이 기회를 이용해 남조 측의 반격이 더욱 거세졌으므로, 결국 료슌은 자신의 많은 부장들을 잃은 채 미즈시마 진영에서 퇴각할 수밖에 없었다.

이렇게 이마가와 료슌의 등장과 극단적 행동으로 규슈의 정세가 혼미해지면서, '무로마치기 왜구'의 고려 침탈은 더욱 급격히 증가하는 상황으로

---

37) 『薩藩舊記』前篇 권28 永和 원년(1375) 8월조, "八月十一日了俊會公於水島少貳冬資不來會了俊使公徵之冬資乃來二十六日了俊令賊殺冬資於水島."

일변하였다. 〈표 4〉에서와 같이 1375년부터 79년까지 매년 고려의 왜구 금지 사신이 일본에 파견되었다. 1375년(우왕 원년) 2월부터 나흥유가 두 차례 막부에 파견되었고,38) 다음 해 10월 귀국하는 길에 일본 승려 양유(良柔)와 함께 돌아왔다.39) 이때 막부의 외교서신을 담당하던 승려 주좌(周左)가 쓴 서신이 고려에 전달되었다. 그 내용은 남조의 가네요시친왕이 규슈에 난립하여 혼돈스러운 상황인데, 그 틈을 이용해서 '서해도(=규슈)의 어리석은 백성(頑民)'이 왜구로 고려를 침탈한다는 내용이었다. 또 북조가 규슈를 장악하게 된다면 왜구가 사라지게 만들 수 있다는 내용도 빠뜨리지 않았다.40)

그러나 고려의 외교적 노력에도 불구하고 왜구가 더욱 폭발적으로 늘어나자, 고려는 1377년(우왕 3) 6월 안길상을 막부에 보내 왜구 금지 약속의 불이행을 강력히 항의하였다.41) 그리고 이전에 나흥유가 받아온 반첩 안에 규슈가 평정될 때까지는 왜구 금지가 어렵다는 내용에 대해 강하게 불만을 표시하고 상호 통교와 바닷길의 안정이 일본 측의 처치에 있음을 강하게 통첩하는 내용을 삽입하였다. 이에 대해 1377년(우왕 3) 8월 막부는 안길상의 교토 순직에 대한 해명과 고려 첩장에 대한 회답사로 승려 신홍(信弘)을 보내왔다. 승려 신홍이 들고 온 규슈단다이 이마가와 료슌의 답서는 왜구가

38) 『고려사』권133 열전 제46, 신우 원년(1375) 2월조 "判典客寺事羅興儒聘日本" ; 『東寺文書』永和 원년(1375) 11월 19일 ; 永和 원년(1375) 12월 9일.

39) 『고려사』권133 열전 제46, 신우 2년(1376) 10월조 "十月羅興儒還自日本日本遣僧良柔來報聘…(下略)"

40) 『고려사』권133 열전 제46, 신우 2년(1376) 10월조 "惟我西海一路九州亂臣割據不納貢賦且二十餘年矣西邊海道頑民觀釁出寇非我所爲…(中略)…庶幾克復九州則誓天指日禁約海寇."

41) 『고려사』권133 열전 제46, 신우 3년(1377) 6월조, "遣判典客寺事安吉祥于日本請禁賊書曰…(中略)…後據羅興儒賚來貴國回文言稱此寇因我西海一路九州亂臣割據西島頑(民)然作寇實非我所爲未敢卽許禁約得此衆詳治民禁盜國之常典前項海寇但肯禁約理無不從兩國通好海道安靜在於貴國處之如何耳."

'포도배(逋逃輩)'로서 명령을 잘 따르지 않아 금지시키기가 용이하지 않다는 내용이었다.[42) 기대했던 일본에서의 답변은 왜구가 '포도배', 즉 '도망친 무리'이므로 억제하기가 불가하다는 내용이었다.

그러나 고려에서는 아직도 왜구 출몰이 계속되었으므로, 다시 1377년(우왕 3) 9월 정몽주(鄭夢周)가 파견되어 왜구 금지를 거듭 요구하였다.[43) 그 답례로 1378년(우왕 4) 6월 료슌이 고려에서 왜구를 직접 토벌하도록 승려 신홍에게 69명의 군사를 보내왔다.[44) 또 1378년(우왕 4) 10월 고려는 이자용(李子庸)과 한국주(韓國柱)와 다음해 윤 5월 윤사충(尹思忠)에 이르기까지 매년 왜구 금지 사신을 끊임없이 파견하였다.[45) 같은 해 11월에 패가대(覇家臺)의 사절이 울주(蔚州)에 정박하였을 때, 승려 신홍이 나서 체포할 거라고 겁을 주어 돌려보낸 사건도 일어났다.[46) 1379년(우왕 5) 2월 승려 법인(法印)이 고려에 왔고 같은 해 5월에는 한국주가 귀국하는 길에 오우치 요시히로(大內義弘)가 보낸 박거사(朴居士)와 군사 180명이 오기도 하였다.[47)

이처럼 막부와 규슈단다이가 고려의 왜구 금지 외교를 거부하거나 일본인의 왜구 침탈을 부정하는 예가 전혀 없었다. 이 때문에 고려는 외교적으

---

42) 『고려사』 권133 열전 제46, 신우 3년(1377) 8월조, "日本國遣僧信弘來報聘書云草竊之賊是逋逃輩不遵我令未易禁焉."

43) 『고려사』 권133 열전 제46, 신우 3년(1377) 9월조, "遣前大司成鄭夢周報聘于日本且請禁賊…(下略)."

44) 『고려사』 권133 열전 제46, 신우 4년(1378) 6월조, "日本九州節度使源了俊使僧信弘率其軍六十九人來捕倭賊."

45) 『고려사』 권133 열전 제46, 신우 4년(1378) 10월조 ; 『고려사』 권134 열전 제47, 신우 5년(1379) 윤5월조 ; 신우 6년(1380) 11월조.

46) 『고려사』 권133 열전 권46, 신우 4년(1378) 11월조, "覇家臺倭使來泊蔚州信弘言彼若見我必歸告其國邀給曰高麗將拘汝使懼逃歸" ; 그해 11월에 信弘은 固城郡 赤田浦 싸움에서 패하여 본국으로 돌아갔다(『고려사』 列傳 권46, 辛禑 4년 11월조).

47) 『고려사』 권133 열전 제46, 신우 5년(1379) 5월조, "韓國柱還自日本大內義弘遣朴居士率其軍一百八十人偕來."

로 마찰 없이 막부와 규슈에 왜구 금지 사신을 지속적으로 파견할 수 있었다. 그러나 일본 측의 적극 협조에도 불구하고 규슈 내의 전란 때문에 '무로마치기 왜구'의 출몰을 막아내는 것은 용이하지 않았다.

결국 수십 차례에 걸친 고려의 왜구 금지 외교가 상호 우호적인 관계에서 지속되었다고는 하지만, 결과적으로는 기대만큼의 왜구 금지 효과를 거두지 못했다고 평가할 수 있다. 일본 열도 특히 규슈의 정세 안정과 왜구 금지가 밀접하게 관련되어 있었기 때문에 더욱 그러했다.

한편 고려는 내륙으로 깊숙이 침입하여 약탈을 일삼는 왜구를 대상으로 군사적인 성과를 올리고 있었다. 1376년(우왕 2)의 최영의 홍산대첩, 1380년(우왕 6) 나세·심덕부·최무선 등의 진포대첩, 1380년(우왕 6) 이성계에 의한 황산대첩 등의 왜구 삼대첩이 그것이다. 그러나 이러한 몇 차례의 군사적인 대승만으로 왜구 침탈을 근절시킬 수 있었던 것이 아니므로, 마침내 고려는 선제적인 왜구 근거지 공격 전략을 선택하였다. 1389년(창왕 원년) 박위에 의해 실시된 대마도 정벌이 그것이다.[48]

고려의 대마도 정벌은 이제까지 소극적이고 수세적인 방어에서 벗어나 선제적인 공격을 통해 왜구 금지를 시도하는 군사적 강경책이었다. 그렇다고 '무로마치기 왜구'를 근본적으로 근절시켰던 것은 아니었다. 고려가 멸망하고 조선이 건국한 이후에도 '무로마치기 왜구'의 침탈은 계속되었으므로, 왜구 금지의 미해결 과제가 조선의 고민으로 떠넘겨졌다.

Ⅳ. 조선 초 '무로마치기 왜구'와 강·온의 대일 외교

조선은 개국 직후에도 계속해서 등장하는 '무로마치기 왜구'의 출몰 억제가 대일본 외교에서 최대의 현안이었다. 〈표 5〉와 같이 1392년(태조 1)부

---

48) 『고려사』 권116 열전 제29, 박위전 ; 『고려사』 권137 열전 제50, 신창 원년(1389) 2월조

터 1398년까지 약 7년간 일본과 수십 차례에 걸쳐 사신을 주고받았고, 이후
에도 헤아릴 수 없을 정도로 많은 사신 왕래가 있었다. 이를테면 고려 후기
와 비교가 되지 않을 정도로 사신 왕래가 잦아졌다.

조선은 개국과 동시에 조선과 무로마치 막부, 조선과 다자이후, 조선과
대마도, 조선과 슈고(守護)세력 등과 수시로 사신을 교환하며 다원적인 왜
구 금지 외교를 시도하였다.

〈표 5〉 조선과 무로마치 막부의 왜구 금지 사신 왕래. ( )는 추정

시기	조선 사신	일본 사신	사료 출전
1392년(태조 1) 10월		僧藏主宗順 (筑州)	『태조실록』
1392년(태조 1) 11월	覺鎚		『선린국보기』
1392년(태조 1) 12월		僧壽允	『선린국보기』
1393년(태조 2) 6월		僧建哲 (一岐)	『태조실록』
1393년(태조 2) 9월		-?-	『태조실록』
1394년(태조 3) 5월	金巨原	僧 梵明	『태조실록』
1394년(태조 3) 5월		僧 梵明	『태조실록』
1394년(태조 3) 9월		-?- (日本)	『태조실록』
1394년(태조 3) 10월	-?-		『태조실록』
1394년(태조 3) 10월	崔龍蘇		『태조실록』
1394년(태조 3) 12월		-?- (今川了俊)	『태조실록』
1395년(태조 4) 3월	金積善		『태조실록』
1395년(태조 4) 4월		-?- (薩摩)	『태조실록』
1395년(태조 4) 7월		僧原正泉 (今川了俊)	『태조실록』
1395년(태조 4) 7월		僧宗俱 (今川了俊)	『태조실록』
1395년(태조 4) 7월		-?- (日向)	『태조실록』
1395년(태조 4) 7월		-?- (薩摩)	『태조실록』
1395년(태조 4) 12월	金積善 귀국		『태조실록』
1395년(태조 4) 12월		-?- (大內)	『태조실록』
1396년(태조 5) 3월		僧通笁·永琳 (大內)	『태조실록』
1396년(태조 5) 7월	李子瑛 귀국		『태조실록』

시기	조선 사신	일본 사신	사료 출전
1397년(태조 6) 5월	朴仁貴		『태조실록』
1397년(태조 6) 6월		-?- (今川了俊)	『태조실록』
1397년(태조 6) 7월		-?- (今川了俊)	『태조실록』
1397년(태조 6) 7월		-?- (大內)	『태조실록』
1397년(태조 6) 8월		-?-	『태조실록』
1397년(태조 6) 10월		僧 梵明	『태조실록』
1397년(태조 6) 11월		僧永範永廓 (大內)	『태조실록』
1397년(태조 6) 12월	林惇之		『태조실록』
1397년(태조 6) 12월		-?- (澁川滿賴)	『태조실록』
1398년(태조 7) 7월		-?- (肥前)	『태조실록』
1398년(태조 7) 7월		僧 靈智 (大內)	『태조실록』

조선 초기 왜구 금지 외교는 고려 후기와 마찬가지로 무로마치 막부와
지방의 정치 세력들의 적극적인 호응 속에서 진행되었다. 그리고 조선으로
서는 일본 측의 협조로 왜구에게 잡혀간 조선인의 송환이라는 실속 있는
외교성과도 이끌어 낼 수 있었다. 그렇다고 기대하던 것만큼 왜구가 완전하
게 사라진 것은 아니었다.

고려 멸망 시기에 몇 년간 잠잠했던 왜구가 1393년(태조 2)부터 다시 고
개를 들고 조선을 침탈하기 시작하였다. 예를 들어 섬라곡국(暹羅斛國)에
파견되었던 회례사(回禮使)일행이 전라도 나주(羅州)에서 왜구에게 살해당
하고, 1396년(태조 5) 7월 겨우 이자영(李子瑛)만이 일본에서 살아 돌아오
는 사건이 발생하였다.[49] 또 같은 해 8월 왜구가 영해성(寧海城)을 함락시
키고,[50] 10월에는 동래성을 포위하였다가 병선 21척을 불사르고 달아나는
사건을 일으켰다.[51] 조선은 일련의 사건을 통해 '무로마치기 왜구'에 대한

---

49) 『태조실록』 권10, 태조 5년(1396) 7월 11일조, "李子瑛來自日本. 初子瑛以通事, 偕禮
賓少卿裵厚, 回禮暹羅斛國, 與其使者林得章等, 還到羅州海中, 爲倭寇所虜盡殲之. 子
瑛獨被生擒以歸, 至是乃還."

50) 『태조실록』 권10, 태조 5년(1396) 8월 23일조.

강력한 대응방식을 찾아나섰다. 이것이 고려 말처럼 군사를 동원하여 무로마치기 왜구의 근거지(혹은 경유지)를 일거에 섬멸하는 강경책이었다.

1396년(태조 5) 12월 조선의 태조는 김사형을 오도병마도통처치사로 삼아 이키(一岐)와 대마도를 정벌하도록 명령하였다.[52] 이것은 고려 후기의 대마도 정벌 때와 마찬가지로 수시로 약탈을 일삼는 왜구를 군사력으로 일거에 섬멸하는 '무로마치기 왜구' 토벌 군사작전이었다. 김사형에 의한 대마도 정벌의 성과라고 단정 지을 수는 없지만, 1398년(태조 7)부터 조선에 출몰하는 왜구의 횟수가 어느 정도는 감소하였다.

그렇다고 조선은 군사적 정벌이라는 강경 군사전략만을 구사한 것이 아니었다. 김사형의 대마도 정벌 다음 해인 1397년(태조 6) 조선에 투화한 일본 승려 원해(原海)에게 전의박사(典醫博士)와 평(平)씨라는 성을 하사하였다.[53] 또 1398년(태조 7) 2월에는 등육(藤六)과 임온(林溫)이 투화해 오자 장군직을 하사하고,[54] 1407년(태종 7) 7월에도 평도전(平道全)이 투화해 오자 관직을 주고 선물로 은대(銀帶)를 하사하는[55] 등의 왜인에 대한 회유정책도 꾸준히 실시하였다. 이처럼 조선이 '무로마치기 왜구'를 근절하기 위해 대마도 정벌이라는 강경책과 왜인을 포용하는 회유책을 적절히 병행하면서 대일본 왜구 금지 외교정책의 기본 틀을 만들어 갔다.

조선의 일본에 대한 강·온의 외교정책은 한동안 '무로마치기 왜구'의 출

---

51) 『태조실록』 권10 ,태조 5년(1396) 10월 27일조.

52) 『태조실록』 권10, 태조 5년(1396) 12월 3일조, "丁亥 以門下右政丞金士衡爲五道兵馬都統處置使 以藝文春秋館太學士南在爲都兵馬使 中樞院副使辛克恭爲兵馬使 前都觀察使李茂爲都體察使 聚五道兵船擊一歧 對馬島."

53) 『태조실록』 권10, 태조 6년(1397) 8월 25일조, "日本僧原海率妻子來. 稍精醫術, 命長髮, 授典醫博士, 姓平."

54) 『태조실록』 권13, 태조 7년(1398) 2월 17일조, "以降倭萬戶疚六, 改名藤六, 爲宣略將軍, 行中郞將 ; 羅可溫改名林溫, 爲宣略將軍, 行郞將."

55) 『태종실록』 권14, 태종 7년(1407) 7월 15일조, "以平道全爲員外司宰少監賜銀帶道全日本人之投化者也."

몰을 뜸하게 만들었다. 그런데 1419년(세종 1)에 이르자 왜구가 다시 늘어
났다. 같은 해 5월 '무로마치기 왜구'에 의해 비인현(庇仁縣)의 백성들이 살
해되고 병선이 불타는 사건이 발생하였다.[56] 다시 고개를 드는 왜구의 출
몰은 조선에게 군사작전을 감행하도록 빌미를 제공하였다. 세종에게 왕위
를 물려준 태종은 병권을 장악하고 '무로마치기 왜구'의 소굴인 대마도에
대한 군사적인 응징을 단행하였다.[57] 같은 해 6월 9일 태종은 대마도 정벌
의 교서를 내리고,[58] 같은 달 19일 이종무를 삼군도체찰사(三軍都體察使)
로 임명한[59] 다음 대마도 정벌을 단행하였다. 20일에는 이종무가 대마도의
두지포(豆知浦)에 상륙하여 장기전에 대비하였다. 이에 대마도의 종정성(宗
貞盛)이 화친을 요청해 왔으므로 이종무는 이것을 받아들고 7월 3일 거제
도로 철수하였다.[60] 이와 같은 이종무의 대마도 정벌(=己亥東征)은 '무로
마치기 왜구'의 근거지를 초토화시켜서 그동안 왜구의 만행을 엄중히 문책
하기 위해 실시한 군사적 징벌이었다.

한편 조선은 이종무의 대마도 정벌이 있기 훨씬 이전부터 왜인이 조선에
거주할 수 있는 포소를 운영해 오고 있었다. 1407년(태종 7) 이전부터 조선
은 부산포와 내이포에 포소를 운영하고 있었다. 그리고 대마도 정벌 직전인
1418년(태종 18) 3월 염포(鹽浦)와 가배량(加背梁)에 왜관을 설치하여 왜인
들의 거주를 허락하였다. 따라서 부산포, 내이포, 염포, 가배량 등 4곳으로
왜인을 수용했던 포소를 확대시키고 있었다. 그러나 1419년(태종 18) 대마
도 정벌 직후에는 대마도와 관계를 단절하고 포소도 잠정적으로 폐쇄하였

---

56) 『세종실록』 권4, 세종 원년(1419) 5월 7일조, "本月初五日曉 倭賊五十餘艘 突至庇仁
縣之都豆音串 圍我兵船焚之 烟霧曚暗 未辨彼我."

57) 『세종실록』 권4, 세종 원년(1419) 5월 14일조.

58) 『세종실록』 권4, 세종 원년(1419) 6월 9일조.

59) 『세종실록』 권4, 세종 원년(1419) 6월 19일조 ; 이종무의 대마도 정벌은 병선 227
척과 17,285명의 병사, 그리고 65일분의 식량 등을 가지고 출전하였다(『세종실록』
권4, 세종 원년(1419) 6월 17일조).

60) 『세종실록』 권4, 세종 원년(1419) 7월 3일조.

다. 다시 1423년(세종 5)에 부산포와 내이포, 1426년(세종 8)에는 추가로 염
포를 열고 왜인 거주를 하락하면서, 이른바 삼포(三浦)시대가 본격적으로
열린 것이다. 또한 이종무의 대마도 정벌 직후에 해당하는 1419년(세종 1)
10월에 종준(宗俊)이 투화하면 그 공적에 따라서 벼슬을 내리겠다고[61] 설
득하는 일본인 회유책을 병행하였다. 기본적으로 왜인의 투화를 권유하고
큰 상을 내리는 원칙을 유지해 간 것이 조선의 대왜인 정책의 기본이었다.
또 왜인이 투화한 이후에도 의복과 식량을 지급하고 조세와 10년 동안 역
(役)을 면제해주는 등 왜관에서의 생활이 안정되도록 세심하게 배려하는 생
활 지원정책도 전개하였다.

그러나 조선의 적극적인 왜인 수용정책에는 몇 가지 부작용이 내재되어
있었다. 1418년(태종 18) 하연(河演)은 상소문에서 투화한 왜인이 조선에
의지해서 살기 때문에 이들에게 들어가는 비용이 적지 않다는 점을 지적하
고 이제부터 더 이상 양식을 주지 말도록 건의하고 있다.[62]

그러나 조선은 평화안정과 상호공존을 위해서는 왜인들의 도움이 반드시
필요했으므로 왜인들의 궁핍함을 도와주는 일이 당연하다고 생각했다. 한
편 조선의 재정부담은 삼포에 규정보다 많은 왜인이 거주했기 때문에 해마
다 가중되었다. 따라서 1436년(세종 18) 조선은 삼포에 거주하는 상당수의
왜인을 돌려보내고 206명만을 삼포에 거주하도록 조치하였다.[63] 또 1440년
(세종 22) 삼포에 무단으로 드나드는 왜인을 통제하기도 하였다.[64] 그리고

---

61) 『세종실록』권5, 세종 1년(1419) 10월 11일조, "其必如宗俊等親來投化 乃許其降 大
者爲官 小者爲民 聽其所願 使安生業. 汝往曉諭島人 其速來報."

62) 『태종실록』권35, 태종 18년(1418) 3월 20일조, 代言河演啓曰 化倭人等來居我國 一
二年矣. 猶賴國家資生 支費不資 自今勿復給糧."

63) 『세종실록』권71, 세종 18년(1436) 3월 29일조, "遂遣敬差官于慶尙道 挾刷以送乃而
浦住倭二百五十三人 鹽浦住倭九十六人 富山浦住倭二十九人. 其貞盛請留人及情願仍
居二百六人 許令仍留."

64) 『세종실록』권89, 세종 22년(1440) 5월 26일조, "若無符牒下海者 令各浦禁遏 亦勿許
過送."

1443년(세종 25) 삼포에 숨어든 도적과 본국에서 죄를 지은 왜인을 찾아내도록 지시하고 있다.[65] 삼포에 거주하는 왜인의 수가 조선의 재정 부담과 풍속 유지에 밀접하게 관련되어 있었기 때문이었다. 따라서 조선은 재정 부담을 줄이기 위해 삼포에 거주하는 왜인의 수를 일정하게 유지하려고 노력하였다.

또한 입국하는 일본 사행의 접대가 조선에게 커다란 부담이 되었다. 『해동제국기』와 『경국대전』에 일본 사신의 순수 접대비가 1만 석이라고 기록하고 있다. 그리고 삼포에 입항하는 왜인에 대해서도 본국으로 귀환할 때까지의 모든 경비를 부담하였다. 이처럼 조선이 대일본 유화정책을 실시하는 과정에서 현실적으로 부담하는 경비는 적지 않았다. 『성종실록』에는 1477년(성종 8) 삼포에서 소요되는 왜료(倭料)가 22,390여 석이고,[66] 1490년(성종 21)부터 3년간 삼포에서 왜인에게 든 비용이 40,500여 석이라고 기록하고 있다.[67] 이처럼 『경국대전』에서 규정해 놓은 비용보다 더 많은 재정 지출은 조선에게 큰 부담으로 다가올 수밖에 없었다.

따라서 조선의 대왜인 유화정책의 이면에는 지나친 재정 부담이라는 어두운 그림자가 숨어 있었다. 조선은 큰 재정적 부담에도 불구하고 기꺼이 일본을 상대로 평화유지와 상호공존을 위해 막대한 경비를 감내해 나갔다. 그러면서 '삼포'를 중심으로 대왜인에 대한 유화책과 강경책을 적절히 병용

---

65) 『세종실록』 권102, 세종 25년(1443) 12월 16일조, "予惟在逃本賊及得罪本國之倭 恐或變名易姓 潛來隱伏. 卿知此意 密諭舊住親信之倭曰 如有潛來者 盡心伺察以告 則國家必厚賞汝矣 多方設計以捕之."

66) 『성종실록』 권77, 성종 8년(1477) 윤2월 11일, "慶尙道軍需, 雖曰不裕, 丙申年冬等會計之數一百六十五萬六千八百三十餘碩, 同年一牟州倉加納七千二百七十餘碩, 三浦倭料二萬二千三百九十餘碩 ; 國屯田所出、 監司及各官補添亦多, 年年如此儲備, 雖不大裕, 亦非不足."

67) 『성종실록』 권278, 성종 24년(1493) 윤5월 8일(신축), "近年客人出來之數, 比前日少減, 然考庚戌, 辛亥, 壬子三年, 三浦所費之數, 則大槪四萬五百餘石, 若有凶歉, 國家將何以待之."

해 나갔다. 이것들은 조선에게 막대한 재정적 부담을 안겨주는 정책들이었
지만, '무로마치기 왜구' 왜구 금지 외교를 주도적으로 이끌어 국내 안정을
유지시켜주는 평화 유지 비용이기도 하였다.

V. 맺음말

지금까지 왜구 금지 사신을 통해 고려와 조선의 통시대적 왜구 금지 외
교를 살펴보았다. 왜구는 일본 해적에서 출발하였다. 일본 해적은 고대 말
기의 정치적·사회적 불안 상황에서 자신들의 해상 근거지를 중심으로 활동
하였다. 그리고 가마쿠라 시대로 이어지면서 선박 탈취, 선박에 실린 공물
약탈, 선원 살해 등과 같은 해적행위로 이어졌다. 가마쿠라 막부는 정치적
기틀을 다지고 사회적 안정을 도모하기 위해 무가법을 제정하여 해적 근절
을 시도하였다.

가마쿠라 시대에 일본 열도를 정치·사회 혼란의 소용돌이로 빠트리는 조
큐(承久)의 난을 계기로 일본 해적은 고려를 대상으로 약탈하는 왜구로 전
화되어 나갔다. 이 '가마쿠라기 왜구'의 고려 침탈 기록은 일본 사료에 나타
난다. 왜구가 등장하던 시기에 고려가 가마쿠라 막부에 파견한 왜구 금지
사신은 두 차례에 불과했지만, 고려의 왜구 금지 외교는 어느 정도 성과를
거두었다고 평가할 수 있다.

가마쿠라 막부가 멸망하고, 이어 남북조 내란의 장기화로 일본 열도는
매우 혼란스러웠다. 규슈에까지 간노죠란(觀應擾亂)의 여파가 미치면서, 고
려에서 왜구 출몰이 잦아졌는데, 이것을 『고려사』에서 '경인년(1350년) 이
후 왜구'라고 하였다. 고려는 막부와 대마도에 사신을 파견하여 왜구 금지
외교를 전개하였다. 막부와 대마도에서 고려의 왜구 금지 사신을 접하는 태
도는 매우 우호적이었다. 따라서 고려 사신에 대한 일본의 우호적 태도는

'무로마치기 왜구'가 바다건너 고려에 출몰하는 것으로 인식하고 있었다는 결정적 증거이다.

1370년대에 접어들어 이마가와 료슌(今川了俊)이 규슈탐제로 임명하여 현지에 내려오면서, 규슈의 정세가 다시 큰 혼돈에 빠져든다. 고려에 '무로마치기 왜구'가 다시 급격하게 증가하는 양상이었다. 막부와 규슈탐제의 왜구 금지 협조에도 불구하고 '무로마치기 왜구'의 출몰을 막아내는 것은 용이하지 않았다. 결국 양국의 우호적인 관계 속에서 수십 차례에 걸쳐 왜구 금지 외교가 지속되었지만, 결과적으로는 기대했던 것만큼 성공적이었다고 볼 수는 없었다. 왜구 출몰이 일본 열도의 정치적 안정과 밀접하게 관련되어 있었기 때문이었다.

조선은 개국 직후 일시적으로 증가해 가는 '무로마치기 왜구'의 출몰은 대일본 외교에 있어서 최대 현안이었다. 조선은 개국 직후부터 무로마치 막부, 다자이후, 대마도, 슈고(守護)세력 등과 수시로 사신을 주고받으며 다원적인 왜구 금지 외교를 시도하였다. 또 약탈을 일삼는 왜구의 근거지를 군사력으로 일거에 섬멸하는 대마도 정벌을 두 차례나 실시하였다. 한편 조선은 왜인이 조선에 거주할 수 있는 포소를 제공해주고 있었다. 본격적으로 삼포(三浦)시대가 열리고 투화한 왜인에게 왜관에서의 생활 안정을 세심하게 배려하는 유화정책을 실시하였다.

조선은 큰 재정적 부담에도 불구하고 기꺼이 일본을 상대로 평화유지와 상호공존을 위해 막대한 경비를 감내하였다. '삼포'를 중심으로 하는 왜인에 대한 유화책과 강경책은 조선에게 막대한 재정적 부담을 안겨주는 정책이었다. 비록 이것이 조선에게 막대한 재정적 부담을 안겨주었지만, '무로마치기 왜구' 문제를 주도적으로 이끌고 국내 안정을 유지하기 위해 지불하는 평화 유지 비용이었다. 이 시기 조선의 대일본 외교는 평화적으로 자국의 안전을 도모하고 타국에 대한 영향력을 제고시키는 범국가적 행위였다.

제3부 중세 일본의 왜인들

제1장 고려와 조선 전기 왜인 집단거주지의 형성과 운영

I. 머리말

예로부터 동아시아 세계에서는 바다의 경계를 뛰어넘어 인적 소통과 물자 왕래가 다양하게 전개되었다. 실제로 이러한 교류는 선사시대부터 시작되어 전 역사시대에 걸쳐서 끊임없이 지속되었다.

대체적으로 대외관계사 연구에서 인적 소통과 물자 왕래는 상호 불가분한 관계로 자주 거론되어 온 기본 소재이다. 그리고 이러한 연구에서는 상인, 사신단 등 일시적인 입국이나 왕래를 주로 다루어 왔다. 그리고 고려와 조선에서는 일시적인 피난을 목적으로 유입하는 북쪽의 야인(野人)과 남쪽 왜인(倭人)의 집단 이주가 다수 존재하였다. 여기에는 거란인, 여진 인, 왜인들의 반영구적인 장기체류도 나타난다.

그런데 기존의 연구에서는 고려와 조선에서 왜인의 장기 거주 내지 집단 이주 문제를 국가정책과 관련지어 분석하려는 경향이 있다. 이를테면 고려와 조선의 왜구 금압책, 조선의 대마도 정벌, 삼포개항 등과 관련지어 대왜인 유화정책의 일환으로만 다루어 온 것이다. 그리고 다수의 한일연구자들에 의해서 이러한 분석적 시각이 견지되어 온 것도 사실이다.[1]

---

1) 한국에서의 연구로는 李鉉淙, 「朝鮮初期 倭人接待考(上)(中)(下), 『史學硏究』 3·4·5 호, 1959 ;『朝鮮前期 對日交涉史硏究』, 한국연구원」, 1965 ; 장순순, 「조선전기 왜관의 성립과 조·일 외교의 특질」, 『한일관계사연구』 15, 2001 ; 손승철, 「조선전기 한일관계와 염포 연구」,『통신사 李藝와 한일관계』(한일관계사학회편), 새로운 사

따라서 기존의 연구에서는 동아시아 세계를 하나의 범주에 넣고 상호공존의 시각에서 조선에서의 왜인의 집단이동과 거주의 문제를 중점적으로 다룬 연구가 미미한 상태이다. 그런데 조선 대왜인 유화정책(왜구를 평화의 통교자로 전환시키기 위한)의 실시 이전인 고려시대부터 이미 왜인과 야인의 집단거주 정책이 실시되고 있었음은 『고려사』를 통해서 알 수 있다. 따라서 고려의 대(對)외국인 정책은 '投化人'[2]의 국내 유입을 막기보다는 적극적으로 수용하려는 태도를 가지고 있었다고 판단할 수 있다. 그리고 조선 전기 야인과 왜인에 대한 유화정책은 고려로부터 실시된 투화인 수용정책의 연장선에 있었다.

따라서 본고에서는 국경을 넘어 들어오는 야인과 왜인 투화인을 수용하는 고려의 정책에는 어떠한 것이 있었는가와 그 연장선상에서 조선 전기 왜인의 집단거주는 어떻게 전개되고 유지되었는가를 살펴볼 것이다. 특히

람들, 2006 ; 한문종, 「조선전기 倭人統制策과 통교위반자의 처리」, 『日本思想』 7, 2004 ; 「조선전기 한일관계와 1407년의 의미」, 『지역과 역사』, 2008 등이 있다. 일본에서의 연구로는 中村榮孝, 「三浦における倭人の爭亂」, 『日鮮關係史の硏究』 上, 吉川弘文館, 1965 ; 金義煥, 「釜山倭館貿易の硏究-15世紀から17世紀にかけて貿易形態を中心して-」, 『朝鮮學報』 117, 1988 ; 村井章介, 『中世倭人傳』, 岩波書店, 1993 ; 長節子, 『中世國境海域の倭と朝鮮』, 吉川弘文館, 202 ; 村井章介, 「三浦の鎭城と權限-薺浦を中心に-」, 『國境を越えて』, 校倉書房, 1997 ; 關周一, 「對馬馬·三浦の倭人と朝鮮」, 『朝鮮史硏究會論文集』 36, 1998 ; 李泰勳, 「三浦恒居倭の刷還に關する考察」, 『朝鮮學報』 195, 2005 ; 「朝鮮三浦恒居倭の法的地位」, 『朝鮮學報』 201, 2006 ; 關周一, 「對馬·三浦の倭人と東アジア海域」, 『史境』 60, 2006 ; 長節子 李泰勳, 「朝鮮前期の浦所に關する考察」, 『九州産業大學國際文化學部紀要』 34, 2006 ; 李泰勳, 「三浦恒居倭に對する朝鮮の對應」, 『年報朝鮮學』 10, 2007 등이 있다.

2) 고려에 거주하는 외국인 연구로는 朴玉杰의 귀화인 연구가 가장 대표적이다. 그는 고려 領內에 들어와 거주하는 외국인의 來住를 표현하는 용어로 投化, 來投, 來奔, 來附, 來, 歸附, 歸朝 등의 다양한 용어가 있지만 가장 많이 쓰였던 投化와 來投 대신에 현대적인 용어로서 '歸化'라는 용어 사용을 주장하고 있다(朴玉杰, 『高麗時代의 歸化人 硏究』, 국학자료원, 1996, pp.26~27 참조). 그러나 본고에서는 사료용어인 '投化'를 그대로 수용하여 '투화', '투화인'이라 하였다.

조선 전기에 삼포가 갖는 집단거주지의 기능과 그 공간에서 왜인의 생활이 어떠했는가를 한·일 민간(民間)의 상호공존 시각에서 검토하고자 한다.

Ⅱ. 고려시대 투화인의 집단거주지와 그 정책

1. 투화야인에 대한 예우와 처벌

고려시대에는 초기부터 북방으로부터 다수의 야인 투화인이 유입되고 있었다. 그리고 고려는 북쪽 변방의 안정을 위해서 이들을 적극 수용하고 정착을 도와주는 다양한 정책을 실시하고 있었다. 예를 들어 1073년(문종 27) 5월 서여진의 추장과 번인(蕃人)들이 찾아와서 자신들에게 주·군을 설치해 주면 영원히 번병(藩屏)이 되어 다른 거란족의 번인들과 접촉하지 않겠다고 제안하고 있다. 문종은 이들을 받아들였고 계속해서 투화해 오는 자들을 적극 수용하도록 명령하고 있다.3)

또한 1085년(선종 2) 6월 고려의 관리가 된 야인 투화인에게 본국에서 부모가 사망하였을 때 부고를 받은 날 부터 휴가를 주는 규정을 제정하고 있다.4) 이처럼 고려는 초기부터 야인의 투화를 적극 수용하고 예우를 갖추어 대우하는 정책을 실시하고 있었다.

그러면 고려 내에 거주하는 야인의 삶은 어떠하였을까. 1017년(예종 12) 8월 예종이 남경에 도착하였을 때 남경 시내에 살고 있던 거란 투화인 들이

---

3) 『고려사』 권14 세가8 문종 27년(1073) 5월조, '西北面兵馬使奏 西女眞酋長曼豆弗等 諸蕃請依東蕃例分置州郡永爲藩翰不敢與契丹蕃人交通制 許來朝因命後有投化者可招諭 而來 又奏 平虜鎭近境蕃帥柔遠將軍骨於夫及覓害村要結等告云 我等曾居伊齊村爲契丹 大完邐者再蒙招諭於.'

4) 『고려사』 권64 지18 예6 흉례, '宣宗二年 六月 制 異國投化官吏父母在本國身死 自 聞喪日依制給暇.'

거란의 춤과 노래로 예종을 맞이하였고, 이때에 왕이 수레를 멈추고 그것을 구경하였다[5]는 기록이 전한다. 여기에서 거란 투화인이 예능의 삶에서 고려인과 자연스럽게 공동의 장을 공유하고 있었을 것으로 짐작할 수 있다. 물론 추가사료의 부족으로 더 자세한 내용은 알 수가 없으나, 적어도 고려는 야인 투화인들이 평화롭게 삶이 유지되도록 배려하고 있었던 것으로 보인다.

　또 시기의 차이는 있지만 고려가 투화인에게 토지를 지급하고 있음을 알수 있는 간접적인 사료가 전한다. 1388년(우왕 14) 7월 조준(趙浚) 등이 올린 상소에는 한인(閑人), 공음(功蔭), 투화(投化), 입진(入鎭), 가급(加給), 보급(補給), 등과(登科), 별사전(別賜田)의 명칭이 보인다.[6] 급여한 토지의 명칭과 내용이 여러 대를 거치면서 더욱 복잡해져서 토지관련 사무를 맡은 관리들이 토지를 내주고 거두는 법을 제대로 파악하지 못하고 있음을 지적하는 내용이 그것이다. 그뿐만 아니라 투화야인을 군제에 편성하고 있는 내용도 있다. 동계의 고주(高州)에 도령 1명, 낭장 3명, 별장 7명, 교위 15명, 대정 32명, 초군 좌군 각각 1대, 우군 8대, 영새 2대, 투화(投化), 전장(田匠) 각각 1반을 편성하고 있다.[7] 이처럼 투화인에게 토지를 지급하고 이들을 군제로 편성하는 제도의 운영은 고려 사회가 다양성을 가진 사회였음을 보여주는 좋은 예라고 할 수 있다. 또『고려사』에는 1107년(숙종 7) 4월 귀화한 송나라 진사 장침(章忱)을 불러서 응시시키고 별두(別頭) 급제를 주었다[8]는 기록이 전하고 있다. 즉 북방의 야인뿐만 아니라 귀화한 송인에게

---

5)『고려사』권14 세가14 예종 12년(1117) 8월조, '丁卯 王至南京契丹投化人散居南京坼內者奏契丹歌舞雜戲以迎駕 王駐蹕觀之.'

6)『고려사』권78 지32 식화1 전제 녹과전, '自是以來閑人功蔭投化入鎭加給補給登科別賜之名代有增益掌田之官不堪煩瑣授田收田之 法漸致隳弛.'

7)『고려사』권82 지36 병2 참역 주현군, '高州都領一郎將三別將七校尉十五隊正三十二抄軍左軍各一隊右軍八隊寧塞二隊投化田匠各一梗.'

8)『고려사』권1 세가1 숙종 7년(1102) 4월조, '夏四月 丁酉 …召試投化宋進士章忱賜別頭及第.'

과거 응시의 기회를 주고 관리로 등용한 예이다.

반면에 고려는 이들이 배반하거나 범죄를 저지른 경우에 엄격하게 대응하고 있다. 『고려사』 「지」에서는 투화인이 도적질을 하였을 때는 뱃길이 닿지 않은 남쪽 끝의 주·현으로 귀양을 보내도록 규정하고 있다.[9]

이처럼 고려는 초기부터 야인 투화인에 대해서 관직을 주고 토지를 지급하면서 고려인들과 공존할 수 있는 삶의 터전을 제공하는 국제화된 감각을 가지고 있는 나라였다. 즉 투항해 오는 야인을 수용하고 체계적인 관리하고 감독하는 규정을 가진 사회였던 것이다.

그러면 북쪽에서 야인 투화에 대한 규정이 존재할 때, 남쪽에서 투화하는 왜인에 대해서 고려가 어떤 방식으로 접근하였는지 궁금하지 않을 수 없다. 다음 절에서 왜인의 투화를 중심으로 그 내용을 살펴보도록 하겠다.

2. 투화왜인의 고려 거주와 그 목적

앞에서 살펴본 투화 야인과 마찬가지로 고려 초기 왜인 투화인의 기록이 전하고 있다. 먼저 투화왜인에 관한 『고려사』의 기록을 살펴보면, 999년(목종 2) 7월 일본국인 道要, 彌刀 등 20戶가 투화해 와서 利川郡의 편호로 편성되고 있다.[10] 또 1012년(현종 3) 8월 일본국인 潘多 등 35명이 투화해 왔다고 전하고 있다.[11] 마지막으로 1039년(정종 5) 5월 일본 백성 남녀 26명이 투화해 왔다고 기록하고 있다.[12] 그리고 일본 측 기록에는 피난의 기록이 전하고 있는데, 源平의 쟁난(1180~85)시기 가마쿠라막부의 1대 장군 원뢰조(源賴朝)의 외척이었던 등원친광(藤原親光)이 平氏에게 쫓기어

---

9) 『고려사』 권85 지39 형법2 도적, '諸投化人犯盜配南界水路不通州縣.'
10) 『고려사』 권3 세가3 목종 2년(998) 7월조. '日本國人道要彌刀等 二十戶來投 處之利川郡爲編戶.'
11) 『고려사』 권4 세가4 현종 2년(1012) 8월조. '日本國潘多等三十五人來投.'
12) 『고려사』 권5 세가5 정종 5년(1039) 5월조. '日本民男女二十六人來投.'

1085(元曆 2) 3월 4일 고려로 피신하였다는 기사이다.[13] 대체로 10~11세기에 고려는 투화왜인에 대해서 거부감 없이 수용하고 이들을 고려 내에 정착시켰다고 생각할 수 있다.

그다음 고려 초기 일본에서 고려에 파견한 사신에 대한 기록이 『고려사』에 전하고 있다. 『고려사』의 기록에 따르면 1056년(문종 10) 10월 일본 사신 정상위권례(正上位權隷) 등원뢰충(藤原賴忠) 등 30명이 고려에 와서 금주(金州-김해)에 사관(舍館)을 정하는 것으로 되어 있다.[14] 그리고 구체적인 일본 상인의 고려 입국은 1073년(문종 27) 7월의 일이다. 일본에서 왕측(王則), 정송(貞松), 영년(永年) 등 42명이 와서 나전(螺鈿), 안장(鞍橋), 동경(刀鏡), 갑연(匣硯), 상즐(箱櫛), 서안(書案), 화병(畵屛) 등의 여러 가지 물품을 바치고, 이키도(壹岐島)의 구당관(勾當官) 등정안국(藤井安國) 등 3명이 와서 동궁(東宮)과 여러 대신들에게 토산물 바치기를 청하였다는 기록이 그것이다.[15] 그리고 이후에 일본 상선의 고려 입국과 관련된 기록을

---

13) 『吾妻鏡』元曆 2년(1185) 5월 23일조. '爲對馬守親光迎 可遣船於對馬島之處 親光爲逼平氏攻 三月四日渡高麗國云云. 仍猶可遣高麗之由. 下知彼島在廳等之間 今日旣遣之当島守護人河內五郎義長同送狀於親光 是平氏悉滅亡訖 不成不審 早可令歸朝之趣載之云云.'

14) 『고려사』 권7 세가7 문종 10년(1056) 10월조, '冬十月 己酉 朔日本國使正上位權隷藤原朝臣賴忠等三十人來館于金州.' 이것과 관련하여 고려시대에 이미 금주에 왜인들이 왕래하면서 교역하기 위한 '왜관'이 설치되었다고 보는 견해가 있다. 이러한 견 해를 따르는 연구로는 小田省吾, 「李朝朝鮮時代における東館の變遷」, 『朝鮮支那文化の硏究』, 邊江書院, 1929 ; 장순순, 「조선전기 왜관의 성립과 조·일 외교의 특질」, 『한일관계사연구』 15, 2001 등이 있다. 그런데 고려시대에는 '왜관'이라는 용어를 직접 사용한 흔적이 없다. 따라서 본 연구에서는 '집단거주지'라는 용어를 대신 사 용하였다. 그리고 투화왜인에 대한 고려의 대왜정책과 집단거주지의 형성 과정과 운용에 초점을 두었기 때문에, 왜관(조선 초기에 사용되는 용어)의 설치시기 문제는 여기에서 다루지 않았다.

15) 『고려사』 권9 세가9 문종 27년(1073) 7월조, '東南海都部署奏 日本國人王則貞松永年等四十二人來請進螺鈿鞍橋刀鏡匣硯箱櫛書案畵屛香爐弓箭水銀螺甲等物壹岐島勾當官遣藤井安國等三十三人亦請獻方物東宮及諸令公府制 許由海道至京.'

비교적 쉽게 찾을 수 있다. 『고려사』뿐만 아니라 일본 문헌에서 일본 상인
이 고려에 건너온 횟수는 문종시대(1046~83)에 14회, 선종시대(1083~94)에
6회, 예종시대(1105~22)에 2회, 의종시대(1146~70)에 2회, 총24회이다.[16] 이
처럼 일본 상선의 입국 횟수는 문종시대에 가장 빈번하였고, 시기가 흐를수
록 점차 그 횟수가 감소하는 추세에 있었다.

또한 조선 실학자 안정복의 문집인 『順庵集』에서 이미 고려시대부터 교
역을 위해서 대마도인들이 금주에 왕래하고 있음을 전하고 있다.[17] 그리고
12세기에 접어들면서 진봉무역[18]이 행해지고 있었으므로, 당연히 고려의
금주를 중심으로 왜인의 출입과 거주가 자연스럽게 이루어졌던 것으로 추
측해 보는 것은 그리 어렵지 않다.

그리고 한동안 뜸했던 왜인의 왕래가 『고려사』에 다시 나타나는 것은 거
의 1세기의 시간이 흐른 뒤이다. 1260년(원종 원년) 2월 고려 조정에서 제
주도에 송나라 상인들과 왜인들이 자주 왕래하는 상황을 보고 받고 특별히
방호별감(防護別監)을 파견하여 비상사태에 대처할 것을 논의하는 기록이
다.[19] 따라서 고려는 초기에 왜인에 대한 금주 거주를 허락하면서도 한편
으로는 왜인에 대한 경계심도 함께 가지고 있었음을 알 수 있다. 또한 1267
년(원종 8) 1월 송군비와 김찬이 몽고 사신과 함께 일본으로 건너가기 위해

---

16) 森克己, 「鎌倉時代の日麗交渉」, 『朝鮮學報』 34, 1965, p.65 참조. 반면에 나종우는
  일본 상인이 고려에 입국하는 횟수에 대해서 문종시대 14회, 선종시대 6회, 예종시
  대 2회, 의종시대 2회, 총 23회로 보고 있다. 나종우, 「高麗前期의 韓日關係」, 『講座
  韓日關係史』, 玄音社, 1994, p.218.

17) 『順庵集』, 「倭館始末」. '高麗時對馬島人常往來金州 開市貿易 有館接之所 而未聞有留
  館本朝之制也.'

18) 진봉관계에 대한 연구로는 나종우, 『韓國中世對外交涉史研究』, 원광대학교출판국,
  1996 ; 李領, 『倭寇と日麗關係史』, 東京大學出版會, 1999 ; 김보한, 「중세 일본 표류
  민·피로인의 발생과 거류의 흔적」, 『사총』 68, 2009 등이 있다.

19) 『고려사』 권25 세가25 원종 원년(1260) 2월조, '庚子 以濟州副使判禮賓省事羅得璜
  兼防護使 朝議濟州海外巨鎭宋商島倭無時往來宜特遣防護別監以備非常.'

서 거제도 송변포(松邊浦)에 왔다가 풍파가 험하여 되돌아가서 보고하였을
때, 일본이 본래 고려와 통호하지 않지만 대마도 사람들이 때때로 무역하러
금주(金州)에 오고 간다고 전하고 있다.20) 이처럼 고려시대 왜인의 금주 거
주를 시사하는 기록은 13세기 후반까지 간헐적으로 전하고 있다. 지금까지
밝혀진 사료에 의하면 고려 초기 투화왜인(投化倭人)이 존재하였지만, 이들
에 대한 수용정책에는 어떠한 원칙이 있었는지를 정확히 판단 할 수가 없
다. 다만 왜인의 합법적인 고려 거주는 10세기부터 허용한 이후에 상인의
왕래가 빈번해지면서 점차 왜인의 거주가 금주로 제한되었던 것으로 판단
할 따름이다.

  그런데 몽골의 일본침입으로 한동안 뜸하던 왜인의 고려 거주가 14세기
중반부터 자주 등장하기 시작한다. 이를테면 1369년(공민왕 18) 7월 거제
남해현(巨濟 南海縣)에 살던 투화왜인들이 배반하여 자기 나라로 돌아갔다
는『고려사』의 기록이 있다.21) 또한 같은 내용이『동국통감』에 더욱 구체
적으로 기술되어 있다. 처음 왜인이 거제(巨濟)에 살면서 영구히 화친 (和
親) 맺기를 원하였으므로 고려에서 믿고 허락하였는데, 1369년(공민왕 18)
1월 입구(入寇)하여 영주(寧州)·온수(溫水)·예산(禮山)·면주(沔州)에서 조
선(漕船)을 약탈하였다고 기록하고 있다.22) 그리고『고려사』「김선치전」에
서는 다음과 같은 내용이 전하고 있다. 1375년(우왕 원년) 7월 왜인 등경광
(藤經光)이 그 졸도를 데리고 와서 앞으로 상륙해 약탈할 것이라고 협박하
면서 양식을 요구였을 때, 고려조정에서 이들을 순천(順天), 연기(燕岐) 등
지에 분산 배치하고 정부 양곡을 공급하면서 유인해 살해하려고 했다는 기

---

20)『고려사』권26 세가26 원종 8년(1267) 정월조 ‘詔旨所諭道達使臣通好日本事謹 遣陪
    臣宋君斐等伴使臣以往至巨濟縣遙望對馬島見大洋萬里風濤蹴天意謂危險若此安可奉上
    國使臣冒險輕進雖至對馬島彼俗頑獷無禮義設有不軌將如之何是以與俱而還且日本素與
    小邦未嘗通好但對馬島人時因貿易往來金州.’
21)『고려사』권41 세가41 공민왕 18년(1369) 7월조, ‘辛丑 巨濟南海縣投化倭叛歸其國.’
22)『동국통감』공민왕 18년(1369) 11월조.

록이 그것이다.23)

또한 14세기 중반 간신 최유가 원의 황제에게 보고한 내용 속에, 경상도와 전라도에 왜인 만호부(倭人萬戶府)를 설치하고 왜놈들을 유인해서 금부(金符)를 주어 귀국(원)을 응원하도록 시키겠다는 간언이 있다.24) 이같은 내용 속에서도 이미 상당수의 왜인이 남해 일대에 거주하고 있지 않았을까 짐작할 수가 있다.

그렇다면 투화 왜인의 목적은 무엇이고 고려의 대책은 어떠했을까? 이미 살펴보았듯이 고려 초기와 후기 왜인 투화인은 임시적인 거처나 피난처를 구하려는 목적이 있었던 것으로 생각된다. 이것에 대한 고려의 대응은 투화 왜인을 분산 배치시키고 임시로 집단거주를 허가하는 정도의 소극적인 배려가 전부였다.

그렇다면 북쪽의 야인과 달리 남쪽에서 왜인 투화자의 기록이 상대적으로 적게 나타나는 이유는 무엇일까? 투화왜인이 다수 존재했지만 기록에 남지 않았는지 혹은 성가신 존재였기 때문에 고려조정의 관심 밖이었는지 단정적으로 결론 내리기는 쉽지 않다. 다만 단선적으로 추측해 보건대 고려는 대왜인 정책보다 대야인 정책에 더 큰 관심을 가지고 있었던 것으로 생각해 볼 수 있다.

그러면 조선은 고려시대 투화자 수용정책의 연장선에서 어떠한 정책을 실시하였는지 살펴볼 필요가 있겠다.

---

23) 『고려사』 권14 열전27 김선치전, '辛禑初倭藤經光率其徒來聲言將入寇恐惕之因索糧 朝議分處順天燕歧等處官給資糧尋遣密直副使金世祐諭先致誘殺 先致大具酒食欲因餉 殺之'.

24) 『고려사』 권131 열전4 반역5 최유전, '濡又托權勢謀起大兵而東且請于帝曰 如得還國 盡發丁壯以充天子衛兵又獻糧餉及女子歲以爲常且於慶尙全羅置倭人萬戶府招誘倭人授 金符使爲上國之援'.

III. 조선 전기 투화왜인과 삼포

1. 투화왜인의 회유와 부작용

조선 초기에 접어들면서 고려와 비교하여 투화왜인[25]의 상황이 일변한
다. 왜인의 투화 빈도와 투화해 오는 왜인의 수가 고려시대의 그것과 비교
가 될 수 없을 만큼 일시에 증가하고 있기 때문이다. 따라서 조선 조정의
입장에서 이들에 대한 적절한 대응이 대왜(對倭)관계의 선결 문제로 급부
상하였다.

그렇다면 조선에서 왜인의 집단거주를 언제부터 합법적인 인정하였는가?
이것을 분석해 보면 조선의 왜인 회유책이 체계화되는 시점을 파악할 수
있을 것으로 생각한다.

먼저 산발적으로 고려에서 거주하던 소수의 왜인들이 조선 건국 이후에
도 자연스럽게 거주한 것으로 보는 것이 무난하다. 이를테면『태종실록』에
서 1407년(태종 7) 7월 투화한 왜인 평도전(平道全)을 원외사재소감(員外
司宰少監)으로 삼고, 은대(銀帶)를 하사하고 있다.[26] 이 기록에서 따르면
기존의 연구에서 사용하는 용어 '수직인제도(受職人制度)', 즉 왜인의 투화
자에게 벼슬을 하사하는 제도가 조선 초기부터 존재하였음을 알 수 있다.

---

25) 기존의 연구에서는 조선에 거주 혹은 왕래하던 왜인을 부르는 명칭은 사송왜인(使
送倭人)·흥리왜인(興利倭人)·향화왜인(向化倭人)·투화왜인(投化倭人) 등 다양하다.
그러나 본고에서는 이러한 구분을 하지 않고 조선에 단기 혹은 장기간 거주하는
투화왜인을 중심으로 '집단거주지'의 문제를 논하고자 한다.

26)『태종실록』 권14 태종 7년(1407) 7월 15일조, '以平道全爲員外司宰少監. 賜銀帶. 道
全, 日本人之投化者也.'

〈표 1〉 조선 초기 왜인 거주기록

장소	중심내용	출처 년대	기사 내용
富山浦 (釜山浦)	왜인거주	1418년(태종 18) 3월	부산포 거주하는 왜인
		1418년(세종 원년) 9월	왜인이 부산포와 내이포에 모여드니…(후략)
乃而浦 (薺浦)	왜인거주	1418년(세종 원년) 9월	왜인이 부산포와 내이포에 모여드니…(후략)
		1419년(세종 원년) 6월	내이포에 온 왜인은 분치하고, 平望古외 21인 목을 베니…(후략)
鹽浦	왜인거주	1418년(태종 18) 3월	염포와 가배량에 각각 왜관을 설치하여 항거왜인을 나누어 거주하게…(후략)
加背梁	왜인거주	1418년(태종 18) 3월	염포와 가배량에 각각 왜관을 설치하여 항거왜인을 나누어 거주하게…(후략)

또 〈표 1〉에서 보면 조선은 1418년(태종 18) 염포(鹽浦)와 가배량(加背梁)에 왜관을 설치하고 항거왜인을 거주시키고 있다. 그렇다면 조선은 밀려들어 오는 투화왜인만을 수용하는 수동적인 정책으로 일관하였을까? 이를테면 1419년(세종 원년) 10월 대마도 종준(宗俊) 등의 투화를 성사시키는 큰 공이 있는 자에게는 벼슬을 주고 적은 자에게는 백성이 되게 해주겠다고 설득하고 있다.[27] 이처럼 조선은 투화를 권유하고 큰 상을 주는 것이 조선의 원칙적인 투화 종용정책이었다. 즉 대마도를 조선으로 끌어들이기 위한 방법으로서 종준(宗俊)의 투화를 정책적으로 추진하고 있는 것이다. 그리고 1423년(세종 5) 6월에 귀화한 왜인 평삼보라(平三甫羅)의 장인 전거(全車)가 사망하였을 때, 경상도 감사가 자원해서 애도의 뜻으로 미두(米豆) 각 3석을 요청하는 보고를 올리고 있다.[28] 따라서 가족 혹은 집단 단위의 투화 왜인에 대한 체계적인 회유와 통제가 이미 태종－세종 년간에 존재했던 것으로 보아도 무방할 것이다.

---

27) 『세종실록』권5 세종 1년(1419) 10월 1일조, '其必如宗俊等親來投化 乃許其降 大者 爲官 小者爲民 聽其所願 使安生業. 汝往曉諭島人 其速來報.'

28) 세종실록』권20 세종 5년(1423) 6월 27일조, '慶尙道監司報 自願投化倭人平三甫羅 妻父全車物故 請給助哀米豆各三石 從之.'

이처럼 조선은 초기에 고려시대부터 거주하던 왜인과 새로 입국을 희망하는 왜인, 그리고 교역을 목적으로 조선에 접근해 오는 왜인(흥리왜인)의 문제까지 상황 변화에 따라 다양하게 적응해 갔다고 볼 수 있다.

그러면 이미 투화해서 집단 거주하는 투화왜인의 사후관리는 어떠했는가? 조선은 전례에 따라서 투화한 사람들에게 3년 동안 직(職) 유무를 불문하고 봄·가을에 겹옷 한 벌, 여름에 홑옷 한 벌, 겨울에 유의(襦衣) 한 벌씩을 주고 있었다. 그런데 1423년(세종 5) 5월 예조에서 갓·신 이외에 의복은 매 1인당 봄·여름에 저포(苧布) 2필, 면마포(縣麻布) 각 1필과 가을·겨울에 면주(綿紬) 4필, 저포(苧布) 2필, 면포(縣布) 1필, 면자(縣子) 3근 7냥을 항상 주도록 다시 결정하고 있다.29) 이처럼 투화왜인에 대해서 투화의 종용뿐만 아니라 투화 이후의 안정적인 생활까지 관리하는 세심한 배려가 있었다.

심지어는 투화왜인에게 높은 관직과 재물, 그리고 본향을 하사하는 경우도 있었다. 예를 들어 1413년(태종 13) 8월 종정무(宗貞茂)가 보낸 객인(客人)과 임온(林溫)이 보낸 객인 등이 와서 토물(土物)을 바쳤는데, 임온의 경우 투화해 와서 장군직(將軍職)을 받고 있다.30) 또 1456년(세조 2) 10월 신숙주가 신사야문(信沙也文)과 삼보난쇄모(三甫難灑毛)에게 모두 관직을 내리고, 신사야문을 불러들여서 지위에 따라서 쌀과 콩을 하사하도록 상소하고 있다.31)

또 1448년(세종 30) 12월 투화한 왜인 호군(護軍) 등구랑(藤九郎)에게 쌀·술·소금·간장·어육(魚肉) 등을 하사하고 있다.32) 특히 1465년(세조 10)

---

29) 『세종실록』 권20 세종 5년(1423) 5월 13일조, '禮曹啓 前例 投化人等限三年 勿論有無職 給春秋袷衣一襲 夏節單衣一襲 冬節襦衣一襲. 今濟用監事煩 製造爲難 請笠靴外衣服 每一名給春夏等苧布二匹縣麻布各一匹 秋冬等綿紬四匹 苧布二匹 縣布一匹 縣子三觔七兩 以爲恒式 從之.'

30) 『태종실록』 권26 태종 13년(1413) 8월 8일조, '宗貞茂使送客人及林溫使送客人等來獻土物. 溫投化來仕, 受將軍之職 後還入對馬島 爲倭萬戶.'

31) 『세조실록』 권5 세조 2년(1456) 10월 21일조, '且信沙也文 三甫難灑毛皆除司直 而信沙也文 則招來侍衛爲可 請竢上裁.'

10월 세조는 장가로(將家老) 등안길(藤安吉)을 불러들여 술을 내리도록 하고, 격인(格人)이 투화하여 오면 후대하고, 또 유인하여 투화시킬 것을 명하고 있다.[33] 또 1469년(성종 원년) 12월 신숙주는 왜인 평무속(平茂續)이 그의 아버지 때부터 국가에서 해마다 하사(下賜)하는 쌀을 받았고, 그가 투화하여 온 때에도 쌀을 하사했는데, 지금은 그의 집이 매우 군핍(窘乏)하므로 쌀과 먹을 것을 하사하여 그에게 우대한다는 뜻을 보이도록 권유하고 있다.[34] 이처럼 조선에서는 투화인에 대해서 조선 내에서의 안정적인 생활까지도 배려하는 정책이 실시되고 있다.

더구나 1462년(세조 8) 4월 이조(吏曹)에서 투화왜인인 행대호군(行大護軍) 평순(平順)에게 창원(昌原), 피상의(皮尙宜)에게 동래(東萊)를 본향으로 내려 주고 있다. 그런데 평순의 아버지인 중추원부사(中樞院副使) 평원해(平原海)와 피상의(皮尙宜)의 아버지인 부사직(副司直) 피사고(皮沙古)는 이미 조선으로부터 관직을 하사받은 바 있었다. 그리고 이 둘은 조선에서 태어나고 자라서 3품의 벼슬에 올라 있었다.[35] 이처럼 2대에 걸쳐서 투화한 왜인에게 관직을 하사하는 경우가 있었다.

그러나 조선의 입장에서 투화왜인 회유정책에는 부작용이 따르고 있었다. 우선 1418년(태종 18) 3월 하연(河演)의 상소에서는 투화한 왜인 등이 와서 조선에 의지해서 실기 때문에 이들에게 들어가는 비용이 적지 않으므

---

32) 『세종실록』 권12 세종 30년(1448) 12월 23일조, '乙亥 賜投化倭護軍藤九郎米酒鹽醬魚.'

33) 『세조실록』 권37 세조 1년(1465) 10월 6일조, '令將家老 藤安吉入閣內進酒 傳曰此輩格外人也 投化而來 當如是厚遇. 汝等其各誘引種類可任者 投化以來.'

34) 『성종실록』 권1 성종 즉위년(1469) 12월 24일조, '癸酉/禮曹兼判書申叔舟啓曰 今來倭人平茂續 自其父在時 國家歲有賜米. 茂續投化來 其時亦賜米 今無所賜. 臣聞茂續家甚窘乏 請賜米及食物 以示優待之意. 乃命賜米豆幷十碩及食物.'

35) 『세조실록』 권28 세조 8년(1462) 4월 24일조, '吏曹據投化倭人行大護軍平順等狀告啓 平順父中樞院副使原海 則去丙子年 皮尙宜父副司直沙古則去己卯年出來 侍衛身死. 後臣等生長於此 特蒙上恩 官至三品 但無本鄉 至于子孫 以日本稱鄉未便. 乞依梅佑 唐夢璋例賜鄉. 臣等照得平順 尙宜等生于本國 侍衛已久 請賜鄉. 命賜尙宜東萊順昌原.'

로 이제부터 양식을 주지 말도록 건의하고 있다. 그러나 조정은 평도전(平道全) 등으로 인하여 지금까지 보전할 수 있었으므로 이들이 아직 조선에서 정착하지 못했을 때에 양식을 주어서 궁핍함을 도와주는 것을 당연한 일이라고 결정하고 있었다.36)

그리고 시간이 상당히 흐른 뒤에도 1418년과 같은 투화왜인 지원이 실시되고 있었다. 이를테면 1456년(세조 원년) 10월 향화왜인(向化倭人)·향화야인(向化野人) 등이 받는 월름(月廩)·의전(衣纏)·마료(馬料) 등의 수량이 지나치게 많다고 보고, 해당 관청으로 하여금 그들이 투화한 시기가 멀고 가까움과 생계가 넉넉하고 가난함에 따라서 그 접대의 경중(輕重)을 고찰하여 그 수량을 적당히 헤아려 감하도록 건의하고 있다.37) 또한 북쪽으로는 야인(野人)이 있고 남쪽으로는 왜(倭)가 있어, 투화(投化)하여 오는 자가 날로 끊이지 않으므로 이를 다 접대하려면 국가재정이 수요를 응하기 어렵고, 이를 거절하면 변경(邊境)에 근심이 생길 것을 고민하고 있다.38) 또한 투화왜인에 대한 지원뿐만 아니라 대(對)일본 국교 관계에서 입국하는 사행의 접대도 커다란 부담이었다. 즉 조선에 도항하는 왜인은 통교인이지만 진상과 회사의 조공무역을 행하고 있었기 때문에, 조선정부는 그들이 도항해서 귀환할 때까지의 접대비용을 부담하였다.39) 이처럼 투화왜인의 관리와 사

---

36) 『태종실록』권35 태종 18년(1418) 3월 20일조, '代言河演啓曰 投化倭人等來居我國 非一二年矣. 而猶賴國家資生 其支費不貲 請自今勿復給糧. 教曰 此人等初來我國 不習家産之時 宜給糧以補乏. 旣習我國之事而已成其生, 可以耕田而食也. 寄食我國 以爲恒例 則無窮之欲 何時而已乎. 近者平道全與弟皮郎書, 賊人等造船一百五十隻 欲掠中國, 其於往來, 邊鄙之患可勝言哉. 我國因平道全等, 至今得保 此特權時之意也. 賊等多逞不義, 宜當自滅. 若不自滅 則豺狼之暴 何時而已乎. 儻中國知我國交通而不救中國之患, 則非特無事大之誠 其終必有腹心之疾. 予以此慮之無已.'

37) 『세조실록』권2 세조 원년(1455) 10월 17일조, '向化倭 野人等 所受月廩 衣纏 馬料之數過多 令該曹考其投化年月久近 活計豐約與夫接待輕重 量減其數.'

38) 『세조실록』권1 세조 4년(1458) 윤2월 25일조, '我國家北有野人 南有島倭 投化糊口者 日加絡繹 盡欲接之 則調度不裕 難以應溪壑之需 欲拒之不納 則非特違招撫之義 或生邊境之虞 將何術以處之.'

행의 접대비부담은 조선정부의 막대한 재정적 부담을 초래하고 있었다. 이처럼 왜인에게 관직을 주고 안정적인 정착과 거주를 돕기 위해서 의복과 식량을 지원해 주는 투화왜인 수용정책은 조선의 재정상에 커다란 압박으로 작용하였다. 따라서 국가재정의 부담과 변경의 안정 중에서 어느 것을 선택할 것인가가 조선의 고민이었다.

한편 조선 내에서 투화 왜인들의 불법적 약탈이 자행되고 있었다. 이것은 1494년(성종 25) 2월 정괄(鄭佸)·신종호(申從濩)·허계(許誡)·박원종(朴元宗) 등의 의논에 잘 나타나 있다. 제포(薺浦)의 왜인이 귀화한 지 이미 오래인데, 조선의 국법을 두려워하지 않고 어량(魚梁)을 강탈 점거하고 조선 관리까지 구타하는 행위를 자행하고 있었다.[40] 따라서 조선은 왜인(왜구를 포함해서)의 회유와 동시에 통제할 수밖에 없었고, 이것의 조화로운 전략이야말로 조선이 당면한 과제였다.

2. 투화왜인의 통제와 피난처로서의 조선

조선은 투화왜인에 대해서 회유와 통제를 병행하고 있었다. 예를 들면 1424년(세종 6) 5월 조선내의 여러 섬에 거주하는 왜인과 일찍이 투화하여 와서 사는 왜인이 자기들끼리 사사로이 소식을 통하는 것은 온당하지 못하다고 판단하고 상호내통을 금지시키고 있다.[41]

당시 조선에는 다수의 흥리(興利)왜인이 밀려 들어왔고 이들의 선박이 도서 연안의 각 포구에 흩어져 정박하였기 때문에 이것을 제대로 통제하는 일이 여의치 않았다. 따라서 조선은 흥리왜인이 각 포구에 자유롭게 출입

39) 한문종, 「조선전기 倭人統制策과 통교위반자의 처리」, 『日本思想』 7, 2004, p.57.
40) 『성종실록』 권287 성종 25년(1494) 2월 27일조, '鄭佸 申從濩 許誡 朴元宗議 薺浦倭人 投化已久 不畏國法 占奪魚梁 以至毆打官差 罪固大矣.'
41) 『세종실록』 권24 세종 6년(1424) 5월 14일조, '禮曹啓 人臣義無私交 今諸島住倭人 及曾投化來居倭人私通消息 未便 請禮曹呈書外 自中私通消息痛禁 從之.'

하면서 야기되는 몇 가지 문제를 간파하였다. 첫째로는 군사적으로 조선 병선의 허실이 탐지되는 것, 둘째로는 이미 해변 고을에 거주하는 왜인과 일본을 오가던 흥리왜인이 접촉하여 여론이 문란해지는 것이었다.42)

시기의 차이는 있지만, 1497년(연산군 3) 1월 왜인 승려 설명(雪明)이 일본에 돌아가려 할 때, 예조의 보고에서 8도를 횡행하면서 산천의 험하고 평탄한 것과 민간의 사소한 일까지 두루 알고 있으므로 본토로 들어가는 것은 지극히 이롭지 못하므로 투화인의 예에 따라서 경(京) 안에 살게 하도록 종용하고 있다.43) 이러한 결정의 배경에는 아직 통교왜인에 대한 제 규정이 정비되지 않아서 흥리왜인들이 해안지방을 왕래하며 마음대로 교역하고, 또한 조선 거주 왜인들과 접촉하여 연해지역에서 군사상의 비밀을 정탐하는 등 많은 치안상·경제상의 폐단을 야기했기 때문이었다.44)

또한 1468년(세조 8) 4월 투화왜인 평무속(平茂續)이 대마주(對馬州)로부터 돌아왔다는45) 내용의 『세조실록』에서 보이듯이, 당시 투화왜인에 대한 출입이 지속적으로 통제 관리되고 있었음을 알 수 있다.

물론 조선은 투화왜인과 마찬가지로 북방의 야인들에게도 회유와 통제

---

42) 『태종실록』 권14 태종 7년(1407) 7월 27일조. 7월 경상도 병마절제사 강사덕(姜思德)은 이미 흥리왜인들이 각 포구에 흩어져 정박하고 있어서 실제로 이들을 통제하는 것이 어려웠으므로 이미 조선에 거주하고 있는 왜인이 본국과 자유롭게 왕래하는 흥리왜인과 접촉하는 것을 그대로 방치할 수 없음으로 조선 거주 왜인을 육지로부터 먼 곳으로 옮길 것을 건의하고 있다.

43) 『연산군일기』 권21 연산군 3년(1497) 1월 7일조, '禮曹啓 倭僧雪明供云 俺日本國博多島人. 生十四歲時 對馬島居倭而羅時羅入來語俺曰 若往朝鮮 則衣食俱給 爵秩亦加. 俺與同類六人 樂聞其言 甲午正月 隨到薺浦. 而羅時羅賣俺及同類人等於恒居倭人 俺憚其奴役 削髮爲僧 遍觀大國諸山 適國法禁僧甚嚴 長髮爲俗 寄寓恒居倭人而羅多羅家 欲還本土. 觀所供之詞 雪明橫行八道 山川險夷 民間細事 無不周知. 還入本土 至爲未便 請依投化人例 俾居京中 從之.'

44) 한문종, 「조선 전기 한일관계와 1407년의 의미」, 『지역과 역사』 2, 2008, pp.18~19 참조.

45) 『세조실록』 권45 세조 14년(1468) 1월 19일조, '庚辰 投化倭人平茂續 自對馬州來.'

정책을 병행하고 있었다. 1437년(세종 19) 9월 야인이 파저강을 건너 도망쳐 와서 토지, 벼슬, 녹봉을 요구하며 귀화할 길을 열어 달라고 간청하였으나 되돌려 보내고 있다.[46] 1441년(세종 23) 1월 여진의 어부로(於夫老)의 아들 권변(權邊)이 귀화하여 부사직(副司直)을 제수하였더니 하직하므로 의복·목화·갓을 내려 주었다는 내용도 보인다.[47] 같은 해 3월 귀화한 우을주(亐乙主) 등 21인에게 종자와 양식을 주어 길주(吉州)에서 살게 하기도 하였다.[48] 또 1월 오랑합(吾郎哈) 주보비(朱甫非)가 건주(建州)로 투화해 오니, 장가를 보내주고 옷·이불·노비 등을 주어 편히 생활하도록 해 주었다는[49] 기록이 보인다. 심지어는 1467년(세조 12) 1월 야인으로서 투화해 오는 사람은 족속(族屬)의 강약에 따라 3등으로 나누어서 1등은 문음(門蔭) 사대부(士大夫) 집과 2등은 잡직(雜職) 사대부(士大夫) 집과 3등은 평민(平民) 집과 통혼(通婚)하도록 하자는 대사헌(大司憲) 양성지(梁誠之)의 상소도 존재한다.[50]

이처럼 조선에서 왜인과 야인 투화자들을 회유하기도 하고 적극적으로 지원하기도 하였지만, 한편으로는 투화를 거부하거나 통제하는 경우도 있었다. 따라서 조선의 왜인과 야인에 대한 통제와 관리는 고려의 그것보다 체계적으로 유지되고 있었다고 생각된다.

---

46) 『세종실록』 권78 세종 19년(1437) 9월 29일조, '自婆猪江逃來投化者頗多. 獻議者云 或給土田 或賜爵祿 以開投化之路. 大臣皆以謂 是皆逋逃之人也. 宜從酋長之請 竝還本土. 予以爲然 許令還送. 旣而問之 來請者率投化者纔越江 盡射殺之 予乃悔焉.'

47) 『세종실록』 권92 세종 23년(1441) 1월 26일조, '先是 女眞指揮於夫老子權邊來投授 副司直 至是辭賜衣服靴笠.'

48) 『세종실록』 권92 세종 23년(141) 3월 4일조, '辛丑 投化亐乙主等二十一人 賜種糧安業于吉州.'

49) 『세종실록』 권94 세종 23년(1441) 11월 16일조, '己酉 御勤政門受朝 吾郎哈朱甫非自建州投化來朝 命娶妻 給衣衿奴婢 以安其生.'

50) 『세조실록』 권40 세조 12년(1467) 11월 2일조, '今後野人之投化者 以族屬强弱 分爲三等. 一等於門蔭士大夫家 二等於雜職士夫家 三等於平民家通婚.'

그렇다면 왜인이 조선에 투화해 오는 목적은 무엇인가? 첫째, 피난지로 서 조선을 선택하는 경우가 있었다. 1437(세종 19) 3월 종정성(宗貞盛)이 대마도에서 도망하여 온 사람을 찾아 돌려보내줄 것을 청하고 있다. 이것은 대마도의 백성 마삼랑(馬三郎) 등 26명이 배를 훔쳐 가지고 도망하여 조선 의 산달포(山達浦)에 정박하고 있으니 조선에서 속히 돌려보내 달라는 내 용이었다.[51]

둘째, 무엇보다도 교역을 통한 '경제적 이익'의 추구였다. 이미 앞에서 조 선에서 실시한 다양한 투화왜인의 지원정책을 열거하였다. 그럼에도 조선 에서 금지한 품목을 밀매하는 투화왜인이 간혹 있었던 것 같다. 투화한 왜 인 표사온(表思溫)·표명(表明) 등이 왜인과 사사로이 내통하여 몰래 금 (金) 41냥(兩) 1전(錢), 은(銀) 1백 47냥 진주(眞珠) 78매(枚)를 밀매하다가 의금부에 들통 난 사건이 그것이다.[52]

따라서 왜인이 조선에 투화하는 목적은 피난처로서 '삶의 터전'의 확보 와 교역을 통한 '경제적 이익'의 추구였다고 생각할 수 있다.

3. 삼포에서의 왜인 거주와 생활

그렇다면 조선에서 집단거주 특구라고 할 수 있는 삼포에 거주하는 왜인 의 삶은 어떠한가?

우선 삼포에서 왜인의 삶을 알아보기 전에 삼포의 설치시기를 살펴보아 야 할 것 같다. 기존의 연구에서는 부산포와 내이포의 설치시기와 관련해서 몇 가지 설이 주장되었다. 먼저 1407년(태종 7)에 설치되었다고 보는 설

---

51) 『세종실록』 권76 세종 19년(1437) 3월 3일조, '宗貞盛請刷還本島逃來人 其書略曰本 島百姓馬三郎等二十六名 去年偸船逃出 到泊山達浦 請速遣還.'

52) 『세종실록』 권109 세종 27년(145) 8월 5일조, '丙午 義禁府啓 投化倭表思溫 表明等 私通倭人 潛相買賣金四十一兩一錢 銀一百四十七兩 眞珠七十八枚 並沒官 從之思溫杖 死獄中.'

과53) 1409년(태종 9) 설치로 보는 설로54) 크게 대별해 볼 수가 있다. 그런
데 1407년 경상도 병마절제사 강사덕(姜思德)이 각 포소(浦所)의 사정을 상
서하는 내용의 기록을 보도록 하자.

　　홍리 왜선(興利倭船)이 각 포구에 흩어져 정박하여 병선(兵船)의 허실(虛
　實)을 엿보고 있으니 실로 미편합니다. 지난번에 도절제사(都節制使)가 의
　정부(議政府)에 보고하여, 좌우도 도만호(左右道都萬戶)가 방어하는 곳에
　와서 정박하도록 하였으나, 여러 섬의 왜선에게 두루 알리지 못한 까닭에 전
　과 같이 각포(各浦)에 흩어져 정박합니다. 청컨대, 각 섬의 거수(渠首)에게
　두루 알리고, 행장(行狀)을 만들어 발급하여 도만호(都萬戶)가 있는 곳에 와
　서 정박하게 하여 속이고 위장하는 것을 막고 체통을 세우도록 하소서…55)

　여기에서 상서문의 내용을 살펴보면 도절제사(都節制使)가 의정부(議政
府)에 보고한 내용 속에 좌우도 도만호(左右道都萬戶)가 방어하는 곳에 와
서 정박하도록 왜선들에게 명령하는 것으로 되어 있다. 이 내용에서는 포소
로 정해진 곳이 어느 곳인지 불명확하지만, 이미 1407년 이전부터 부산포와
내이포가 포소로 운영되고 있었을 가능성을 시사하고 있다

---

53) 이현종, 『朝鮮前期對日交涉史硏究』, 한국연구원, 1964 ; 김의환, 「부산왜관의 변천
　　과 日本 專管居留地」, 『朝鮮近代對日關係史硏究』, 1979 ; 한문종, 「조선 전기 한일
　　관계와 1407년의 의미」, 『지역과 역사』 22, 2008.
54) 나종우, 「조선 초기 대일본 통제책에 대한 고찰」, 『如山柳炳德博士華甲紀念韓國哲
　　學宗敎思想史』, 1990 ; 장순순, 「조선 전기 왜관의 성립과 조·일외교의 특질」, 『한
　　일관계사연구』 15, 2001.
55) 『태종실록』 권14 태종 7년(1407) 7월 27일조, '興利倭船 於各浦散泊 窺覘兵船虛
　　實爲未便. 前番都節制使報于議政府 使於左右道都萬戶防禦之處到泊 (令)諸島倭船不
　　能通知其故 依前於各浦散泊. 乞通諭各島 渠首行狀成給 使於都萬戶在處到泊 以防詐
　　僞 以一體統.'

<표 2> 조선 초기 삼포개항에 관한 연차별 기록

장소	내용	출처 년대	기사 내용
富山浦 (釜山浦)	홍리왜인의 내항과 부산포의 개항	1407년(태종 7) 7월	홍리왜선이 左右道 都萬戶가 방어하는 곳에 와서 정박하도록 하였으나…(후략)
		1412년(태종 12) 8월	왜선 17척 富山浦 來泊
		1417년(태종 17) 9월	富山浦 정박
		1418년(태종 18) 3월	일본 客人과 홍리왜선이 이르러 정박
		1418년(세종 원년) 9월	왜인이 부산포와 내이포에 모여드니…(후략)
		1423년(세종 5) 4월	왜선 4척 富山浦에서 乃而浦로 돌아가 정박하도록…(후략)
		1423년(세종 5) 10월	객인이 숙박하는 乃而浦와 富山浦 두 곳에 船軍으로 하여금 館舍와 창고를 더 짓게 하고…(후략)
		1424년(세종 6) 12월	지금 조선이 乃而浦와 富山浦이외에는 통행하지 못하게 하고…(후략)
		1426년(세종 8) 1월	내이포와 부산포 이외에 蔚山의 鹽浦에서도 무역을 허가하기로 하였으니…(후략)
乃而浦 (薺浦)	홍리왜인의 내항과 내이포의 개항	1407년(태종 7) 7월	홍리왜선이 左右道 都萬戶가 방어하는 곳에 와서 정박하도록 하였으나.. 내이포는 홍리왜선과 倭客의 使船이 항상 정박하니…(후략)
		1418년(세종 원년) 9월	왜인이 부산포와 내이포에 모여드니…(후략)
		1420년(세종 2) 11월	대마도 상선이 乃而浦에 도착
		1423년(세종 5) 4월	왜선 4척 富山浦에서 乃而浦로 돌아가 정박하도록…(후략)
		1423년(세종 5) 10월	객인이 숙박하는 乃而浦와 富山浦 두곳에 船軍으로 하여금 館舍와 창고를 더 짓게 하고…(후략)
		1423년(세종 5) 11월	回禮使의 선박이 일본 국왕사의 배 18척과 함께 乃而浦에 도착 정박하였다.
		1424년(세종 6) 1월	京中과 각도에 산재한 왜인 80명을 乃而浦에 모이게 하고…(후략)
		1424년(세종 6) 12월	지금 조선이 乃而浦와 富山浦 이외에는 통행하지 못하게 하고…(후략)
		1426년(세종 8) 1월	내이포와 부산포 이외에 蔚山의 鹽浦에서도 무역을 허가하기로 하였으니…(후략)

장소	내용	출처 년대	기사 내용
鹽浦	흥리왜인의 내항과 염포의 개항	1417년(태종 17) 10월	염포는 왜선이 연속하여 정박하는데…(후략)
		1418년(태종 18) 3월	염포와 가배량에 각각 왜관을 설치하여 항거왜인을 나누어 거주하게…(후략)
		1426년(세종 8) 1월	내이포와 부산포 이외에 蔚山의 鹽浦에서도 무역을 허가하기로 하였으니…(후략)
加背梁	흥리왜인의 내항과 가배량의 개항	1418년(태종 18) 3월	염포와 가배량에 각각 왜관을 설치하여 항거왜인을 나누어 거주하게…(후략)
		1433년(세종 15) 2월	宗貞盛이 加背梁·仇羅梁·豆毛浦·西生浦 내왕하면서 교역을 청하였으나, 이미 富山·乃而浦·鹽浦에서 장사를 허가하였으므로 허락하지 않았다.
		1435년(세종 17) 10월	加背梁에 왕래하면서 무역하는 것을 금지

그리고 〈표 2〉에서 보는 바와 같이 1418년(태종 18) 왜인 거주와 흥리 왜인의 증가로 염포와 가배량에 왜관을 설치하고 왜인의 집단 거주를 허가하였다. 따라서 1418년이 되면 왜인이 집단거주하고 도항할 수 있는 포소를 부산포·내이포·염포·가배량 등 4곳으로 확대되고 있음을 알 수 있다. 그러나 1419년에 이르면 조선의 대마도 정벌로 대마도와의 외교관계가 단절되었고 포소도 폐쇄되었다. 그런 이후에 1423년(세종 5) 부산포와 내이포가 다시 개항되었고, 1426년(세종 8) 염포도 추가로 개항되면서 이른 바 '삼포(三浦)'의 시대가 열리게 되었다.

그러나 삼포의 유지와 운영에는 부작용이 지속적으로 나타나고 있었다. 1432년(세종 14년) 삼포(三浦)에 정박했던 객인들이 수로(水路)를 경유하여 상경할 때, 반드시 상주(尙州)·문경(聞慶)·충주(忠州)·김천강(金遷江)을 경유하기 때문에 각 고을과 각 역의 백성들은 농기를 놓치게 되므로 이탈하여 도망하고 있다는 내용의 보고가 그것이다.[56]

---

56) 『世宗實錄』 권5 세종 14년(1432) 1월 8일조, '三浦到泊客人 雖由水路上京 必經尙州 聞慶忠州金遷江 故各官各驛之民 奔走失農 漸以流亡.'

또 삼포 왜인의 인원수와 관련해서 정해놓은 수보다 많은 왜인의 거주가 문제로 나타났다. 1436년(세종 18) 3월 대마도 종정성(宗貞盛)이 예조에서 신을 보내서 돌아가기를 원하는 사람은 모두 돌려보내고 그대로 거주하기를 원하는 사람은 조선 백성으로 삼으며, 자신의 관하의 60인에 대해서 특별히 이전처럼 삼포에 거주하게 해달라고 간청하고 있다. 이때에 조선은 내이포에 거주하는 왜인 253인과 염포에 거주하는 왜인 96인과 부산포에 거주하는 왜인 29인을 찾아 돌려보내고, 종정성이 남겨두기를 청한 사람과 그대로 머물러 살기를 진정 원하는 206인 만을 그대로 삼포에 거주하도록 허가하고 있다.57) 조선은 삼포의 과도한 왜인을 되돌려 보내고 일정한 인원을 유지하기 위해서 신경을 쓰고 있었다.

또 삼포에 입항하는 사송선(使送船)에 식량을 배급하는 문제를 놓고 승선 인원수를 정하고 있다. 1439년(세종 21) 사송선을 대·중·소(大中小)와 소소선(小小船)으로 구분하고, 대선(大船)에는 격인(格人) 40명, 중선 30명, 소선 20명, 소소선 10명으로 승선인원을 정하고 있다. 이것은 삼포에 입항하는 왜인의 수를 정하여 불필요한 경비지출을 막고자 하는 일종의 왜인 거주 제한 정책이었다.58)

또한 1440년(세종 22) 부첩(符牒)이 없이 각 포소를 무단으로 넘나드는 왜인에 대해서도 통제하고 있었다.59) 그리고 1443년(세종 25) 도망 중에 있는 도적과 본국에서 죄를 지은 왜인이 성명을 바꾸어 삼포에 은익하고 있으면 찾아내도록 지시하고 있다.60) 이처럼 조선은 도망자와 도적의 출입을

---

57) 『世宗實錄』 권71 세종 18년(1436) 3월 29일조, '遂遣敬差官于慶尙道 挨刷以送乃而浦住倭二百五十三人 鹽浦住倭九十六人 富山浦住倭二十九人. 其貞盛請留人及情願仍居二百六人 許令仍留.'

58) 『세종실록』 권85 세종 21년(1439) 4월 27일조, '遣敬差官于對馬島 其事目曰 一, 使送船分大中小及小小船 大船則格人四十名 中船則三十名 小船則二十名 小小船則十名 定爲常數 一依定數給糧. 其數外人 不許給糧之意開說.'

59) 『세종실록』 권89 세종 22년(1440) 5월 26일조, '若無符牒下海者 令各浦禁遏 亦勿許過送.'

60) 『세종실록』 권102 세종 25년(1443) 12월 16일조, '予惟在逃本賊及得罪本國之倭 恐

통제할 목적으로 왜인 통제를 강화하는데 주력하기도 하였다.

그렇다면 조선이 삼포에서 왜인의 거주인원 제한하고 출입을 통제하는 이유는 무엇인가? 1452년(단종 즉위년) 경상도 관찰사가 대마도를 눈앞의 도적이라 규정하고 이들이 삼포에 머물거나 바다를 건널 때 필요한 양곡이 1년에 12,000여 석 이상이라고 하소연하고 있다.[61] 여기에는 대마도주에게 하사하는 쌀·콩 200석과 그 밖의 다른 왜인들에게도 매년 하사하는 쌀·콩 2-30석 혹은 4-50석의 식량도 포함되어 있었다.[62] 그리고 반세기가 흐른 1493년(성종 24)에도 그 비용은 3년간 45,000석이 소요된다는 보고가 있다.[63] 따라서 조선에서 왜인에 대한 거주제한과 통행제한을 실시하는 이유는 조선이 부담하는 비용의 문제였던 것으로 생각된다. 반면에 삼포에서 장기 거주하는 왜인에게는 어떤 어려움이 있었을까?

첫째, 삼포에서 살고 있는 왜인에게는 조선에 대한 두려움과 공포가 있었다. 1478년(성종 9) 평국충(平國忠)이 대마도로 돌아가면서 삼포의 왜인들에게 조선 연해의 각 고을에서 무기를 준비하고 있으며 장차 왜인에게 크게 음식 대접을 할 것이라고 유언비어를 유포하였다. 이때에 왜인들이 크게 놀라서 아내와 자식을 이끌고 배에 태워서 변란에 대비하였다는 기록이 전한다.[64] 따라서 1419년 정벌 이후에 삼포에 사는 왜인은 항상 병란에 대

或變名易姓 潛來隱伏. 卿知此意 密諭舊住親信之倭曰 如有潛來者 盡心伺察以告 則國家必厚賞汝矣 多方設計以捕之.'

61) 『단종실록』 권4 단종 즉위년(1452) 12월 26일조, '慶尙道觀察使啓曰 對馬島實是門庭之寇 須預儲兵糧 以備緩急 第因倭人等留浦 過海糧及供億浩繁 一年用度 不下一萬二千餘石.'

62) 『단종실록』 권12 단종 2년(1454) 12월 7일조, '歲賜島主米豆二百石, 其餘酋長 亦各歲賜米豆二三十石, 或四五十石, 又汝島之民.'

63) 『성종실록』 권278 성종 24년(1493) 윤5월 8일조, '廣原君李克墩來啓曰…(중략)…一, 近年客人出來之數 比前日少減. 然考庚戌·辛亥·壬子三年 三浦所費之數 則大槪四萬五百餘石 若有凶歉 國家將何以待之.'

64) 『성종실록』 권89 성종 9년(1478) 2월 11일조, '三浦居倭常稱限年斯居 深懼兵亂將至 會平國忠自貴國而去 謂倭人曰 沿海各官大備戎器. 且云 將大餉倭人. 倭人聞之大驚 携

한 두려움을 가지고 있었던 것으로 생각된다.

둘째, 삼포 거주 왜인이 부담하는 이중의 세금 부담과 빈곤이었다. 삼포에 사는 왜인은 매년 세금으로 무명을 대마도주에게 바쳤는데, 대호(大戶)는 2필(匹), 소호(小戶)는 1필로서 삼포의 대관(代官)인 국장(國長)이 이것의 징수를 관장하고 있었다.[65] 또한 1494년(성종 25) 2월과 3월에 조선 조정에서 삼포 왜인이 조선의 백성과 다름없으므로 이들에게서 세금을 거두는 것은 타당하다고 논의하고 있다.[66] 당시 실제 삼포 왜인의 삶은 풍년이 들었을 때 일기주(一岐州)와 삼포(三浦)에서 물고기·소금·콩 등을 사서먹고, 흉년이 들면 상수리 열매와 칡·고사리의 뿌리로 연명할 정도로 살기가 매우 어려웠다.

그리고 왜인은 삼포에 살면서 본토인 대마도와 어떠한 연결관계를 가지고 있었는가? 1476년(성종 7) 대마도 선위사(對馬島宣慰使) 김자정(金自貞)이 대마도를 돌아보고 보고하는 내용을 정리해 보면 쉽게 알 수 있다. 입석우경량(立石右京亮) 국장(國長)이 대마도주의 명을 받고 김자정을 알현(謁見)하여 자신이 본래 삼포에서 거주하는 왜인들을 총괄하는 '三浦總治者'임을 밝히고 있다.[67] 따라서 삼포에서의 통제권은 조선에게 있었지만 대마도주에게도 관할권이 있었으므로, 삼포 왜인은 이중적인 부담을 감수할 수밖에 없었다.

負妻子 乘船待變.'

65) 『성종실록』권196 성종 17년(1486) 10월 6일조, '三浦居倭 每歲以緜布納貢于島主大戶二匹 小戶一匹 三浦代官國長掌之.'

66) 『성종실록』권287 성종 25년(1494) 2월 25일조, '初量田巡察使尹孝孫啓: *三浦居倭所耕田不收稅, 而我民代納甚苦. 請區別倭所耕田, 勿令收稅.' ; 『성종실록』권28, 성종 25년(1494) 3월 8일조, '權柱曰 "收稅事, 不必聽其可否也. 三浦居倭, 與本國編氓無異, 雖不言於島主, 理當收稅也."

67) 『성종실록』권69 성종 7年(1476) 7月 26일조, '欲更待一兩日 見病證受之. 殿下特遣官來慰 天威甚邇 敢有他心 辭甚切至. 國長謂臣曰 我本總治三浦居倭 禮當候謁 以島主未會 不敢私見. 今則島主有命故來耳.'

따라서 삼포에서의 왜인의 삶은 고될 수밖에 없었다. 이런 상황에서 삼
포 왜인의 행동의 변화를 1510년(중종 5) 4월 경기·충청·강원 3도 관찰사
에게 내린 교서(敎書)를 통해서 알 수 있다. 투화왜인은 처음 투화하여 조
선의 무육(撫育)하는 은혜를 우러러 보았지만, 마침내 만연히 창궐하여 문
득 흉한 짓을 자행하고 있다는 기록이다.[68] 따라서 시간이 흐를수록 조선
내에서의 왜인의 난폭한 행동은 통제 불능 상태로 빠져들고 있었다.

Ⅳ. 맺음말

고려 초기에 북쪽으로부터 상당수의 야인 투화세력이 존재하였다. 그리
고 고려는 투화해 오는 야인을 적극적으로 수용하는 정책을 실시하였다. 투
화야인에게 생활에 필요한 토지를 지급하는 것은 물론이고, 이들을 군제에
도 편성하였다, 이처럼 고려는 초기부터 투화야인과 고려인이 공존할 수 있
는 집단거주를 허용하는 국제화된 나라였다.

마찬가지로 고려 초기부터 남쪽에서 투화하는 왜인이 존재하였다. 그리
고 일본 상인들이 왕래하면서 1056년부터 왜인의 금주(金州) 거주가 시작
되었다. 반면에 1260년에는 제주도에 송 상인들과 왜인들이 수시로 왕래하
는 것에 대해서 비상사태로 대처하고 있다. 이것은 왜인에 대한 포용뿐만
아니라 경계가 함께 이루어지고 있었음을 시사한다. 그러나 고려 초기 투화
왜인의 수용정책에 대해서 어다만 몽골의 고려와 일본침입으로 한동안 뜸
했던 왜인의 집단거주가 1360년대부터 조선 전기까지 자주 등장한다. 이때
에 왜인투화의 목적은 임시 거처나 피난처를 구하는데 있었다. 고려의 투화

---

68) 『중종실록』권1 중종 5년(1510) 4월 16일조, '下敎書于京畿 忠淸·江原三道觀察使
　　曰…(중략)…始投化而來降 仰我撫育之惠 終蔓延而猖獗 輒肆豺虎之凶處劉我人民, 殺
　　害我邊將.'

왜인에 대한 대응은 이들을 분산 거주시키고 임시 거주를 허가하는 정도의 소극적인 배려뿐이었다. 그러나 조선 초기에 접어들면서 투화왜인의 상황이 일변한다. 즉 왜인의 투화 빈도와 그 수가 고려와 비교가 될 수 없을 만큼 한순간에 증가하기 때문이다. 그 이유는 조선의 대(對)투화왜인의 정책과 밀접하게 관련되어 있었다. 조선에서 투화왜인에게 높은 관직과 재물을 하사할 뿐만 아니라 본향을 하사하는 경우도 있었다. 반면에 여러 섬에 거주하는 왜인과 일찍이 투화한 왜인이 사사롭게 연락하는 것을 금지시키는 견제도 병행하고 있었다.

한편 조선의 입장에서 적극적인 투화왜인 포용정책에는 부작용이 따르고 있었다. 1418년(태종 18) 하연(河演)의 상소에는 투화왜인에게 들어가는 비용이 적지 않으므로 이제부터 양식을 주지 말도록 건의하고 있다. 이처럼 조선전기 왜인이 끊임없이 투화해 오므로 이를 다 접대하려면 국가 재정이 그 수요를 응하기 어렵고, 이를 거절하거나 받아들이지 않으면 변경에서 소란이 생기는 것이라고 고민하고 있었다. 이것이야말로 조선의 고민이며 국가적 난제였다.

그러면 조선 내에서 국가적으로 통제와 관리를 받는 왜인 투화자가 다수 발생하는 이유는 무엇인가. 첫째는 왜인의 피난처로서 조선을 선택하였기 때문이다. 둘째는 투화왜인들이 얻을 수 있는 경제적 이득 때문이었다. 삼포에 집단 거주하는 왜인의 목표는 '삶의 터전'과 '경제적 이득'을 확보하는 것이었다. 따라서 조선의 삼포(三浦)는 본국 내의 동조세력과 일족에게는 최상의 인센티브를 제공하는 '삶의 공간'으로 기능하였다. 그리고 삼포에서 왜인들은 본국에서 자치적으로 운영되던 '惣村'의 기능을 응용한 '三浦總治者'를 내세우고 각 포소의 추장을 중심으로 자치적인 행정조직망을 유지해 나갔다. 즉 이들은 본국에서처럼 삼포 내에서도 자신들의 힘을 결집시키는 조직과 리더십을 유지해 나가고 있었다.

제2장 중세 일본 표류민·피로인의 발생과 거류의 흔적

I. 머리말

지정학적으로 현해탄이 위치한 한국과 일본 사이에는 표류민이 관한 사료가 적지 않게 나타난다. 예를 들어『고려사』·『조선왕조실록』·『鎌倉遺文』·『吾妻鏡』에는 고려 초기 고려인의 일본 표류와 이들의 송환에 관한 기록이 다수 존재하고 있다. 그런데 여·몽원정군이 일본을 침입한 이후에 표류민 대신에 피로인(被虜人) 송환으로 바뀌는 점이 특징이다. 또한 조선 초기 이후에는 다시 표류민에서 피로인의 송환으로 다시 변화하고 있다. 따라서 시대상황을 민감하게 반영하고 있는 표류민과 피로인의 송환은 한·일 양국의 대외관계를 대변하는 주제어로 적합하다고 할 수 있다.

그럼에도 불구하고 피로인과 관련하여 다나카 다케오(田中健夫)는『倭寇』에서 유구(琉球)가 조선에 통교의 메시지로 이용하였고, 전매의 대상, 노예, 전매되는 자 등의 표현을 빌려 피로인을 멸시적인 관점에서 접근하였다.[1] 또 세키 슈이치(關周一)는 반대급부로 물자를 얻을 수 있고, 통교관계에서 권익을 얻기 위한 것이었으므로 교역의 대상(일종의 상품)이었다고 평가하고 있다.[2] 그리고 하우봉은『조선후기의 대일관계』에서 왜구금압과 피로인의 송환이 조선이 대일외교의 바탕에 있었고, 왜구의 평화로운 통교자

---

1) 田中健夫,『倭寇』(海の歴史), 教育社, 1982, pp.40~86 참조.
2) 關周一,『中世日朝海域史の研究』, 吉川弘文館, 2002, p.44.

전환이라는 조선의 대일정책의 과정에서 얻는 부차적인 외교적 성과로 파악하고 있다.[3]

이처럼 기존의 연구에서는 고려 표류민의 문제는 일본이 고려와의 진봉관계를 유지하거나 고려와의 교역을 전개하기 위한 평화메시지로 평가하고, 한편으로는 왜구가 빈발하던 시기에 피로인을 외교의 성과 혹은 그 성과의 대용물로 평가하고 있을 뿐이다. 이처럼 기존의 연구자들에 의해서 고려와 조선의 표류민과 피로인은 결코 연구의 목적이 아니라 수단으로 인식하고 있는 듯한 인상이다.

그렇다면 기존의 연구에서 분석한 것처럼 해류에 떠내려간 표류민과 무력으로 납치된 피로인의 송환이 여·일관계의 청신호, 혹은 교역을 개시하기 위한 조공품, 더 나아가서 고려·조선 조정의 강력한 송환의지에 대한 성과물로 평가절하 되어야 하는가. 다시 말해서 표류민과 피로인의 송환이 여·일의 우호적 태도가 낳은 정치적 부산물로만 이해해도 좋은지에 대해서 의문이 생긴다. 유사 이래 동아시아의 세계는 정치적 교섭이외에 상호이해와 공존의 틀 속에서 인적교류가 존재해왔기 때문에, 표류민과 피로인의 왕래를 인적 네트워크의 주체로 새롭게 정립하려는 방법론적 접근이 필요하다고 생각한다.

따라서 본고에서는 표류민과 피로인 송환 문제를 주제로 고려·조선인이 납치되는 근본적인 이유와 일본 내에서 이들이 어디에 집단 거류했으며, 이들이 다시 송환되는 내면적 이유를 중심으로 경제론적 시각에서 연구 주제어로 재검토할 것이다. 왜냐하면 표류민·피로인의 납치와 송환은 대부분 일본 내부 사정의 반영이라고 볼 수 있기 때문이다. 이에 각 장에서는 송상인의 집단거주지와 표류민과 피로인 송환의 사회적·경제적 의미, 피로인 집단 거류의 문제, 그리고 피로인 송환을 통해서 송환자들이 얻게 되는 경제적 가치를 중심으로 재검토해 보고자 한다.

---

3) 河宇鳳, 『朝鮮後期의 對日關係 『講座 韓日關係史』, 효음社, 1994, p.256 참조.

Ⅱ. 송 상인의 집단거주지와 일본 상선의 고려 진출

동아시아 세계의 고대는 당의 책봉체제와 송의 교역 시스템이 중심을 이루는 시기였다. 따라서 고대 말 일본의 경우에 九州 북부지역에서는 송 상인을 중심으로 고려 상인의 왕래가 빈번하게 이루어지고 있었다. 예를 들어 1085년 북송 상인 王端, 柳念, 丁載가 博多에 와서 교역을 요청하였고, 博多, 平戶, 坊津, 敦賀 등의 항구가 붐비었는데,[4] 무역품이 시내에 넘쳐났다고 전하고 있다. 따라서 博多와 平戶島에 송 상인들의 흔적을 쉽게 찾아 볼수 있다. 또 1159년(平治 원년)『百鍊抄』의 기록에는 그 내용을 정확히 알수 없지만 고려 상인이 播磨에 방문했었음을 알 수 있는 기록도 남아있다.[5] 이외에도 거란 상인, 동남아시아의 상인들이 일본을 대상으로 활발하게 무역활동을 전개하고 있는 것이 11~2세기의 동아시아 교역의 특징이다.

그러면 11~2세기 동아시아 세계에서 송, 고려, 거란과 실시하였던 일본의 교역 형태를 살펴볼 필요가 있다. 우선 고대 일본 조정에서 선택한 대외무역의 형태는 840년(承和 7)『續日本後紀』의 기록에 잘 나타나 있다.[6] 당시의 관례에 따라서 "人臣無境外之交" 즉 신하(人臣)인 자와는 교역할 수 없다는 일대원칙을 정해 놓고 있었다. 이후에도 이러한 원칙은 奈良시대부터 平安 전기에 걸쳐서 유지되었고 11~2세기 대외무역에서도 九州의 博多에 鴻臚館이라는 국가 영빈관을 통해서 통제관리 하고 있었다. 따라서 이곳은 외국상인들이 일본에 방문하였을 때 숙박하고 거래할 수 있게 허가된 공무역의 거점이었다.

이러한 공무역 통제 시스템 속에서 일본 귀족들은 왜래 물품에 대해서

---

4) 中村榮孝, 『日麗關係史の研究』(上), 1965, p.17 참조.
5) 『百鍊抄』平治 원년(1159) 8월 2일조, "陣定. 竈門宮燒死, 並高麗國商人□□播磨國伊和社燒死."
6) 『續日本後紀』承和 7년(840) 2월, "大宰府言 藩外新羅臣張保皐 遣使獻方物卽從鎭西追却焉 爲人臣無境外之交也."

강한 동경을 가지고 있었다. 송 상인들이 가지고 온 珍寶는 당연히 9세기 이후의 전례대로 大宰府 鴻臚館의 공설시장에서 大宰府의 감독을 받으며 공정가격으로 우선 진보의 소유에 강한 욕구를 가진 귀족과 京都의 궁정에 팔려 나갔다. 한편 민간에서의 판매에서도 大宰府의 공정가격에 따르지 않으면 안 되었다. 따라서 이와 같은 불리한 무역조건을 기피하려는 송 상인은 不輸不入의 특권을 가진 장원의 항구에 입항하였고, 여기에서 장원영주와 莊官들과의 공공연한 밀무역이 행해졌다. 이렇게 해서 博多, 平戶, 坊津, 有明海에 접해 있던 肥前 神崎莊 등의 항구가 밀무역항으로서 새롭게 대두되었다. 이와 더불어 博多 등지의 장관이 무역에 관여해서 상업자본을 축적하고 무역상인이 되는 일도 있었다. 또 송 상인들 중에서는 博多 등지에 거주하거나 귀화하는 자도 나타났다.[7]

따라서 중세 이전부터 北九州지역에서는 중국(송) 상인들이 거주하는 집단거주지가 존재하였고, 이곳을 중심으로 장기간 거주하면서 무역활동을 왕성하게 전개하고 있었다. 이 같은 교역시스템은 11세기 말기부터 12세기 전기에 걸쳐서 전성기를 구가하고 있었는데, 博多에서 다량 발굴되는 도자기와 송전과 같은 유물을 통해서 입증되고 있다.[8] 이곳은 송과 일본의 인적·물적 교류의 현장이었다. 그러나 송 상인의 잦은 왕래와 거주는 현지에서 다양한 문제를 야기 시켰다. 예를 들어『靑方文書』의 기록에 따르면 송 상인은 일본에 장기 체류하면서 현지인과 결혼을 하고 그들 사이에 자식도 갖게 된다. 1161년경 九州 五島열도의 小値賀島에서 源直가 淸原三子와 이혼한 다음, 平戶島에 있던 송나라 상인 蘇船頭의 후처를 맞아들이고 있다. 그리고 송상인 蘇씨와 그의 후처 사이에서 낳은 아들 連을 源直가 자신

---

7) 森克己,「鎌倉時代の日麗交渉」,『朝鮮學報』34, 1965, p.64 참조.
8) 1977년 福岡에서 지하철 공사를 하면서 博多역에서 북쪽으로 대규모 발굴 이 실시된 이래 계속해서 많은 유적이 발굴되었다. 특히 福岡城 유적지에 서 鴻臚館의 유구, 商人町 근처와 沙州의 해변에서 백자의 파편이 대량 발견되었다.

에게 입적시켜 양자로 삼고 재산까지 양도하고 있다.[9] 이 기록을 통해서
당시 송나라 상인인 蘇씨가 平戸島에서 생활기반을 갖고 장기 거주하고 있
었다는 사실을 알 수 있다. 이러한 사실은 송 상인의 거류지가 平戸島에 존
재하였고, 이들의 왕래와 거주가 자유롭게 이루어지고 있었다는 사실을 입
증한다고 하겠다.[10] 이처럼 일본 안에서 이방인이라고 할 수 있는 송 상인
의 유산과 그 양도를 둘러싼 처리문제를 놓고 종종 소송이 발생하는 경우
도 있었다.

한편 九州지역의 장원영주와 博多의 상인들에게 있어서 막대한 이익을
창출하는 밀무역은 떨칠 수 없는 유혹이었다. 그리고 장원영주와 博多의 상
인들은 당시에 博多와 기타지역에 거주하면서 활동하는 송 상인들의 무역
독점을 점차 비판적으로 보기 시작했다. 따라서 이제까지의 수동적 자세에
서 벗어나 무역선을 직접 건조해서 무역에 뛰어드는 적극성을 갖기 시작하
였다. 그러나 무역선을 송에 보내는 일은 그리 간단하지 않았다. 왜냐하면
10세기 견당선이 폐지된 이후의 선박건조와 항해기술 수준이 더욱 열악해
졌기 때문이다. 11세기 후반이 되었음에도 해외진출을 위한 무역선의 제작
기술 수준은 매우 졸렬하였고, 계절풍을 이용하는 항해기술도 미숙하여 난
파당하는 경우가 속출하였다.

따라서 미숙한 항해기술을 극복하기 위해서 동중국해를 횡단하는 직항로
를 포기하고 어쩔 수 없이 九州에서 고려의 남해안과 서해안의 섬과 섬을
징검다리 삼아 북상하는 연안항로를 선택할 수밖에 없었다. 따라서 11세기
후반에 시작된 해외진출에서 자연스럽게 고려 해안에 표류하는 일이 자주
발생하였다. 이렇게 열악한 기술과 자연현상의 제약으로 장원영주와 博多

---

 9)『靑方文書』安貞 2年(1228) 3月 13日, "離別三子之後, 相具平戸蘇船頭後家間, 以彼宋
    人子息十郎連, 稱直子息讓與之條."
10) 拙稿,「東아시아 經濟 圈域에 있어서 약탈의 주역, 海賊과 倭寇」,『中國史硏究』29,
    2004, p.152 참조.

상인의 상선의 진출방향이 고려와의 무역으로 결정된 것은 어쩔 수 없는 일이었다.[11] 반면에 고려의 경우에는 송의 선진문물 수용에 적극적이었기 때문에 송과의 교역을 권장하고 있었다. 따라서 일본 무역에 대해서는 수동적이었으며 그다지 높은 관심을 보이지 않고 있었다. 예를 들어 고려는 송 무역선이나 송 상인이 내왕하였을 때 개경에서 직접 교역하는 형식을 취하였지만 일본의 경우에 차별을 두는 경우도 있었다. 이러한 차별에도 불구하고 우선 일본상인은 고려와의 교역을 적극적으로 추진해 나갈 수밖에 없었다. 그리고 항해의 경험이 쌓여 平氏정권(1167~83) 시기에 송에 직접 항해하기 시작하였고, 가마쿠라시대에 들어와 점차 대송무역에 비중을 두기 시작하였다.

Ⅲ. 진봉과 고려 표류민의 송환 의도

일본 상인들의 고려를 대상으로 전개한 입국의 일차적 목적은 교역을 통한 경제적 이득에 있었다. 물론 교역은 항해기술과 사회적 조건들이 전제되었을 때 가능하다고 보는 것이 타당하다고 할 수 있다. 따라서 일본상선의 고려 입국도 바로 이러한 전제 조건이 갖추어졌기 때문에 진행되었다.

고려 초기 일본사신의 입국사실은 여러 차례 있었던 것으로 『日本紀略』과 『高麗史』에 전하고 있다.[12] 그러나 최초로 일본 상선이 고려에 입국한 일은 1073년(문종 27) 7월의 일이다. 일본에서 王則, 貞松, 永年 등 42명이 와서 螺鈿, 鞍橋, 刀鏡 등의 여러 가지 물품을 바치고, 壹岐島의 勾當官 藤井安國 등 33명이 와서 東宮과 여러 대신들에게 토산물을 바치려고 청하였

---

11) 森克己, 전게논문, p.65 참조.
12) 『日本紀略』承平 7년(937) 8월조 ; 天慶 2년(939) 3월조 ; 天祿 3년(972) 9월조 ; 天延 2년(974) 윤 10월조. 『高麗史』권7 세가 권7, 문종 10년(1056) 10월 참조.

다는 기록이 전하고 있다.13) 이후 일본상선의 입국과 관련된 기록을 쉽게 찾을 수 있는데, 『고려사』를 시작으로 고려와 일본의 문헌과 기록상에서 일본상인이 고려에 건너온 횟수는 문종시대 (1046~83)에 14회, 선종시대 (1083~94)에 6회, 예종시대(1105~22)에 2회, 의종시대(1146~70)에 2회, 총 24회이다.14) 일본상선의 입국횟수는 문종시대에 가장 빈번하였고 시기가 흐를수록 점차 그 횟수가 감소하는 추세에 있었다. 이 문제와 관련하여 예종·인종 시기의 국내외의 어수선한 분위기와,15) 1093년에 일본인 19인 송인 20인이 승선하고 있는 海船을 체포했다는 西海道按察使의 보고에서 짐작해 볼 수 있다.

安西都護府 관하에 있는 延平島 巡檢軍이 海船 한 척을 포착했는데 거기에는 송나라 사람 12명과 왜인 19명이 타고 있었으며 활, 화살, 칼, 갑옷, 투구 등과 수은, 진주, 유황, 法螺가 적재되어 있었는바 이는 필시 그 두 나라 해적들이 공모하여 우리나라의 변방을 침략하려는 것이 틀림없습니다. 그들의 가진 병기와 기타 물품들은 몰수하여 해당 관서에 넘기고 체포한 해적들은 嶺外로 유배하고 그 배를 잡은 순검군 군인들에게는 상을 주시기 바랍니다하니 왕이 그 의견을 따랐다.16)

---

13) 『高麗史』 권9 세가 권9 문종 27년(1073) 7월조, "東南海都部署奏 日本國人王則貞松永年等四十二人來請進螺鈿鞍橋刀鏡匣硯箱櫛書案畫屛香爐弓箭水銀螺甲等物歧島勾當官遣藤井安國等三十三人亦請獻方物東宮及諸令公府 制 許由海道至京."

14) 森克己, 전게논문, p.65 참조. 이에 대해서 나종우는 일본 상인이 고려에 입국하는 횟수에 대해서 문종시대 14회, 선종시대 6회, 예종시대 2회, 의종시대 2회, 총 23회로 보고 있다(나종우, 高麗前期의 韓日關係『講座 韓日關係史』, 玄音社, 1994, p.218).

15) 나종우는 이 문제와 관련하여 예종 때에 끊임없는 여진의 침략과 여진정벌 등의 북방 이민족에 대한 경계, 인종 때의 이자겸의 난과 묘청의 난 등 귀족 내부의 상호 항쟁으로 국내의 어수선한 분위기 때문에 외국선의 도래가 적을 수밖에 없었다고 보고 있다(나종우, 전게논문, p.218 참조).

16) 『高麗史』 권10 세가 권10 선종 10년(1093) 7월조, "西海道按察使奏 安西都護府轄下延平島巡檢軍捕海船一艘所載宋人十二倭人十九有弓箭刀劍甲冑并 水銀眞珠硫黃法螺等物必是兩國海賊共欲侵我邊鄙者也 其兵仗等物請收納官所捕海賊並配嶺外賞其巡捕軍士

이 내용에서 볼 수 있듯이 延平島 巡檢軍이 근해에서 항해하던 海船에 실려 있는 활, 화살, 칼, 갑옷, 투구 등의 무기류를 보고 해적으로 의심했던 것으로 보인다. 물론 이 시기에 고려에 침입한 일본해적의 기록이 남아 있는 것은 없지만, 일본 내에서는 해적의 활동을 찾아내는 것은 그다지 어렵지 않다. 따라서 고려 초기의 기록에 나타나지 않는다고 해서 일본 해적의 활동이 전무했다고 단정할 수는 없다고 생각한다. 전통적으로 해양성이 활발했던 일본에서는 고대 瀨戶내해에서 활동하던 해적에 관한 기록이 『今昔物語集』에 처음 소개되고 있다.[17] 또 이러한 해적의 해상활동의 전통은 가마쿠라시대와 무로마치시대에도 계속해서 이어지고 있는 것이 일본 해양사의 전통이다.

일본상선의 고려입국이 차츰 뜸해지면서 그것을 대신해서 진봉선이 왕래하였고, 일본과 고려와의 관계에서는 진봉무역이 대일교역의 창구 역할을 대신하고 있었다.[18] 진봉의 자세한 기록은 보이지 않지만, 그 규모와 횟수에 대해서 이보다 훨씬 늦은 시기인 1263년(원종 4) 『고려사』 기록에 나타나고 있다. 그 내용은 왜구의 출현이 잦아지자 이를 근절시킬 목적으로 파견한 고려의 금구사신이 가마쿠라막부에 전달한 첩장에서 확인할 수 있다. 고려 사신 洪泞와 郭王府가 금구 시절로 京都에 전달한 서신의 내용을 살펴보도록 하겠다.

從之."

17) 939년(天慶 2) 藤原純友가 해적세력을 이끌고 반란을 일으키는데, 이 사건은 『今昔物語集』에 소개되어 있다. 『今昔物語集』 券25 第2 藤原純友依海賊被誅語 이외에 해적의 일반적인 활동양태에 관한 기록도 있다. 『今昔物語集』 券28 第15 「豊後講師謀從鎭西上語」.

18) 이영은 일본 상인의 처음 입국과 다르게 진봉관계가 성립되었던 시기를 1169년 무렵부터 1266년 무렵까지로 약 1세기 동안 지속되었던 것으로 보고 있다. 『倭寇と日麗關係史』, 東京大學出版會, 1999.

두 나라가 교통한 이래 매년 정상적인 進奉은 한 번이고, 한 번에 배는 2척으로 결정하였는데 만일 그 밖의 배가 다른 일을 빙자하여 우리의 연해 지방 촌락, 동리들을 소란케 할 때에는 엄격히 처벌하며 금지하기로 약정하였다. 그런데 금년에 들어서서 2월 22일 귀국에 배 한 척이 이유 없이 우리 국경 내의 熊神縣 안의 勿島에 침입하여 그 섬에 정박 하고 있던 우리나라의 공납물 수송선들에 실었던 제반 화물－쌀 총 120석과 명주 총 43필을 약탈하여 갔으며 또 椽島에 들어와서 주민들의 의복, 식량 등 생활 필수 물자들을 모조리 빼앗아 갔으니 이러한 사실들은 원래 약정하였던 상호 교통의 본의와 대단히 위반되는 것이다. 지금 洪泞 등을 시켜 통첩을 가지고 가게 하니 공식통첩을 상세히 보는 동시에 사신들의 구두 전달을 잘 듣고 이전 약탈자들을 끝까지 추궁하여 찾아내어 모두 징벌 제어함으로써 두 나라 간의 화친의 도리를 공고하게 할 것을 바란다.[19]

첩장의 내용에 따르면 일본에 대해서 매년 1회에 2척의 진봉선 파견 을 약정하는 기사가 보인다. 또 일본의 해적이 고려의 연안에 침입하여 소란피우는 것을 방지할 목적으로 진봉이 실시되고 있었음을 암시하는 구절도 있다. 결국 고려에게 환영받지 못하는 교역관계였기 때문에 제한규정을 두어 통제하고 있었던 것은 아니었을까 생각한다. 고려는 金州에 客館을 설치하고 대마도와의 진봉관계를 주도해 나갔다. 따라서 일본 상인들 입장에서 고려 조정에 관심을 끄는 것은 자신들의 생존 문제와 다름이 없었다. 역으로 자신들의 교역 또는 진봉 목적을 달성하기 위해서 고려 표류민의 적극적인 송환은 고려 조정의 환심을 사기에 매우 적절한 소재였음에 분명하다.

---

19) 『高麗史』권25 세가 권25, 원종 4년(1263) 4월조, "自兩國交通以來歲常進奉一度船不過二艘設有他船枉憑他事濫擾我沿海村里嚴加徵禁以爲定約越今年二月二十二日貴國船一艘無故來入我境內熊神縣界勿島略其島所泊我國貢船所載多般穀米幷一百二十石紬布幷四十三匹將去又入椽島居民衣食資生之具 盡奪而去於元定交通之意甚大乖反今遺洪泞等齎牒以送詳公牒幷聽口陳窮推上項奪攘人等盡皆徵沮以固兩國和親之義."

〈표 1〉 고려시대 여·일간의 표류민 송환 기록

일시	송환되는 표류민 수	송환자	출전
1019년(현종 10) 4월	해적선 8척의 일본인 259명	고려	『고려사』
1029년(현종 20) 7월	耽羅民 貞一 등 20인	那沙府 송환 or 탈출	『고려사』
1034년(長元 7) 3월	大隅에 표류한 고려인	일본	일본후략
1036년(정종 3) 7월	謙 俊 등 11인	일본	『고려사』
1049년(문종 3) 11월	金 孝 등 20인	대마도	『고려사』
1051년(문종 5) 7월	도피한 죄인 良漢 등 3인	대마도	『고려사』
1060년(문종 14) 7월	예성강 백성 位孝男	대마도	『고려사』
1078년(문종 32) 9월	耽羅人 高礪 등 18인	일본	『고려사』
1079년(문종 33) 9월	상인 安 光 등 44인	일본	『고려사』
1224년(貞應 3) 2월	고려인과 선박	미송환	吾妻鏡
1226년(고종 13) 9월	표류민	일본	『고려사』
1243년(고종 30) 9월	고려 표류민	일본국	『고려사』 『고려사절요』
1269년(원종 10) 5월	제주인	일본	『고려사』
1389년(공양왕 1) 9월	永興君(王環)	일본(?)	『고려사』 『고려사절요』

〈표 1〉에서 보는 바와 같이 먼저 1019년 표류민 송환은 鎭溟 船兵都部署 張渭男이 여진 해적선 8척을 붙잡아 취조한 결과 일본인 남녀가 259명 포로로 잡혀 있음을 알고, 供驛令 鄭子良으로 하여금 일본으로 송환한 사건이었다. 이 사건 이후에 양국관계는 상당히 호전되었던 것으로 보인다. 그리고 일본에서 고려 표류민의 송환은 처음 1029년을 시작으로 꾸준히 지속되었다. 문종 시기에 가장 많은 6회에 걸친 표류민 송환이 이루어지고 있는데, 이것은 2장에서 살펴 본 고려에 입국한 일본상선의 횟수가 문종시기에 가장 많았던 것과 관련성이 있는 것으로 생각된다. 물론 고려에서는 표류민의 송환에 대한 반대급부로 예물을 하사하는 경우가 있었다. 1049년 전례에 따라 물품을 차등 있게 하사하거나, 1160년 대마도 사절에게 예물을

후하게 하사하는 등 단 두 차례만 송환자에 대한 예우로서 예물을 하사하고 있다.[20] 고려의 기록에는 그 예물 품목이 나와 있지 않아서 정확히 알수 없지만, 조선시대에 송환자에게 麻布·綿布·苧包·虎皮·豹皮·彩花席·朝鮮人蔘 등의 고급품을 하사한 것과는 차이가 있어 보인다. 일본의 목표가고려와의 교역을 희망에 있다고 간파한 고려조정은 그다지 크게 신경 쓰지않았다는 증거이다. 왜냐하면 고려 초기 일본은 화려한 답례품의 양과 질보다 입항을 허락받는 것에 더 큰 비중을 두고 있었기 때문이었다.

〈표 1〉에서 보는 바와 같이 고려의 성립 이후에 지속적으로 고려의 표류민이 일본의 각지에 표착하는 경우, 대부분이 대마도를 경유하여 고려에 송환하는 것이 통례였다. 표류민 송환의 자세히 절차를 보면, 일본 내에서 중앙정부에 보고한 다음 大宰府와 각국의 國衙의 주도하에 송환이 행해졌다. 시기별로 차이가 나타나고 있지만, 대체로 12세기 전기까지는 일본 각지 → 大宰府 → 對馬島 → 金州 → 東南海船兵部部署(慶州, 金州)라는 관청간의 경로를 경유해서 처리하고 있었다고 생각한다.[21] 따라서 대마도가 일본의 대고려 교섭의 전진기지로서 중요한 역할을 하고 있었다. 이러한 경향은 이후에 고려와 조선으로 계승되어 사신왕래와 왜구의 금압에서도 그 비중이 증대되어 갔다.

이처럼 고려 초기 일본과의 관계는 해상에서 마찰 없이 비교적 평온하게유지되어 나가고 있었다. 다만 가마쿠라막부가 1221년 承久의 난을 경험하고 난 이후에, 고려에 왜구가 등장하는 것을 제외하고는 양국 간의 큰 마찰은 없었다고 볼 수 있다. 왜구의 경우만 하더라도 1223년(고종 10) 5월 金州 침입을 시작으로,[22] 1225년(고종 12) 4월에는 왜선 두 척이 경상도 연해

---

20) 『高麗史』 권7 세가 권7, 문종 3년(1049) 11월조 ; 권8 세가 권8, 문종 14년(1060) 7월, 참조.
21) 關周一, 『中世日朝海域史の硏究』, 吉川弘文館, 2002, p.60 참조.
22) 『高麗史』 권22 세가 권22, 고종 10년(1223) 5월조, "倭寇金州".

에 침입했다는 기사가 있다.23) 또 1226년(고종 13) 정월에는 경상도 연해에
침입하였을 때 고려 수군이 이를 물리쳤고,24) 1227년(고종 14) 4월에는 金
州와 5월에는 熊神縣에 왜구가 출현하는 것으로 되어있다.25)

　이처럼 왜구의 출현에 당면하여 고려는 사신을 파견하고 마땅히 구주의
大宰府에 왜구의 근절을 요구하게 된다. 일본 측의 기록에서 보면 1227년
(安貞 원년) 고려의 사신을 맞은 大宰少貳는 고려 사신의 면전에서 대마도
의 惡黨 90인을 참수하여 고려 사신의 요구에 적극적으로 동조하는 것으로
되어 있다.26) 이전의 사건이지만 1152년(仁平 2) 九州 五島列島 小値賀島
에서 預所와 地頭職을 맡고 있던 淸源是包가 고려 선박을 탈취하였다는
이유로 그 직을 박탈당하는 사건과도27) 일맥상통 하는 바가 있다. 이처럼
대마도가 왜구 금압의 요구에 적극적인 자세를 보여준 이면에는 경제 욕구
를 충족시켜주는 진봉관계가 존재하고 있었기 때문으로 추측된다.

　그런데 1269년 일본에 표류되었다가 송환된 제주도인이 일본이 병선을
갖추어 고려 침입을 계획하고 있다는 정보를 전해주고 있다.28) 그가 어디
로 표류했고 일본 내의 어느 곳을 경유해서 송환되었는지 정확히 알 수는
없다. 제주도에서 표류했다면 九州일 것이고, 大宰府와 대마도를 경유해서
송환되었을 것으로 충분히 짐작할 수 있다. 이러한 정보의 배경에서 분석해

23)『高麗史』권22 세가 권22, 고종 12년(1225) 4월조, "倭船二艘寇慶尙道沿海州縣發兵
　　悉擒之".
24)『高麗史』권22 세가 권22, 고종 13년(1226) 정월조, "倭寇慶尙道沿海州郡巨濟縣令陳
　　龍甲以舟師戰于沙島斬二級賊夜遁".
25)『高麗史』권22 세가 권22, 고종 14년(1227) 4월조, "倭寇金州防護別監盧旦發兵捕賊
　　船二艘斬三十餘級且獻所獲兵仗", "倭寇熊神縣別將鄭金億等潛伏山間突出斬七級賊遁".
26)『百鍊抄』安貞 원년(1227) 7월 21일조.
27)『靑方文書』安貞 2年(1228) 3월 13일 참조 "太宰少貳資能所進嶋住人等元久二年申狀
　　偁, 當嶋事, 是包知行之間".
28)『高麗史』권26 세가 권26, 원종 10년(1269) 5월조, "慶尙道按察使馳報 濟州人漂風至
　　日本還言 日本具兵船將寇我 於是遣三別抄及大角班巡戍海邊又令沿海郡縣築城積穀移
　　彰善縣所藏國史於珍島".

보면 13세기 중반 이후는 왜구가 일시적인 충동에 의해서 고려에 침입하는 것이 아니라 九州의 어느 곳에서 눈에 띄는 큰 왜구 출현과 관련하여 그 정당성을 주장하는 논리가 제기되고 있다. 몽골의 압력이 거세게 고려에 미치는 시기이고, 국력을 소진한 고려가 대일 교역을 거부함으로써 이에 대한 반작용으로 海盜로 전화되어 갔다고 보는 다나카 다케오(田中健夫)의 견해가 그것이다.29) 이것은 일본 내에서 계획적으로 준비를 갖추어 고려에 침입하는 13세기 중반 이후의 왜구의 성향을 전혀 고려하지 않은 견해이다. 또 이것을 역설적으로 해석하면, 일본인은 교역 욕구에서 상대적으로 고려인을 앞서가고 있었으며, 아울러 고려의 교역자세에 민감하게 반응하였음을 입증하는 반증으로 이해할 수 있는 사례이다.

이처럼 13세기 중반까지 일본의 금구 협조와 표류민 송환은 매우 적극적이었다. 적어도 13세기 초기의 왜구가 여·일의 국제 관계를 크게 손상시키는 정도의 충격적인 사건이 아니었고, 이것을 해결하려는 일본의 노력이 있었다고 평가할 수 있겠다. 그런데 13세기 중엽 이후에 표류민의 송환 기사가 거의 나타나지 않는다. 현재로서는 정확한 원인을 설명하기 어렵지만, 아마도 몽골의 침입과 왜구의 본격적인 활동이 밀접하게 관련되어 있을 것으로 짐작해 볼 수 있다.

Ⅳ. 왜구의 활동과 피로인 송환의 경제적 가치

1274년과 1281년 두 차례에 걸친 몽골의 일본침입이라는 미증유의 사건은 일본 열도를 충격의 도가니에 빠뜨렸다. 그러나 강력한 폭풍의 영향으로 두 차례의 침입을 무사히 막아낸 가마쿠라막부는 자신감을 갖고, 1276년과30) 1281년31) 고려에 반격하겠다는 異國征伐 명령을 御家人들에게 지시

---

29) 田中健夫, 『倭寇』, pp.25~26 참조.

하였다. 그러나 기대와 달리 御家人들의 참여가 소극적이어서 본격적으로
추진되지 못하였다. 그리고 異國征伐의 참여 대신에 博多에서 석축(石疊)
쌓는 일에 御家人을 동원함으로써 北九州 전 지역에 걸쳐서 대규모 토목공
사가 진행되었다.32) 그리고 1294년 몽골의 세조가 죽고 여·몽 원정군의 위
협이 무산되었음에도, 1272년에 공포되었던 異國警固番役은 막부의 명령
으로 계속 유효하였다. 따라서 九州 무사들에게 석축 공사는 최대의 현안이
었지만 가장 부담스러운 의무로 계속 남아있을 수밖에 없었다.

　이러한 異國征伐과 대단위 토목공사의 동원 과정에서 표류민의 문제는
부차적인 문제로 취급될 수밖에 없었을 것이다. 따라서 일본 내에 고려의

---

30) 追加法 473條.
　　明年三月比 可被征伐異國也 梶取·水手等 鎭西若令不足者 可省充山陰·山陽·南海道
　　等之由 被仰大宰少貳經資了 仰安藝國海邊知行之地頭御家人·本所一圓地等 兼日催儲
　　梶取·水手等 經資令相觸者 守彼配分之員數早速可令送遣博多也者 依仰執達如件.
　　建治 元年(1275) 12월 8일　　武藏守 在判
　　　　　　　　　　　　　　　　相模守 在判
　　武田五郎次郎殿
　　『東寺百合文書』 建治 원년(1275) 12월 8일(『鎌倉遺文』〈12170〉).
　　明年三月比 可被征伐異國也 梶取·水手等 鎭西若令不足者 可省充山陰·山陽·南海道
　　等之由 被仰大宰少貳經資了 仰安藝國海邊知行之地頭御家人·本所一圓地等 兼日催儲
　　梶取·水手等 經資令相觸者 守彼配分之員數早速可令送遣博多也者 依仰執達如件.
　　建治 元年(1275) 12월 8일　　武藏守 在判
　　　　　　　　　　　　　　　　相模守 在判
　　武田五郎次郎殿
31) 『東大寺文書』 弘安 4년(1281) 8월 16일(『가마쿠라遺文』〈14422〉).
32) 追加法 477條.
　　異國用心事. 以山陽南海道勢 可被警固長門國也. 於地頭補任之地者 來十月中 可差遣
　　子息之由 被仰 下畢. 早催具安藝國頭御家人幷本所領家一圓地之住人等 可令警固長門
　　國之狀 依仰執達如件.
　　建治 2年(1276) 8월 24일　　武藏守(義政)
　　　　　　　　　　　　　　　　相模守(時宗) 在判
　　武田五郎次郎(信時)殿

표류민이 존재하였다고 하더라도 과거처럼 우호적으로 송환되는 일은 기대할 수 없었다고 생각한다. 결국 〈표 1〉에서와 같이 표류민의 기사는 몽골의 일본 침입 이후에 어떠한 기록에서도 찾아볼 수가 없게 된 것이다.

반면에 14세기에 접어들면서 고려의 존립을 위태롭게 만드는 왜구가 두드러지게 발생한다. 특히『高麗史』에 '경인년 이후의 왜구'로 기록하고 있듯이, 1350년부터 고려에서의 왜구의 활동이 두드러진다. 그 원인은 1333년 가마쿠라막부가 멸망이후 남북조 내란이라는 60여 년간의 내부 혼란이 작용하고 있었다. 그 여파로 이웃한 고려에 남긴 물적 피해는 상상을 초월할 수준이었다. 따라서 기본적으로는 왜구가 활동하던 전(全)시기에 왜구의 특성은 약탈물의 경제적 가치를 기대하고 만행을 저지르는 '물질약탈 왜구'의 성격을 가지고 있었다.

반면에 왜구가 격렬하게 활동하던 시기에 고려인을 납치하거나 살해하는 인적 피해도 대단하였다. 이에 대해서『高麗史』에서는 藤經光 사건을 예로 들어 설명하고 있다.

辛禑 초기에 왜인 藤經光이 그 졸도를 데리고 와서 앞으로 상륙해 약탈할 것이라고 공갈하면서 양식을 강요하였다. 조정에서는 토의해 順天, 燕岐 등지에 나누어 두고 정부 양곡으로 공급케 하면서 이에 밀직 부사 金世祐를 보내 김선치에게 그들을 꾀어다가 죽이게 하였다. 김선치는 많은 주식을 준비하고 음식을 제공한다고 유인해 살해하려 하였다. 계획이 누설되어 藤經光은 그 졸도들을 데리고 바다를 건너 가버리고 겨우 적 3인 만을 잡아 죽였다. 김선치는 죄를 질까봐 겁내어 70인을 죽였다고 허위 보고하였다가 일이 발각되어 戌卒로 귀양갔다. 이때까지 왜적이 고을들을 침범하면서 사람과 마소를 죽이지 않았는데 이로 부터는 침입할 때마다 부녀자와 아이들까지 남김없이 살해하였으므로 전라 양광도 연해 주군들은 텅 비게 되었다. 그것은 김선치가 그들을 격노케 한 것이다.[33]

---

33) 『高麗史』권114 열전 권27, 金先致傳, "辛禑初倭藤經光率其徒來聲言將入寇恐愒之因

이 기사를 보면, 1375년(우왕 원년) 5월 왜인 藤經光이 무리를 거느리고
와서 양식을 요구하며 위협하자, 고려 조정이 金先致로 하여금 그를 유인
해서 살해하려 하였으나 실패한 사건임을 알 수 있다. 그 이후의 만행에 대
해서『고려사』에서는 이것을 계기로 왜구가 부녀자와 아이를 살해하는 등
흉폭해졌다고 기술하고 있다. 그런데 藤經光의 살해 미수사건은 왜구에 의
한 고려 전체의 약탈피해를 설명하기에는 미흡한 국지적인 사건에 불과하
였다.

〈표 2〉 고려시대 왜구의 출몰 빈도수[34]

	西紀	A	B	C		西紀	A	B	C
高宗 10	1223	1	1	1	16	1367	1	1	0
12	1225	1	3	1	18	1369	2	2	1
13	1226	2	2	3(2)	19	1370	2	2	2
14	1227	2	1	2	20	1371	4	4	1
元宗 4	1263	1	1	1	21	1372	19	11	10
6	1265	1	1	1	22	1373	6	7	3
忠烈王 6	1280	1	1	1	23	1374	12	13	10(11)
16	1290	1	1	1	禑王 1	1375	10	16	11(7)
忠肅王 10	1323	2	2	2	2	1376	46	20	39(12)
忠定王 2	1350	7	6	6	3	1377	52	42	54(29)
3	1351	4	3	4	4	1378	48	29	48(22)

索粮 朝議分處順天燕歧等處官給資糧尋遣密直副使金世祐諭先致誘殺 先致大具酒食欲
因餉殺之 謀洩經光率其衆浮海而去僅捕殺三人 先致懼罪詐報斬七十餘人事覺編配戌卒
前此倭寇州郡不殺人畜自是每入寇婦女嬰孩屠殺無遺全羅楊廣濱海州郡蕭然一空 由先致
激怒之也.” ;『高麗史節要』권30, 우왕 원년 5월조.

34) 졸고,「一揆와 倭寇」,『日本歷史研究』10, 1999, 참조. A는 羅鐘宇의 통계 (羅鍾宇,
『韓國中世對日交涉史研究』, 원광대학교 출판국, 1996, p.126). B는 田村洋幸의 통계
(田村洋幸,『中世日朝貿易の研究』, 三和書房, 1967, pp.36~37). C는 田中健夫의 통계
(단, ( )는 수정을 한 통계임. 田中健夫,『中世海外交涉史の研究』, 東京大學出版會,
1957, p.4).

	西紀	A	B	C		西紀	A	B	C
恭愍王 1	1352	8	12	7	5	1379	29	23	37(15)
3	1354	1	1	1	6	1380	40	21	40(17)
4	1355	2	2	2	7	1381	21	19	26(19)
6	1357	4	3	4	8	1382	23	14	23(12)
7	1358	10	10	6	9	1383	50	28	47(24)
8	1359	4	5	4	10	1384	19	16	20(12)
9	1360	8	5	5	11	1385	13	16	12
10	1361	10	4	3	13	1387	7	5	7(4)
11	1362	1	2	1	14	1388	20	17	14(11)
12	1363	2	2	1	昌王 1	1389	5	11	5
13	1364	11	12	8(10)	恭讓王 2	1390	6	2	1
14	1365	5	3	5(3)	3	1391	1	1	2
15	1366	3	3	0	4	1392	1	2	1

오히려 1375년 8월에 일으킨 今川了俊에 의한 少貳冬資의 살해사건이 더 크게 작용하였다고 볼 수 있다. 당시 今川了俊은 九州探題로서 자신의 권력을 강화할 목적으로 1375년 8월 少貳冬資를 살해하는데, 이것은 九州에서 세력의 재편을 알리는 신호탄이었다. 본래 남조와 대치하고 있던 水島 진영의 긴박한 상황에서 了俊이 冬資를 살해한 본질적인 이유는 少貳氏와의 대립관계를 종식시키고 大宰府가 위치한 筑前國의 探題의 分國化가 목표였다. 결국 이것은 了俊이 九州 전지역을 探題의 전제 권력 하에 領國化하려는 과정에서 일으킨 사건이었다. 따라서 〈표 2〉에서와 같이 1375년 少貳冬資가 피살당하고 그 다음해부터는 왜구의 출몰이 가히 폭발적으로 늘어나고 있다. 이는 九州에서의 정치적 혼란이 九州지역에만 국한되지 않고 고려까지도 그 영향을 미쳤음을 시사하는 것이다.[35]

今川了俊에 의한 少貳冬資의 살해사건은 九州의 분열과 재지이탈 세력

---

35) 拙稿, 「少貳冬資와 倭寇의 일고찰」, 『日本歷史硏究』 13, 2001, 참조.

을 양산하게 되었다. 이들이 1370년대 중반 이후에 왕성하게 활동하는 왜구의 주체세력이었다. 더 나아가 약탈품의 경제적 가치 이외에 추가로 인신납치라는 극단적인 방법을 선택하는 자들이었다. 그 결과로 13세기 중반까지 존재했던 표류민의 송환이 사라지고, 1370년대에 들어 피로인의 송환으로 바뀌기 시작한다. 이러한 현상은 재화를 빼앗아가는 '물질약탈 왜구'에서 고려인을 납치하는 '인신납치 왜구'로 전환하는 것과 밀접하게 관련되어 있었다. 그리고 오히려 고려의 금구 요구에 협조적이었던 今川了俊이 九州探題로 활동하던 시기(1371~1395)에 고려의 물적·인적 피해가 사실상 증가하는 것을 보아 아이러니하다.

또한 〈표 3〉에서 보는 바와 같이 피로인의 송환자 수도 급격히 증가하고 있다. 了俊이 자신의 지배력을 강화하는 과정에서 九州를 혼란에 빠트려서 왜구 증가의 원인을 제공하였지만, 한편으로 그는 피로인의 송환에도 적극적이었다. 예를 들어 그의 재임기간에 九州探題의 외교력을 과시할 목적으로 시도한 약 2천여 명이 넘는 피로인의 송환이 그것이다. 고려의 입장에서 본다면 그의 활동에는 이중성이 숨어 있었다. 이것을 고려 대상으로 펼친 외교권 장악을 위한 정치공작이라고 보는 표현이 지나친 것일까.

이처럼 1370년대 왜구는 모두가 '물질약탈 왜구'와 '인신납치 왜구' 인신납치의 왜구의 성향을 띠고 있음이 분명하다. 그렇다면 왜구의 고려인 납치 목적은 무엇인가. 노동력의 필요인가 혹은 재화로 교환 가능한 피로인의 확보였는가 등의 어떠한 가정하에서도 모두가 경제적 이득의 창출과 관련되어 있음을 알 수 있다. 그러나 인신납치는 곡물이나 재화와 같이 즉시 유용 가능한 현물과는 거리가 먼 이차적인 약탈 대체품이다. 이러한 '인신납치 왜구'의 성향은 장기간의 왜구 출현으로 고려의 농촌이 피폐해지고 약탈품의 확보가 열악해진 상황에서 취한 마지막 선택이었을 것이다.

반면 고려 조정은 피로인 송환문제에 상당한 관심과 노력을 기울였다. 고려에서 보낸 금구 사신의 목적에는 피로인의 송환도 들어있었다. 1378년 정몽주는 왜구에게 잡혀간 尹明, 安遇世 등과 수백 명을 귀환시키고, 다시 양반의 자제가 종이 되어있는 것을 가엾게 여겨서 정승들에게서 사재를 거출하여 尹明으로 하여금 백여 명을 귀환시키는데 노력하였다.36) 조선시대에 들어오면 일본에 지불하는 표류민과 피로인의 송환의 대가가 차이를 보이고 있다. 이에 대해서 關周一는 표류민 송환의 반대급부로 麻布·綿布·苧包·虎皮·豹皮·彩花席·朝鮮人蔘 등의 고급품이 하사되었고, 피로인의 송환 대가로 1인당 綿布 10필을 지불하는 것을 원칙으로 하고 있었는데, 이것은 피로인을 만들어낸 책임이 일본 측에 있고 이들을 송환하는 것이 당연한 일이라고 하는 조선의 인식 때문이라고 주장하고 있다.37) 그러나 이것은 왜구의 인신납치가 재화의 확보에 있는 것이므로 피로인의 반대급부를 높게 책정하였을 때 오히려 왜구의 인신납치를 촉진할 우려 때문으로 이해하는 것이 타당하지 않을까 생각한다.

결론적으로 왜구의 고려인 납치는 노동력의 확보(노예화) 내지는 경제적 가치의 창출에 목적이 있었던 것으로 생각된다. 따라서 고려와 조선 조정의 피로인에 대한 송환 의지가 강할수록, 그리고 피로인의 송환 대가로 지급되는 반대급부가 증가할수록, 인신약탈의 악순환은 근절될 수 없었을 것이다.

〈표 3〉 고려 말·조선 초 피로인 송환자 수

일시	송환되는 피로인 수	송환자	출전
1363년(공민왕 12) 3월	고려 피로인 30여 구(口)	왜국	『고려사』 『고려사절요』
1378년(우왕 4) 7월	포로 尹明, 安遇世 등 수백 인과 백여 명	九州節度使 今川了俊	『고려사』 『고려사절요』

36) 『高麗史』 권117 열전 권30, 鄭夢周傳, '及歸與九州節度使所遣周孟仁偕來且刷還俘尹明安遇世等數百人 且禁三島侵掠倭人久稱慕不已 後聞夢周卒莫不嗟惋至有齋僧薦福者 夢周憫倭賊奴我良家子弟乃謀贖歸力勸諸相各出私貨若干且爲書授尹明以遺賊魁見書辭懇惻還俘百餘人 自是每明之往必得俘歸.'

37) 關周一, 전게서 p.92 참조.

일시	송환되는 피로인 수	송환자	출전
1378년(우왕 4) 7월	피로 부녀 20여인	九州節度使 今川了俊	『고려사』 『고려사절요』
1379년(우왕 5) 7월	피로인 230여구	九州節度使 今川了俊	『고려사』 『고려사절요』
1382년(우왕 8) 윤2월	피로 남녀 150인	일본	『고려사』 『고려사절요』
1383년(우왕 9) 9월	피로 남녀 112인	일본국	『고려사』 『고려사절요』
1384년(우왕 10) 2월	피로 부녀 25인	왜	『고려사』 『고려사절요』
1384년(우왕 10) 8월	所虜 남녀 92인	일본국	『고려사』 『고려사절요』
1386년(우왕 12) 7월	所虜 150인	일본 博多	『고려사』 『고려사절요』
1388년(우왕 14) 7월	피로 250인	妙葩, 今川了俊	『고려사』 『고려사절요』
1391년(공양왕 3) 8월	고려 피로 남녀 68인	九州節度使 今川了俊	『고려사』 『고려사절요』
1392(태조 1) 10월	고려 피로민	筑前	『태조실록』
1393(태조 2) 6월	고려 피로 남녀 200여인	一岐	『태조실록』
1394(태조 3) 5월	피로 본국인 569인	九州節度使 今川了俊	『태조실록』
1394(태조 3) 7월	659명	博多	『태조실록』
1394(태조 3) 9월	(12)명	琉球	『태조실록』
1395(태조 4) 4월	피로인구(人口)	薩摩	『태조실록』
1395(태조 4) 7월	고려 피로 남녀 570인	九州節度使 今川了俊	『태조실록』
1396(태조 5) 7월	李子英	일본	『태조실록』
1397(태조 6) 8월	피로 본국 남녀 19인, 왜 3인, 唐人 2인	琉球	『태조실록』
1399(정종 1) 5월	피로 남녀 백여 인	京都	『정종실록』
1400(정종 2) 8월	피로인	肥前	『정종실록』
〃	피로인구(人口)	博多	『정종실록』

따라서 고려의 금구사신들이 피로인의 송환교섭을 위해서 자주 파견되는 곳이 대마도를 경유하여 今川了俊이 권력을 장악하고 있는 九州의 大宰府가 될 수밖에 없었다. 大宰府의 북쪽에 해안에 위치한 博多는 전통적으로 외국상인들의 왕래가 활발한 항구로서 鴻臚館이 설치되어 있는 교역의 중심지였고, 피로인에 대한 정보가 집적되는 경제, 정치, 외교의 중심지였다. 따라서 왜구가 납치한 '피로인'들이 단기간 거주하는 거류지는 博多, 平戶, 坊津, 敦賀 등의 대송 교역이 활발하게 전개되면서 송 상인의 거주지가 존재했던 지역을 설정하는 것이 타당하다고 생각된다. 그렇다면 피로인의 장기적인 집단 거주지가 존재하지 않았던 이유는 무엇인가. 아마도 이것은 피로인을 재화로 교환할 수 있는 경제적 가치와 노동력의 시장성 때문으로 판단된다.

V. 맺음말

이상에서 송상인의 집단거주지와 표류민과 피로인 송환의 사회적·경제적 의미, 피로인 집단 거류의 문제, 그리고 피로인 송환을 통해서 송 환자들이 얻게 되는 경제적 이익을 일본사적 시각에서 검토해 보았다.

11~2세기 동아시아 세계에서는 송의 교역시스템이 중심을 이루고 있었다. 따라서 일본의 경우에 九州 북부지역에서는 송 상인을 중심으로 고려 상인의 왕래도 빈번하게 이루어지고 있었다. 일본은 대외무역에서 博多에 鴻臚館이라는 국가영빈관을 두고 외국상인들이 일본에 방문하였을 때 숙박하면서 거래하게 하는 공무역의 거점을 운용하였다. 그러나 공정가격으로 운용하는 무역조건을 기피하려는 송 상인은 不輸不入의 특권을 가진 장원의 항구에 입항하였고, 여기에서 장원영주와 莊官들과의 공공연한 밀무역을 시도하였다. 따라서 博多, 平戶, 坊津 등지에 송 상인이 장기간 거주했

던 흔적이 몇 개의 문헌기록과 고고학적 유물로 남아 있다. 이후에 장원영주와 莊官들은 직접 해외무역을 시도하였는데, 조악한 선박건조 기술과 항해지식으로 인해서 송과 직접 교역하지 못하고 고려를 대상으로 교역을 시작하였다.

고려 초기 일본 상인들의 고려 입국의 일차적 목적은 교역을 통한 경제적 이득에 있었다. 그러나 일본상선의 고려입국이 차츰 뜸해지면서 그것을 대신해서 金州의 客館에 매년 1회에 2척의 진봉선이 왕래하도록 허락받았다. 진봉무역은 고려 입국을 대신에 대고려 교역의 창구 역할을 맡고 있었다. 그러나 진봉은 고려에게 환영받지 못하는 교역관계였기 때문에 제한규정에 따라 통제받고 있었다. 따라서 고려 표류민의 적극적인 송환은 고려 조정의 환심을 사기에 매우 적절한 소재였다. 그리고 고려로부터 표류민의 송환에 대한 반대급부로 예물을 하사받는 경우가 있었다.

고려의 표류민이 일본의 각지에 표착하는 경우 그 대부분이 대마도를 경유해서 고려에 송환하는 것이 통례였다. 표류민의 송환은 일본 각자→大宰府→對馬島→金州→東南海船兵部部署(慶州, 金州)라는 관청간의 경로를 경유하고 있었다. 따라서 대마도가 일본의 대고려 교섭의 전진기지로서 중요한 역할을 하고 있었다. 이러한 경향은 이후에 고려와 조선으로 계승되어 사신왕래와 왜구의 금압에서도 그 비중이 증대되어 갔다. 또한 대마도가 고려의 왜구 금압의 요구에 적극적인 자세를 보여준 이유는 경제 욕구를 충족시켜주는 진봉관계가 존재하고 있었기 때문이었다.

13세기 중반까지 일본의 금구 협조와 표류민 송환은 매우 적극적이었고, 이것을 해결하려는 노력이 있었다. 그런데 표류민의 기사는 몽골의 일본 침입 이후에 어떠한 기록에서도 찾아볼 수가 없게 되었다. 異國征伐과 대단위 토목공사의 동원 과정에서 표류민의 문제는 부차적인 문제로 취급될 수밖에 없었기 때문에, 고려의 표류민이 존재하였다고 하더라도 과거처럼 우호적으로 송환되는 일은 기대할 수 없었다.

14세기에 접어들면서 고려의 존립을 위태롭게 만드는 왜구가 두드러지게 발생한다. 특히 1375년 今川了俊에 의한 少貳冬資의 살해사건은 九州의 분열과 재지이탈 세력을 양산하였고, 이들이 1370년대 중반 이후에 왕성하게 활동하는 왜구의 주체세력이었다. 약탈품의 경제적 가치 이외에 추가로 인신납치라는 극단적인 방법을 선택하는 자들이었다. 그 결과로 13세기 중반까지 존재했던 표류민의 송환이 사라지고, 1370년대에 들어 피로인의 송환으로 바뀌기 시작한다. 이러한 현상은 재화를 빼앗아가는 '물질약탈 왜구'에서 고려인을 납치하는 '인신납치 왜구'로 전환하는 것과 밀접하게 관련되어 있었다.

고려의 금구사신들이 피로인의 송환교섭을 위해서 자주 파견되는 곳이 대마도를 경유하여 今川了俊이 권력을 장악하고 있는 九州의 大宰府였다. 大宰府의 북쪽에 해안에 위치한 博多는 전통적으로 鴻臚館이 설치되어 있는 교역의 중심지였고, 피로인에 대한 정보가 집적되는 경제, 정치, 외교의 중심지였다. 따라서 표류민과 피로인들이 장단기간 거류지가 博多, 平戶, 坊津, 敦賀 등의 과거 송 상인의 거주지에 존재하였을 것으로 보는 것이 타당하다고 생각된다.

그렇다면 피로인의 장기적인 집단 거주지가 존재하지 않았던 이유는 무엇인가. 역사적으로 고려 말의 왜구의 발생빈도가 어느 시기보다 두드러지지만, 피로인의 수는 오히려 왜구의 약탈 빈도수가 줄어드는 조선 초에 오히려 증가하고 있다. 이는 일본의 송환 의지와 밀접하게 연결되어 있었을 것으로 추측된다.

그 이유를 몇 가지 정리해 보면, 첫째로 조선의 대외정책이 對일본유화정책으로 전환함에 따라서, 九州探題가 피로인의 송환에 적극 참여하였다는 점이다. 둘째로 여말선초에 활동하던 왜구의 수가 줄고 자신들의 본거지에 정착하면서 현지의 노동력이 포화상태에 빠졌다는 점이다. 셋째로 임진왜란 때에 피납된 陶工의 높은 기술수준과 비교했을 때, 고려 피로인은 더 이상 매력을 끌지 못하는 노동력의 질 때문이었다는 점 등이다.

　이상에서 13세기를 중심으로 고려와 조선 초의 표류민과 피로인을 통해서 당시 일본에서의 표류민과 피로인의 거류 흔적을 더듬어 보았지만, 14세기 중반 이후의 미흡한 부분에 대해서는 지면상 다음 과제로 미루고자 한다.

제3장 몽골의 고려·일본 침공과 해안성곽의 성격에 대한 고찰

I. 머리말

몽골제국에 의해 계속된 고려 침공에 항복하여 1270년 고려 조정이 개경으로 환도할 때, 이에 불만을 품은 삼별초가 진도로 내려가서 저항 의지를 불사르며 대몽항전을 계속해 나갔다. 삼별초의 활동이 확대될 때, 고려 조정에서 다급하게 제주도 해안가에 성곽을 축조하기 시작하였다. 현재까지도 제주도의 해안가에 간간히 눈에 띄는 '환해장성(環海長城)'의 흔적이 그것인데, 그 시원은 진도에 거점을 둔 삼별초 세력의 제주도로 상륙을 막기 위한 목적으로 고려 조정에서 쌓기 시작한 해안 성곽에서 출발한다.

이후 진도와 제주도에서 삼별초 세력의 소탕에 성공한 몽골제국의 쿠빌라이는 이듬해 여몽연합군으로 일본침공을 단행하였지만 실패하고 말았다. 일본의 막부는 여몽연합군의 침공을 막아낸 직후에 그 보복으로 이국(고려)정벌을 추진하였으나 상황이 여의치 않았다. 따라서 그 대신에 규슈에 무사를 동원하여 여몽연합군의 재침을 방어할 목적으로 하카타(博多)만 일대와 규슈 북쪽 해안에 해안성곽을 쌓기 시작하였다. 이것이 '원구방루(元寇防壘)'의 시원인데, 적군의 상륙을 저지시킬 목적으로 쌓은 해안의 인공구조물이라는 점에서 제주도의 환해장성과 공통점이 있다.

이미 필자는 제주도의 환해장성과 규슈의 원구방루가 모두 해안가 평지에 길게 쌓은 방어용 성곽이며 몽골의 팽창전쟁과 직간접적으로 관련성 가

진 해안성곽이라는 점에 대해 주지한 바가 있다.[1] 그런데 두 해안성곽에서
제주도 연해를 석축으로 둘러쌓은 환해장성의 아이디어가 원구방루의 축조
와 동일한 발상이라는 역사적 관련성에서 한발 더 나아가, 삼별초 패망 이
후에 그 잔여세력이 규슈에 제공한 아이디어일 것이라는 상호연관성을 제
시한 연구가 발표되기도 하였다.[2]

　필자는 동아시아 세계의 해양성을 대표하는 제주도와 규슈에 현존하는
해안성곽이 몽골제국의 팽창과정에서 보여준 대륙성과 해양성의 상호충돌
과정에서 만들어졌으며, 현재까지 유적의 흔적이 뚜렷하게 드러나 있는 보
기 드문 역사적 흔적임을 밝힌 적이 있다. 따라서 본고에서는 제주도와 규
슈지역의 해안성곽이 삼별초와 직간접적으로 어떤 관련성이 있는지를 살펴
보고, 과연 규슈의 원구방루가 삼별초에 의한 아이디어 제공에서 비롯되었
는지에 대한 분석을 시도해 보고자 한다.

Ⅱ. 몽골의 일본 초유사신 파견과 고려의 개경환도

　고려 정부의 항복의사를 접수한 몽골은 1266년부터 1274년 일본을 침공
할 때까지 모두 여섯 차례에 걸쳐서 일본 초유의 사신을 파견하였다.[3] 그
중에서 1270년 6월 삼별초에 의한 대몽항쟁이 시작되기 전까지 모두 네 차
례의 사신이 파견하였는데, 그 첫 번째 사신이 몽골의 흑적(黑的)과 은홍

---

1) 졸고, 「제주도 '환해장성'과 규슈 '원구방루'의 역사적 고찰」, 『한일관계사연구』
　55, 2016.
2) 윤용혁, 「삼별초와 여일관계」, 『몽골의 고려·일본 침공과 한일관계』, 경인문화사, 2009
　;『삼별초』, 혜안, 2014.
3) 몽골은 1274년 10월 일본 침공을 단행할 때까지 모두 여섯 차례 일본 초유 사신을
　파견하는데, 일본에는 1266년 11월, 1268년 1월, 1269년 3월, 1269년 9월, 1271년
　9월, 1272년 12월에 파견되었다.

(殷弘)이었고 남해의 거제도에서 심한 풍파 때문에 일본행을 포기하고 발길을 되돌렸다.[4] 초기에 고려는 전쟁이 벌어지면 자신들이 인적 물적 피해를 입을 수 있다고 판단하고 몽골의 사신 파견에 비협조적인 태도로 일관하고 있었다.[5] 고려의 비협조에 강한 불만을 표시한 몽골의 쿠빌라이는 일본사행의 안내를 고려에게 일임하는 한편 반드시 일본으로부터 회답을 받아오도록 명령하기에 이른다.[6]

몽골 쿠빌라이가 내린 일본사행 협조에 대한 명령에 따라 1267년(원종 8) 9월 반부(潘阜) 일행이 고려를 출발해서[7] 이듬해 1월 규슈의 다자이후(太宰府)에 첩장을 전달하였다.[8] 이때 몽골의 첩장에는 인접한 일본이 몽골과 통호(通好)할 것을 요구하는 정중한 내용을 시작으로 끝머리에는 '병력 사용하는 것을 누가 좋아하겠는가'라는[9] 식의 군사적 행동을 은근히 암시하는 내용을 빠뜨리지 않았지만, 대체적으로 일본과의 원만한 교섭을 바란다는 전체적인 내용을 담고 있었다. 즉 처음부터 군사를 동원해서 굴복시키겠다는 의도보다는 사신의 왕래를 통한 원만한 교섭 혹은 명분적인 복속을 바라고 있었던 것이다.

몽골의 첩장이 다자이후로부터 막부로 전해졌을 때, 첩장을 접수한 막부는 즉시 1268년(文永 5) 2월 교토 조정에 사람을 파견하여 고사가 상황(後

---

4) 『高麗史』권26, 세가26, 원종 7년(1266) 11월 ; 원종 8년(1267) 정월.

5) 고려 재상 이장용이 흑적에게 은밀하게 일본사행을 만류하는 서찰을 보내 몽골의 의도를 중단시키려고 시도하였지만, 몽골의 쿠빌라이로부터 전쟁 준비에 적극 협조하라는 엄명을 받게 된다(『高麗史』권102, 열전15, 이장용전).

6) 『高麗史』권26, 세가26, 원종 8년(1267) 8월 丙辰朔, "今日本之事 一委於卿卿 其體朕此意 通諭日本 以必得要領."

7) 『元史』권208, 「外夷傳」제95 日本條, "九月 遣其起居舍人潘阜等 持書往日本."

8) 『師守記』貞治 6년(1367) 5월 9일조, "文永五年閏正月八日蒙古國賊徒可責日本云々. 依之自高麗有牒狀 筑紫少卿入道以飛脚進牒狀於關東云々. 高麗使者祕書賢."

9) 『元史』권208, 「外夷傳」제95 日本條, "故特遣使 特書布告朕志 冀自今以往通問結好 以相親睦 且聖人以四海爲家 不相通好 豈一家之理哉 以至用兵夫孰所好." ; 『高麗史』권26 세가26 원종 8년 8월 정축.

差峨上皇)에게 몽골의 첩장을 전달하였다. 이에 교토 조정은 곧바로 공가
귀족들과 논의를 거듭한 끝에 몽골의 첩장이 예의에 어긋나기 때문에 반첩
을 보내지 않는다는 결정을 내렸다.10) 그와 함께 막부는 사누키(讚岐)의 호
죠 아리토키(北條有時)에게 명령을 내려서 몽골이 흉심을 품고 일본을 정
탐하기 위해서 사신을 보내왔다고 알리는 한편,11) 서국의 고케닌(御家人)
에게 만일의 사태에 대비해서 경계태세를 갖추도록 대몽골 경계령을 하달
하였다.12) 이번 사태가 국가적 중대사라고 판단한 막부와 조정이 일대 위
기상황에 직면했음을 직감하고 몽골에 반첩을 보내지 않는 것으로 공동 대
응하는 형태를 취하였다. 그리고 같은 해 4월에 교토 조정에서 재차 논의하
여 몽골 첩장의 의도가 의심스럽다고 판단하고 이전과 같이 반첩을 보내지
않는다는 결정을 재확인하였다.13)

따라서 일본에 처음 첩장을 전달했던 반부(潘阜) 일행은 교토에 들어 가

---

10) 『師守記』貞治 6년(1367) 5월 9일조, "(文永五年)二月六日關東使二人上洛依蒙古國事
也. □關東使臣兩人參入道太相國北山第 蒙古國□□□相副高麗牒 自武家進入. □□
□今日有評定 可有反牒否事也. 不一揆云々"

11) 「追加法」436條(佐藤進一編, 中世法制史料集第一卷(鎌倉幕府法), 岩波書店, 1967. 이
하 생략).
   一. 蒙古國事.
   古人插凶心 可伺本朝之由 近日所進牒使也. 早可用心之旨 可被相觸讚岐國御家人等狀.
   依仰執達如件
   文永 5年(1268) 2月 27日   相模守(時宗)左京權大夫(政村)
   駿河守(北條有時)殿

12) 1269년(원종 10) 5월에 "제주(濟州) 사람이 표류하여 일본에 갔다가 돌아와서 말하
기를, '일본이 병선(兵船)을 준비하여 장차 우리나라를 침범하려고니다.'라고 하였
습니다." 라는 경상도안찰사의 급보가 고려 조정에 전해진다. (『高麗史』권26 세가
26 원종 10년(1269) 5월 병오). 따라서 일본이 몽골의 침입을 불가항력의 상황으로
인식하고 이에 대비해서 무사들과 병선의 준비를 고려 조정이 인식했다고 판단할
수 있겠다..

13) 『師守記』貞治 6년(1367) 5월 9일조, "文永六年(1269)四月卄六日於院有評定 異國間
事. 去比蒙古國幷高麗國者 上下六十餘人來着 對馬島 是去年帶牒狀到來之時 無反牒
之條 蒙古國成疑胎 爲尋聞實否也云々."

지 못하고 다자이후에서 5개월간 머무르다가 반첩 없이 몽골로 귀국해야
했다.[14] 다시 1268년 11월에 흑적과 은홍을 파견하였지만 첩장을 다자이후
에 전달도 못하고 대마도 왜인 2명만 대동하고 귀국하는데 그쳤다.[15] 또 이
듬해 9월에는 고려 사신 김유성(金有成)이 이전에 데려온 두 명의 대마도
인을 대동하고 일본 초유 사신으로 파견되었다. 이것은 다자이후를 방문한
두 번째 사행이었고, 몽골에서 일본에 파견한 네 번째에 해당하는 사행이었
다. 한편 교토 조정에서는 종래의 무반첩을 번복하여 반첩을 보내기로 결정
한 후 스가와라 나가나리(菅原長成)에게 초안을 작성하도록 지시하였다. 마
침내 반첩의 초안 작성을 마친 교토 조정이 이것을 막부에 보내 확인시켰
지만, 막부가 이것을 억류시킴으로써 대몽골 반첩 의도가 여지없이 좌절되
고 말았다.[16] 이것은 외교적 수단을 통해 난국을 극복해 보려는 조정의 의
도에 제동을 걸고 대의명분에 입각한 강경한 정책을 선택한 막부의 의도가
정면으로 충돌하는 사건이었다. 이것은 막부가 대몽골 외교에서 주도권을
장악하는 한편 전국의 무사를 동원해서 만일에 있을지도 모르는 외적의 침
입에 강경하게 대응하겠다는 확고한 의지를 대변하는 막부의 행동이었다.

한편 몽골이 일본 초유에 집중하여 거의 매년 일본사행을 파견하고 있을
때, 고려 내에서는 정치적으로 주목되는 사건들이 연이어 발생하였다. 1270
년(원종 11) 5월 임유무가 제거됨으로써 무인정권이 붕괴하고, 고려 원종에
의해 개경환도가 공포되자, '마음대로 부고(府庫)를 열었다'고 하며[17] 개경
으로 환도 결정에 반발해서 일어난 삼별초의 봉기가 그것이다. 곧바로 6월
초에는 삼별초가 그 세력들을 모아 대선단을 이끌고 강화도를 떠나 대거

---

14) 『高麗史』 권26, 세가26 원종 9년(1268) 추7월 정묘.
15) 『高麗史』 권26, 세가26 원종 10년(1269) 3월 신유.
16) 『師守記』 貞治 6년(1367) 5월 9일조, "文永六年(1269)四月卄六日於院有評定異國間
　　事. …(중략)…件度連年牒狀到來之間 有沙汰 被淸書下 反牒無相違者 可遣大宰府之
　　由 雖被仰合關東 不可被遣反牒之旨 計申之間 被略畢."
17) 『高麗史』 권26, 세가26 원종 11년(1270) 5월.

진도로 남하하여 개경정부와 대결을 펼쳐 나가게 된다.

Ⅲ. 삼별초의 진도항쟁과 '환해장성'의 축조

고려 원종의 개경환도 결정 직후에, 1270년(원종 11) 6월 장군 배중손(裵仲孫) 등이 승화후(承化候) 온(溫)을 왕으로 추대하고 진도로 남하하여 용장성을 거점으로 개경정부와 대결하는 형국이 되었다. 무인정권으로부터 탈피하여 왕정복고를 꿈꾸는 원종의 유화적인 대몽정책에 반기를 든 무인정권 세력들이 새로운 왕을 추대하는 사건이 처음 있는 일은 아니었다. 이전에 1269년(원종 10) 6월 새로 집권한 무인정권의 임연(林衍)이 원종을 폐위하고 그 동생 안경공(安慶公) 창(淐)을 새 왕으로 추대했던 사건이 그것이다.[18] 그러나 그해 말에 쿠빌라이의 개입으로 원종을 복위시켰던 적이 있었다.

삼별초가 몽골항쟁의 거점으로 진도를 선택한 이유는 강화도와 마찬가지로 진도가 가지고 있는 해양의 입지적 조건 때문이었다고 할 수 있다. 진도정부는 고려의 조운 운영체계에서 남부지방의 조세와 공물을 실어 나르는 조운의 길목에 위치한 섬을 선택하였다. 비록 1년여의 짧은 기간 거점으로 삼고 있었지만,[19] 강화도 대몽항쟁 시기 못지않게 무기와 공물 등의 전쟁물자를 쉽게 조달할 수 있는 천혜의 입지를 확보할 수 있었다. 또한 경상도와 심지어는 개경까지, 그리고 경기지역 서해안의 섬들에서 발발한 봉기들

---

18) 『高麗史』 권26, 세가26 원종 10년(1269) 6월 을미.

19) 1268년(원종 9) 임연의 집권기에 진도의 용장성 건설이 추진되었고(윤용혁, 「고려 삼별초의 항전과 진도」, 『도서문화』 37, 2011, p.110). 1270년(원종 11) 6월 하순부터 늦어도 7월에는 삼별초의 진도 입거가 이루어졌으므로, 1271년(원종 10) 5월 여몽연합군에 의해서 진도가 함락될 때까지 약 1년간이 삼별초의 진도 거점기간이라고 볼 수 있다. 윤용혁, 『삼별초』, pp.183~187 참조.

이 산발적이었더라도, 그 성격상 반몽, 반개경정부를 전제로 봉기한 지방세력들의 호응이 있었기에 진도에서의 대몽항쟁을 가능하게 하였던 것이다.[20]

한편 고려의 대몽항전 시기에 제주도에 대한 관심은 1260년(원종 1) 고려가 몽골에 항복 의사를 밝히고 난 이후부터 등장하기 시작했다. 이때에 세간에서는 고려가 강화도를 떠나 제주도로 천도할지도 모른다는 소문이 돌았는데, 이것은 부득이 강화도에서 항쟁을 포기하게 될 경우에 대비해서 제주도의 전략적 효용성이 몽골에 항복하는 시기부터 검토되기 시작하였다는 것을 의미한다. 이후에 다시 제주도 천도 문제가 거론되는데, 1268년(원종 9) 삼별초 봉기 직전에 개경환도에 대한 몽골의 독촉이 거세지던 때, 강화도에서 제주도로 천도하는 문제가 재차 부상했던 적이 있었다. 결국 고려에서는 원종의 개경천도 공포 이전부터 제주도의 전략적 가치에 대한 관심과 검토가 이루어졌던 것으로 파악할 수가 있다.

삼별초 봉기 직후에 제주도의 전략적 가치를 놓고 누가 선점할 것인가의 문제는 개경정부와 진도정부 모두에게 최대의 현안일 수밖에 없었다. 삼별초에 의한 나주와 전주 공격을 무사히 막아낸 개경정부는 진도의 삼별초가 남해의 섬과 그 일대의 주군(州郡)을 아우르고 남해 바다 한가운데 멀리 떨어져 있어서 육지에서 공략하기 쉽지 않은 제주도까지 장악함으로써 남해 일대의 대세력으로 성장하는 것을 그대로 방관할 수가 없었다.

먼저 개경정부가 군사를 동원해서 진도정부 세력이 남해의 제일 섬 제주도까지 확장하는 것을 막아서고 나섰다. 개경정부의 첫 번째 전략은 시랑(侍郞) 고여림(高如霖(林))을 제주도로 보내 군사 1천을 거느리고 제주도의 바닷가를 방비하면서 둘레 3백여 리에 '고장성(古長城)'을 쌓도록 명령함으로써,[21] 진도정부가 제주도에 상륙하는 것을 저지하는 계획을 추진하였다.

---

20) 윤용혁, 「삼별초 진도정부의 수립과 전개」, 『고려 삼별초의 대몽항쟁』, 일지사, 2000, pp.186~190 참조.
21) 『신증동국여지승람』 제38권, 전라도, 제주목, 고적조, "古長城 沿海環築周三百餘里

이 기록은 『신증동국여지승람』에 전하고 있는데, 제주도 '고장성'의 시원(始原)을 밝혀주는 소략하지만 상세한 내용을 담고 있다. 『신증동국여지승람』에 언급된 '고장성'은 현재의 '환해장성'을 의미하는데, 기사 연도가 표기되어 있지 않아서 그 축조 시기를 정확히 알 수 없다는 아쉬움이 있다. 이외에도 환해장성의 축조와 관련한 기사가 『耽羅志』,[22] 『耽羅紀年』[23] 등에도 전하고 있는데, 모두 축조 연도가 누락되어 있다. 따라서 『고려사』의 기록과 종합적으로 검토해 봄으로써 '고장성'의 축조시기를 추정해 볼 수가 있다.

『신증동국여지승람』, 『耽羅志』, 『耽羅紀年』에서 제주도의 고장성 축조와 관련해서 공통으로 등장하는 인물이 시랑(侍郎) 고여림(高如霖(林))이다. 『고려사』에는 고여림의 활동과 관련해서 1270년(원종 11) 9월 "신축일에 장군 양동무(楊東茂), 고여림(高如霖) 등이 배를 타고 진도를 토벌하니, 적들이 장흥부(長興府)에 들어가서 경졸(京卒) 20여 명을 죽이고 도령(都領) 윤만장(尹萬藏)을 사로잡고 재물과 양곡을 약탈하였다."[24]는 기록이 보인다. 이 기록을 통해서 삼별초가 진도를 거점으로 활동하던 9월 중순경(신축일)에는 고여림이 진도 근처의 내륙을 중심으로 활동하면서 진도 공격에 출전하고 있었다는 것을 알 수 있다. 그런데 고여림이 개경정부의 명령을 받고 언제 제주도에 들어갔는지에 대한 정확한 기록은 전하지 않는다. 다만 『고려사절요』의 기록에 "당초 안찰사(按察使) 권단(權呾)이 영암부사(靈巖

高麗元宗時三別抄叛據珍島 王遣侍郎高汝林等于耽羅領兵一千以備之因築長城."

22) 李元鎭, 『耽羅志』, 古跡條, "古長城 沿海環築周三百餘里 高麗元宗時三別抄叛據珍島 王遣侍郎高汝林等于耽羅領兵一千以備之因築長城."

23) 金錫翼, 『耽羅紀年』 卷一, 耽羅條, "元宗十一年冬十一月 三別抄陷本國初三別抄叛掠江都人物浮海南下 全羅按察使權呾靈光副使金須以兵二百來守 又遣將軍高汝霖以兵七千繼之時 賊猶保珍島未至 須汝霖等因修築環海長城."

24) 『高麗史』 권25, 세가25 원종 11년(1270) 9월 신축, "將軍楊東茂高汝霖等以舟師討珍島 賊入長興府殺京卒二十餘人擒都領尹萬藏剽掠財穀." ; 『고려사절요』 제18권, 원종 11년(1270) 9월.

副使) 김수(金須)를 보내 병사 200명으로 제주를 지키고, 또 장군(將軍) 고여림(高汝霖)을 보내 병사 70명으로 뒤이어 가게 하였다"25)는 기록이 전하고 있다. 그리고 그해 11월 중순경(기해일) 고여림은 영암부사 김수(金須)와 함께 삼별초의 제주도 상륙을 저지하는 전투 와중에 전사하는 것으로 되어 있다.26)

따라서 개경정부의 명령으로 고여림이 쌓았다는 고장성, 즉 제주도의 환해장성은 1270년(원종 11) 9월 중순 이후부터 11월 중순까지 채 2개월도 되지 않는 짧은 기간에 축조되었다는27) 가설이 성립하게 된다. 다시 말해 1270년(원종 11) 11월 중순 삼별초가 제주도를 장악할 때까지 약 2개월간에 걸쳐 제주도 해안 300여 리에 걸쳐 다급하게 쌓아진 해안 성곽이 되는 것이다. 그렇다면 고여림이 제주도 해안에 쌓았다는 고장성의 완성도에 대해서 의문을 제기하지 않을 수가 없다. 만일 수개월 내지 수년간이라는 축조기간이 주어졌다면 제주도 전체 해안에 적이 상륙하지 못하도록 비교적 완전한 고장성을 완성했을 것이다. 그러나 고작 2개월도 안 되는 짧은 기간만으로 고장성을 완성했다고 보는 것은 무리가 있을 것 같다.

그런데 1273년(원종 14) 4월 여몽연합군에 의해 제주도가 점령될 때까지 삼별초가 여몽연합군의 공격에 대비해서 항파두리에 토성을 쌓고 기병의 상륙을 저지시킬 목적으로 고장성의 증개축 공사를 진행했을 것으로 짐작해 보는 것은 어렵지 않다.28) 이전에 고려 조정의 대몽항전에서 강화도에 내성-중성-(해안의) '외성'29)이라는 방어체계로 몽골의 도해를 막았던

---

25) 『고려사절요』 제18권, 원종 11년(1270) 11월조 ; "初, 按察使權珇遣靈巖副使金須, 以兵二百守濟州, 又遣將軍高汝霖, 以兵七十繼之."
26) 『고려사절요』 제18권 원종 11년(1270) 11월조 ; 『동사강목』 제11하, 원종 1년(1270).
27) 강창언, 「제주도의 환해장성 연구」, 『탐라문화』 11권, 1991, p.110.
28) 현재 환해장성(고장성)이 흔적을 제주시의 애월·곤을·별도·삼양·북촌·동복·행원·한동, 서귀포시의 온평·신산 등 10여개소로 소개하고 있지만, 2016년 필자가 제주도 해안답사를 통해 확인해 본 결과, 조천·김녕·월정·하도 등 다수의 지역에서도 환해장성의 옛 흔적을 확인할 수가 있었다.

경험을 살려서, 삼별초가 제주도에서 항파두리의 토성[30] − '환해장성'의 방
어체제를 응용했다고 보아도 무방할 것이다, 또한 삼별초가 제주도를 장악
하고 있었던 약 2년 반의 기간 동안에 제주도 전 해안에 '고장성', 즉 '환해
장성'을 완성했다고 보는 것이 타당할 것이다. 이러한 몽골 침공에 대한 해
안 방어체계는 이웃한 일본에 그대로 응용되어 규슈 해안가에 '원구방루'라
는 해안 방어시설로 재탄생하게 된다. 제주도에서 삼별초를 괴멸시킨 여몽
연합군이 규슈에 침공하고, 이를 막아낸 막부가 규슈의 해안가에 제주도의
'환해장성'과 유사한 '원구방루'를 축조하기 때문이다.

Ⅳ. '고려첩장불심조조'와 여몽연합군의 일본 침공

삼별초가 진도를 거점으로 전라도 남해 일대와 해상로를 장악하고 제주
도까지 판도를 확대하며 개경정부에게 위협적인 남해 일대의 대세력으로
급성장하게 되었다. 삼별초는 거점인 진도를 해상에서 수비하면서[31] 장흥
부 조양현에 침입하여 약탈하며 군함을 불태우거나,[32] 합포현에 출몰하여
현감을 붙잡아 가는[33] 등 자주 내륙으로 진출을 시도하였다. 그러나 1271

---

29) 강화도 외성과 관련해서, 윤용혁은 "고려시대 유구가 발견하지 못했다고 강화 해안
   에 방어시설이 원래부터 존재하지 않았다고 단정하는 것은 아직 시기상조이다. 해
   안의 공격을 필연적으로 예상했던 당시 상황에서 자연지리의 조건에 의존하여 해
   안 방어시설을 구축하지 않는다는 것은 이해하기 어렵다"고 주장하였다(윤용혁,
   『삼별초』, p.97).
30) 강화도의 축성과 관련해서는 여러 견해가 존재하지만, 제주도 항두파리의 경우 축
   조기법에서 강화도의 축성과 일치하는 공통점이 엿보이고 있다(윤용혁, 『삼별초』,
   pp.98~99 참조).
31) 1270년 11월 김방경이 진도 앞바다에서 삼별초와 전투를 벌려 고전하다 퇴각하고
   만다. 『고려사절요』 제18권, 원종 11년(1270) 12월조.
32) 『고려사절요』 제19권, 원종 12년(1271) 2월조.
33) 『고려사절요』 제19권, 원종 12년(1271) 3월조.

제3부 중세 일본의 왜인들 285

년(원종 12) 5월 그동안 개경정부의 진도 공략을 효과적으로 막아내고 있던 삼별초는 김방경, 혼도, 홍다구가 이끄는 여몽연합 군의 총공격 앞에서 진도를 잃고 제주도로 그 근거지를 옮겨야만 했다.

한편 1271년(원종 12) 5월 진도가 여몽연합군에 의해 함락되기 직전에 진도정부는 일본과의 연대투쟁을 요청하기 위해 첩장을 보냈다.[34] 그해 7월말 이전 다자이후에 삼별초의 첩장이 도착했고,[35] 그해 9월 초에 막부를 거쳐 교토의 조정으로 전달되었다.[36] 삼별초가 보낸 첩장에서 이해되지 않는 부분을 기록해 놓은 '고려첩장불심조조(高麗牒狀 不審條條)'[37]를 통해 삼별초 첩장의 내용을 유추해 볼 수가 있다. 제①조에서는 (1268년)첩장에서 몽골의 덕을 찬양하고, (1271년)첩장에서 몽골인(=韋毳者)은 앞날의 생각이 부족하다는 것, 제③조에서 (1268년)첩장에서 몽골의 덕, 군신의 예라 하고, (1271년)첩장에서 오랑캐의 풍속(被髮左衽)은 성현도 싫어하는 바로

---

34) 삼별초의 대일첩장의 작성은 1271년 5월 여몽연합군에 의해 진도가 함락되기 이전으로 보는 것이 통설이다.

35) 石井正敏, 「文永八年來日の高麗使について―三別抄の日本通交史料の紹介―」, 『東京大學史料編纂所報』 12, 1978.

36) 윤용혁, 「삼별초와 여일관계」, p.169 참조.

37) 「高麗牒狀不審條條」

①一. 以前狀揚蒙古之德 今度狀韋毳者無遠慮云々 如何

②一. 文永五年狀書年号 今度不書年号事

③一. 以前狀 歸蒙古之德 成君臣之禮云々 今狀 遷宅江華近四十年 被髮左衽聖賢所惡 仍又遷都珍島事

④一. 今度狀 端ニハ不從成戰之思也 奧ニハ爲蒙被使云々 前後相違 如何

⑤一. 漂風人護送事

⑥一. 屯金海府之兵 先二十許人 送日本國事

⑦一. 我本朝統合三韓事

⑧一. 安寧社稷待天時事

⑨一. 請胡騎數万兵事

⑩一. 達冕旒許垂寬宥事

⑪一. 奉贄事

⑫一. 貴朝遣使問訊事

다시 진도로 천도하였다는 것, 제④조는 (1271년)첩장에서 (삼별초가) 몽골
과 싸운다는 것, (고려 조정이) 몽골의 요구대로 행동한다는 앞뒤의 모순된
것, 제⑤조에서 조난당한 표류민을 일본에 송환한다는 것, 제⑪조에서 보낸
선물이 (1268년)첩장에서는 찾아볼 수 없다는 것 등 이전(1268년)과 지금
(1271년)의 첩장에서 서로 상충되거나 난해한 부분을 12개 항목으로 정리
해 놓고 있다. 이 '고려첩장불심조조'의 내용을 통해서 아시아에서 벌어지
는 전쟁 상황, 즉 삼별초의 진도정부가 개경정부에 맞서 항쟁하고 있다는
사실, 또 삼별초가 몽골에 대적하는 세력이란 사실 등을 막부와 조정이 전
혀 파악하지 못하고 있었음을 알 수가 있다. 반면에 『古續記』를 통해서
1271년(文永 8) 9월에는 삼별초가 일본침공을 경고하고 대몽항전을 유리하
게 이끌기 위해 일본과 공동전선을 구축하자는 제안을 일본에 전했다는 것
을 알 수 있다.[38] 따라서 7월에 삼별초의 첩장을 받아 보았을 때 난해했던
고려의 복잡한 상황이 9월 무렵에는 다자이후에 체류하던 삼별초(진도정부)
의 사신의 말을 통해서 어느 정도는 해소되었을 것으로 추측해 보는 것도
가능할 것이다.

한편 삼별초의 첩장이 일본에 전달된 직후인 1271년(원종 12) 9월에 하
카타(博多)에 도착한 몽골사신 조양필은 다자이후에 머물면서 첩장을 교토
에 직접 전달하기 위해 백방으로 노력하였다.[39] 그런데 『元朝名臣事略』에
서는 조양필의 도착 이전부터 "이미 송인과 고려탐라가 왔는데, 함께 이 일
을 방해하였다"라는 기록이 전하고 있다.[40] 만일 조양필의 도착 시기보다
훨씬 빠른 7월 말경부터 도착하여 머물고 있던 삼별초 사신이 『元朝名臣事
略』에서 언급된 '고려탐라'라고 한다면, 결론적으로는 남송의 승려 경림(瓊

---

38) 『古續記』 文永 8년(1271) 9월 4일조, '件牒狀趣 蒙古兵可來責日本 又乞糶此外乞救兵
   歟 就狀了見囘分'.
39) 山本光郎, 「元使趙良弼について」, 『史流』 40, 北海島敎育大學史學會, 2001, p.1 참조.
40) 『元朝名臣事略』, 「野齋李公撰墓碑」, "旣至 宋人與高麗 聃羅共沮淚其".

林)과 삼별초의 사신(고려탐라)이 연대해서 조양필의 일본초유 시도를 방해하고 있었다는 사실이 분명해진다.[41] 남송 사신과 삼별초의 방해공작 때문이었다고 단언할 수는 없지만, 조양필은 첫 번째 일본 사행에서 아무런 성과를 얻지 못한 채 1272년(원종 13) 1월 고려로 되돌아가고 말았다.

그리고 막부는 몽골 사신 조양필이 다자이후를 다녀간 지 1개월 후인 1272년(文永 9) 2월부터 규슈 연안에 방어태세를 갖추기 위해 '이국경고번역(異國警固番役)'을 발동하였다. 우선은 규슈에 소령을 가지고 있는 동국의 무사들에게 규슈로 내려오도록 명령하여[42] 치쿠젠국(筑前國)과 히젠국(肥前國)의 연안지역 방비에 나섰다.[43] 이런 동원령이 규슈 방어에 어느 정도 효력이 있었는지 확인된 바가 없지만, 뒤늦게 막부가 몽골의 침입을 감지하고 세운 대비책이었다는데 그 의의가 있다고 하겠다.

그런데 같은 시기 몽골의 침공에 대비해야 할 막부의 호죠씨(北條氏) 사이에 권력을 다투는 '2월소동(二月騷動)'이 발생하였다. 그 결과로 막부 내부에서 호죠씨에 의한 도쿠소(得宗) 권력의 강화로 더욱 대몽골 강경정책

---

41) 『元朝名臣事略』「野齋李公撰墓碑」, "日本逢遣使介十二人入觀 上慰諭遣還 其國主擬奉表議和 會宋人使僧曰瓊林者來渝平 以故和事不成" ; 太田彌一郎, 「石刻史料 '贊皇復縣記'にみえる南宋密使瓊林について-元使趙良弼との邂逅-」, 東北大學 東洋史論集 6, 1995.

42) 「追加法」447條.
筑前肥前兩國要害守護事. 東國人々下向之程 至來三月晦日 相催奉行國々御家人可警固之由 關東御教書到來 仍且請取役所 且爲差置御家人御代官等 已打越候畢. 不日相尋于彼仁 無懈怠 可令勤仕給也. 恐々謹言.
文永 9年(1272) 2月 朔日　　　(大友)賴泰(花押)
野上太郎(資直)殿

43) 尊經閣所藏野上文書 文永 9년(1272) 2월 1일(『鎌倉遺文』〈10964〉), "筑前肥前兩國要害守護事. 東國人々下向之程 至來三月晦日 相催奉行國々御家人 可警固之由 關東御教書到來 仍且請取役所 且爲差置御家人御代官等已打越候畢. 不日相尋于彼仁 無懈怠 可令勤仕給也. 恐々謹言"
文永 9年(1272) 2月 朔日　　　(大友)賴泰(花押)
野上太郎(資直)殿

쪽으로 힘을 실어 주게 되어서,44) 몽골의 첩장에 대한 무반첩이라는 막부의 노선은 더욱 굳어져버렸다. 따라서 1272년(원종 13) 12월 조양필이 두 번째로 다자이후를 찾아갔을 때, 막부는 확고해진 무반첩 노선에 따라 이듬해 3월에 다시 그를 빈손으로 되돌려 보냈다.

한편 일본과의 공동연대를 시도했던 삼별초는 1273년(원종 14) 4월에 여몽연합군에 의해 최후의 근거지인 제주도에서 완전히 괴멸당하고 말았다. 그러나 삼별초의 대몽항전은 일본 막부에게 매우 의미가 큰 군사적 활동이었다. 삼별초가 강화도에서 봉기하던 1270년 6월부터 여몽연합군에 의해 섬멸되는 1273년 4월까지 진도와 제주도, 그리고 남해안 일대에서 대몽항전을 전개하는 동안, 일본에게는 몽골의 군사적 침공에 대비해서 외교적으로 문제를 해결할 수 있는 수차례의 기회와 충분한 시간을 제공했다고 해도 과언이 아니다. 그러나 막부는 인접한 고려의 정치상황에 둔감했을 뿐만 아니라 동아시아의 국제적 대외식견 및 대처능력이 부재해서 이를 적극적으로 활용하지 못하고 오로지 규슈 방어에만 몰두하는 소극적인 방어정책으로만 일관했다.

막부의 무반첩 대응으로 조양필이 다시 빈손으로 되돌아오고 나서, 1273년(원종 14) 6월 몽골의 일본 침공 준비가 본격적으로 시작되었다. 1274년(원종 15) 3월에 흔도(忻都)와 홍다구(洪茶邱) 등에게 1만 5천의 군사와 900척으로 출정 명령이 내려지고 침공 시기를 그해 7월로 결정하였다.45) 그런데 그해 6월에 갑자기 원종이 죽음으로써,46) 10월 3일에서야 비로소 여몽연합군이 합포를 출발하여 일본 공략의 길에 오를 수 있었다.

---

44) 南基鶴,「蒙古襲來と鎌倉幕府の對應」,『蒙古襲來と鎌倉幕府』, 臨川書店, 1997, p.22 참조.

45)『新元史』권250, 열전 제147 外國2 日本條, "(至元11年(1274))三月 帝以鳳州經略使 忻都 高麗軍民總督洪茶邱等 將屯軍及女眞軍 並水軍共一萬五千人 戰船九百艘 期以七月攻日本."

46)『高麗史』권27, 세가27 원종 15년(1274) 6월 계해.

먼저 여몽연합군의 예고된 침공에서 쓰시마와 이키시마(壹岐島)가 가장 먼저 위기에 직면하였다. 두 섬의 주민에 대한 소개명령이 없었고, 막부의 지원군 파견도 없이 홀로 여몽연합군을 맞아 싸우다가 이키시마에서만 1천 여 명이 전사하였다.[47) 쓰시마와 이키시마, 그리고 마쓰우라반도의 주변 일대가 초토화되었고, 이 지역의 무사들과 그 백성들은 대규모 여몽연합군의 상륙과 전투 앞에서 무기력할 수밖에 없었다. 10월 19일에는 하카타만에 도착한 9백척의 대선단과 약 4만여 명으로 편성된 여몽연합군[48)이 이튿날 일거에 상륙하여 공격을 시작하였다. 몽골의 집단전술에 익숙하지 않았던 무사들은 순식간에 다자이후의 미즈키(水城)까지 후퇴해야만 했다. 여몽연합군이 곧 다자이후를 함락시킬 수 있는 절호의 기회였지만 날이 어두워지자 하카타만에 정박해놓은 배에 승선한 채 다음날을 기약하였다. 그러나 그날 밤 갑작스런 폭풍우로 전함들이 바위와 언덕에 부딪치고 파손되어 무려 1만 3,500여 명의 희생자를 내고 퇴각해야만 했다.[49) 여몽연합군의 일본 침공은 처음 의도했던 것과는 정반대로 침공에 실패하여 오히려 막부와 조정에게는 경각심과 자신감을 주었으며, 규슈의 무사와 백성들에게는 공포심과 저항감을 심화시켜놓은 실패한 해외원정이 되고 말았다.

V. '원구방루'의 축조와 여몽연합군의 일본 재침공

일본 침공의 실패로 많은 인명과 재원의 손실을 입은 고려의 속사정에는 아랑곳하지 않고, 몽골은 일본 재침공에 필요한 군사와 물자, 그리고 함선

---

47) 『高麗史』 권28, 세가28 충렬왕 즉위년(1274) 10월 기사.
48) 여몽연합군은 몽골군·한군 2만 5천명, 고려군 8천 및 사공·인해·수수 6천 7백명 등으로 편성되었다(『고려사절요』 제19권 원종 15년(1274) 10월조).
49) 『高麗史』 권28, 세가28 충렬왕 즉위년(1274) 10월 가사 ; 11월 기해.

준비를 개경정부에 다시 명령하였다. 우선 1275년(충렬왕 원년) 2월 몽골은
고려로 남송인(=蠻子軍) 1천 4백명을 보내서 해주(海州)·감주(監州)·백부
(白州) 등지에 나누어 주둔시키면서 전쟁준비를 독려하였다. 그리고 그 해
3월에 몽골의 사신 두세충(杜世忠)·하문저(何文著)가 고려에 도착하고,[50]
고려의 통역관 서찬(徐贊)의 안내로[51] 4월에 일본의 나가토(長門)에 도착
하였다. 그러나 막부는 몽골에 대한 적대의지를 표출이라도 하듯이 사신일
행을 간토로 호송한 뒤 다츠노쿠치(龍ノ口)에서 참수하였다. 그리고 그해 5
월에 '이국경고번역'을 하달하여 스오국(周防國)과 아키국(安藝國)의 고케
닌을 나가토로 집결시켰다.[52] 막부의 몽골사신 처형이라는 초강경 대응은
더 이상 몽골과 어떠한 외교적 접촉도 원치 않으며 앞으로 군사적 충돌도
불사하겠다는 결연한 의지의 표현이었다.

　이러한 막부의 결연한 의지는 그해 12월 초에 '이국정벌(異國征伐)' 명령
의 공포를 통해서 다시 표출되었다. 막부가 규슈·산인도(山陰道)·산요도(山
陽道)·난카이도(南海道) 등의 본소일원지(本所一圓地)에서 선장과 선원을
차출하여 1276년(建治 2) 3월에 하카타(博多)에 집결시키도록 쇼니쓰네스
케(少貳經資)에게 명령을 내렸다.[53] 이것은 이국(異國), 즉 몽골(고려)을 대

---

50) 『高麗史』 권28, 세가28 충렬왕 원년(1275) 3월 신사.
51) 『高麗史』 권29, 세가29 충렬왕 5년(1279) 8월 신축.
52) 『東寺百合文書』 建治 원년(1275) 5월 12일(『鎌倉遺文』 16권 〈11910〉).
　　長門國警固事. 御家人不足之由 信乃判官入道行一令言上之間 所被寄周防·安藝也. 異
　　賊襲來之時者 早三ヶ國相共 可令禦戰之狀 依仰執達如件建治 元年(1275) 5月 12日武
　　藏守 在判
　　相模守 在判
　　武田五郎次郎殿
53) 東寺百合文書建治 원년(1275) 12월 8일(『鎌倉遺文』 16권 〈12170〉).
　　明年三月比 可被征伐異國也 梶取·水手等 鎭西若令不足者 可省充山陰·山陽·南海道
　　等之由 被仰大宰少貳經資了 仰安藝國海邊知行之地頭御家人·所一圓地等 兼日催儲梶
　　取·水手等 經資令相觸者 守彼配分之員數 早速可令送遣博多也者 依仰執達如件.
　　建治 元年(1275) 12月 8日　　　　　　　　武藏守 在判相模守 在判

상으로 무사들을 동원하여 군사적으로 반격하겠다는 계획이었다. 그러나 막부의 명령에 참여한 고케닌의 수가 현저히 적었기 때문에 이국정벌을 추진하지는 못하였다.

따라서 막부의 선택은 비현실적인 '이국정벌'을 추진하는 대신에 무사들을 하카타 연안에 대거 동원하여 석축 쌓는 대규모 토목공사를 진행하기 시작하였다. 이것이 하카타의 북쪽 해안지역에서 축조되어 현재까지 보존되어 전하는 '원구방루(元寇防壘)'의 시원이다.[54] 하카타 연안에서 시작된 원구방루의 축조는 1274년 여몽연합군의 침공 때에 한나절 만에 미즈키(水城)까지 밀려 곤욕을 치렀던 경험을 바탕으로 해안에서부터 적의 상륙을 선제적으로 방어하겠다는 기발한 발상이었다. 백제의 멸망 이후 663년 백강전투에서 패한 야마토정권이 당나라의 일본 침공에 대한 위기의식 속에서 다자이후의 방어목적으로 축조했던 토성 미즈키보다 진일보한 탁월한 방어전략임에는 분명하다. 또 백강 전투 이후 600여 년이 흘러 12세기에 여몽연합군에 의한 첫 번째 일본 침공을 경험했던 직후에 다자이후의 방어수단으로 미즈키의 토성－'원구방루'라는 방어 개념을 새롭게 적용시켰다는 점에서 매우 기발한 아이디어임에 분명하였다. 그리고 수년 후에 여몽연합군이 다시 규슈로 침공하였을 때 원구방루가 그 기능을 충분히 발휘하여 여몽연합군의 해안상륙을 저지하는데 매우 유용하게 사용되었다는 점에서 원구방루의 축조는 막부의 탁월한 선택이었다.

규슈의 원구방루는 이전 고려에서 몽골의 침략방어에 일정기간 성공했던 강화도 외성이나 제주도 환해장성과 비교해도 그 축조 지형과 목적, 그리고 그 기능에서 일치하는 요소가 많은 해안성곽이다. 예를 들어 몽골의 침입이 본격적으로 시작되면서 1232년 강화도로 천도한 고려 조정이 장기간의 대몽항전을 치르기 위해 축조했다고 예상되는 강화도 해안가의 '외성', 1272

武田五郎次郎殿
54) 졸고, 「제주도 '환해장성'과 규슈 '원구방루'의 역사적 고찰」, p.54 참조.

년 진도의 삼별초가 제주도로 세력을 확대하는 것은 막기 위해 개경정부가 고여림을 파견하여 다급하게 쌓은 제주도 해안가의 '고장성(환해장성)', 이후 제주도를 장악한 삼별초가 대몽항쟁을 지속해 가기 위해 완성한 제주도 해안가의 '환해장성' 등과 서로 비교가 가능할 것 같다.

이를테면 고려의 '외성'과 '환해장성'은 규슈의 해안에 축조된 '원구방루'와 함께 모두 바다와 접한 해안가에 축조되었다는 공통점을 가지고 있다. 그 축조목적에 있어서 모두가 적의 해안상륙을 저지시키기 위해 쌓은 방어용 해안성곽이라는 공통점도 가지고 있다. 따라서 몽골의 대륙적 특성과 제주도와 규슈의 해양적 특성의 충돌 과정에서 생긴 동아시아의 해양성을 대표하는 해안성곽인 것이다.[55]

한편 막부가 무사들을 동원하여 원구방루 공사를 한참 진행하고 있을 무렵, 1279년(세조 20) 2월 몽골은 남송을 멸망시키고 나서, 6월 고려에게 병선 900척을 만들도록 명령하고[56] 다시 일본 초유의 사신을 하카타로 파견하였다.[57] 그런데 어떠한 외교적 접촉도 원치 않던 막부는 몽골사신 일행을 하카타에서 참수하는 반응을 보여줬다. 두 차례에 걸친 사신의 처형은 몽골의 침공을 기정사실로 받아들이고 무력 충돌을 불사하겠다는 막부의 단호한 의지의 표현이었다.

결국 1281년(弘安 4) 5월 동로군과 강남군으로 편성된 여몽연합군에 의한 일본 침공이 다시 시작되었다. 5월 3일 동로군 4만이 합포를 출발하였고, 6월 18일 강남군 10만이 경원(慶元)과 정해(定海)을 출발하기로 계획을 세웠다. 먼저 6월 6일 하카타만에 먼저 도착했던 동로군이 상륙을 시도하였지만 '원구방루'로 인해 해안상륙이 여의치 않았다. 해안공격에 실패한 동로군은 서쪽으로 이동하여 강남군과 히라도에서 만나 다시 상륙계획을 숙

---

55) 졸고, 「제주도 '환해장성'과 규슈 '원구방루'의 역사적 고찰」, p.56 참조.
56) 『高麗史』 권29, 세가29 충렬왕 5년(1279) 6월 신축.
57) 『新元史』 권250, 열전 제147 外國2 日本條.

의하였다. 그러나 윤7월 1일 태풍이 불어 삽시간에 대혼란의 소용돌이 속에서 여몽연합군 14만 명 중에서 익사하거나 포로로 처형되어 돌아가지 못한 자가 무려 10여만 명에 이르게 되었다.[58] 한편 폭풍우 덕분에 무사히 몽골 침공을 막아낸 막부는 그해 8월 규슈의 고케닌과 야마토국(大和國)·야마시로국(山城國)의 악도(惡徒)들도 함께 두 번째 '이국정벌'에 동참하도록 명령을 내렸다.[59] 그러나 1275년(建治 1) 12월의 첫 번째 '이국정벌' 때와 마찬가지로 무사들의 참여가 소극적이었기 때문에 실행에 옮기지는 못하였다. 이후 막부로부터 더 이상의 '이국정벌'이 공포되지는 않았다. 1294년(永仁 2) 일본 침공 의지를 굽히지 않던 몽골의 쿠빌라이가 죽으면서, 일본은 몽골의 군사적인 위협에서 벗어날 수가 있었다.

그러나 막부와 무사들 사이에 몽골이 다시 침공할지도 모른다는 위기감과 공포심이 계속해서 남아 있었기 때문에, 1272년(文永 9)과 1275년(建治 1) '이국경고번역'의 상태가 계속해서 유지되었다.[60] 규슈 오도열도 나카도 오리지마(中通島)의 우시로이오 고카쿠(白魚行覺)가 1280년(弘安 3)부터 1302년(正安 4)까지 모두 12회에 걸쳐 이국경고번역에 참가했던 것처럼,[61] 규슈와 여타 지역의 무사들에게 다반사로 경고번역이 내려지기 일쑤였다. 이때 동원된 무사들에게 주어진 임무는 1276년(建治 2) 3월부터 쌓기 시작한 '원구방루'를 규슈 북쪽 전해안뿐만 아니라 도서지역의 섬까지도 연장공

---

58) 『高麗史』 권29, 세가29 충렬왕 7년(1281) 윤8월 경신.
59) 『東大寺文書』 弘安 4년(1281) 8월 16일(『鎌倉遺文』〈14422〉), "可被征伐高麗之由 自關東其沙汰候歟. 少貳平大友平爲大將軍 三ヶ國御家人 悉被催立幷大和·山城惡徒五十六人 今月中可向鎭西之由 其沙汰候 …(하략)…"
60) 졸고, 「제주도 '환해장성'과 규슈 '원구방루'의 역사적 고찰」, p.56 참조.
61) 『靑方文書 弘安 3년(1280) 11월 7일 ; 弘安 8年(1285) 10월 晦일 ; 弘安 10년(1287) 6월 晦일 ; 弘安 10年(1287) 12월 晦일 ; 正應 원년(1288) 10월 晦일 ; 正應 원년(1288) 12월 晦일 ; 正應 2년(1289) 5월 13일 ; 正應 2년(1289) 9월 17일 ; 正應 4년(1291) 6월 12일 ; 永仁 6년(1298) 8월 4일 ; 正安 4년(1302) 10월 8일 ; 正安 4년(1302) 10월 15일 등 다수의 '이국경고번역' 문서가 남아 있다.

사하는 것과 기존 석축을 부분적으로 수리하는 일이었다. 몽골의 쿠빌라이가 죽음으로써 군사적인 위협에서 벗어났음에도 여전히 막부는 변화된 동아시아 세계의 대외상황을 감지하지 못하고 있었다. 결국 동아시아 세계와 단절되어 있었던 막부의 역할은 '원구방루'의 축조 및 보수를 위해 14세기 중반까지 수십 년간 끊임없이 무사들을 동원하는 일이었다. 따라서 막부에게 몽골의 위협에서 벗어나게 해준 원구방루는 시간이 지나면서 오히려 막부의 존립을 위태롭게 만드는 장애물로 탈바꿈해 갔다.

Ⅵ. 맺음말

이상에서 본고는 강화도의 외성, 제주도의 환해장성, 규슈의 원구방루가 몽골의 동아시아 팽창전쟁과 직간접적으로 관련성 가진 방어용 해안성곽이라는 점에 대해 살펴보았다.

강화도를 거점으로 대몽항쟁을 주도하던 무인정권은 내륙에서 강화도로 상륙 공격할지 모르는 몽골군의 침입에 대비해서 강화도에 내성과 중성, 그리고 외성을 쌓고 대비하였다. 일부 학자들의 주장대로 강화도에 외성이 존재했을 것으로 유추가 가능한데, 강화도의 해안성곽으로써 외성은 몽골 기병의 상륙을 저지하기 위한 목적과 역할을 기대하며 축조되었다고 보아도 무방할 것 같다.

한편 제주도의 환해장성도 진도정부가 제주도로 세력을 확장하지 못하게 개경정부에서 고여림을 보내 불과 2개월이라는 단기간에 쌓은 해안성곽이다. 그런데 환해장성의 축조에 소요된 기간이 너무 짧기 때문에, 절대적으로 꼭 필요한 극히 일부 해안에만 쌓았을 것이기 때문에 해안성곽으로써 미흡한 상태였을 것이다. 이후 삼별초가 제주도를 장악하고서 약 2년 반 동안에 제주도의 절애지역을 제외하고 해안상륙이 쉬운 대부분의 해안가에 완성도를 갖춘 환해장성을 축조했을 것이다.

한편 규슈지역의 원구방루는 고려의 강화도 외성, 제주도의 환해장성과 함께 그 축조 목적과 그 방법이 거의 일치한다는 사실을 확인할 수가 있다. 예를 들어 적의 해안상륙을 저지하기 위해 만든 해안성곽이었다는 일반적인 공통점 외에도 몽골기병의 상륙 저지가 첫 번째 목적이었다는 특정한 공통점을 가지고 있다. 따라서 고려의 강화도 내성−중성−외성의 방어체계, 제주도의 항파두리 토성−환해장성의 방어체계, 규슈 다자이후의 미즈키−원구방루의 방어체계 등이 상당한 유사점을 가지고 있다. 이 중에서 고려의 강화도 내성−중성−외성, 제주도의 항파두리 토성−환해장성의 방어체계는 그 축조 시기와 설치 지역이 달라졌을 뿐 아이디어가 자연스럽게 공유될 수 있는 고려 내의 대몽항전 공동세력들에 의해 축조된 것이었다.

그렇다면 제주도의 항파두리 토성−환해장성과 규슈 다자이후의 미즈키−원구방루의 공통된 성격은 무엇이고 차이점은 무엇인가.

서로 다른 별개의 집단이라고 할 수 있는 삼별초와 막부(혹은 다자이후)가 몽골 기병의 상륙 저지라는 공통된 목적을 가지고 축조한 것임에 분명하다. 다만 삼별초의 환해장성에 대한 아이디어가 원구방루로 적용되기 위해서는 축조 방법이나 기간, 그리고 소요인력 등에 대한 구체적인 정보전달 매개체가 존재해야 한다는 조건이 필요할 것 같다.

그 전달 매개체는 '고려첩장불심조조'와 『元朝名臣事略』의 분석을 통해서 유추 가능한데, 조양필의 일본 초유를 방해했던 '고려 탐라'를 그 주인공으로 떠올릴 수가 있다. 장기간 규슈에 체류하던 삼별초와 남송의 사신으로부터 몽골의 고려·남송 침공과 동아시아의 국제정세에 대해서 많은 정보를 전해 들었을 것이다. 그리고 제주도의 환해장성과 규슈의 원구방루는 설치 목적과 방어 기능에서 그 성격이 동일하므로, 규슈의 원구방루 축조가 삼별초의 아이디어에서 나온 것이 아니라고 단정할 수는 없을 것 같다.

제4장 海洋文化와 倭寇의 소멸
-五島列島 공동어업권과 관련해서-

I. 머리말

규슈의 서북쪽 바다 끝에 위치한 五島列島는 東中國海로 길게 이어진 지리적인 영향으로 바다를 횡단하는 遺唐船들의 마지막 기항지로 잘 알려져 있다. 또한 이곳은 생업이 어업이기 때문에 일본 중세 해양문화의 연구에 필요한 다양한 자료를 제공하는 곳이기도 하다. 아울러 고려 말과 조선 초에 한반도에 자주 출몰하였던 왜구의 근거지로 널리 알려져 있다.

五島列島에서 전하는 해양성과 관련된 다양한 자료는 남북조 내란기와 그 이후에 집중되어 나타나고 있다. 오히려 일본 열도가 안정기로 접어드는 15세기 초중기에도 五島列島의 섬과 포구에서 어업권을 둘러싼 분쟁이 증가해 가는 추세에 있었다. 어업권을 둘러싼 경쟁의 대립구도가 정치적 혼란기인 남북조 내란기가 종식되었음에도 한층 증가하는 추세에 있는 것이다.

그렇다면 일본 내에서 정치적인 안정을 의미하는 남북조 내란의 종식의 시점에서 어업권을 둘러싼 규제와 재편이 불가피해진 이유가 무엇인지 의문으로 제기된다. 그 이유를 밝히기 위해서 일본 국내 정치상황의 변화만을 가지고 설명하는 것은 한계가 있다고 여겨진다. 이 지역의 해양성에 비추어 보았을 때, 동아시아의 국제 관계 속에서 왜구 문제와 관련지어 분석하는 것이 새로운 접근방법이 되리라고 사려된다.

대체로 14세기는 동아시아의 국제관계에서 해적의 활동 즉 왜구의 활동

이 활발했던 시기이다. 이 시기에 왜구의 활동이 고려의 흥망과도 관련되어
있음은 역사적 사실로 이해되고 있다. 왜구와 관련된 기존의 연구에서는 왜
구의 주체를 高麗·日本人의 연합으로 보고 왜구생성의 원인을 고려 내부
에서 찾는 견해가 있다.[1] 반면에 이를 비판하면서 庚寅倭寇의 주체가 일본
내의 惡黨세력이라는 주장과[2] 1370년대의 왜구 증가의 원인을 「反探題 勢
力」의 활동에서 찾아야 한다는 견해가[3] 제시되기도 하였다.

한편 왜구 소멸의 원인에 대해서는 고려의 군사·외교적 성과와 조선 초
의 공무역의 전개에서 찾거나,[4] 松浦지역에서 「一揆」의 성립이 왜구의 출
몰을 자제시켰다는 견해가 제기되었다.[5] 그러나 좀 더 구체적으로 왜구소
멸의 원인을 밝히기 위해서는 그 원인을 고려보다는 일본 열도 내부에서
접근하는 연구가 필요하다고 생각한다. 즉 왜구가 고려의 군사적인 대응으
로 완전히 소탕되는 것이 아니라면, 그들이 추구하는 약탈물을 대신하는 대
체품이 일본열도 내에서 확보되었거나, 자신들의 근거지에서 안정적인 정
착과 생업이 보장되어야 할 것이다. 이러한 연구가 보완되었을 때 일본 열
도에서의 왜구의 주체와 1380년대와 90년대 왜구 소멸이 일목요연하게 연
결될 수 있다고 생각한다.

따라서 본고에서는 왜구의 근거지중의 한 곳인 五島列島내의 포구(浦)에
서 발생한 분쟁 원인과 그 해결방법이 무엇이었는지에 대해서 살펴보도록
하겠다. 즉 고려에서 왜구가 소멸할 시기에 해상활동 세력의 일본 내 정착
에 따른 고밀도화를 어떻게 해결하고 어떤 방법으로 생존권의 확보에 주력

---

1) 田中健夫,「倭寇と東アジア通交圈」,『日本の社會史』1, 岩波書店, 1987 ; 太田弘毅,
　　「倭寇と結託した朝鮮人」,『藝林』36-3, 1987.
2) 李領,「高麗末 倭寇構成員에 관한 考察」,『韓日關係史研究』5집, 玄音社 1996.
3) 拙稿,「少貳冬冬資와 倭寇의 일고찰」,『日本歷史研究』13집, 2001.
4) 孫弘烈,「高麗末期의 倭寇」,『史學志』9집, 1975 ; 羅鍾宇,「高麗末期의 麗·日 關係」
　　『全北史學』4집, 1980.
5) 拙稿,「一揆와 倭寇」,『日本歷史研究』10집, 1999.

해 가는지를 살펴보는 것이다. 이로써 동아시아를 대상으로 자유롭게 해양 활동을 펼쳤던 왜구가 역동성을 극복하고 신질서 속으로 흡수되어 가는 한 예를 제시하고자 하는 것이다.

Ⅱ. 「契約」과 해양경계의 설정

幕府의 命을 받은 今川了俊이 應安 4년(1371) 남조의 세력이 우세한 九州로 내려온다. 그런데 下松浦 지역에는 了俊이 규슈에 내려오기 훨씬 이전부터 상당수의 「契約狀」이나 「連署押書狀」이 존재했다. 이것은 일상생활에 관련된 在地武士間의 所領분쟁을 해결하는 목적에서 만든 계약이었다. 즉 자치적이고 자율적인 의지에 의해서 계약을 맺고, 그 규약의 상호준수를 약속하는 것이었다. 이 계약 성립의 목적은 중재재판(左博)을[6] 통해서 문제를 평화적으로 해결하는 것이었다.

대체로 정치적·사회적 변혁기라고 할 수 있는 南北朝期에는 在地領主들이 그들 상호간에 발생한 소송을 鎭西管領에게 재판받기 전에 스스로 문제를 해결할 수 있는 독자적인 신질서를 만들어 나가고 있었다. 예컨대 「公的」權力體의 기능을 대신하는 별개의 사회적 영역을 자율적으로 만들어 나가고 있었던 것이다.

이런 관점에서 주목되는 것이 『契約狀』과 『置文』, 그리고 『押書狀』이다. 이것은 松浦지방 五島列島의 在地領主들이 여러 가지 일상과 관련된 문제를 해결하기 위한 수단으로 이용되었다. 남북조합체 이전에는 〈표 1〉에서 보는 바와 같이 康永 3년(1344)부터 永德 3년(1383)까지 모두 7건이 보이고 있다. 그렇다면 『契約狀』·『置文』·『押書狀』 등의 내용을 살펴보면

---

6) 「左博」(=「佐博」)은 일본어의 '裁(さば)ぐ'라는 음독을 한자로 표기한 것으로 仲裁裁判이라는 의미로 볼 수 있다.

서 계약 성립에는 어떤 조건과 단서가 전제되어야 하는지를 살펴보도록 하
겠다.

〈표 1〉南北朝合體 이전의 『契約狀』·『置文』·『押書狀』7)

	年度	連署者	文書名
①	康永 3年(1344) 5月 24日	孫鬼丸(白魚繁)·沙彌圓心	連署 契約狀
②	觀應 3年(1352) 10月 25日	靑方氏·松浦理	契約狀
③	正平 21年(1366) 8月 22日	宇久·有河住人7名	連署 置文
④	應安 7年(1374) 5月 28日	稱·頓阿	連署 押書狀
⑤	應安 8年(1375) 6月 19日	松熊丸·滿·榮後	〃
⑥	永德 3年(1383) 7月 13日	與·滿·續	〃
⑦	〃	安·重·覺	〃

松浦지역에서 가장 빨리 성립된 계약장은 〈표 1〉과 같이 康永 3년(1344)
의 「白魚繁·沙彌圓心·連署契約狀」이다. 이것은 白魚繁과 沙彌圓心이 所
領경계에 대해 소송하는 것으로 그 내용을 살펴보면 다음과 같다.

肥前國의 五西浦內의 白魚가 지배(沙汰)하는 일을 契約함에 따라 아와
치(あわち)浦에서부터, 또 奈良尾의 우에쿠비(うえくひ)에서부터 下佐尾崎
에 이르기까지로 한다. 그 경계의 내에서는 조금이라도 분쟁이 있어서는 안
된다. 그 경계(堺)의 바깥에서 조금이라도 분쟁이 있어서는 안 된다. 이와 같
은 계약은 모두 신중하게 받아들여야만 한다. 앞으로의 증거로 삼기 위한
契約狀, 이와 같음.
　康永 3년 5月 24일　　　　　(白魚繁)孫鬼
　　　　　　　　　　　　　　　沙彌圓心8)

---

7) 이 표는 『靑方文書』와 『松浦山代文書』를 참고하여 작성하였다.
8) 『靑方文書』康永(1344) 3年 5月 24日 (『南北朝遺文』九州編 2卷 〈2015〉). ひせんの
くに五嶋にしうらへの內しろいをのきたの事ニ付けいやく申候二依, あわちのうらより
ならをのうへく ひより, しもさおさきにいたるまて, さりまいらせ候,此さかいのうちに,
いささかいろい申すましく候, このさかいよりほかに, いささか御いろいあるましく候,

이것은 白魚繁와 沙彌圓心 둘 사이에서 체결된「連署契約狀」이다. 즉 五島의 西浦 내에서 孫鬼丸(白魚繁) 所領의 경계를 지정하고, 그 지역 안에서의 所領 지배권을 결정하는「契約狀」인 것이다. 즉 상호간의 所務權의 境界를 결정함에 있어서 探題權에 의존하지 않고 자율적 의지로 결성된 계약의 형식을 빌리고 있는 것이다. 또 "조금이라도 분쟁이 있어서는 안된다"는 내용으로 보아 같은 문제를 가지고 재차 발생할 수도 있는 해양의 경계 분쟁을 예방하려는 목적도 있었음을 알 수 있다. 또 觀應 3년(1352)에도 다음과 같은『松浦理契約狀』이 있다.

契約한다.
肥前國 御廚庄내의 西浦目의 일. 대대로 점유하고 있었지만, 字久入道(實)殿와 緣이 있는 관계로 상호간에 一大事를 상담하여 수년 전의 訴訟을 그만 두고 양측의 知行分으로 나누는 바이다. 경계가 동쪽은 比多尾, 남쪽은 三日雄岳(三王山)로부터 續浦의 초입(입구), 濱浦의 우에쿠비(うえくひ)를 훨씬 지나고, 서쪽은 바다의 柏瀬戸에서 그 앞 바다로 연결하고, 북쪽의 枕崎 그 안의 庶子分과 함께 섬들을 덧붙여서 이후에는 靑方가 지배하도록 한다. 잔여분은 (松浦)理가 知行하도록 한다. 이 경계를 넘어서는 상호간에 어떤 異議도 제기할 수 없다. 이에 후에 증거를 위한 書狀, 이와 같음.
觀應 3년 10월 25일   (松浦)源理(花押影)[9]

かやうにけやく申候うえハ、これの大事ハそれの大事，それの大事ハこれの大事とそんちすべく候、依しやうらいきけいのたこ，けいやく狀如件，
　　　　　　康永三年五月十四日(白魚繁)孫鬼丸
　　　　　　　　　　　　沙彌圓心

9)『靑方文書』觀應 3年(1352) 10月 25日(『南北朝遺文』, 九州編 3卷〈3478〉).
けいやく
ひせんの國御廚庄にし浦目事，代代つかい申候といえとも，うくの入道殿そえんニよて，あいたかひニ一大事を申たんし候うえニ，年來のそせうおさしおきて，りやうはうちきやうふんお別申候ところなり，さかいハ，ひんかしハひたを，ミなミミかの御たけよりつきの浦の浦かしらおはまの浦のうえくひおふみこえて，にしハうミかしはのせとおおきニとをして，きたまくらさき，このうちのそしふんならひニしましまおくわえて，いかう

이 계약장에서 보면 松浦里가 西浦目을 대대로 知行하고 있었음을 알 수 있다. 그리고 언제부터인가 靑方氏와의 소송이 시작되었는데, 宇久氏의 仲裁로 이제까지 계속되었던 소송을 중지하고 松浦·靑方氏 양측이 합의하에 西浦目을 각각의 知行分으로 나누고 있다. 또한 앞으로 상호마찰이 없도록 바다뿐만 아니라 섬의 경계를 결정하는 내용도 포함하고 있다. 그런데 양측이 과거부터 宇久氏와의 혈연적인 인연으로 인하여, 宇久氏가 중재의 구심점이 되어 계약이 성사되고 있음을 알 수 있다. 즉 이것은 계약합의의 계기가 權力體의 강제력에 의한 것이라기보다는 一族이라는 혈연적 의식에 기초한 仲裁에 있었음을 확인할 수 있는 대목이다.

이 계약이 성립한 시기는 足利直冬가 貞和 5년(1349) 九州에 내려와 天下三分의 상황이 전개되었던 때이다. 直冬가 세력 확대를 위해서 在地領主들에게 準將軍의 문서양식으로『安堵狀』·『宛行狀』등을 발급하면서 세력 확장에 진력할 때였다. 이 시기에 오도열도의 諸氏는 분열을 경험하게 되었고, 혼란상황에서 自救策의 일환으로『契約狀』을 만들어 분쟁을 원만하게 해결하고자 노력하였다. 이것이『契約狀』출현의 한 원인이었던 것이다. 또한 이것은 해양의 경계를 계약 속에 담아 분쟁을 사전에 예방하고자 하는 목적도 있었다.

III. 어업권과 「중재재판」의 규정

어업권과 관련한 訴訟에서 중재자가 주관하는 재판을 통해서 문제를 해결하는 한 예가 있다. 正平 21년(1366)『宇久·有河住人等連署置文』[10]이

あを方はうえちきやうあるへく候, のこりふんハおさむちきやうすへく候, このさかひ
おこえて, あいたかひニいささかいきを申ましく候, よてこうせうのためニ狀如件
　　　觀應三年十月卅五日　　　　　　　(松浦)源理(花押影)

그것이다.

　　靑方覺性(高繼)의 『活券狀』등에 관해서 (鮎河)直·進과 (靑方)重·(神崎)
能阿가 소송한 赤濱 網代(어망, 어살)의 일, 약간은 各論에 이르렀으므로
宇久·有河의 중재재판(左博. 佐博)으로 상담해서 양측의 道理에 맞고 어긋
남(理非)을 가지고 분쟁을 해결하는 일, 直·進측에서 赤濱의 세 번째 網代
및 那摩內의 波解崎의 岐網代·粄(祝)家의 앞 倉網代 등을 일원적으로 강
제로 집행(沙法付)하도록 한다. 단 赤濱에서는 또한 여섯 번째도 直·進 측
의 것으로 해야 한다. 그 다음에는 向後에 있어서 一味同心의 마음을 이루
어야 한다. 만일 도리에 맞지 않는(非分) 일로서 다시 異論에 이르고 一揆
가 결정한 취지를 배반하여 계약을 어기는 일 있으면,『請文』의『事書』의
뜻에 따라 범법자들을 宇久·有河內에서 영원히 추방하는 書狀, 이와 같음.

　　　正平 21年 8월 22일 孔子　　　　　　　　　　　　　　授(花押影)

　　　　　　　　　　　　　次第 (有河)全(花柳影)

　　　　　　　　　　　　　　　　　　高(花押影)

　　　　　　　　　　　　　　　　　　答(花押影)

　　　　　　　　　　　　　　(宇久)覺(花柳影)

　　　　　　　　　　　　　　　常阿(花押影)

　　　　　　　　　　　　　　　　實(花柳影)[11]

---

10) 置文은 ①所領의 讓與를 할때 자손에게 遺言·遺命의 類를 기록하는 문서와 ②所領
　　의 讓與와는 직접 관계없이 寺院 등에서 장래에 오래도록 준수할 사항을 열거해 놓
　　은 문서 등으로 두 가지 의미에서 사용되었다. 石井 進 編,『中世政治社會思想』上,
　　日本思想大系 21, 岩波書店, 1972. p.525 참조.

11)『靑方文書』正平 21年(1366) 8月 22日 (『南北朝遺文』, 九州編 4卷〈4640〉)
　　就靑方覺性活券狀等, 直(鮎河)·進與重(靑方)·能阿(神崎)相論赤濱網代事. 聊及(霍)論
　　之間, 宇久·有河爲在博令談合, 兩方理非於以和談之儀, 直·進方仁建赤濱參番網代那
　　聲內波解崎之 崎網代·家之前倉網代等一圓仁沙法付畢, 但赤濱者, 又六番母可爲直·進
　　方, 此上者, 於向後 可被成一味同心之思也. 若以非分之儀, 重及異論, (背)一揆之治定
　　之旨. 有違篇之儀者, 任請事書, 違犯人人於宇久, 有河中於永可出之狀如件,

　　　　正平一年八月十二日　　　　孔子　　授(花押影)

　　　　　　　　　　　　　　　次第　　(有河)全(花押影)

　　　　　　　　　　　　　　　　　　　高(花押影)

이것은 五島列島내의 中通島에서 발생한 網代(어망, 어살, 漁箭)에 관련
된 분쟁을 해결하는 중재의 성질을 가지고 있다. 내용면에서 살펴보면, 靑
方覺性이 소유한 網代에 관해서 鮎河直·進와 覺性의 후손인 靑方重·神崎
能阿 등 양측이 소송을 제기한다. 이때에 제삼자에 해당되는 宇久覺·有河
全가 주도해서 一揆를 만들고 그 중지를 모아 소송 당사자들을 화해시킬
목적으로 작성한 판결장인 것이다. 여기에서는 과거에 매각했던 網代를 대
상으로 제기된 소송의 중재 결과로써, 그 대상물의 점유를 명확하게 구분하
여 명시하고 있다. 또 일곱 명의 連署者 중에서 氏名을 분명하게 알 수 있
는 자가 有河全와 宇久覺 두 명뿐이지만, 이들은 대체로 혈연적인 연결성
을 갖고 있었다.[12]

특히 주목되는 것은 連署의 순번을 제비뽑기에 의해 결정하는 孔子次第
라는 점이다. 이것은 다수의 連署人들이 이 계약에 있어서만큼은 일대일의
상호대등한 평등 관계에 있음을 의미하는 것이다. 다시 말하면 在地武士間
에 횡적 결합관계가 자율적으로 형성되었음을 시사하는 것이다. 이미 鎌倉
시대의 幕府法에 御家人間에는 신분적으로 동등한 관계를 명시하고 있다.
그런데 이 계약의 구성원에는 宇久覺과 같이 과거의 御家人의 신분을 계승
한 후손도 있지만, 그렇지 못한 小領主 또는 住人계층도 공존하고 있다. 따
라서 이 계약은 在地領主間의 세력의 강약에 의한 예속적 관계를 일소하고
『平等』의 원리를 스스로 창출해 낸 것이었다. 그러나 그 내용에서 알 수 있
듯이 宇久覺과 有河全의 주도에 의해 계약이 이루어지고 있으므로, 『平等』
원리의 보편적인 확산은 아직 시기적으로 이르다고 볼 수 있겠다. 왜냐하면
이 계약들은 嘉慶 2년(1388)의 『下松浦一揆契約』[13)]에서 규정하는 평화의

답(花柳影)
(宇久)覺(花押影)
阿(花柳影)
實(花柳影)

12) 村井章介, 「在地領主法の誕生」, 『歷史學硏究』 419號, 1975, p.20.

문제·재판(沙汰)의 문제·『無緣』의 문제 다수의 결정(多分之儀) 등과 같이 발전적인 규약으로 승화되기 위한 기초적인 전제조건으로 이해할 수 있기 때문이다.

또한 처벌조항에서 이치에 맞지 않는 일로 분란을 일으키거나 一揆의 취지를 배반하면, 宇久·有河內에서 영원히 추방한다고 하는 단호한 결의도 주목된다.『平等』의 원리나『追放』의 내용은 宇久·有河지역에만 국한되어 나타난 것이 아니고, 應安 6년(1373)『五島住人契約狀』14)에서와 같이 五島列島 전지역으로 광범위하게 확산되어 나갔다.

분쟁을 해결하는 또 다른 방법으로 押書狀이 만들어지고 있다. 在地의 주변에서 발생되는 일상적인 所領의 분쟁 후에, 그 해결의 결과로 應安 8년(1375)「宇久松熊丸 連署押書狀」15)이 작성되고 있다.

> 中浦目내의 宿浦의 일. 志佐측이 所口知行하고 있는 곳에 屋敷三□(지명. 別紙에 있음). 一圓知行에 대해서 有河殿 지시를 받았지만 따르지 않고 先□ 조사받는 것에 대해서 難儀에 이르렀기 때문에 우선 宇久松熊殿가 中途에서 하게 하였다. 도리에 맞는지 어긋나는지(理非)의 사정, 추후에 志佐口에게 담판을 짓고서 평결 내려야만 한다.
>
> 만일 이 條를 어기면 八幡大菩薩의 벌을 받아야 마땅하다. 이에 押書狀이와 같음.
>
> 應安 8년 6월 19일　　　　　　　　　　　　　　　　　(宇久)松熊丸
> 　　　　　　　　　　　　　　　　　　　　　　　　　　　滿(花柳影)
> 　　　　　　　　　　　　　　　　　　　　　　　　　榮役(花押影)16)

---

13) 『靑方文書』 嘉慶 2年(1388) 6月 1日 (『南北朝遺文』 九州編 6卷 〈6058〉).
14) 『靑方文書』 應安 6年(1373) 5月 6日 (『南北朝遺文』 九州編 5卷 〈5031〉).
15) 『沙汰未練書』에 "押書ト八未成事兼人置狀地"라고 하였듯이, 어떤 가정의 조건을 실현하는 경우에 완수할 사항을 서약하는 契約書이다. 즉 장래의 일을 사전에 保證해 두는 것을 의미하는데 賣買契約의 보증·貢納請負·紛爭和解 이후의 契約遵守를 내용으로 하는 契約狀의 일종이다. 石井良助,『中世武家不動産訴訟法研究』, 弘文堂書房, 1938, pp.362~366 참조 ; 石井進 編,『中世政治社會思想』上, 岩波書店, p.443.

이 押書狀에서는 五島列島내의 中浦目 宿浦(현재 中通島의 서해안, 白魚村의 북쪽 宿の浦)의 志佐氏가 屋敷의 知行地에 대해서 有河氏의 지시에 따르지 않고 소란을 일으켰기 때문에 (宇久)松熊丸의 중재하에 志佐氏와 담판하여 평결을 내리도록 한다는 결정의 내용을 기록하고 있다. 이전의 계약에서와 마찬가지로 여기에서의 중재자로 등장하는 인물이 宇久氏이다. 따라서 이 시기의 五島列島 대표자를 宇久氏로 추측해 볼 수가 있다.

이후에도 宿浦에서 所領知行에 관련된 소송이 계속되고 있음은 永德 3년(1383)의 『與等連署押書狀』에서도 잘 나타나고 있다.

> 宿浦 幸阿彌의 跡의 일에 대하여 有河·青方의 住人들을 중재재판(さばく)으로 겨우 평결내렸지만, 여전히 납득하기 어려운 異論의 조목들 때문에 재차 當浦에 간청하여 그 異論을 애원하였다. 宇久殿·奈留殿 각각에게 요청해서 중재재판(さばく)을 했으므로 다수의 결정(多分仰)에 따른다. 단 も とまろ라고 하는 배(一段)의 일, 곧 知行(沙汰)해야 하는 이유를 승낙받아 내고, 다시 결정(沙法)을 기다려야만 한다. 결국 向後에 있어서는 어떠한 유감이 남아있을지라도 각각의 중재재판(さばく)하는 측에게 속사정을 말하지 않고 자신 생각대로 처리하는 일이 있어서는 안된다. 이에 그날을 위한 書狀, 이와 같음.
>
> 永德 3년 7월 13일 　　　　　　　　　與 在判
> 　　　　　　　　　　　　　　　　　滿 在判

---

16) 『青方文書』 應安 8年(1375) 6月 19日 (『南北朝遺文』 九州編 5卷 〈5205〉).
中浦目內宿浦事, 志佐方所□知行御事に候之處ニ, 屋敷三口 名村別紙 一圓知行候によって, 有河殿申され候といえとも, 無承引, 先□令弘給候によって, 及難儀候間, 先宇久松熊殿中途□□□され候, 理非の事ハ, 追志佐□申被談候て, 可有落居候.
若此條爲申候者.
八幡大菩薩御罰於可蒙羅候, 仍押書狀如件.
應安八年六月十九日 　　　　　　(宇久)松熊丸
　　　　　　　　　　　　　　　　滿(花押影)
　　　　　　　　　　　　　　　　榮俊(花押影)

續 在判17)

위의 押書狀는 宿浦 幸阿彌의 遺地(跡)에 관해서 有河·靑方氏의 양씨 사이에 중재재판이 있었지만 납득할 수가 없기 때문에, 다시 宇久·奈留氏가 중재 재판을 통해서 다수의 결정(多分仰)에 따를 것을 판결하는 계약장이다. 또 앞으로의 문제 발생에 대해서는 자신만의 생각대로 처신하지 말고 먼저 중재 재판하는 측에게 속사정을 알려야 함을 결정하고 있다. 즉 有河·靑方氏가 양측이 중재 재판한 결과에 대해 서로 불만을 갖게 되었고, 다시 이것을 宇久·奈留氏에게 의뢰하는 형식을 취하고 있는 것이다.

여기에서 주목되는 것은 중재재판을 할 때에 판결하는 방식으로 다수의 결정(多分仰)을 채택하고 있다는 점이다. 이것은 嘉慶 2년(1388) 『下松浦一揆契約狀』에서 『平等』의 원리를 전제하는 다수의 결정(多分之儀)에 의한 의사결정의 방식과 유사성이 있다고 하겠다.

그러나 『多分仰』과 『多分之儀』는 의사결정의 전제조건에서 차이가 있어 보인다. 이 『連署押書狀』에서 『多分仰』의 전제조건에는 宇久氏와 奈留氏의 등장이 눈에 띈다. 즉 連署者 3인 與·滿·續 외에 중재재판의 담당자로 宇久氏와 奈留氏가 존재하는 것이다. 이 두 씨가 宿浦지역에서 지도자

---

17) 『靑方文書』 永德 3年(1383) 7月 13日 (『南北朝遺文』, 九州編 5卷 〈5781〉).
　　宿浦から阿ミかあとの事によて, 有河·あを方の御人の御さはくとして. せうせうらきよ候といへとも, なおもて心えかたきしさいら條條候之間. かさねてたう浦にまかりこえ. しさいなけき申候ところに, 宇久殿·奈るとのめんめん御こえ候て. 御さはくとんいた, たんおほせにしたかい候ぬ, たたしもとまろと申候ふね一たんの事て御さたあるへきよしうけ給候あいた. かさねての御さたを待申候へく候, 所詮, かやうこうにおきて, いかなるむねんのきり候 といふとも. めんめんの御さはく方へあんないを申入候て. かいにまかせ候事あるましく候,
　　仍こ日のために押書狀如件.
　　永德二年七月十三日　　　　　　　　　　　　　　與 在判
　　　　　　　　　　　　　　　　　　　　　　　　滿 在判
　　　　　　　　　　　　　　　　　　　續在判

적인 위치를 점하고 있었음을 전후의 『契約狀』 및 『押書狀』에서도 찾아볼 수 있다. 따라서 「多分仰」을 다수에 의한 의사결정의 방식이라고 할 수도 있지만, 그 이면에는 領主權을 이끌고 통제하는 특정인에 의해 의사결정이 유도되는 형상이었음을 유추해 볼 수가 있다. 따라서 앞의 『下松浦一揆契約狀』에서 『多分之儀』의 전제조건이라고 할 수 있는 『平等』원리의 보편화를 이곳에서는 찾기 어려운 것으로 보인다. 그러나 중재재판의 방식과 一揆에서 재판(沙狀)의 방식은 다수의 논의(衆議)를 통하여 결정한다는 면에서는 공통점을 갖고 있다고 하겠다.

또 앞에서 살펴 본 永德 3년(1383)의 ⑥『連署押書狀』과 같은 해에 『字久覺等連署書狀』이 만들어진다. 이것은 宿浦의 문제에 관련해서 이전의 應安 8년(1375)의 『連署押書狀』의 연장선상에서 이해될 수 있다고 생각된다.

　　宿浦의 돌출한 屋敷 및 그 이전의 屋敷 등의 일. 이번에 때 마침 회합이 있었으므로 이전 중재재판의 취지대로 재판(沙汰)을 끝내고 志佐측에게 催促해서 道理에 맞게 강제집행하도록 하였던 바 公私에 혼란함이 있었다. 이후 한 두달안에 그 구성원들을 모이게 하여 신중하게 재판(沙汰)를 끝내고 빨리 강제집행하도록 해야만 한다. 이에 後日을 위한 押書狀, 이와 같음.

　　永德 3년 7월 13일　　　　　　　　　　安(花柳影)
　　　　　　　　　　　　　　　　　　　　　重(花押影)
　　西浦目人人御中　　　　　　　　　　　(字久)覺(花押影)[18]

---

18) 『靑方文書』 永德 3年(1383) 7月 13日(『南北朝遺文』 九州編 5卷 〈5782〉).
　　宿浦の突出の屋敷及その前のやしき以下事. 今度たまたまさんくわひ候間. 先きはくのむねにまかせて, そのきた口きわめ, しき方にさいそくせしめ, りうむのままでたしつけ申へく候處. 公私とり亂す時分にて候, 以後一兩月中ニ此人數參會候て□底きたをきわめ, きつそくしつけ申へく候也, 仍爲後日押書狀如件
　　永德三年七月十三日　　　　　　　　　安(花押影)
　　　　　　　　　　　　　　　　　　　　重(花押影)
　　西浦目人人御中　　　　　　　　　　　(字久)覺(花柳影)

이 押書狀에서는 宿浦내의 屋敷에 관련해서 중재재판에 의한 재판이 행해졌지만, 公私에 있어서 혼란하여 집행 상에 어려움이 있었기 때문에, 이후의 한 두 달 안에 다시 회합하여 그 문제에 대해 재판하고 시행해야 함을 계약하고 있다. 그런데 이전의 屋敷의 지배자는 志佐氏로서 그 역할을 다하지 못한 것으로 되어 있다. 그래서 재차 회합을 갖고서 宿浦의 屋敷에 대해서 다시 재판할 것을 결정하는 내용으로 되어 있다.

한편 수신자명(宛名)인 '西浦目人人御中'인데, '西浦目'은 '西浦部'와 동일지명으로서,[19] 靑方氏·有河氏·白魚氏 등이 세력 기반으로 삼고 있는 현재의 中通島를 가리킨다. 또 '西浦目人人'은 西浦部에서 생활의 터전을 삼고 있는 住人들을 의미한다고 하겠다. 따라서 「押書狀」의 형식을 통해 安·重·覺의 連署로서 결정된 사실을 '西浦目'의 住人들에게 널리 통보하는 것임을 알 수 있다. 이것은 중재재판을 통해 결정된 내용을 中通島內의 住人層에게도 널리 알려서 따라줄 것을 요구하는 형식을 취하고 있다. 즉 결정된 내용을 공포하여 그 효과를 기대했던 것으로 여겨진다.

지금까지 살펴본 3편의 押書狀은 모두 宿浦내에서 所領知行에 관련된 중재재판의 내용을 담고 있다. 그런데 근본적으로는 志佐氏가 中浦目내의 宿浦를 知行하고 있었지만, 이것에 관련된 屋敷나 의 소송에서 근처의 在地領主 세력인 宇久氏를 중심으로 奈留氏와 有河氏도 소송의 중재자로서 등장하고 있다. 따라서 이들이 당시에 이 지역을 통제하고 관할할 수 있는 기반을 형성하고 있는 유력한 家였음을 유추할 수 있는 것이다.

또한 「契約狀」과 「押書狀」의 내용에서는 세 가지 점이 눈에 띈다고 할 수 있다. 鎭西探의 관할이었던 所務沙汰에 관련된 문제를 小領主들 스스

---

19) 『靑方文書』 建武 元年(1334) 7月 (『南北朝遺文』 九州編 1卷 〈100〉) ; 同年 8月 6日 (『南北朝遺文』 九州編 1卷 〈106〉). 이 두 개의 「靑方高直申狀」의 '事書'에 각각 "肥前國五嶋西浦部靑方孫四郎高直……"와 "肥前國五西浦目靑方孫四郎高直…"로 되어 있어, 五島列島內의 西浦部와 '西浦目'은 같은 지명임을 알 수 있다.

로가 중재재판과 다수의 결정(多分仰)이라는 평화로운 문제해결의 방법을
통해서 자치적으로 해결한다는 점과, 재판을 야기시키는 주요한 문제가 屋
敷나 網代 그리고 바다의 경계에 관련된 해양성과 관련되어 있다는 점, 그
리고 五島列島 內에서의 중재재판의 담당자로 宇久氏가 부각되고 있는 점
등이다. 따라서 小領主와 住人들은 해양활동과 밀접히 관련된 문제에서 중
재재판을 통하여 문제를 해결하고 있었음을 알 수 있다.

이와 같이 남북조 내란기에 들어서면서 小領主들과 住人들은 해양활동
과 관련해서 바다의 경계나 점유의 문제를 『生活空間』안에서 스스로 해결
하는 독자적인 질서를 만들어 나가고 있었다. 즉 公的權力의 기능을 대신
하는 중재재판을 통하여 자신들의 지배영역을 자율적으로 설정해 나가고
있었던 것이다.

지금까지의 『押書狀』과 『契約狀』은 몇몇의 해양지배자들에 의해서 바
다의 경계가 확정되는 문서의 성질을 갖고 있음을 살펴보았다. 그러면 1380
년대 중반 이후에 고려 왜구들의 소멸과 관련해서 일본 열도로의 회귀와
그들의 정착으로 야기되는 해상 활동의 고밀도화가 어떻게 극복되었는가를
살펴보아야 하겠다.

Ⅳ. 공동어업권의 창출과 倭寇의 소멸

남북조 내란기라는 혼란의 종식과 고려에서의 왜구감소에 따른 영향이
점차로 일본 열도에서 나타나기 시작하였다. 明德 3년(1392) 南北朝合體
이후에 五島列島內의 각 섬 포구(浦)에서 지속적으로 나타나는 『押書狀』이
바로 그것이다. 이것들은 이전의 『州書狀』과 마찬가지로 일상생활에서 網
代를 둘러싼 분쟁을 중재재판의 형식으로 해결하고 있다. 다만 지역적인 범
위가 이전보다 훨씬 협소하여 『浦內』라는 지역적 공간을 설정하고 있다는

점이 특징이다.

South北朝合體 이후에 應永 2년(1395)부터 永享 12년(1440)까지 五島列島의 각 섬에서 浦를 중심으로 網代의 분할에 관련된 총 11편의『左博狀』과『押書狀』이 지속적으로 나타나고 있다. 이것을 표로 작성해 보면〈표 2〉와같다.

〈표 2〉南北朝合體 이후의「左博狀」·「契約狀」·「押書狀」[20]

	年度	連署者	文書名
㉠	應永 2年(1395) 12月 18日	穩阿等 16名	連署 左博狀
㉡	應永 5年(1398) 7月 6日	穩阿等 10名	連署
㉢	應永 7年(1400) 2月 9日	篤等 9名	〃
㉣	〃	篤等 6名	〃
㉤	應永 17年(1410) 6月 14日	(下有河)重等 10名	〃
㉥	應永 19年(1412) 1月 29日	(下有河)重等 8名	連署 押書
㉦	應永 19年(1412) 7月 28日	道機等 8名	〃
㉧	應永 21年(1414) 12月 11日	讚等 5名	〃
㉨	應永 29年(1422) 5月 13日	道機等 19名	〃
㉩	永享 2年(1430) 4月 12日	源某等 8名	〃
㉪	永享 12年(1440) 2月 11日	固等 7名	〃

이『左博狀』·『押書狀』들은 五島列島에서 靑方氏와 그 주변의 小領主와 住人들이 어업과 관련된 분쟁에서 타협과 조정을 위해 만들어진 계약이다. 여기에서는 계약이 적용되는 지역적 범위를『うらのうち(浦の內)』라는 기본단위로『生活空間』을 설정하고 있다. 즉 浦內라는 구체적인 공동생활권을 설정하고 그 지역적 범위 내에서의 한정된 규약의 성격을 갖는다.

남북조의 합체 이후에 처음으로 五島列島內 中通島의 浦內에서 網代의 매매와 관련해서 應永 2년(1395)의「穩阿等連署左狀」[21]이 주목된다. 그

20) 이 표는『靑方文書』를 참고하여 작성하였다.

내용을 보면 다음과 같다.

　(靑方)高繼와 界深兵衛四郎殿에게 어망한 것은 장소를 가리지 않고 펼칠 수 있도록 양도해 주기로 하였던 바, 靑方殿와 鮎河殿의 所務에 번거로움이 있다고 하여 浦內의 사람들을 만나서 중재재판(さばく, 左博)하였는데 立錐의 여지도 없었다. 영원히 두 번으로 나누어서 四十大貫文에 파는 것으로 한다.

　一. 鮎河殿의 자손은 어떠한 소란을 일으켜서는 안 된다. 만일 소란을 일으킨다면, 이 書狀으로 자자손손 知行한다. 이에 이 後證을 위한 左博狀 이와 같음.
　　　應永 2년 12월 18일　　　　　　　　(穩阿) おん阿(花押影)
　　　　　　　　　　　　　　　　　　　　(中野讚) ほむる(花押影)
　　　　　　　　　　　　　　　　　　　　(勇)いさむ(花押影)
　　　　　　　　　　　　　　　　　　　　(道覺)たうかく(花押影)
　　　　　　　　　　　　　　　　　　　　(存)そんかく(花押影)
　　　　　　　　　　　　　　　　　　　　(了阿) れう阿(花押影)[22]

---

21) 史料纂集 古文書編의 『靑方文書』에서는 瀨野精一郎가 문서명을 『押書狀』이라고 명명하였다. 문서의 성격상 「押書狀」으로 볼 수 있으나, 후렴문구에 "이에 後日을 위한 『在博狀』이와 같음" 이라고 되어 있어서 『左博狀』으로 볼 수 있겠다.

22) 『靑方文書』應永 2年(1395) 12月 18日.
　たかつくのさかいのひやうへ四らうとのにあさいちてうところおきらいすひかれ候へとさり申されて候ところに, あお方とのとあゆかわとのと, そむのわつらいになり候ほとに. うらうちの人すよりあい申候て, さはくつかまつり候て, りつすゆものこさす, えいたいおかきてにとに四十八くわんもんにうらせ申候いおハん.
　一. あゆかわとののしそんとして. いささかいらんわつらい申され候ましく候, もしいらんわつらい申され候ハんときハ, このしやうおもて, ししそんそんにいたるまて, 御ちきやう候へく候, よてこうせうのためにさはくしやうくたんのことし.
　おうえい二ねん十二月十八日　　　　　(中野讚) ほむる(花押影)
　　　　　　　　　　　　　　　　　　　　(穩阿) おん阿(花押影)
　　　　　　　　　　　　　　　　　　　　(中野讚) ほむる(花押影)
　　　　　　　　　　　　　　　　　　　　(勇)いさむ(花押影)

이 문서에서는 靑方氏가 所務關係의 마찰을 피하기 위해서 인접한 鮎河氏로부터 48貫文으로 어장을 매입하고 있다. 이 문서와는 별개로 靑方氏와 鮎河氏가 벌리는 소송의 예는 正平 21년(1366)으로 시기가 거슬러 올라간다. 이것은 이미 제Ⅱ장에서 살펴보았듯이 正平 21년(1366) ③『連署置文』에 잘 나타나 있다. 靑方覺性가 소유한 어장을 둘러싸고 靑方氏와 鮎河氏가 소송하는 것이다. 宇久氏·有河氏의 중재 하에 一揆를 결성하고 7명의 住人들의 입회하에서 그 대상물의 지배를 분명하게 결정하였던 것이다.

위의 두 문서에서 나타나는 靑方氏와 鮎河氏 사이에 발생한 소송의 발단을 찾아보면, 그 원인을 元應 2년(1320)의 『靑方高繼·高直連署活狀』에 찾을 수 있다. 어장의 매매에 관한 것인데, 그 내용은 다음과 같다.

"界深兵衛四郎殿에게 매도하는 肥前國 五嶋內 西浦目 靑方內의 紙河地頭職의 일, 위의 장소는 (靑方)高繼가 누대(重代)에 걸쳐 상속받은 私領이다. 그런데 여러가지 이유로 실제로 필요한 비용 50관문에 매도한 것이 사실이다. …(중략)… 단 (界深)兵衛四郎殿의 어망한 것은 所領내에 장소를 가리지 않고 세울 수 있다. …(생략)"23)

(道覺)たうかく(花押影)
(存)そんかく(花押影)
(了阿)れう阿(花押影)

23) 『靑方文書』元應 2年(1320) 7月 10日.
　　う口わたし□□□て候ひやうえ四らうとののと□□コニ, ひせんのくに五たうないにしうらめあをかたのうちのあゆかわのうらのちとうしきの事.
　　右, くたんのところろい, たかつくかちうたいさうてんのしりやうなり, しかるあひたようようあるによて, しつのようとう伍拾貫文こうりわたしたてまつる事しちなり, …(中略)… たたしひやうえ四らうとののあミーてうハ, そうりやうのうち二ところおきらわすたてられ候へく 候.……(省略).
　　けんかうごねん七月十日　　　　　　　　ふちわらのたかつく(在判)
　　　　　　　　　　　　　　　　　　　　　ちやくしたかなを(在判)

高繼가 堺深四郎殿에게 靑方內의 鮎河浦의 地頭職을 분할 매각하였고, 함께 한 어망(網)을 靑方氏의 所領內에서 펼칠 수 있도록 허락하는 내용이다. 이 시기에 鮎河氏가 靑方 앞바다(海)의 조업에 참가할 수 있는 권리를 취득하게 되었던 것으로 추측할 수 있다. 즉 바다는 토지처럼 정확히 분할하는 것이 곤란하므로 靑方氏와 공동으로 이용하고 있었던 것으로 보인다.

그러나 해상의 어업권이 육상의 소유권과 별개로 인식되면서, 결국 『活却狀』의 내용이 靑方氏와 鮎河氏의 분쟁을 야기시키는 불씨가 된 것으로 생각한다. 바꾸어 말하면, 종래의 地頭職과 그 所領에 속해 있는 어업권이 이 시기에 地頭職과 분리되어 독립적인 권리로 변화되었다고 할 수 있다.[24]

또 다른 應永 2년(1395) 鮎河道圓의 『活却狀』에서는 "(중략)… 先日 23 貫文으로 매도했다. 또한 나머지 分도 所務의 번거로움이 있다고 하여 浦內의 중재재판(さばく, 左博)으로 25貫文에 매도한다. …(중략)"라고 기록되어 있다.[25] 따라서 이 『活却狀』과 같은 시기에 작성된 ㉠『連署左博狀』의 내용을 비교하여 보았을 때, 총 48貫文으로 어업권에 관한 매매가 이루어지고 있는 것이 서로 일치한다. 그러나 網代의 매매가 이루어지고 난 다음에도 사소한 분쟁은 끊이질 않았다. 10명의 連署者들이 참여한 應永 5년(1398) 『穩阿等連署押書狀』이 이것을 잘 설명해 주고 있다.

先日 靑方殿의 측에서는 오키테(おきて)岐안에서 浮魚를 잡아야만 한다.

一. 이외의 순번교대(番立)의 網代의 일은 전날의 순번교대로 잡아야 한다. 끝까지 불만이 있어서는 안된다. 이에 後日을 위한 「押書狀」 이와 같음.

---

24) 白水 智, 「肥前靑方氏の生業と諸氏結合」, 『中央史學』, 10號, 1987, p.50.
25) 『靑方文書』應永 2年(1395) 12月 18日, "(中略) …せん日二十三くわんこうりわたし申候ぬ, のこるふんも. これもそむのわつらいになり申候ほとに. うらのうちのきはくとして二十五 くわんにうりわたし申候.…(中略)".

應永 5년 7월 6일

一. 순번교대의 일은 물고기가 많은 경우에는 일일교대로 잡아야 한다.
또 물고기가 보이지 않으면 二日 간격으로 잡아야한다.

(穩阿)おん阿(花押影)

(知)しらる(花押影)

(勇)いさる(花押影)

(了圓)りやうえる(花押影)

(道覺)たうかく(花押影)

(存覺)そんかく

(中野讚)ほむる

(定)さたむ

(覺阿)かく阿

(了阿)れう阿(花押影)26)

이 문서는 이전에 靑方氏와 鮎河氏와의 소송이 있었고, 이미 그에 대한

---

26) 『靑方文書』應永 5年(1398) 7月 7日

せん日あをかたとのあゆかわとのこあミの御ろん御ほとに， ありかわわれらかうらの
うちよりあい申候てさはく申候ところに，うきうおの御ろん候あいた，しよせんさかい
おさし申候,あをかたとのの御方へ，こきてさきのうちおうきうおお御ひき候へく候.

一. ほかのはんたてのあしろの事い、せん日のはんたてのまま御ひきあるべく候，すえ
かすえまて御ろんあるましく候，よて御日のたて二あつしよしやうくたんのことし.

一. はんたての事うお候ハヽひかわしに候ひき候へく候、又うおミえす候ハヽ、二日は
さなに御ひき候へく候、

おうえい五ねん七月六日

(穩阿)おん阿(花押影)

(知)しらる(花押影)

(勇)いさる(花押影)

(了圓)りやうえる(花押影)

(道覺)たうかく(花押影)

(存覺)そんかく

(中野讚)ほむる

(定)さたむ

(覺阿)かく阿

(了阿)れう阿(花押影)

재판 결정이 끝난 이후에도 끊임없이 어업권에 관련된 분쟁이 계속되고 있음을 시사한다. 이를 극복하기 위해서 동일지역에서 어업권의 침해를 효과적으로 저지하고, 소송을 무마하기 위한 새로운 대책의 필요에 의해 만들어진 것이다. 그 대책은 漁場이 농지와는 달리, 일 년 교대는 물론이고 일일 교대도 가능하다는 성질에서 찾게 되었다. 小領主間의 상호 대립을 완화시키는 교대방법을 적용하여 효율적으로 이용하도록 하는 것이었다. 결국 『連署押書狀』에 의한 1일 교대 또는 2일 교대를 계약으로 성문화하기에 이르렀던 것이다.

한편 어업권에서 상호분쟁은 아주 짧은 기간의 상호교대를 통해서 해결방법을 모색하였지만, 應永 7년(1400)의 『篤等連署押書狀』처럼 1년 교대의 어업권도 있었다.

> 이 두 개의 網代의 일은 每年 교대로 바꾸어 가며 잡아야 한다. 篤(花押影)·江袋鰤 網代의 일. 한 곳은 浦 한 곳은 두 개의 강변(河原)이 두 網代의 일은 매년 어려움이 있었다. 끝까지 번거로움이 없어야만 하기 때문에 일 년 교대로 浦·두 개의 강변(河原)의 網代를 하나씩 언제까지라도 펼쳐 놓도록 한다. 번거로움이 있어서는 안되기 때문에 兩方에게 書를 적어 올린다. 단 시타키(したき)의 아래는 浦의 網代에 덧붙이는 것으로 한다. 이에 後日을 위한 押書狀, 이와 같음.
>
> 應永 7년 2월 9일 篤(花押影)[27]

---

27) 『靑方文書』 應永 7年(1400) 2月 9日
次ふたつのあしろの事い、まいねんうらかえかえ御ひき候へし、篤(花押影)えふくろかますあしろの事、一所浦、一所ふたつかわら、此りやうあしろの事、まいねん事むつかしく候間、すえまてわつらひあるましく候ハんために、一ねんかわしに、うら・ふたつかわらのあしろを一つつ、いつまでも御ひきハんに、わつらいあるましく候ために、りやうはうにあつしよをしたためし んし候、たたしたきのしたい、うらのあしろにくわえ候也. よて爲後あつしよのしやう如件.
應永七年二月九日　　　　　　　　　　　篤(花柳影)
　　　　　　　　　　　　　　　　　　　(鮎河) 呢(花押影)

　　靑方殿 (이하 連署者 5명 생략)

　網代와 관련된 소송결과는 두 곳의 網代를 1년씩 교대로 바꾸어 가면서 작업하는 것이다. 이는 ⓛ「連署押書狀」에서 계약한 어업권의 1·2일 교대에서 비교적 장기간의 교대로 바뀌고 있다는 점에서 보다 안정된 어로작업이 이루어졌고, 또 이를 둘러싼 마찰도 비교적 완화되고 가고 있었던 것으로 이해할 수 있겠다.

　제Ⅱ장에서 살펴본 바와 같이 남북조의 합체 이전의 『契約狀』이나 『押書狀』은 중재재판의 결과를 문서로 남겨놓기 위한 증거서류의 성격이 강하였다고 할 수 있다. 그러나 남북조의 합체 이후에는 1일 또는 1년 교대제로 변화했기 때문에, 이 문서가 점차 중재재판의 증거서류의 성격에서 벗어나 점차 타협안과 절충안의 계약으로 그 성격이 변하고 있음을 알 수 있다.

　이와 같이 지속적으로 어업분쟁이 일어났던 이유에 대해서, 五島列島內의 浦가 농업보다는 어업이 중요한 생계 수단이었기 때문이었다는 宮本氏의 주장이 있다.[28] 또 白水氏는 물고기가 특정의 서식 장소와 회유 경로를 갖기 때문에 어느 海上에서나 어로 활동이 이루어질 수 있는 것은 아니므로 어장을 둘러싼 싸움이 일어날 수밖에 없었고, 어업의 기술이 발달할수록 더욱 확대되는 경향이 있었다고 주장하였다.[29] 그러나 남북조 내란이 종식되어가고 정치적으로 안정기를 맞는 이 시점에서 다수의 구성원들이 공동의 장소에서 함께 조업해야 하는 상황이 무엇 때문에 발생하였는지에 대해서 의문이 제기된다. 이것은 제한적인 장소에서 다수의 인구유입 내지는 인

　　　　　　　　　　　　　　(三ケ崎) 覺源(花柳影)
　　　　　　　　　　　　　　穩河(花押影)
　　　　　　　　　　　　　　禪源(花押影)
　　　　　　　　　　　　　　靑方殿 成重(花押影)

28) 宮本常一, 『日本中世の殘存』, 宮本常一著作集 第11券, 未來社, 1973, p.142 참조.
29) 白水 智, 「肥前靑方氏の生業と諸氏結合」, p.53 참조.

구증가로 인해 발생하는 현상으로 이해할 수 있겠다. 즉 浦內의 과밀화 현상이 공동어로 작업을 가속화시켰던 것이다.

한편 고려의 왜구가 감소하는 경향은 〈표 3〉과 같이 1380년대 중반 이후부터 나타나기 시작한다. 五島列島에서는 1384년 이후 海賊 禁壓과 관련된 다수의 一揆가 결성되었다. 그 중에서 3차례의 一揆 내부에 산적된 모순을 극복하는 과정에서 夜盜·强盜·山城·海賊 등을 금지시키기 위해서 결성한 일면도 있었다. 아울러 그 간접적인 여파로 고려와 관련된 왜구의 문제까지도 규제하는 역할을 하였던 것이다.[30]

고려에 나타난 왜구 중에서 그 규모가 가장 큰 예가 禑王 6년(1380) 8월에 鎭浦에 나타난 500여 척이다.[31] 이후에도 계속해서 수백 척에 이르는 선박이 고려에 출현하는 것으로 보아 왜구에 가담했던 인원이 최대 수천 명에 이르렀음을 알 수 있다. 그런데 80년대 중반 이후에 왜구가 소멸되어 가면서 가담했던 그 구성원들이 어디로 흡수되었는가가 관건이다. 이들은 이미 누군가에 의해 所領化된 육지에 정착하기보다는 자유로운 바다에 자신들의 삶을 의탁할 수밖에 없었을 것이다. 바다를 배경으로 활동하던 왜구들에게 정착생활은 빠른 적응성과 동질성이 유지될 수 있는 장소를 선택하는 것이 당연하다고 하겠다. 이것이 五島列島內의 어로작업과 관련해서 조업의 균형적인 재분배를 더욱 절실하게 만들었다. 결국 그 결과가 어업권의 분쟁으로 나타나게 된 것이다.

---

30) 拙稿, 「一揆와 倭波」, p.76.
31) 『高麗史』卷134 列傳 47 禑王 6년(1380) 5월.

〈표 3〉 1380년 이후 왜구출몰 빈도수[32]

	西紀	A	B	C		西紀	A	B	C
禑王 6	1380	40	21	17	太祖 4	1395	5	5	1
7	1381	21	19	19	5	1396	2	13	8
8	1382	23	14	12	6	1397	6	11	9
9	1383	50	28	24	7	1398	9	0	0
10	1384	19	16	12	定宗 1	1399	3	0	4
11	1385	13	16	12	2	1400	0	0	0
12	1386	0	0	0	太宗 1	1401	4	4	3
13	1387	7	5	4	2	1402	5	5	2
昌王 1	1388	20	17	11	3	1403	8	8	8
恭讓王 1	1389	5	11	5	4	1404	6	6	5
2	1390	6	3	1	5	1405	0	0	0
3	1391	1	1	2	6	1406	12	12	6
太祖 1	1392	1	2	1	7	1407	6	6	9
2	1393	?	9	8	8	1408	17	17	13
3	1394	4	14	6	9	1409	2	2	1

　이들이 해상에서 조업을 하면서 순번교대로 網代를 설치하는 장소나 어로활동의 장소는 바로 浦이었다. 여기에서는 『うらのうち(浦內)』라는 용어의 등장이 주목된다. 비록 협소한 지역이라 할지라도 浦를 중심으로 하여 공동의 생활권 안에서 필수 불가결한 관계를 갖는 諸氏들간의 결합으로 浦내의 생활공동체가 이루어지게 되었다.

　이것은 나름대로 공동의 생활권에서의 소규모 결합체의 창출이라는 시대의 적응성을 보여주는 것이다. 즉 小領主와 住人들이 공동으로 귀속하는 『うらのうち(浦內)』라는 『生活空間』을 공동체 속에 수용한 것이다. 결국

---

32) A는 羅鐘宇의 통계(羅鍾宇, 『韓國中世對日交涉史硏究』, 원광대학교 출판국, 1996, p.126, p.209). B는 田村洋幸의 통계(田村洋幸, 『中世日朝貿易の硏院』, 三和書房, 1967, pp.36~37), C는 田中健夫의 통계(단, ( )는 수정을 한 통계임) (田中健夫, 『中世海外交涉史の硏究』, 東京大學出版會, 1959, p.4).

浦內라는 제한된 장소에서 왜구의 구성원들과 함께 공존하기 위한 방법으로 공동어업권을 창출하였던 것이다. 내란 기간 중에 2~3명에서 최대 7명에 불과했던 連署者가 내란종식 후에는 6~9명에서 최대 16명으로 급속히 증가한 것은 이것을 뒷받침하는 좋은 예라고 생각한다. 이것이야말로 소규모 지역에서 공동체가 공생을 위해 선택한 최상의 결정인 것이다.

V. 結論

고려에서 왜구의 감소는 1380년대 중·후반에 一揆가 결성되어, 夜盜·强盜·山賊·海賊 등을 금지시키면서 간접적인 여파로 나타났다. 그리고 해적행위를 일삼던 왜구들이 정치적으로 안정기에 접어들면서 빠르게 적응할 수 있고 동질성을 찾을 수 있는 섬의 『浦內』에 정착하는 것은 당연한 결과이었다. 그런데 이들의 정착은 『浦內』를 중심으로 전개해 왔던 어업권과 관련해서 분쟁을 야기시키기에 이른다. 결과적으로 五島列島內에서는 어업과 관련해서 새로운 구성원을 포함시키는 균등한 분배의 필요성이 대두된 것이다.

고려를 대상으로 해적활동을 펼치던 왜구의 정착으로 『浦內』의 구성원들은 동일지역에서 어업권의 상호침범을 효과적으로 제지하기 위해서 새로운 대책이 필요하였는데, 이것이 공동어업권의 상호이용으로 나타난 것이다. 즉 『浦內』에서 어업권의 분쟁이 가속화된 것은 왜구의 정착에 그 원인이 있었다.

明德 3년(1392) 南北朝의 통합 이후에도 계속해서 五島列島의 각 浦에서 『押書狀』이 나타난다. 이것은 網代를 둘러싼 분쟁을 중재재판의 형식으로 해결하는 것이었다. 즉 바다의 분할을 명확히 하여 『浦內』에서 조업할 수 있는 권한을 획득하고자 하는 목적에서 만들어졌다. 이것은 한 개의 漁

場이 일 년 교대 또는 일일 교대가 가능하다는 성질을 이용하여 상호 대립을 완화시키면서 漁場을 효율적으로 이용하기 위한 조치였다. 그 이유는 다수의 고려왜구의 정착으로 어로작업과 관련해서 균등한 조업의 필요성이 강요되었기 때문이다. 결국 『浦內』라는 공동의 『生活空間』에서 왜구의 구성원들이 함께 공존하는 방법을 창출하였던 것이다. 공동 어업권의 선택은 『浦內』의 고밀도화를 해결하고 분쟁을 억제시켜 나가기 위한 최선의 선택이었던 것이다. 또 협소한 지역인 포구(浦)를 중심으로 공동의 생활권에서 소규모 결합체를 결성하는 적응성을 보여주고 있다. 물론 여기에는 공동의 생활권 안에서 생활에 필수 불가결한 관계를 갖는 諸氏들이 결합하는 것이 특징이다. 小領主와 住人들이 『浦內』라는 『生活空間』을 공동체의 場으로 수용한 것이다. 결국 공동의 『生活空間』에서 왜구의 구성원들과 함께 공존하기 위한 방법을 창출하였던 것이다. 이 공동어업권의 선택은 공동의 생존을 위한 최상의 선택이었으며 『浦內』의 고밀도화를 해결하고 분쟁을 억제시키는 역할에 있었다.

찾아보기

내가 김보한 선생을 처음 만난 것은 2008년 1월 26일로 한겨울로 기억된다. 그때는 제2기 한일역사 공동연구위원회 5차합동회의를 오키나와 현립박물관이 있는 나하에서였다. 제2기 한일역사 공동연구위원회의 주제는 왜구, 임진왜란, 통신사였는데, 공동연구원으로 왜구에 김보한, 이재범 교수, 임진왜란에 노영구 교수, 통신사에 한문종 교수와 함께 연구발표를 진행했다.

그날 김보한 교수의 발표주제는 '한국 내 왜구 연구의 학술사적 검토'였고, 내용은 1부에서는 1950년대부터 2000년대까지 한국 내에서의 연구 성과와 동향을 발표했다. 2부에서는 왜구연구를 주제별로 정리했다. 그 내용은 왜구 근거지 문제와 왜구 창궐과 소멸의 원인, 왜구 주체의 문제였다. 그야말로 왜구연구의 핵심 주제를 한국학계에서는 처음 정리했고, 지금 생각해 보면, 이후 한국에서의 왜구 연구방향을 제시한 일종의 네비게이션 역할을 했다고 평가한다. 뿐만 아니라 그 후 본인이 타계할 때까지 그 방향대로 연구를 해왔다.

귀국 후, 김보한 교수는 본격적으로 우리 한일관계사학회에 참여하기 시작했다. 2008년 5~6월쯤인가. 학회 월례발표회에서 '중세의 왜구-학술성과와 고교 교과서를 중심으로-'를 발표했고, 8월에 학회지, 『한일관계사연구』 제30집에 논문을 게제했다. 이후 아주 적극적으로 열심히 학회에 참석하여 2020년까지 무려 11편의 논문을 발표하고 『한일관계사연구』에 게재했다. 아마 우리 학회 회원 중에 최다 기록이 아닐까 생각한다. 국사편찬위원회의 한국사연구휘보를 검색하면 김보한 교수의 등재지논문이 총 19편이 나오는데, 그중 11편이 우리 학회지에 실렸다면 가히 학문인생의 절반 이상을 학회와 함께 했다고 해도 과언이 아닐 것 같다. 그런 뜻에서라도 추모학술회의의 의미를 두고 싶다.

　김보한 교수와의 두 번째 추억은 2010년부터 함께한 한국연구재단의 2년
간의 공동연구다. 연구주제는 '중근세 동아시아지역의 해류 경계인식과 분
쟁'이었다. 내가 책임연구원이었고, 강원대의 유재춘, 한성주, 신동규 교수
와 민덕기, 한문종, 장순순, 김보한 교수가 함께 참여했다. 2년간의 연구기
간 중 4차례에 걸쳐 일본 중국 러시아지역을 답사했다. 1차 답사가 2010년
7월에 5박 6일간 키타큐슈의 山口, 福岡, 大分, 佐賀지역, 2차 답사가 2011
년 1월에 4박 5일간 北海道 전역과 아오모리, 3차 답사가 2011년 8월에 7
박 8일간 블라디보스토크부터 훈춘, 도문, 연길, 용정, 백두산, 단동 대련까
지 두만강부터 압록강까지 중국과의 국경지역을 답사했다. 그리고 4차 답사
가 2012년 1월에 4박 5일간 돗토리 시마네현 오키섬 등을 답사했다. 정말
대장정의 코스였다. 또한 인원도 대학원생을 포함해서 항상 평균 20명이 넘
었다. 김보한 교수는 주로 한문종 교수와 룸메이트를 해서 두 분이 많은 정
을 쌓았는지 모르겠으나, 평소 말이 적은 두 사람이라 얼마나 깊은 대화를
나누었는지 궁금하다.

　답사기간 중 교통편은 주로 버스를 이용했는데, 나는 항상 교수들에게
버스대학 강의를 시켰고, 회식할 때는 언제나 참여 인원 모두에게 1분 스피
치를 시켰다. 그리고 연구가 끝나면 결과 논문과 함께 답사기를 첨가하여
단행본을 출간했다. 그 때에도 경인문화사에서 한일총서 시리즈 55권, 56권
으로 출간했다. 기록을 보니, 김보한 교수는 역시 고려후기의 왜구를 강의
했는데, 1차 기타큐슈 답사 때에는 『고려사』를 통해 본 왜구출몰 빈도와 왜
구 발생과 주체에 대한 내용이었다. 그리고 北海道 답사때에는 미리 준비
를 했는지 아이누의 역사를 전반적으로 소개하기도 했다. 또 두만강과 압록
강 답사 때에는 녹둔도와 위화도에 대한 관심을 보이기도 했고, 시마네현
답사 때에는 이와미은광에 대해서 강의했다. 김 교수의 관심사와 학문의 영
역을 생각하면 너무 일찍 他界했다. 학계의 큰 손실이다.

세 번째의 인연은 2012년 3월부터 2년간의 교학사 『동아시아사』 교과서 집필이다. 당시 교육부에서는 일본의 역사왜곡과 중국의 동북공정에 대비하여, 고등학교 교과과정에 한국사, 세계사 과목과는 별도로 '동아시아사' 교과를 개설했다. 지금은 '동아시아사' 교과서가 여러 출판사에서 나오지만, 당시는 천재교육과 교학사 두 군데였다.

나는 집필 책임자가 되어 조법종, 한명기, 신주백, 김보한 등 7명으로 팀을 구성했다. 김보한 교수는 나와 함께 '3단원 국제관계의 변화와 지배층의 재편'을 공동집필했다. 김 교수는 주로 10세기에서 15세기의 다원적 국제관계, 일본의 무사정권, 국제질서의 재편과 왜구 등을 집필했다.

교과서이기 때문에 우리 팀은 2년간 매월 1회씩 20번 넘게 모였다. 보통 매달 마지막 토요일 2시, 마포에 있는 교학사 회의실에 모여 6시까지 격론을 벌이며 원고를 다듬었다. 그 결과 시장 점유율이 60%에 달하는 아주 우수한 교과서라는 평을 받았다. 그러나 3년 후 교과서 개편 당시 교학사가 '한국사 국정교과서' 파동에 휩쓸려 존폐의 위기에 몰리자 역사분야 교과사의 절판을 선언하여 지금은 사라졌지만 그때의 집필 내용들은 타교과서에 상당부분 인용되고 있다. 김선생의 他界와 더불어 아쉬움이 많이 남는다.

마지막으로 내가 김보한 교수와의 인연을 마무리해야 할 일이 하나 있다.

안타까운 일이지만 김 교수는 그의 학문적 열정에 비해 아직 단행본 출간이 없다. 나와는 벌써 10년 전 한일역사 공동연구위원회 오키나와 발표 때, 왜구에 관해 2권의 단행본을 내겠다고 약속을 했다. 그러나 2008년에 전임이 되면서 시간적인 여유가 없었는지, 나에게 여러 번 죄송하다고만 하다가 결국 갑작스럽게 세상을 떠났다.

그의 연구영역을 보면, 전공은 일본중세사이고, 관심영역은 중세한일관계사, 왜구사, 동아시아해양사로 되어있다. 아마도 나와 2권의 저서를 약속한 것도 이 분야의 책을 내고 싶었던 모양이다. 그래서 그의 뜻대로 될지는 모르겠지만, 나는 지금 그의 논문 12편을 모아, 그를 사랑했던 학회 회원들의 이름으로 이 단행본을 출간한다. '중세일본과 왜구', '왜구의 실체', '중세일본의 왜인들'을 주제로 쓴 논문들을 단행본으로 엮었는데 그가 생각한 倭寇像을 어느만큼 담았는지 모르겠다.

이 책을 '왜구연구'에 대한 그의 학문적 열정에 답하는 우리 학회의 우정과 사랑의 증표로 삼고자 하며, 김 교수의 영전에 삼가 바친다.

김 교수의 영원한 안식과 유가족의 안녕을 기원한다.

2022년 5월 1일
손승철 謹모